LA LITTÉRATURE FRANCO-ANTILLAISE

Couverture : Paradis terrestre, peinture haïtienne de Roland Hector, 1980. Collection H. Tourneux.

ISBN : 2-86537-376-2

Régis ANTOINE

La littérature
franco-antillaise

2e édition augmentée et mise à jour

Éditions KARTHALA
22-24, boulevard Arago
75013 Paris

Les Écrivains français et les Antilles, Maisonneuve et Larose.
La Tragédie du Roi Christophe de Césaire, Bordas.
Histoire curieuse des Monnaies coloniales, Albaron.
Les Quais sont toujours beaux (coordinateur de), Actes du colloque « Imaginaire et Poétique portuaires au XXᵉ siècle », Albaron.
Carrefour des cultures (coordinateur de), Mélanges à J. Leiner, Günter Narr, Tübingen.

A Christiane

Introduction

Appelons ainsi l'ensemble des textes littéraires écrits d'une part dans les départements français de Guadeloupe et de Martinique, d'autre part dans l'État indépendant d'Haïti : l'expression « franco-antillaise » n'implique pas une relation politique. Le présent livre parle prioritairement d'écrivains antillais francophones, de mouvements littéraires insulaires, côtoyés parfois par quelques rares présences d'origine extérieure : André Breton, André Malraux...

L'ensemble n'en est pas moins bipolaire, et traversé d'effets contrastés : permanentes construction et affirmation de la personnalité antillaise, mais prise en compte quasi obligatoire de ce qui se dit de l'autre côté de l'Atlantique, influences réciproques enfin, en mainte et mainte occasion.

Aussi, considérant ces trois territoires à statut et situation très différenciés, on entendra l'expression de plusieurs manières.

Elle peut désigner l'attellement de deux signes d'appartenance — américaine, européenne — sans qu'il y ait jugulation de l'une de ces appartenances par l'autre, confusion de l'une avec l'autre. Elle vise alors la mise en parité de deux conditions d'existence des textes, plutôt que la mise à l'écart, en ghetto, d'un être littéraire antillais idéal.

Tout un temps, à l'époque des gouvernorats de Guadeloupe et de Martinique — le cas haïtien faisant l'objet d'une étude spéciale —, la littérature a été accordée à l'évolution de la littérature française *stricto sensu*, c'est-à-dire métropolitaine, avec toutes les marques de dépendance et de répétitivité que cela supposait. Pourtant elle se présentait déjà chez certains auteurs comme partiellement disjointe et autonome. Singularité historique en effet que ces énoncés émanant d'une souche blanche créole, puis de la catégorie des hommes de couleur, puis de femmes et d'hommes d'ascendance presque uniquement africaine. Entre ces différentes couches de population, la parole antillaise devait — doit encore — porter le poids d'un passé commun écrit et non écrit, tout comme celui d'une histoire « périphérique », très différente de celle du « centre ».

Aujourd'hui le réalisme commande de garder en esprit ce tiers de millénaire d'implantation française dans deux des trois îles, mais aussi l'importante migration de populations, d'idées, de textes à laquelle nous assistons depuis la fin de la Deuxième Guerre mondiale. Les effets de réception, très discriminants, sont à cet égard d'excellents indicateurs : la métropole sélectionne les œuvres antillaises selon des valeurs exogènes. N'accommodant que ce qu'elle peut acclimater, elle laisse aux Antillais leurs dissidents majeurs : Frantz Fanon, Glissant essayiste... En revanche, une réception dégradée est réservée aux symbolisations du vaudou, du zombi, à certains sous-motifs, à certaines chansons — pas obligatoirement les meilleures —, et la popularité d'auteurs haïtiens se fait parfois sur des titres exhibitionnistes, parfois sur des malentendus implicites mais impliquant une dénaturation partielle des contenus.

En regard, le marché local absorbe la sous-littérature de métropole aussi bien que ses meilleurs textes, mais il rapatrie la parole de Saint-John Perse ; ce dernier, né à la Guadeloupe, se dit parfois écrivain très français, parfois « homme d'Atlantique » et laisse ses textes parler pour lui du « beau pays natal ».

L'expression « littérature franco-antillaise » couvre donc un nœud de relations et d'interactions : elle suppose qu'attention soit portée aux mises en parallèle des textes, aux transits d'écriture, aux réécritures parodiques, mais encore à l'expression des antagonismes ou des coïncidences idéologiques : volonté de Malraux de sceller dans l'imaginaire des lecteurs de ses *Antimémoires* le couple France-Antilles ; anti-France au contraire, qui se déclare chez le poète guadeloupéen Sonny Rupaire face au « cadavre colonial bleu blanc rouge ». Non-France enfin, dans le cas de la fastueuse littérature haïtienne.

Autre question : qu'il soit amène ou agressif, il ne s'agit pas seulement d'un dialogue à deux voix : le pôle québécois, en particulier pour les écrivains d'Haïti, joue lui aussi son rôle ; il est important d'être publié à Montréal et non seulement à Paris. Et c'est alors que la réalité francophone se fait opératoire, et que « littérature franco-antillaise » peut s'entendre comme littérature antillaise d'expression française, en toute indépendance. En trois siècles et demi, l'accès des Guadeloupéens et des Martiniquais à la culture française écrite s'est réalisé peu à peu à partir d'une complicité linguistique, sinon d'une solidarité, fondée sur la diglossie du français et des créoles. Une remarque pratique : lorsqu'une expression créole nous a paru irremplaçable pour transmettre une connaissance ajustée, nous l'avons utilisée malgré les difficultés de lisibilité, et bien évidemment sans vouloir — ni surtout pouvoir — nous servir pleinement des deux langues. Car nous sommes bien conscient de ce que la cohésion culturelle antillaise tient en partie à une « pensée-autre » et un « parler-autre » qui, excluant quelque peu le lecteur européen, tire sa force d'expression, et son plaisir, d'un déficit de la communication.

Cela dit, venons-en à la suite des chapitres.

Un demi-millénaire après 1492, un problème moral autant que littéraire a été pour nous de recouvrer en partie la parole enfouie de deux exclus et victimes de la « découverte » et de la mise en exploitation des Antilles de langue française : l'Indien des îles et l'esclave en fuite, ou marron.

Quelle littérature post-colombienne avait pu naître hors de ceux que l'on tua, hors de ceux qui se turent ?

L'exploration littéraire du monde des Blancs créoles, d'abord, qui ne pouvait se réduire à quelques clichés, slogans convenus sur le « béké » ; ici sont présentés des textes qui conduisent des habitations des îles jusqu'aux ateliers d'esclaves du sud des États-Unis tels qu'ils ont été visités par les planteurs expropriés par la révolution de Saint-Domingue.

Saint-Domingue… Il est difficile d'imaginer l'impact intellectuel de ce qui s'est passé voici deux cents ans dans la plus grande colonie française des Antilles, c'est-à-dire une guerre d'indépendance de douze années (1791-1804) : aussi convient-il d'aller à la rencontre des pages écrites à chaud, de questionner l'image que les écrivains français ou étrangers ont donnée des principaux chefs de l'insurrection, ainsi que la littérature nationale qui est née de l'événement, et qui a constitué le pays d'Haïti en objet littéraire passionnément exploré.

Plus que la négritude ou que l'identité, sur lesquelles tant de travaux ont été publiés, nous avons repéré le cheminement d'une anthropologie critique conduite dans les essais et « belles lettres » antillaises pendant un quart de siècle, depuis le prix Goncourt *Batouala*, de René Maran, jusqu'à la revue *Tropiques*, de René Ménil et Aimé Césaire.

Aimé Césaire est-il écrivain français ? Sa stature imposait de livrer une étude spéciale, que nous avons centrée sur deux aspects : d'une part la transe d'écriture associée à la transe politique, dans *La Tragédie du Roi Christophe* ; d'autre part la co-fusion dans les textes césairiens d'apports de différents fonds culturels : africain, français, créole, à l'égard desquels pourtant le poète garde ses distances.

Ceux qui connaissent déjà les littératures antillaises ne s'étonneront pas qu'un chapitre de ce livre soit consacré au rapport à Marx : ce sont des littératures très majoritairement engagées en un sens ou un autre, depuis les origines. La conscience des inégalités de classes y apparaît, même dans des écrits strictement soucieux de recherches formelles.

Corrélativement au mot d'ordre de Marx, « transformer le monde », l'expression de Rimbaud : « changer la vie », reprise par les surréalistes, a trouvé ici des échos retentissants, non seulement du fait des étapes de Breton en Martinique et en Haïti, mais parce que la greffe surréaliste, appliquée à la condition « précaire » (André Breton) de la personne humaine des Antilles, et convenablement « convertie à nous » (Aimé Césaire) pouvait conduire à l'autonomie littéraire, à « l'autographie ».

Un long regard porté sur l'œuvre d'Alexis Leger, ou Saint-John Perse, permet de repérer des constantes dans le travail de l'écrivain, à partir de la matrice guadeloupéenne d'écriture jusqu'aux équivalences qu'il se plaît à mettre au jour : entre son pays natal, sa mer natale, et les territoires tout à fait extérieurs : mangroves du sud des États Unis, villes et steppes d'Asie. Ici c'est la littérature d'expression française qui compose un espace « démarré » (comme dit le créole, c'est-à-dire détaché) de toute aire géographique particulière, mais un espace qui se ressent du lieu des imprégnations premières, et du lieu de la langue.

L'exotisme proprement dit perdure en dépit de tous les procès qui lui furent intentés, et en dépit d'une exténuation indéniable : si de 1772 à 1848 nous avons pu compter 220 œuvres métropolitaines, face à 60 œuvres autochtones, la proportion s'est inversée à partir de l'abolition de l'esclavage en 1848 : jusqu'en 1932, 80 œuvres métropolitaines face à 110 œuvres de créoles ; les cinquante dernières années, jusqu'à aujourd'hui, amplifiant à l'extrême ce renversement de tendance. Reste que l'exotisme nous a paru être à la fois l'application d'un système préétabli, et une combinatoire dont les éléments ne cessaient jamais de se réajuster, depuis les émerveillements des premiers missionnaires, jusqu'aux effets spéciaux organisés par André Malraux lors de ses passages en Guadeloupe, en Martinique et en Haïti.

Enfin, à titre de spécimen, nous avons sélectionné des œuvres écrites pendant les années 1980-1992 par les ressortissants des deux départements français insulaires d'Amérique, avec l'intention de voir plus clair parmi les orientations très diversifiées de ces écrivains, et de dégager les principaux aspects qu'y offre la modernité. Modernité des situations, par la dispersion des scripteurs éparpillés ou agrégés en petits groupes, et par celle de lecteurs, impérativement attroupés dans le fonctionnement intensif des médias. Modernité des textes saturés aujourd'hui d'une culture universelle à haut socle, toujours mobilisable. Chez les meilleurs écrivains antillais contemporains intervient en effet une méthode de sélection, de criblage d'un patrimoine littéraire international par prélèvements avoués, cryptogrammes élevés au niveau d'un art d'écriture, et visant à dire la luxuriance des cultures plurielles.

Précisions. Si le présent ouvrage ne recoupe en rien les travaux de Jack Corzani, notamment sa thèse : *Littérature des Antilles Guyane françaises*, il les situe comme contexte considérable de référence. Une bibliographie générale eût été trop lourde : il s'est révélé préférable de placer les références dans le corps du texte, ou à la fin des chapitres ; en outre, ce livre prolonge des études particularisées publiées dans *Europe, La Revue de Littérature comparée, Notre Librairie,* ou lors de colloques universitaires.

Nous avons voulu une présentation d'ensemble intégrant un grand nombre d'informations, et capable de faire jouer les points sensibles, qui sont aussi des points « cardinaux », de jeunes littératures se réclamant à notre attention tant par l'intérêt humain de leurs contenus, que par l'ambition esthétique qui anime plusieurs de leurs chefs-d'œuvre.

Dans cet esprit cette seconde édition, par rapport à la première, met à la disposition du lecteur, de la lectrice, de nouvelles données, et de nouvelles analyses.

1

Paroles perdues de l'Indien et du nègre marron

Lu d'après écrits européens de l'époque.

La mainmise des Européens sur ce qui allait devenir le domaine colonial français des Antilles ayant été dès les origines un pouvoir total, il n'y aura longtemps en ces territoires qu'une parole reconnue : la voix coloniale, celle des chroniqueurs et secrétaires des « exploits et logements » du conquérant, puis celle du colon. Aussi la recherche de voix perdues : de l'Indien, du nègre marron, ne peut-elle espérer recueillir que de rares mots-épaves de deux grands naufrages humains ; soit quelques bribes de parole « sauvage » plus ou moins réfractaire, soit quelques éléments langagiers « nègres » auxquels l'idéologie des caravelles permit un débarquement discret aux rives de la mémoire et de la transcription, sous une apparence le plus souvent méconnaissable.

Quatre siècles s'écouleront avant que des hérauts de l'antillanité et de la guyanité francophones les récupèrent dans une autre intention et les réembouchent, avec le souci d'une authenticité non pas première, mais dialectisée au feu des luttes anti-impérialistes du XXᵉ siècle.

Aux Antilles, Indien et marron sont des personnages tragiques. Antagonistes d'un Européen sujet de l'histoire et de l'écriture, leur destin fut de disparaître, l'un dans le meurtre génocide et dans le suicide collectif, l'autre dans l'assassinat cynégétique ou la métamorphose très réussie d'un esclave bossale (arrivé d'Afrique), potentiellement rebelle, en esclave créole, le plus souvent assimilé, voire en marron retourné, et devenu chasseur de marrons.

La résurrection textuelle de ces êtres de parole s'est effectuée selon plusieurs formes, qui correspondaient à différentes fonctions mais qui n'ont pas connu une égale fortune. Pour ce qui concerne la mimésis de l'énonciation stricte, neutre, de leurs drames par les victimes elles-mêmes, la littérature a été passablement prolixe. N'y avait-il pas là un ingrédient quasi obligé du texte (roman, poème) d'aventures exotiques ? Épurée de toute émotivité et de toute revendication, la parole du vaincu pouvait servir à compléter le témoignage d'une praxis victorieuse, et à parachever le compte rendu d'un triomphe.

Mais le vainqueur pouvait-il aller plus loin ? La permanence chez les écrivains français d'une certaine sensibilité humanitaire d'inspiration chrétienne puis philosophique, révolutionnaire, républicaine enfin, aurait pu donner voie à des énoncés pathétiques (rapportés ou imaginés) de la part des persécutés, mais les normes de la colonisation furent telles que si le pathos indien connut une expression non risquée (il s'agissait d'une parole de fantôme) et assez bien représentée dans les textes d'époque ou de tonalité romantique, il n'en alla pas de même du pathétisme attaché à la condition du Noir fugitif, qui, s'étant fait « barbare » par choix, ne pouvait qu'encourir le mépris des écrivains coloniaux.

La parole quotidienne du marron échappa donc le plus souvent aux formes forgées par l'idéologie des maîtres ; et aujourd'hui où des écrivains de l'authenticité tentent de la rejoindre, loin des prosopopées mystifiantes, c'est à peine si la froideur anti-lyrique d'un Édouard Glissant par exemple, laisse entrevoir son extrême ferveur solidaire.

Quant à un troisième aspect, la revendication réactionnelle de peuples dépossédés ou d'individus en crise et en impasse, elle fut reléguée aux deux extrémités du déroulement discursif colonial.

Expliquons nous. L'extinction totale des ethnies indiennes dans les îles (sauf en Dominique, île non française) priva de fondement une postulation littéraire indigéniste d'ensemble. Au départ donc, on trouvera simplement l'écho de quelques énoncés protestataires chez des écrivains missionnaires du XVIIᵉ siècle et au dénouement, après l'indépendance haïtienne de 1804, surgira une haute figure de l'indianité productrice de sentences, celle de la princesse Anacaona, qu'un esprit averti pourra considérer comme une généreuse « aberration » sous la plume d'écrivains noirs, aberration dont on ne trouvera malheureusement pas l'équivalent chez les écrivains coloniaux européens demeurés des captifs idéologiques. Parallèlement, la mémorisation d'une parole marronne à des fins émancipatrices n'investit les textes français consacrés aux Antilles que de loin en loin et pour ainsi dire de biais : dans *Le Pour et Contre* de l'Abbé Prévost (1733-1740, mais le texte concerne les fugitifs des Montagnes bleues de Jamaïque) et dans *Bug Jargal* de Victor Hugo (1826), roman sur Saint-Domingue colonial, particulièrement ambigu. L'affirmation de la personnalité marronne, érigée parfois en contre-mythologie, mais présente le plus souvent à l'état d'analyse, apparaît au XXᵉ siècle dans le développement d'une quête d'identité, et son champ sémiotique touche aussi bien à la statuaire (statue du Marron à Port-au-Prince, Haïti) qu'à l'architecture (urbanisme lyrique de Pointe-à-Pitre), à la peinture, qu'à la poésie ou au roman. Elle célèbre soit le marron définitif, soit le récupérateur subreptice d'un espace de liberté temporaire, de quelques femmes, de quelques menus biens dérobés au maître.

Les insulaires (pour ne rien dire des différentes tribus de Guyane) parlaient plusieurs langues : macoryxe des Taïnos d'Hispaniola, langue arawak, langue caraïbe. Ajoutons, à l'intérieur d'une même île, un phénomène de différenciation dans la pratique de ces langues entre Caraïbes vainqueurs des guerres inter-ethniques, et leurs femmes capturées au peuple arawak défait.

Au témoignage de C. Colomb : « leur langage est doux », s'ajoute pour ces territoires celui plus modeste de Monsieur du Monteil, tel qu'il a été reproduit par Charles de Rochefort dans son *Histoire naturelle des îles Antilles de l'Amérique* (1658) : « je ne pouvais assez admirer la fluidité et la douceur de leur prononciation », et Rochefort note lui-même une « agréable cadence, des expressions précises, de beaux mots... fort riches en comparaisons... qui donnent une grâce merveilleuse et de grandes lumières à leurs discours ». Il recueille des figures de métaphores comme « l'âme de la main » (le pouls), « le père des doigts » (le pouce)... Quant à l'auto-désignation indigène, elle circule sans commentaires depuis Lancelot Voisin (*Les trois Mondes*, 1582) : « Caraïbes... vaut autant à dire comme vaillants et hardis », jusqu'à une *Histoire du Monde* publiée en 1637 par d'Avity : « Le mot de Caraïbe signifie homme robuste ».

On ne peut se faire une idée de l'importance du lexique caraïbe à partir des conclusions hâtives d'observateurs superficiels comme le Père Chevillard, qui parle de « disette de la langue des Sauvages » (*Les Desseins de S.E. de Richelieu pour l'Amérique*, 1659), comme le Père Breton qui reconnaît qu'« ils ont un langage particulier que je crois qui est fort difficile à apprendre » (*Relation de l'établissement des Français en l'île Martinique*, 1640), ou comme Guillaume Coppier, qui transcrit laborieusement deux syntagmes : « echthrôn adôra dôra, c'est-à-dire que des ennemis les présents sont nuisibles », et « ce qu'ils peuvent posséder et avoir, ce que tous ils nomment crachonnes houcouia ». (*Histoire et Voyage des Indes Occidentales*, 1644) ; Coppier va jusqu'à tenir pour indienne l'expression visiblement espagnole : « mouche bourache » (très ivre).

Ce lexique caraïbe fournit pourtant plusieurs dizaines de mots au français des îles, aujourd'hui encore, mais seul le Père Breton, qui avait passé deux ans à converser avec les indigènes, a pu fournir de leur langue un *Dictionnaire* (1666) et une *Grammaire* (1667). Pour les différencier d'un état antérieur de la langue, il range dans le « baragouin » des termes qui proviennent des premiers contacts avec les Français : baina vient de peigne, précise-t-il. Mais ne demandons ni lexicologie ni grammaire véritablement comparées à l'homme qui, travaillant sur la langue de l'île Dominique, refuse toute authenticité à celle de l'île de Saint Vincent, située à 250 kilomètres plus au sud.

Langues sans histoire apparente, saisies entre la crise et l'anéantissement : ce qui en fut consigné (on n'ose dire préservé) n'a jamais pu fournir que des simili-énoncés aux auteurs de romans historiques. Un exemple sera donné par le livre d'Emma Monplaisir, *La fille du Caraïbe*, dans lequel une vieille chante « des hymnes guerriers monotones et tristes », sans autre précision ; puis l'auteur la fait parler en français châtié ; enfin la romancière construit quelques syntagmes par concaténation de termes empruntés au lexique fourni de seconde main par le Père Labat (*Nouveaux Voyages aux Iles de l'Amérique*, 1722) : « Couriala calleenago carcepfouna, aux bateaux, hommes et femmes »...

Pour la grande île de Saint-Domingue, *Langue et Littérature des aborigènes d'Ayiti* (1972), de Jean Fouchard, s'avère décevant. L'auteur y note avec d'infinies précautions qu'« environ 500 vocables » des Taïnos ont été reconstitués, et qu'une cinquantaine de mots et de tournures indiennes influencent le « caractère agglutinant » du patois créole. Maigre et hypothétique bagage par exemple pour un romancier et dramaturge haïtien comme Métellus, auteur d'une *Anacaona* dont nous reparlerons. Il y a pire, car cela concerne une population demeurée en place, bien vivante : un ouvrage comme les *Légendes et Contes folkloriques de Guyane* (1960) est écrit en français et en créole, y compris des contes d'origine galibi (une ethnie il est vrai bilingue ou trilingue, mais le choix du collecteur, Michel Lohier, est révélateur d'une orientation assimilatrice) ; un unique syntagme amérindien est retenu : « couquantainsecouinas Aïkeambenanos : il y a longtemps que cet événement était attendu » (p. 73). *Un Mort vivait parmi nous*, de Jean Galmot (1922) cite du sabir indio-anglo-espagnol des Saramaka... Seuls à ce jour *Et l'Homme devint Jaguar* (C. Grenand, éd. L'Harmattan, 1982) et *Contes amérindiens de Guyane* (CILF, coll. Fleuve et Flamme) sont en version réellement bilingue. Les incursions des écrivains au sein des langues indiennes seront donc particulièrement rares. Dans *Roucou* de Jacques Perret (1936), si l'élocution des Emerillons est indiquée : « le débit était régulier, bien moulu et chaque période, comme une vocalise fredonnée, répétait la même gamme descendante », une seule phrase indienne est reproduite. A côté, des énoncés créoles, et l'inévitable discours indirect, quand ce n'est pas la version française de dialogues, qu'on retrouvera aussi dans un poème de la Guadeloupéenne

Florette Morand, intitulé pourtant « Un Galibi m'a dit ». Il y a de ce fait un handicap romanesque pour la conduite de l'intrigue, et les décisions des personnages indigènes notamment, ainsi présentées en français, souffrent d'un manque de crédibilité. Quant à la qualité de l'introspection, que penser d'un texte qui signale que les Galibis de 1819 « ont voué aux Blancs une haine sourde », sans qu'aucun énoncé « haineux » soit reproduit !

Un tel déficit a des causes multiples. C'est d'abord, en ce qui concerne les insulaires des premières relations, l'état de guerre et l'entreprise française d'extermination, qui se traduit bien évidemment par une situation de non-communication : guerres franco-indiennes en Guadeloupe, « crainte et défiance » en Martinique, exil dans l'île de la Dominique. Le Père Breton signale : « Nous n'avons encore pu rien tirer d'eux. Maintenant ils sont tellement séparés par des mornes inaccessibles que nous les voyons rarement ». Sur le plan évangélique, grande est la déception du Père Maurile de Saint-Michel dans ses tentatives de leur imposer le signe de croix : « mais ne me respondant rien, je crus qu'il ne m'entendait pas, et le quittay ». Dans les dernières années de la survie indienne, le même refus de communiquer rendra déconfit le Père Labat : « Soit que les Caraïbes ne me jugeassent pas assez de leurs amis pour me confier un tel secret, soit qu'une pareille recherche m'eût rendu suspect à ces sauvages. »

Pour Hispaniola, J. Fouchard rapporte : « ils sont fort soigneux de ne point communiquer leur langue, de crainte que les secrets de leurs guerres ne soient découverts ». (o.c.)

Certes, la propension au mutisme, ou à la parole rare, paraît un des éléments de la culture indienne de la zone caraïbe : les Caraïbes décrits par Du Tertre « passent des demi-journées entières assis sur la pointe d'un roc ou sur la rive, les yeux fichés en terre ou dans la mer, sans dire un seul mot », et Breton a noté : « Pour ce qui touche leurs humeurs, ils sont tous mélancoliques, tristes, sombres, et leur visage même le montre » (ms. B.N. f fr 24974). Mais nul ne niera qu'il s'agisse aussi, dans un contexte de coexistence non pacifique, d'une attitude de résistance.

Sont aussi responsables de ce défiçit des obstacles d'ordre épistémologiques, inhérents à l'ethnocentrisme des chroniqueurs : au mutisme de l'autochtone s'ajoute le sourd enfermement de l'Européen. Les langues indiennes, selon ce dernier, représentent une inadmissible altérité : elle n'ont pas été révélées par le Dieu chrétien, elles sont irréductibles aux tentatives d'intégration à une langue originelle commune ; sans écriture, elles sont exclues du logos. Et lorsque pour des questions jugées sérieuses, les missionnaires-écrivains ont recours aux services d'un interprète, une double opacité s'installe : au pôle de la réception, celle qui relève de la médiation linguistique ; au pôle de la transcription, celle qui procède du discours indirect.

Le discours colonial n'exhibe guère le locuteur indien, il le situe au degré le plus bas du dialogue, et ne prête pas d'attention soutenue à sa parole. Le plus souvent, un parti pris dépréciatif réduit celle-ci à des cris, des hurlements (notamment, signale Du Tertre, quand on les pille ou qu'on viole leurs femmes...), à des « mômeries » dont se moque l'auteur de la relation : « On ne sait s'ils pleurent en chantant, ou s'ils chantent en pleurant. »

Le bilan de la communication avec les « peuples rouges » (Voltaire) n'est pourtant pas nul ; rapportée comme on l'a dit de façon très indirecte, leur vie apparaît, en filigrane. Des propositions verbales de nature diverse donnent idée des carbets où l'on confère : « Là chacun dit ce qu'il sçait, les uns s'entretiennent avec leurs amis, les autres jouent de la flûte » (Mathias du Puis). Des paroles de cérémonies festives sont évoquées : « On entretient M. pendant qu'il mange, et on ajoute à ces entretiens une petite harangue... Il avertit ses hostes qu'il est saoul, et aussitôt chacun vient luy faire la révérence à sa mode, en luy disant, tu es venu » *(ibid.)*.

Des vocables rituels de mariage et de naissance sont rapportés en caraïbe et en français par le Père Chevillard. On entend même parler différents démons : « ils disent l'un à l'autre, tu as menty, ce n'est pas moy qui suis cause de la maladie de ce misérable, c'est toi-même » (Mathias du Puis). L'évangélisation commande en effet de prêter une attention spéciale à des croyances qu'il convient d'éradiquer ; aussi le missionnaire a-t-il écouté les Indiens « appelans les génies », « prians pour les morts », récitant enfin leurs premières prières chrétiennes, « Patonebo Jesu aîouboûli ». Mais les femmes caraïbes défendaient avec véhémence leurs espaces sacrés, et tous les païens n'étaient pas prêts pour l'acculturation : « Un jeune homme captif parmi eux leur comptant quelque histoire de l'Écriture Sainte, ils questionnèrent là-dessus et lui formèrent des doutes qui n'étaient pas impertinents » (Breton, B.N. ms. fr 24974).

En ce domaine, l'absence de documents concrets explique pourquoi les philosophes français du XVIIIᵉ siècle purent dans leurs controverses tirer le peuple caraïbe tantôt vers le polythéisme (articles « Caraïbes » et « Maboya » de l'*Encyclopédie*), tantôt vers l'athéisme (Helvétius, *De l'Esprit*).

Aucune grande construction mythique n'a été recueillie, sinon quelques mythes d'origine considérablement appauvris :

> Si vous leur demandez comment... ils se sont transportés dans les îles, ils n'en sauraient rendre de raison. Bien, disent-ils tous, que leur premier père Kallinago, se logea à la Dominique... Mais il fut changé en un poisson de monstrueuse grandeur qu'ils nomment Akaiouman et est encore tout plein de vie dedans leur rivière (Père Breton, o.c. De cette légende il ne subsiste plus qu'un site consacré, après 280 années de colonisation française, puis anglaise, et de refoulement de l'ethnie sur la côte est de la Dominique).

Poursuivons : particulièrement pathétique est la réflexion que certains portent sur la destinée de leur peuple : « Inoucatiti Mabohia ouâoone... Le Diable est bien méchant et nous traite étrangement. Manalehempti haooné balanaglé oüaoüry. Les Chestiens ne sont pas maltraités comme nous » (A. Chevillard).

Tous n'imputent pas cependant une origine divine à leurs malheurs collectifs, et sous la plume du Père Du Tertre qui n'y insiste guère, apparaît le premier degré de la protestation orale : « Jacques, France mouche fâché, l'y matté Karaïbe ».

Dans l'*Histoire de l'Isle de Grenade*, les Sauvages viennent trouver le capitaine Larivière, « à qui ils demandèrent

pourquoi il avait ainsi pris pied sur leur terre, en y commen-
çant sans leur permission une demeure » (p. 48).

A son tour l'*Histoire naturelle* de Rochefort répercute leurs
lamentations : « Tu m'as chassé (dit ce pauvre peuple), de
Saint-Christophe, de Nevis, de Guadeloupe... Que deviendra
le pauvre Caraïbe ? Faudra-t-il qu'il aille habiter la mer avec
les poissons ? »

Enfin sont prononcés les derniers discours d'un combat
désespéré : « Ils haranguent leurs soldats pour les animer à
la guerre, ils leur représentent leurs pères massacrés, leurs
frères dans la servitude... Ces traités d'affaires commencent
ordinairement par de grands caramémos ou discours et plaintes
de vieilles... » (Mathias du Puis).

Les missionnaires, à redire ces « huées horribles », enflent
leurs propres pages d'une rhétorique de conquistador :

> C'est dans ces grands vins que les anciens renouvellent tou-
> jours leurs plaintes et animent les jeunes à se souvenir des
> inhumanités... comme les Français pareillement sont venus
> prendre leurs terres, ont tué leurs parents, et ont massacré
> leurs amis et ces vieillards et vieilles Sauvagesses allument
> tellement le feu, la colère et la haine dans le cœur des jeu-
> nes barbares, que grinçant des dents, pleurant de rage et de
> furie entendant ces contes... ils éclatent d'un cry épouvantable :
> « Nitoüarmeen homan nirahin... » (A. Chevillard, chap. IV).

Est-ce le souvenir de ces lectures qui a incité Pernety dans
sa *Dissertation critique* de 1770, à leur prêter bien imprudemment la devise « vaincre ou mourir » ? Puisqu'il ne demeurait aucun énoncé indien suffisamment long pour figurer dans
une anthologie, la prosopopée, de registre idéologique ou poétique, se déploya librement, tant chez les écrivains métropolitains : « Je ne connais de sauvage, dit le Caraïbe, que l'Européen qui n'adopte aucun de mes usages » (Helvétius, o.c.,
II, XXI, note), que chez des écrivains blancs créoles, parmi
lesquels Poirié de Saint-Aurèle inaugura le couplet caraïbe en
alexandrins :

> « Frères, écoutez-moi ! Les féroces Chrétiens
> Des chaînes de la paix ont brisé les liens » *(Cyprès et Pal-
> mistes)*,

cependant que D. Thaly imposait la même métrique à des personnages de Sauvagesses âgées pour leur faire annoncer la liturgie d'un suicide collectif :

> « C'est fini du bonheur au chant des mers dorées
> Qu'avons-nous fait à ceux qui nous valent ces maux ?
> Nous irons tous ensemble aux voûtes azurées » *(Lucioles et Cantharides)*.

Mais le Caraïbe, qui avait résisté victorieusement aux Espagnols en 1519, 1520, 1523, avant d'être silencieusement massacré par les Français de 1635 à 1660, n'aura pas été érigé en personnification de l'altérité radicale. C'est au contraire une figure mythique qui doit peu de chose au monde insulaire amérindien — le cadre et l'étymologie de son nom — qui a surgi sous la plume du Martiniquais Césaire (aux côtés d'autres écrivains de la Caraïbe, les Barbadiens Lamming et Brathwaite, le Cubain Fernandez Retamar) : celle de Caliban, empruntée à *La Tempête* de Shakespeare, et portée à la scène en 1969 dans *Une Tempête*. Nécessité de l'adaptation « pour un théâtre nègre », la voix d'esclave de Caliban, son langage, ses chants, mêlent les mots africains et ceux de la langue du maître. Il n'empêche : à des degrés divers de survie et d'authenticité, l'Amérindien des Antilles francophones et ses énoncés fonctionnent aujourd'hui dans la mémoire mythique comme agents d'une réhabilitation littéraire, et d'une incitation à de nouveaux combats émancipateurs. Un poème de l'Haïtien René Depestre atteste de cette démarche unifiante :

> « Me voici Caliban
> L'homme-four de la Caraïbe
> Nous marronnons au four le temps
> De Prospero » *(En état de poésie)*.

Bien plus considérable sera le legs de la parole indigène dans la grande île d'Hispaniola (beaucoup plus peuplée que les Petites Antilles), qui fournira à la littérature haïtienne une de ses topiques récurrentes. Ce qui subsiste en Haïti du monde indien entre notamment dans la poétique du romancier Jacques-Stephen Alexis, soit à titre de simple évocation d'Anacaona, de la Maîtresse de l'Eau, « l'Indienne mordorée qui les soirs de lune coiffe inlassablement l'immense soie noire de sa chevelure tumultueuse » *(Compère Général Soleil)*, soit en tant que personnage marginal, comme le jeune Gonaïbo des *Arbres Musiciens* : « l'Esprit impérissable de la terre... l'Eon tutélaire de la région des lacs ». Mais le « réalisme merveilleux » que pratique Alexis préfère transférer les voix perdues aux forces élémentaires qui parlent par-delà les âges : le vieux vent caraïbe, le fleuve Artibonite.

D'autres écrivains haïtiens au contraire se sont inspirés directement de bribes d'« areytos » plus ou moins authentiques (élégies, ballades, chants de guerre, chroniques, légendes) pour faire parler leurs personnages indiens. Ainsi la tradition conservait un chant de guerre du cacique Caonabo : « Je tuerai, je saccagerai, je brûlerai mes ennemis ; j'emmènerai des esclaves, je mangerai leur cœur », qui fut réécrit « noblement » par Edgar La Selve :

> Mon père était le plus vaillant chef de sa tribu ! Il y a quarante-neuf lunes qu'il est allé dans le Turey (paradis), mais je suis son fils ! En me choisissant pour votre Kacik, vous avez été bien inspirés par les zémés (Esprits)... Celui qui meurt pour défendre les forêts sacrées où dorment les ancêtres, oh ! il vivra éternellement dans les areytos des sambas (bardes).

Semblables transmission, transformation et invention travaillèrent les énoncés attribués au cacique Henry, que les érudits firent parler en vers :

> « Pour mourir libres, il faut monter (...)
> La plaine nous trahit et nous livre
> Bahoruco nous reçoit et nous garde
> Ô mère sacrée, ô montagne sainte. »

Surtout le personnage d'Anacaona, princesse aborigène, a hanté les lettres haïtiennes depuis plus d'un siècle, et notamment dans les années 1926-1927, suscitée par une édition de l'*Histoire des Caciques d'Haïti* d'Émile Nau. Portée alors à la scène par plusieurs dramaturges, sa parole fut évoquée ensuite dans le *Romancero aux Étoiles* d'Alexis, puis elle ressurgit en 1985 à Paris, au Théâtre national de Chaillot, dans un texte de l'écrivain exilé Jean Métellus. Quand la Fleur d'or (Henri Chauvet) Reine des Fleurs et Fleur des Reines « chantait le grand areyto des Papillons noirs ou l'Oiseau lumineux du plaisir, quand la Fleur d'Or poétisait et disait le grand récitatif du bonheur, la Caraïbe entière se sculptait de silence » (Alexis).

Voilà comment cette femme devint Reine, répond J. Métellus :

> « Par le verbe
> Par le chant
> Par la danse » *(Anacaona)*,

et sous sa plume la Reine commence par déplorer les crimes des Espagnols :

> « Le pays supplicié, englouti dans le sang de ses fils
> Enserré dans les bras sans honneur de ces aventuriers du ciel
> Respire avec la peur d'un condamné consultant un sorcier. »

Après quoi Anacaona lance « à travers les îles son dernier mot d'ordre, son poème « Aya bombé » : Plutôt la mort ! (Alexis).

Le folkloriste cubain F. Ortiz a — plus justement — assigné une origine vaudou à ce couplet.

Dans le panthéon de l'anticolonialisme, Anacaona se range naturellement auprès de l'Aztèque Moctezuma, du Zoulou Chaka, de la Kahéna berbère. Son existence de souveraine tragique annonce celles du roi haïtien Christophe et de l'empereur Dessalines ; abusée par la perfidie du conquistador, elle se trouve dans une situation proche du piège où devait tomber Toussaint-Louverture : c'est assez dire qu'en choisissant une figure de profération transethnique et transhistorique, en ajoutant des valeurs de sensibilité et de luxe délicat aux valeurs de virilité militante des grands leaders nègres, les écrivains d'Haïti eurent conscience de perpétuer et d'enrichir une affirmation nationale.

Passer de l'Indien au nègre marron, c'est souvent aller du collectif à l'individuel, c'est glisser de situations de cohésion ethnique où la psychologie, le discours singulier d'un indigène recoupait ceux de sa communauté, à des histoires fortement individualisées en lesquelles chaque fugitif, chaque « négateur » (Glissant), compte pour une voix, du moins tant que la tendance à l'allégorie et à l'hypostase ne l'a pas emporté sur le souci des existences concrètes, particularisées, irremplaçables. C'est aussi passer du « sauvage » au « barbare », c'est-à-dire d'un mode d'être et de parole organisé, fût-ce de plus lâche manière qu'en Europe, à un comportement radicalisé dans la transgression et dans la désertion d'un ordre. Aux yeux du colon, le nègre marron est en effet un barbare parce qu'en brisant les normes sociales de la colonie, il régresse. Avec les Indiens, il arrivait qu'on commerçât, et qu'on passât des traités ; avec le marron isolé, aucun dialogue n'est prévu.

Certes tous les marrons n'étaient pas isolés ; dans les différentes îles et en Guyane, de multiples bandes s'étaient organisées, avec lesquelles parfois il avait fallu négocier, comme en témoignent, pour la Guyane française, les *Lettres édifiantes et curieuses* (tome 29 du 10 mai 1751) et les *Mémoires géographiques* de Surgy (IV, 188). Mais la littérature, avide d'effets dramatiques ou pathétiques, ne reprit pas la teneur de ces conversations, préférant s'attacher à reproduire la parole, réelle ou imaginée, d'un chef révolté. Là encore, la prosopopée brava tout respect de la réalité : ce fut le discours de Moses Bom Saam, dans *Le Pour et Contre* de l'abbé Prévost (VI, pp. 342-353), ce fut celui du héros d'*Oroonoko*, roman traduit en français en 1745 ; ce fut celui du *Ziméo* de Saint-Lambert : « Après avoir versé des larmes, souvent je me sens un besoin de répandre le sang, d'entendre les cris des blancs égorgés. Eh bien, je viens de le satisfaire, cet affreux besoin, et ce sang, ces cris aigrissent encore mon désespoir » (p. 238).

Un demi-siècle plus tard, dans *Bug Jargal* de Victor Hugo, Pierrot, chef clandestin des marrons du Morne Rouge à Saint-Domingue, chante en espagnol des romances et parle un français très correct : « Comment avez-vous pu, dit Pierrot, adhérer à ces représailles ? »

Les écrivains créoles eux-mêmes osèrent quelquefois faire s'exprimer l'ennemi irréductible de leur collectivité ; certes dans sa *Description de la Partie française de l'île de Saint-Domingue* (1797), Moreau de Saint-Méry ne fait rien dire au célèbre chef marron Mackandal, mais à l'époque romantique, le blanc guadeloupéen Poirié de Saint-Aurèle, dans ses *Veillées du Tropique* (1850), instaure un dialogue de chefs Kélers, centré il est vrai sur une histoire d'amour... Un cas particulier est offert par le Guadeloupéen Levilloux qui dans *Les Créoles* (1835), introduit son lecteur au sein d'une bande marronne afin de mieux développer des effets expressionnistes. Sous l'autorité de son chef Bala, on parle petit-nègre, on parle créole, on hurle, et lorsqu'il s'agit de pensées élaborées, comme de se vanter des crimes commis contre les blancs, l'auteur a recours au style indirect, cependant qu'il donne idée du verbe élémentaire de la sorcellerie parmi les fugitifs : « Paroles et ricanements formaient le mystérieux langage qu'elle adressait aux démons présents mais invisibles. Pour ces naïves imaginations, d'autres paroles, d'autres rires répondaient du fond du bois, du cœur des arbres et des entrailles de la terre. »

« Palé à neg pa ka jen bout », dit un proverbe des Antilles françaises : la parole des Noirs n'a pas de fin. Si comme on le voit la littérature consacrée au discours du chef marron ne comporte pas de véritable enquête, ni de technique d'accession au dit de l'autre, si les contes populaires des Petites Antilles ne mettent en scène aucun personnage central de marron, en revanche lorsque des écrivains tentent de reconstituer une énonciation marronne au quotidien, ils ouvrent des voies intéressantes. Tâche difficile car comme l'indique l'historien G. Debien, « Que savons-nous de ce qui pouvait se passer (et se dire, R.A.) dans les cases-nègres, les haines, les colères, les vengeances ? » *(Les Esclaves aux Antilles françaises)*. Le message du marron, lorsqu'il existe, se distingue par son caractère tacite des discours de grands insurgés : de Toussaint-Louverture en Haïti, de Delgrès en Guadeloupe, aussi bien que de la prolixité populaire des personnages de contes Zamba, Bouqui, ou Compè Lapin. Pour d'évidentes raisons historiques, le fonds français ne dispose pas d'un équivalent de l'autobiographie intitulée *Biografia de un Cimarron*, du Cubain Esteban Montejo. Les archives ont conservé les noms, mais non les récriminations de certains sujets particulièrement récalcitrants ; on n'a pas gardé ce qui se disait entre nègres créoles, tuteurs des esclaves bossales, et leurs « moutons Afrique ». On sait que vers 1708 des marrons insultaient les Blancs à la Martinique : avec quels mots ? Pour Saint-Domingue, il ne reste que le souvenir (cf. J. Fouchard : *Les Marrons du Syllabaire*) de ces papiers ou parchemins écrits en langues africaines, et trouvés dans des sacs ou « macoutes » des esclaves insurgés de la guerre 1791-1804. Le jeune Victor Hugo, assez largement informé de la situation dominguienne, signalera dans son *Bug Jargal,* chapitre XIII, de larges feuilles de palmier couvertes de « caractères inconnus ».

En définitive, un seul texte demeure, désigné comme hymne révolutionnaire et vaudou :

> « Eh, Eh, Bomba oh, oh
> Canga bafio té
> Canga mousse dé lé
> Canga do ki la
> Canga li ».

« Mémorer un noir verbe », au sens où l'entend Césaire, devient dès lors une entreprise poétique qui se situe dans la langue, mais qui menace à tout moment d'être malmenée ou dénaturée par la recherche d'effets, par une conception instrumentaliste de l'écriture (Léonard Sainville, *Dominique, nègre esclave,* 1951), ou par des anachronismes d'origine idéologique (*Bogambo, nègre marron* de René Clarac, *Djhébo, le Léviathan noir* de César Pulvar, ou le héros de Bertène Juminer, dans *Au Seuil d'un nouveau Cri,* qui parle de « mobiliser les consciences par des mots d'ordre où une masse se reconnaîtrait » !)

Refusant de s'engager ainsi dans des mimésis de fantaisie, des interprétations plus ou moins controuvées et des démarches téléologiques, les meilleurs écrivains des Antilles françaises ont su demeurer dans la parole économisée, sous-entendue, voire dans l'implicite et la semi-aphasie des locuteurs. Fait exception le Rebelle qui s'affirme si fortement dans les poèmes et les pièces de théâtre de Césaire, mais il ne fait passer aucune émission marrone historicisée ou précisément localisée. Ses énoncés fonctionnent hors de toute vraisemblance autre qu'allégorique : « je te connais, Colomb, capitaine de négrier » est une impossibilité. Avec moins de souveraineté poétique, la romancière Simone Schwarz-Bart se contente de présenter en discours indirect la parole du chef marron Wadamba et celle d'une ancienne Reine sans nom « qui connaissait aussi de vieux chants d'esclaves » *(Pluie et Vent sur Télumée miracle).* A ses côtés André Schwarz-Bart, insistant dans *La Mulâtresse Solitude* sur toutes les maladies de la parole qui devaient affecter les marrons et les insurgés de la Guadeloupe au temps de Napoléon, leur fait proférer des murmures, des « bruits d'arrière-gorge », « sons discords » et propos incohérents.

Mais c'est dans les romans d'Édouard Glissant que le problème est appréhendé au niveau théorique, puisque l'intention de l'auteur est de rendre compte d'une réalité opposée à celle que dit le discours colonial officiel. Ses énoncés romanesques équilibreront deux présences : des moments de précellence du héros fugitif, où le narrateur (romancier ou personnage médiat de conteur), disparaît dans l'écriture aisée de l'aventure marronne, et des passages où prévaut au contraire sur le récit l'exploration risquée d'un langage.

Le marron des origines, avons-nous dit, isolé, ne possède pas de langue de communication valable dans la colonie et plus il y a de « traces éparpillées » des langues « concentrées dans la soute » puis « volatilisées au vent d'ici » *(La Case du Commandeur,* p. 123), moins il y aura de destinataires possibles. *Le Quatrième Siècle* dit admirablement ce drame de la non-communication : d'abord le mutisme intégral (p. 62), puis l'hypothèse précautionneuse du narrateur : « peut-être lui disait-il… peut-être avait-il appris… » (p. 91), enfin un essai de contrefaçon paratactique de premier dialogue (p. 108). Toutefois Glissant n'idéalise pas le retour linguistique aux sources africaines : s'il échappe à ses marrons quelques bribes de mots rescapés du continent originel, c'est pendant leurs fuites, en soliloque, ou bien en résurgences hurlantes, sous la « question », ou torture : « de tous les échanges de parole qui s'établirent ici entre sourds, celui-ci fut le plus terrible » (*Case du Commandeur*, p. 162). Mais c'est précisément aussi le moment tragique où le pouvoir colonial éteint le cri du marron : « ''Allons, c'est assez, mettons fin à ces discours enflammés'' et il lui planta un brandon dans la bouche » (*ibid.*, 166).

Aucune chronique d'ensemble des échappées ni des « révoltes sans témoin » n'aura donc pu se transmettre, les personnages de sorciers ou « quimboiseurs » qui parlent en « séances » étant trop démunis pour prétendre au rôle de griots. D'Afrique aux Antilles la fable n'aura pas continué la palabre. « Mutité absolue » des désespérés, cri « balbutié ou rentré » (*Mahagony*) dans la perte de l'ego, dénaturation en « déparler » de folie, le domaine de l'enquêteur est la carence et la négativité.

Or Glissant, devant l'absence de traces biologiques ou techniques, veut « défaire l'écriture de son pacte de souveraineté par rapport à l'oralité » (*Discours antillais*), et ce d'autant plus qu'avant 1830, pour les esclaves, « savoir lire était passible, quoique non exécutoire probablement, de mort » (*Mahagony*).

Il saura donc « s'accommoder de l'indicible » (*Discours antillais*), produire dans l'opacité et « l'emmêlement d'un cri et d'une écriture » une poétique de l'élusif et du déceptif, refusant de valoriser ce qui est intelligible par rapport à ce qui l'est moins : « Comment soupçonner que le mot Odono (à peine un mot : un son) pût avoir un sens ? » (*Case*, p. 17).

C'est à l'auteur qu'il appartient d'inscrire sur le registre du plus taciturne l'affirmation identitaire la plus éclatante : on comprendra dès lors la relation métaphorique étroite et passionnée qui s'établit entre l'aventure laconique du marron, « seul vrai héros populaire des Antilles » (*Discours antillais*), et la démarche poétique de l'écrivain, au long d'une même voie doublement frayée : « Le dit-il ainsi, nul ne saurait l'affirmer : le texte que voici est le dernier maillon d'une chaîne qui a longtemps traîné dans les herbes du temps » (*Mahagony*).

A partir donc d'une situation originelle d'exclusion d'écriture et de table rase du langage, une archéologie de la parole marronne aux Antilles françaises s'avère nécessaire pour que la voix des peuples trouve sa voie ; Glissant, selon une « poétique de la relation » (titre d'un ouvrage qu'il a publié aux éditions du Seuil en 1990), s'efforce ainsi de rendre la substance ténue d'une antillanité langagière, consubstantielle à la « parole du paysage » (Discours antillais).

Ce faisant, il n'esquive pas la question du parler créole, qui est travail de masse sur le langage par paraboles, paraphrases, « transmutation vertigineuse en un langage pertinent » (Mahagony). Le créole peut exprimer la pensée marronne des temps anciens. « Toutes les forces de police étaient mobilisées contre lui. Man san fouté, (je m'en fous), criait-il dans sa tête » (Discours antillais), ou une pensée contemporaine spontanément réfractaire, comme le montre cette inscription découverte par une sociologue à l'entrée d'un quartier de Fort-de-France, dans les années cinquante :

> « Blongodong
> Moun pa ka rentré ici
> Blongodong
> Ici cé pays moudong ».

Mais le créole « a cessé d'être langage du pacte secret » (Discours antillais, p. 241), Glissant écrit ses histoires de marrons en français standard, et en énoncés où manquent les articles et les pronoms, un artefact homologue du français du Moyen Age.

Ce qui reste de l'énonciation marronne dans l'énonciation martiniquaise d'aujourd'hui, c'est peut-être « le goût de ce ressassement des mots qui recompose s'il se trouve les chuchotis raclés au fond des gorges ».

Face à cette incontestable réussite, les écrivains haïtiens, jusqu'à ce jour, n'ont pas aligné de chef-d'œuvre. Le référent pourtant ne leur a pas manqué avec ce Mackandal, capturé et exécuté en 1758, présenté dans les textes des colons comme une personnalité d'exception, et dont la notoriété avait passé jusqu'au Mercure de France de 1787, notamment à tra-

vers la déclaration de dissidence qu'il avait prononcée après
avoir subi 50 coups de fouet. Au seuil de douze années de
vie et de contre-pouvoir marrons, cette prise de parole avait
été suivie d'autres proclamations exemplaires : « Ennemi des
Blancs, il avait *juré* d'en éteindre la race... pris plusieurs fois
il trompa la surveillance de ses gardiens ainsi qu'il l'avait
prédit : enfin il fut brûlé vif en *annonçant* qu'il s'échappe-
rait encore des flammes sous la forme d'une mouche ». (Descourtilz, *Voyages d'un naturaliste*, 1809, III, p. 128 ; Descourtilz avait été prisonnier des Noirs insurgés pendant la
Révolution de Saint-Domingue, souligné par nous, R.A.).

Il y a plus : avant d'être soumis à la question destinée à
lui arracher des dénonciations, Mackandal avait reçu la visite
d'un jésuite qui lui avait interdit « sous peine de damnation
éternelle » de révéler les noms de ses complices. Qu'en fut-
il exactement ? Ses déclarations d'interrogatoire, telles qu'elles
ont été transcrites dans un *Mémoire* du sénéchal Courtain,
juge civil et criminel au Cap Français, concernent la composition de ses poisons et leurs résultats. Donc, apparemment
frappé de rétention pour toute parole dénonciatrice, ce héros
du marronnage allait devenir un premier modèle nègre de
« l'en-dehors » du système colonial. Pourtant l'ensemble de
valeurs de forclusion qu'il représentait ne passa pas massive-
ment dans la conscience moyenne des Haïtiens ; dans la langue populaire, marron signifie toujours homme timide. Il ne
passa guère mieux dans le corpus littéraire : un drame d'Isnar-
din Vieux, en 1925, dans lequel les harangues de l'ancien
rebelle visent... l'occupant yankee des années vingt ; quelques poèmes de Philippe Thoby Marcelin, de Justin Lhérisson, de J. Joseph Vilaire ; une ode (magnifique) de René
Depestre dans *Un arc-en-ciel pour l'Occident chrétien*.

Plus généralement, et malgré les essais de Jean Fouchard :
Les Marrons du Syllabaire (Port-au-Prince, imp. Deschamps,
1953), *Les Marrons de la Liberté* (Paris, éd. de l'École,
1972), le verbe du marron a été supplanté dans les textes de
création haïtiens par d'autres discours en lesquels il s'est plus
ou moins fondu : celui de l'insurgé de 1791, celui du culte
vaudou, celui des révoltes paysannes, celui des insurrections
étudiantes, celui des révolutions prolétariennes.

Une conclusion se dégage : pour les écrivains de « la Caraïbe aux trois âmes » (revue martiniquaise *Tropiques*), il aura été indispensable de prendre en compte ces deux lieux de relations et d'information : l'Indien à jamais volatilisé, le marron hantant. Non en tant que primitifs mythifiés dans une éloquence d'emprunt, mais comme individus parlant par éclairs leur propre historicité. Vocation unique d'une vocalisation double : à l'opposé des assertions diversement aliénantes ou réductrices du *Journal de bord* de Christophe Colomb, de la « légende noire » et d'une négritude essentialisée, la parole amérindienne des îles et celle de l'esclave marron, recomposées et mises en perspective, peuvent contribuer à dire l'humain dans la diversité de ses signes, même si, aujourd'hui, le processus généralisé de créolisation tend à annuler ces authenticités polaires.

COMPLÉMENTS BIBLIOGRAPHIQUES

ALEXIS Jacques-Stephen, *Le Romancero aux Étoiles*, Paris, Gallimard, 1960.

DEBIEN Gabriel, *Les Esclaves aux Antilles françaises*, Fort-de-France et Basse-Terre, 1974.

DEPESTRE René, *Un Arc-en-ciel pour l'Occident chrétien*, Paris, Présence Africaine, 1967.

DU PUIS Mathias, *Relation de l'Établissement d'une colonie française dans la Guadeloupe*, Caen, 1652.

DU TERTRE Jean-Baptiste, *Histoire générale des Antilles habitées par les Français*, Paris, T. Jolly, 1667-1671.

GLISSANT Édouard, *Le quatrième Siècle*, Paris, Seuil, 1964, *La Case du Commandeur*, ibid., 1981, *Le Discours antillais*, ibid., 1981, *Mahagony*, ibid., 1987.

METELLUS Jean, *Anacaona*, Paris, Hatier, 1986.

MONTEJO Esteban, *Biografia de un Cimarron*, Havana, 1966.

SCHWARZ-BART André, *La Mulâtresse Solitude*, Paris, Seuil, rééd. 1983.

Schwarz-Bart Simone, *Pluie et Vent sur Télumée Miracle*, ibid., 1972.

Toumson Roger, *Trois Calibans*, éd. Casa de las Americas, Havana, 1983.

TROPIQUES, Fort-de-France, 1941-1945, rééd. J. M. Place, Paris, 1978.

2

Le planteur et son monde (Békés)

1. Le planteur des Antilles et son monde

Comment appeler le planteur des Antilles ? « L'habitué » ?
« L'habitant » ? Deux termes des premiers siècles de l'installation française aux îles, dont il reste trace aujourd'hui dans
des toponymes ou des syntagmes créoles figés : « crabes zha-
bitants ». Le colon ? L'Américain, comme on disait en France
au XVIIIe siècle ? Le maître d'esclaves ? Le Blanc créole ?
Le Béké ? Ces deux dernières expressions, majeures au
XXe siècle, vivantes encore aujourd'hui, désignent le planteur
par opposition aux hommes de couleur et aux Noirs, qui émer-
geaient alors de la non-entité.

On le pressent dans cette profusion de désignations, le planteur est une figure qui se fait et se défait au gré des vicissitudes historiques : ses combats contre les rouges — Caraïbes
ou Arawaks — puis contre les Noirs, le conduisirent à la
mainmise totale des îles, suivie de son éviction brutale de
Saint-Domingue, et de son affaiblissement dans les autres territoires. En Martinique, en Guadeloupe, son pouvoir allait être
durement frappé dans les deux derniers siècles par des catas-
trophes naturelles, des crises économiques, des redistributions
nationales et internationales du capital industriel et bancaire.
Ainsi les clubs dont ces « grands blancs » avaient l'exclusi-

vité, tel le célèbre Cercle de l'Hermine, en Martinique, ont-ils officiellement disparu, et les familles béké, concurrencées par les autres couches de la population locale, et d'autres blancs récemment venus de métropole, les « zoreilles », hésitent maintenant à s'isoler dans le quartier résidentiel de Didier, à Fort-de-France. Le romancier Salvat Etchart les a quand même trouvés et réunis : « Békés ! et vêtus de clair, ils soufflent sur leur café d'un air lent, remuant le sucre de leur tasse de thé, les yeux vagues, beurre et miel sur les toasts, les hommes les jambes étendues, les femmes les cuisses rapprochées, le buste droit » (*Les Nègres servent d'exemple*, 1964).

Dans ses trois siècles et demi de luttes, le planteur des Antilles eut des alliés : soldats, négociants, administration française ; mais il en était jalousé, méprisé. Il vivait dans une des plus belles parties du monde sans — nous le verrons — avoir le temps de l'apprécier. Pérennité, fragilité. Même le plus célèbre des Blancs créoles, le poète Saint-John Perse, n'aura pu nouer que de difficiles relations avec son milieu d'origine. De tout temps des textes justificateurs auront donc été nécessaires pour accompagner la geste du planteur et ce qui en constituait l'envers : non pas tant cette « vie dans un hamac » que Flaubert recueillait dans son *Dictionnaire des Idées reçues*, mais une complaisance à la morbidesse, un certain désintérêt à l'égard de mainte activité humaine.

Nous tenterons de prendre en écharpe les différents aspects de cette vie blanche créole à l'aide de textes peu connus, et de caractère plus ou moins littéraire.

Au départ l'esprit colonial n'allait pas de soi chez les Français, et il fallut des considérations plus substantielles que l'appel d'îles « paradisiaques » pour conforter le goût de l'aventure et du voyage. Aussi, dès la fin du XVIᵉ siècle, des plumes propagandistes tentent-elles de provoquer la fierté nationale en opposant la « tant louable gaillardise des Italiens, Portugais et Espagnols » qui se sont emparés de l'Amérique, à « la pauvreté du Français qui jusques ici n'a osé tenter si louable ni pareille entreprise » (Avant-Propos de *Les Trois Mondes*, de Lancelot Voisin, Paris, 1582). Argument repris vers 1640, c'est-à-dire après la prise de possession, par le mis-

sionnaire Pacifique de Provins : « Les femmes et les filles
anglaises vont gaillardement à la mer comme tritons de Nep-
tune et peuplent bientôt les pays qu'ils (sic) habitent, au lieu
que les nôtres ne demandent qu'à croupir en terre. » Car ce
sont les missionnaires-secrétaires dépêchés par le cardinal
Richelieu qui alimentent pour l'essentiel cette littérature « enga-
geante ». C'est le Père Du Tertre qui agite des exemples notoires de personnalités enrichies aux Iles :

> D'Énambuc, ayant très bien vendu sa marchandise, vint à
> Paris en si bel équipage qu'il inspira à tous ceux qu'il entre-
> tint de l'excellence des îles, de la beauté de leur climat, et
> de la facilité de s'y enrichir en peu de temps, une puissante
> inclination d'aller avec lui dans l'Amérique, pour partager sa
> gloire et sa fortune (1).

Affaire très alléchante : Du Parquet a pu acheter l'île de
Grenade aux Sauvages moyennant quelques serpes, de la mer-
cerie et quelques quarts d'eau-de-vie !

Et Du Tertre joint à ces motivations matérielles un tableau
fortement idéologisé du « siècle d'or » de colonies qui se déve-
lopperaient sous le regard bienveillant de la divinité. « Les
habitants (...) vivant sous la sage conduite de M. d'Énam-
buc, tout était commun parmi eux (...) on n'avait pas besoin
de notaire, de procureur, de sergents. »

Plus nettement impérialistes encore sont les projets du missionnaire dominicain le Père Labat, qui participait physique-
ment à la mise en valeur et à la défense des îles.

> Qu'on permette donc à nos braves créoles de s'établir dans
> les îles qui sont dans leur voisinage, et l'on verra dans quel-
> ques années qu'ils seront en état de jeter des essaims assez
> forts pour aller s'emparer de ces terres immenses qui sont
> dans la Terre-Ferme, habitées seulement par quelques mulâ-
> tres espagnols (2).

---

(1) Jean-Baptiste du Tertre, *Histoire Générale des Antilles habitées par les Français* (Paris, Thomas Jolly, 1667-1671), 3 vol. in-4°, t. I, p. 7.
(2) Jean-Baptiste Labat, *Nouveaux Voyages aux Iles de l'Amérique*, (Paris, Guillaume Cavelier, 1722), 6 vol. in-12.

Certes, les épreuves de la traversée et des premiers temps de l'installation faisaient problème. *L'Histoire et Voyages des Indes Occidentales*, du sieur Coppier, ne cache rien des souffrances endurées dans une petite île dépendante de la Guadeloupe : « Étant comme presque eslangouri de faim et de soif... il m'était avis que ce n'était plus moi mais mon ombre ressemblant plutôt une ombre sépulchrale qu'un corps vivant et palpable » (3).

C'est aussi une île sans ressources que découvrait le Père Mathias Du Puis. « On ne voyait que des corps défaits, des visages abattus, des yeux enfoncés, des barbes hérissées, des os mourants revêtus seulement de peau. »

Mais à dire vrai, le récit de telles épreuves, loin de servir de contre-publicité, prend souvent allure de témoignage pour un parcours initiatique ; il érige une aventure brutale, prosaïque, misérable, en une entreprise héroïque, en laquelle la mousquetterie et la croix de mission collaborent énergiquement. Car à l'origine, et au regard des intérêts de la population autochtone, le planteur fut prédateur, spoliateur ; c'est pour lui que les premiers contingents de troupes délimitaient les zones d'occupation des sols, réduisant d'autant le territoire d'Indiens qui vivaient, au témoignage d'un missionnaire-écrivain : « sans besoins de l'assistance des Français qui les contraignent de nous rechercher et vivre parmi nous, ou désirer que nous allions habiter avec eux ».

Très vite, il était apparu que le planteur européen ne pourrait « s'habituer », défricher et cultiver une « habitation », que si la population indigène était exterminée, soit du fait d'un précédent colonisateur — espagnol, comme à Saint-Domingue — soit du fait français, ce qui en Martinique et en Guadeloupe ne tarda pas à se produire puisque le problème indien trouva sa solution finale en l'espace de 25 ans : de tous les Caraïbes qui avaient vu les Français débarquer en 1635, on ne pouvait plus en 1660 trouver de rescapés que dans les réfuges de l'île Dominique et du Belize...

(3) Guillaume Coppier, *Histoire et Voyages des Indes Occidentales* (Lyon, 1744) in-8, p. 39.

Grand massacre de Martinique de 1658

L'année même du grand massacre de Martinique, en 1658, le pape Alexandre VII reconnaissait le roi de France comme propriétaire des îles conquises...

Libéré pour un temps de toute mauvaise conscience, le planteur va s'adonner, soit personnellement, soit en déléguant un gérant, à ce pour quoi lui ou ses parents sont venus aux Iles : faire du revenu. Les textes, au XVIIIe surtout, sont des plus prometteurs. Depuis la Guadeloupe, la moins favorisée par les « chétives cannes » dont parlait Du Pont de Nemours, jusqu'à la plus riche, Saint-Domingue « au plus haut point de perfection », jugée par le voyageur Hilliard d'Auberteuil supérieure à la Caroline, la Pennsylvanie ou la Virginie (4), les productions des Antilles françaises alimentent à la veille de la Révolution un commerce de 100 bâtiments de 250 000 tonneaux, et ont indirectement aidé au développement économique et intellectuel de mainte province française (5).

Obsession de l'argent chez le planteur des îles, passée l'époque pionnière où le « commerce des Sauvages » se faisait par troc (« on a leur traite à bon compte », dit le Père Du Tertre). L'âge économique venu, le planteur en effet souffre du manque de numéraire national ou colonial, et les textes littéraires font référence à une variété d'espèces exceptionnellement cosmopolites, depuis la moëde ou « portugaise » d'or, la pistole espagnole, la piastre d'argent ou pièce-de-huit, jusqu'aux minimes sous estampés, et aux escalins diversement contremarqués.

Certes, il faut distinguer les petits planteurs, soumis parfois aux faillites (6), des grandes exploitations qui connaissent une bonne allure de croisière durant tout le XVIIIe siècle. Car la société coloniale blanche est une société de clas-

---

(4) *Considérations sur l'état présent de la colonie française de Saint-Domingue* (Paris, Grange, 1776), 2 vol. in-8°.

(5) François de Chastellux, *Voyage de M. le Marquis de Chastellux dans l'Amérique septentrionale* (Paris, 1786), 2 vol. in-8°.

(6) Hubert Deschamps, *Histoire de la traite des Noirs* (Paris, 1971), p. 88.

ses, comme le souligne crûment *Zoflora ou la bonne négresse*, un roman de J.-B. Picquenard :

> Sur 200 Blancs qui arrivent à Saint-Domingue, 150 meurent dans l'espace de 2 ans, 48 vivent péniblement et meurent dans les 3 années suivantes, et les 2 autres prospèrent. C'est la règle ordinaire. Rien n'est aussi trompeur, mon cher Justin, que l'aspect riant de ce pays. L'opulence semble l'habiter, l'or y est commun, le commerce florissant et la culture en honneur. Mais la misère, la douleur et la famine y font réellement leur séjour. Tous les produits de cette terre fertile sont pompés et absorbés par un petit nombre d'hommes blancs qui tous vains de leur fortune, vont en France rivaliser de luxe et de prodigalité avec les plus riches seigneurs de la cour, ou les plus extravagants. Pour supporter un nom « illustre » dans la société qu'ils fréquentent, ils soutiennent celui d'Américain par des dépenses folles comme pour faire oublier l'obscurité de leur naissance et le ridicule de leurs prétentions.

Un « Mémoire des Iles françaises de l'Amérique méridionale appelées Antilles » jette une lumière crue sur les antagonismes coloniaux :

> Les dommages que les petits habitants, voisins des plus riches, reçoivent des nègres de ces derniers, en contraignent tous les jours plusieurs d'abandonner les îles, et les nègres les volent pendant la nuit et souvent par ordre de leur maître qui, ayant envie d'avoir leurs emplacements, leur font faire mille outrages et les obligent de déserter. Cependant, il faut compter que les petits habitants font la force de l'Isle (Ms Montbret 236 & 139, Bibliothèque municipale de Rouen).

Ajoutons d'autres difficultés pour le petit planteur, celles qui naissent des contradictions qui l'opposent au négociant métropolitain, c'est-à-dire l'homme qui lui achète ses denrées agricoles et qui lui revend des produits manufacturés, contradictions dont rendent compte ces deux lignes d'une comédie qui met en scène un habitant et sa fille : « Le Père : nous faisons leur fortune. La Fille : vous leur devez plus de la moitié de la vôtre » (Ms *Délassements*, anonyme, Bibliothèque municipale, Nantes).

Mais les différentes strates de la société coloniale blanche
se retrouvent unies face aux « dangers » (le mot est de Montesquieu) que représente la masse de travailleurs noirs esclaves. Nous n'insisterons pas sur ce sujet, renvoyant simplement aux travaux de critique littéraire et à l'impressionnant
ensemble des études historiques qui lui ont été consacrées.
Notons, pour en donner quelque idée, ces lignes peu connues
sur les mœurs — exceptionnelles — de certains maîtres
d'esclaves : « Autrefois, lorsqu'ils s'invitaient à manger,
l'amphitryon récréait ses convives après le repas du spectacle d'un nègre fouetté jusqu'au sang » (7). Elles contredisent
en effet assez éloquemment la vision lénifiante que donne Chateaubriand dans *Le Génie du Christianisme* (IV, chap. 7) :
« Cependant le maître se promène sous des orangers, promet-
tant des amours et du repos à ses esclaves qui font retentir
l'air des chansons de leur pays. »

Au-delà de ses préoccupations économiques, vitales, le planteur des Antilles mène-t-il une vie heureuse ? Le mythe de
la félicité des îles « paradisiaques » se réalise-t-il enfin pour
lui ?

Le poète Léonard (1744-1796), né à la Guadeloupe, a offert
à son lecteur le thème séducteur des « îles aux revenants » :
« Par un charme attaché à ces îles fortunées, ceux qui ne voulaient qu'y passer ont fini par s'y fixer » (*Lettre sur un
Voyage aux Antilles*, Paris, 1787).

Mais la réalité oblige à dire que les Blancs créoles qui le
peuvent, c'est-à-dire les plus riches, pratiquent l'absentéisme,
partant faire des études en métropole, y revenant dès qu'ils
ont suffisamment d'argent pour vivre en France l'existence
dispendieuse de « l'Américain », et rappelons-le, laissant en
leur absence à un économe le soin de gérer l'habitation. D'où,
sur place, le peu de souci de se constituer des structures stables, et le désir de simplifier au maximum le cadre de la vie
domestique. Les limites de la sociabilité sont fixées par l'esprit
le plus pragmatique : « la chasse, la pêche, de longues pro-

_____

(7) Girod-Chantrans, *Voyage d'un Suisse dans différentes colonies* (Neuchâtel,
1785), p. 135.

menades, les comédies de société, en un mot la plupart des divertissements auxquels vous vous livrez dans vos maisons de campagne, sont des plaisirs pour ainsi dire inconnus aux habitants de Saint-Domingue ». (Manuscrit Brueys d'Aigalliers, Bibliothèque municipale, Versailles).

En revanche, on pratique les jeux de hasard dont une lettre de 1755 donne la liste : « les trois-dés, le tapetingue, le passe-dix, le lansquenet, la duppe, le biribi, la roulette, le pair ou non, le quinze, les petits paquets ».

Dans *Les Français peints par eux-mêmes*, Roseval évoque le jeu à la Guadeloupe : « L'on voyait de vieilles créoles en délire jouer au macao des habitations entières contre des aventuriers nouvellement débarqués. »

Les voyageurs, dès qu'ils sont quelque peu instruits, condamnent unanimement l'absence de vie culturelle. « C'est un séjour où ne brillent ni les beaux-arts, ni ces plaisirs délicats, ni cette urbanité précieuse qui font les agréments d'une société civilisée. C'est un séjour enfin tel qu'il n'y a que l'*auri sacra fames,* l'infernale soif de l'or, qui puisse le faire supporter » (Manuscrit n° 880, Bibliothèque municipale, Nantes).

Dans l'ameublement de certaines riches exploitations et maisons bourgeoises des îles on notera quand même, combinés de manière plus ou moins congrue avec la sobriété d'ensemble, quelques éléments de faste ostentatoire, et la haute société insulaire sait organiser des réjouissances, notamment des bals, que rehausse la beauté alanguie des Blanches créoles : « Sous une plume, une fleur, un bandeau, un collier, une écharpe légère, une robe diaphane ou chatoyante, elles passent, tournent, glissent, volent, brillantes, parfumées, gracieuses, aériennes » (8).

Mais, quelle que soit l'époque, c'est le décor naturel qui s'avère le plus captivant, tant aux yeux des métropolitains qu'une mission pastorale ou un mariage local a peu à peu créolisés, que pour certains hommes des îles, que le souci des affaires n'absorbait pas entièrement.

---

(8) Auguste Lefèvre, *Les Antilles, souvenirs* (Paris, Fournier, 1836).

Comme on le verra au chapitre « Exotisme », le créole vit dans un monde qui rassemble en un cadre étroit de multiples merveilles, que leur reprise en ponctif littéraire n'a jamais réussi à banaliser.

A la chance d'habiter un pays luxuriant, il joint encore, au jugement du lecteur européen, celle de vivre au sein de populations particulièrement luxurieuses : « L'Européen : On dit que les femmes ne sont pas difficiles et qu'elles aiment les Blancs.

L'Américain : le sexe, de quelque couleur qu'il soit, n'y est effectivement pas farouche. » Hédonisme et érotisme sont en effet voisins, dès lors qu'il s'agit de propagande coloniale ou, à l'opposé, de condamnation éthique. Mettons en parallèle deux textes. Le premier est un manuscrit inédit, actuellement détenu par une famille du Poitou apparentée aux descendants du narrateur, le jeune négrier Jacques Proa « des Isles ». Il livre ingénuement quelques détails de la vie à Saint-Domingue, en 1781, dans les dernières années donc du régime colonial :

> J'allais tous les soirs, soit à la promenade, soit visiter quelques dames blanches, souvent voir de très jolies et très riches mulâtresses, quelquefois à la comédie... Nos nègres furent promptement vendus et je fus chargé de me transporter dans les habitations des environs du Cap pour y régler les comptes avec les habitants et recevoir en paiement les sucres, cafés et cotons. C'est là où l'on est bien reçu et où l'on vit agréablement. L'on y fait très bonne chère. Le soir l'on vous prépare un bain et le maître de l'habitation vous fait passer en revue les plus belles de ses esclaves.

Le second est dû à un rédacteur de la première revue française d'hommes de couleur, la *Revue des Colonies*, fondée en 1834 ; à partir des mêmes éléments, il vise au contraire à susciter répulsion et mépris envers le planteur :

> La case principale placée à peu de distance de celles des nègres est occupée par le maître. C'est là que ce prétendu pacha berce son orgueil, satisfait ses fantaisies et ses honteux caprices, et lance l'arrêt de ses fureurs. C'est le plus

dégoûtant séjour de l'ignorance, des préjugés grossiers et des passions les plus violentes.

Mais c'est au grand écrivain blanc créole de Saint-Domingue, Moreau de Saint-Méry, qu'il revient, à la veille de la guerre d'indépendance de 1791-1804, de décrire et d'expliquer, de justifier peut-être une certaine permissivité des mœurs :

> La chaleur qu'on ressent au Cap raréfie les humeurs, tandis qu'une transpiration excessive relâche la fibre : on prend pour de la force une fermentation intérieure, et pour besoin l'appauvrissement que produisent de grandes déperditions. On se sent porté vers les divers genres d'incontinence par une force d'exaltation trompeuse, par un agacement des nerfs, et à ce désordre physique qu'il faudrait corriger, s'unissent tous les écarts de l'imagination, cette magicienne des pays chauds. On est environné de la séduction la plus dangereuse, celle qui ne repousse pas le désir, lors même qu'elle n'est pas capable de le faire naître, et l'on a cédé sans avoir songé à combattre.

Le résultat le plus tangible, ce sont ces annexes de l'activité coloniale et commerçante : les cent bijouteries, les mille cinq cents cabarets, « où l'on mène une vie pire que le trépas » (9), et les trois mille « belles et heureuses garces » (l'expression est du voyageur Robert Challes) recensés dans la seule ville du Cap à Saint-Domingue, en 1776. Aux jeunes femmes envoyées de France métropolitaine, « des catins de la Salpêtrière, des salopes ramassées dans la boue, des gaupes effrontées » (10) se sont donc ajoutées les femmes de couleur dont, paradoxalement, la légèreté pose un grave problème aux idéologues coloniaux.

Car dès les origines, le planteur a bravé le plus célèbre des interdits de la législation des Antilles françaises et de la

(9) Hilliard d'Auberteuil, o.c., l'ouvrage fut interdit à la colonie.
(10) Baron de Wimpffen, *Voyage à Saint-Domingue* (Paris, Cocheris, 1797), 2 vol. in-8° ; François Girod dans *La vie quotidienne de la société créole* (Paris, Hachette, 1972), a signalé une exagération dans ces propos.

morale, tant laïque que religieuse : il n'a pas hésité à « établir des rapports, par une intimité méprisable, en s'associant à des négresses esclaves, machines animées, et instruments de la brutalité », pour parler comme le naturaliste Descourtilz, un métropolitain apparenté au milieu créole blanc (11). Dès le XVIIᵉ siècle, un curieux roman colonial, le *Zombi du Grand Pérou*, donnait déjà idée du braconnage sexuel interracial à la Guadeloupe : « la plupart des principaux habitants étaient de la partie et quiconque voulait mêler les Blanches avec les Noirs se satisfaisait sans empêchement dans le magasin de Benjamin de Gennes, où un amour éthiopien ouvrait la barrière à tous ceux qui voulaient entrer en lice » (12).

Alors naquit sans doute cet être d'exception « empreint et pétri de volupté » (Ducœurjoly, *Manuel des Habitants de Saint-Domingue*, 1802), qui sut transformer les Antilles en terres de désir : la mulâtresse des îles. A son sujet, tous les témoignages concordent. Celui du Général Romanet : « Une tournure déliée et svelte, une délicatesse d'organes, une sensibilité qu'une construction vigoureuse et leur tempérament, de concert avec les feux du soleil qui éclaire leur innocence et leur bonne foi, entretient et dirige continuellement à l'amour » (13). Celui du Baron de Wimpffen : « Ces mulâtresses ont fait de la volupté une espèce d'art mécanique qu'elles ont porté à son dernier point de perfection » (14).

L'épouse blanche du planteur cependant voyait sa pitoyable condition étalée à la « une » de la *Gazette des Petites Antilles* :

> Combien de fois tristement assise à la table de mon mari, m'entendant à peine adresser d'un ton sec quelques paroles indifférentes, n'ai-je pas vu cette conversation muette mais expressive, que le cœur anime et rend délicieuse, détournée, en ma présence, vers une esclave que le sort fit pour me servir, et qui me brave (8 août 1775).

(11) *Les Voyages d'un naturaliste*, (Paris, Dufart, 1809), t. II, p. 52.
(12) Pierre de Corneille Blessebois, *Le Zombi du Grand Pérou* (sans indication de lieu, 1696).
(13) *Voyage à la Martinique*, (Paris, Pelletier, 1804), p. 55.
(14) O.c., p. 76.

46   LA LITTÉRATURE FRANCO-ANTILLAISE

Ainsi les textes métropolitains auront-ils défini le personnage du planteur créole à son apogée : « gaîté, libertinage, légèreté, vanité, force fripons très remuants, d'honnêtes gens souvent mécontents, et presque toujours inutiles » (Marquis de Mirabeau, *L'Ami des Hommes*, 1756-1758, 11, 9).

C'est moins le portrait d'un maître de production que celui d'un individu jouisseur, despotique, endetté, moins homme industrieux que chevalier d'industrie.

Le monde créole, nous l'avons dit, a été irrémédiablement atteint par la révolution de Saint-Domingue, par les résultats immédiats qu'elle eut dans la colonie, et par les espoirs qu'elle suscita dans tout l'archipel parmi les différentes couches de populations d'origine non-européenne. Une société alors pivota, que nous avions vu s'édifier vaille que vaille dans l'opiniâtreté pionnière, les drames hors-série, les affranchissements moraux. Imprudemment, aux premiers temps des troubles révolutionnaires en métropole même, ce sont des Blancs créoles autonomistes, des planteurs, qui pratiquent le chantage à la sécession. « Et si l'horrible scission doit avoir lieu, vous lèverez au moins des mains pures, et vers la mère-patrie, dans vos derniers adieux en la quittant pour jamais, et vers les colonies. » (15)   *précurseurs*

Surgissent bientôt les (prodromes) du soulèvement des Noirs, les Békés alors sont réduits à la défensive et multiplient les appels au secours. Et c'est au tour des maîtres d'esclaves de verser leur sang et leurs larmes, d'assister impuissants à l'impitoyable accélération de l'histoire.

A Saint-Domingue donc, une guerre de classes et de races aura défoncé définitivement villes et campagnes, elle aura lancé ses griffes au faciès faussement amène d'Ancien Régime, elle aura dispersé comme fétus de bagasse les rêves de reconquête.

Dans les petites Antilles non décolonisées, une micro-société béké se perpétue péniblement quelques décennies, le romancier martiniquais Xavier Eyma parmi d'autres signalant sa relative dégradation. « Il faut bien dire que les colons ont vu, de jour en jour, s'éteindre les plus beaux côtés de leur exis-

---

(15) Presse de Saint-Domingue, *Nouvelles diverses*, n° 5 (juin 1790).

tence, que la misère les a gagnés comme une lèpre affreuse, et qu'on voit couler en ce moment plus de larmes qu'on n'y peut compter de sourires sur les lèvres. » (16)

Des caractéristiques répétent selon une caricature miniaturisée celles de la grande île : morgue alanguie des « agonies créoles », exercice du préjugé de couleur, sévérité de quelques geôles d'habitation où l'on torture, et de quelques pendaisons publiques... La peur, aussi, et *La Revue des Colonies* de l'époque reproduit opportunément les analyses de Schoelcher.

> Le poison est à l'esclave ce que le fouet est au maître, une force morale ; le Noir travaille crainte du fouet, le Blanc abuse moins crainte du poison... Quelques nègres ont été pris, chez lesquels la rage d'empoisonner était arrivée jusqu'à la monomanie. L'un d'eux explique qu'il tuait les bœufs comme les Blancs tuent des cailles, par caprice, par fantaisie, sans avoir à se plaindre ni à se venger.

A partir de 1848 pourtant, date de l'abolition de l'esclavage, le jacobinisme centralisateur français plaque sur ces petites communautés de planteurs blancs et d'hommes et femmes de couleur libres le statut plus adapté de la citoyenneté française et de l'égalité des droits. Les structures politiques iront vers une assimilation de plus en plus marquée avec celles de la métropole : municipalisation, départementalisation, régionalisation.

Le Blanc créole diversifie alors ses activités ; il garde la mainmise sur des secteurs économiques importants, l'import-export notamment, il conserve la direction des sucreries et distilleries. L'archétype du planteur béké a fait son temps et il faudra la grande voix créole de Saint-John Perse pour qu'en soient conservés par l'écriture quelques caractères impérissables. Le planteur créole se tient en effet « sur la porte » du recueil *Éloges*, dans un poème de 1908 : « J'ai une peau couleur de tabac rouge ou de mulet, j'ai un chapeau en moelle de sureau couvert de toile blanche... Mon orgueil est que ma fille soit très belle quand elle commande aux femmes noi-

---

(16) *Les Peaux Noires* (Paris, Lévy, 1857).

res... Et l'eau de ma cuvette est là : et j'entends l'eau du bassin dans la case-à-eau. »

« Pour fêter une enfance », autre poème, rappelle nostalgiquement les « lieux de moulins et de cannes » :

> Plaines ! Pentes ! Il y avait plus d'ordre ! Et tout n'était que règnes et confins de lueurs... Et les hommes remuaient plus d'ombre avec une bouche plus grave, les femmes plus de songe avec des bras plus lents... A droite on rentrait le café, à gauche le manioc (ô toiles que l'on plie, ô choses élogieuses !) Et par ici étaient les chevaux bien marqués, les mulets au poil ras, et par là-bas les bœufs... Et un nuage, violet et jaune... appelait par leur nom, du fond des cases, les servantes !

Saint-John Perse s'inscrit certes ici dans un courant de description complaisante, où l'ordre syntaxique et métrique redouble celui du territoire colonisé, une caractéristique qu'on retrouve dans *Le Jardin des Tropiques* de Daniel Thaly, curieusement paru un an après *Pour fêter une Enfance* :

> « Ici c'est le verger, les tonnelles, les fleurs
> Là-bas les maniocs, les maïs, et les cannes
> J'ai des bœufs tachetés dans mes vertes savanes
> Des chevaux noirs et des coqs fiers de leurs couleurs. »

Même plaisir du propriétaire de biens et du propriétaire du texte dans *La Grande Béké*, de Marie Reine de Jaham, trois quarts de siècle plus tard : « Les parterres fleuris s'étalent sur les pentes douces d'une colline, juste derrière la maison quarante hectares d'anthuriums en forme de cœur, du grenat violacé au blanc le plus pur... »

Mais chez Perse la vision est transfigurée par la grâce de l'imagination enfantine, pleinement poétique. « La Maison, écrit-il encore, durait, sous les arbres à plumes », marquant ainsi l'allure évanescente d'un monde dont il faudra sortir un jour : « Pour moi j'ai retiré mes pieds. »

Le maire (noir) de la ville de Pointe-à-Pitre, a eu toutes raisons de rapatrier cette poésie de Blanc créole, à la fois universelle et partie prenante d'une culture antillaise. La collectivité béké fut tout un temps sujet primordial, non par voie d'élection, de mission, ni par l'aura de vertus particulières, mais en stricte raison du procès de travail/non travail aux îles ; en revanche, c'est sous le rapport du mythe que le planteur créole et son mode de vie auront peut-être marqué des esprits aussi divers que Châteaubriand, heureux amant d'une créole, Napoléon, époux d'une blanche Martiniquaise, Balzac, Hugo, Stendhal, dont il suffit de lire respectivement la *Correspondance* avec Madame Hanska, *Bug Jargal*, les *Mémoires d'un touriste*, pour voir qu'un jour au moins, une saison, un moment de leur existence ou de leur carrière, les uns et les autres ajustèrent à la réalité antillaise l'idée légère d'un mieux-vivre.

2. Portrait d'un « Américain »

(Extrait du manuscrit n° 880, Bibliothèque municipale, Nantes. Pièce inédite, écrite en 1787).

> Certain goujat, d'une naissance abjecte
> D'esprit pervers, de probité suspecte
> Dans son pays faisait plus d'un métier
> Trompant l'espoir de plus d'un créancier
> Franc polisson chassé par la police
> Pour des méfaits, prit un jour le parti
> De s'évader vers l'île d'Haïti
> Qui comme on sait est l'asile du vice

Ayant échappé à la maladie des nouveaux arrivés, il devient aux Antilles :

> Juif, charlatan, colporteur, maquereau.

Puis enrichi, il se retrouve commerçant estimé :

> On le recherche, on l'accueille, on l'invite ;
> Des officiers, de petits magistrats
> Vont à sa table écornifler les plats...

Il se faufile, il choisit pour maîtresse
Une Laïs couleur café-au-lait
Qu'en ces climats on nomme mulâtresse
Charmante brune au tétin rondelet...
Effrontément il achète une terre
Dont il n'a pas de quoi payer le quart :
En ce pays c'est la marche ordinaire...
Les fouets vengeurs retentissent au loin,
C'est pour son âme un plaisir, un besoin,
Est-ce qu'un Noir à ses yeux est un homme ?
Pour anoblir sa mine roturière
Il lui manquait de devenir guerrier ;
Il le devint sans savoir l'exercice ;
De la milice on le fit officier.
Ah ! qu'il est beau d'être dans la milice !
Comme à son aise on cueille le laurier !

L'Américain se rend à Paris :

En militaire il porte la dragonne,
Il prend le ton d'un puissant colonel
Et pour marquis hardiment il se donne,
Sa sucrerie c'était son marquisat...
Les ornements d'une riche parure,
Table splendide, élégante voiture,
Valets nombreux, tout aidait mon faquin
A soutenir noblement l'imposture
Toujours suivi d'un esclave africain...
D'or et d'argent il répand des rivières,
C'est le phénix de tous les insulaires...
On se l'arrache, on vante ses progrès ;
Faisant fracas, s'ennuyant à grands frais,
Devant beaucoup et ne payant jamais
Verlac enfin est un homme à la mode...
En quinze mois son sucre fut fondu,
Maîtresse, amis lui firent grise mine :
Plus de doublons, son crédit est perdu.
Il reparut à l'île d'Haïti
Plus fat encor qu'il n'en était parti.

Il y épouse :

> ...la plus tendre catin
> Qu'on vit jamais dans toutes les Antilles.

Quant aux enfants :

> Le susdit couple en eut Dieu sait comment,
> Fille et garçon de différentes races
> Qu'on éleva abominablement
> Dans l'épaisseur d'une ignorante crasse,
> Dans la mollesse et le désœuvrement

3. La conduite du Noir américain selon les voyageurs français du XVIIIe siècle

Commentons deux mots de ce titre : d'abord le terme « américain » qui au XVIIIe siècle signifie plus souvent habitant des Antilles qu'habitant de la Terre-Ferme, et notre propos sera de confronter ce qui se disait sur le Noir des îles à sucre et ce qui se disait sur celui de ces colonies en voie de regroupement après l'indépendance sous le nom d'États-Unis. Autre précision : la « conduite du Noir » veut dire aussi bien la manière dont il se conduit que celle dont on le « conduit travailler », pour reprendre une expression en usage dans les contrats des commandeurs. Mais dans la réalité comme dans les textes auxquels nous avons à faire, l'une ne va pas sans retentir sur l'autre, comme on le verra successivement pour ce qui concerne la condition des esclaves, le comportement à tenir à leur égard en cas de révolte, et enfin le problème de leur affranchissement.

Je ne reprendrai pas l'analyse de textes directement politiques comme ceux de commissaires envoyés à Saint-Domingue pendant la Révolution française ni, en sens inverse, ceux des délégués américains aux assemblées parisiennes, ni ceux des pamphlétaires coloniaux rapatriés en métropole. Pour autant, la douzaine de voyageurs ici retenus ne doivent pas être

CODE NOIR

considérés comme des touristes dilettantes, car l'exotisme américain dont Gilbert Chinard a parlé dans ses ouvrages (17) n'est généralement pas leur fait. Ce sont des hommes en situation, soit impliqués à un titre ou à un autre dans l'économie de plantation, soit délégués pour réaliser une enquête, soit témoins plus ou moins profondément impressionnés par leurs lectures et par les scènes auxquelles ils assistent.

Il s'agit aussi, à une exception près, de textes qui se situent entre la publication de l'*Esprit des Lois*, en 1748, et les années 1802-1807, si riches en événements pour le sujet qui nous occupe. Dans ce laps d'un demi-siècle, les auteurs sont confrontés avec des situations stables ou stabilisées, qui tendraient à montrer que vaille que vaille, l'histoire se serait arrêtée dans certains territoires situés entre le Massachusett et les Guyanes. Précisons : en Louisiane ce sont toujours les mêmes colons qui pratiquent la même agriculture esclavagiste, que le statut soit français jusqu'en 1762, espagnol de 1762 à 1800, français de nouveau, puis américain après 1803. Et le Code Noir y survit jusqu'au moment, en 1806, où Charles Robin met la dernière main à ses *Voyages à l'intérieur de la Louisiane* (18). A la Martinique, on ne note aucune solution de continuité dans le processus servile, que l'île soit sous domination anglaise ou française. Et d'autres types de situation perdurent, comme ces accords, tacites ou explicites, que les autorités coloniales ont passés çà et là avec des collectivités libres d'esclaves marrons : en Guyane avec les Bonis, à Saint-Domingue entre ceux des « grands bois » et Monsieur de Bellecombe et, vraisemblablement, à la périphérie de la Nouvelle-Orléans.

Mais les voyageurs ou résidents temporaires étaient aussi témoins de modifications radicales dans la condition des Noirs : affranchissement octroyé par les Quakers en Pennsyl-

---

(17) Gilbert Chinard, *L'Amérique et le Rêve exotique dans la littérature française au XVIIᵉ et au XVIIIᵉ siècles* (1913, Paris, Droz, 1934). Pour la même raison, John R. Carpenter, *l'Histoire de la Littérature française sur la Louisiane de 1673 à 1766* (Paris, Nizet, 1966), ne recoupe pas notre propos.

(18) Charles-César Robin, *Voyages dans l'intérieur de la Louisiane, de la Floride occidentale et dans les îles de la Martinique et de Saint-Domingue,* 13 vols (Paris, F. Buisson, 1807).

vanie, abolition arrachée sur place à Saint-Domingue, abolition entérinée à Paris après quatre années d'atermoiements au sein des assemblées révolutionnaires. Et du fait de la guerre, l'exil aux États-Unis et en Louisiane d'un bon nombre d'anciens colons dominguiens leur fait découvrir les situations diversifiées du Massachusetts, de Virginie, et de la colonie espagnole.

Pour ajouter à cette disparate, rappelons le cas de la Guadeloupe, qui connaît la liberté générale pendant huit années, avant la décision restauratrice de Bonaparte en 1802, et la tragédie qui s'ensuit.

Quelle stimulation pour l'esprit que ces contradictions formidables de situations sur le continent comme dans les îles : là des hommes demeurés à l'écart de la citoyenneté, qu'ils aient été libérés ou laissés dans l'état de servitude ; ailleurs la résolution dramatique, en des sens opposés, des épopées noires, selon qu'il s'agissait de la Guadeloupe écrasée par la répression, ou d'Haïti où, comme devait l'écrire Aimé Césaire, « la négritude se mit debout pour la première fois. » (19)

Dans la plupart des cas de figure, les perspectives réformistes et leurs ajustements mesquins ou leurs maquettes prestigieuses (les *Réflexions sur l'esclavage des Nègres*, que Condorcet fit paraître en 1781), ne pesèrent pas lourd face à la violence historique.

Si l'on ajoute à cette pesée d'ensemble la charge biographique de la plupart de nos écrivains-voyageurs, on comprendra que le lyrisme, la prise de hauteur philosophique aient tenu peu de place dans les relations, face à l'esprit positif, qui se nourrit d'un concret regardé à travers le prisme des intérêts personnels.

Les manuels de planteurs

Il en va ainsi, et en premier lieu, pour ce qui concerne la description des conditions de vie des Noirs cultivateurs, aux Antilles comme en Amérique septentrionale.

_____

(19) Aimé Césaire, *Cahier d'un retour au pays natal* (*Volontés*, 1939, Paris, Présence africaine, 1971), 67.

Parlons d'abord des manuels de planteurs, littérature pratique diffusée dans le monde colonial francophone, voire plus largement quand l'ouvrage est traduit, et dont la circulation est amplifiée à la fin du siècle par la dispersion des colons de la grande île. Car, il convient de le rappeler, le futur Haïti constituait alors la colonie majeure et centrale, la première aussi dans la hiérarchie des productions culturelles aussi bien qu'économiques, en regard de quoi les aléas et l'immensité de la Louisiane ne constituaient qu'une zone seconde. Donc les manuels de planteurs dominguiens devenus voyageurs malgré eux, ouvrages issus d'une expérience reconnue dans l'ordre de l'agriculture esclavagiste, vont faire autorité en différents territoires quelle qu'ait été leur tendance : esprit de violence ou esprit de douceur.

C'est à cette deuxième catégorie qu'appartient *Le Planteur de café de Saint-Domingue*, de P.J. Laborie (20). L'auteur s'est réfugié à la Jamaïque, et a rédigé son ouvrage en français, avant qu'il ne soit traduit en anglais et publié à Londres, puis traduit en espagnol à Cuba. Laborie, imprégné d'humanisme chrétien, veut limiter à trois coups de fouet la capacité de punir que détiennent les commandeurs ; il étend jusqu'à trois années le temps d'acclimatation et d'apprentissage des esclaves nouvellement arrivés d'Afrique et prévoit de faire construire pour eux des cases « à demi africaines ». A l'inverse, *Le Parfait indigotier*, de l'impitoyable Elie Monnereau (21), sera repris terme à terme, quarante ans plus tard, par un ancien gérant d'habitants de Saint-Domingue, Ducœurjoly. Et celui-ci, avec son *Manuel des Habitants de Saint-Domingue* paru en 1802, répond aux espoirs que suscite parmi les planteurs le rétablissement de l'esclavage et l'envoi d'un corps expéditionnaire dans la colonie. Ducœurjoly passe vite sur sa remarque : « il faut être humain envers son semblable. Le nègre est un homme comme nous » (22). Il faudrait, ajoute-t-il, ne le châtier qu'en connaissance de cause, mais :

(20) J.P. Laborie, *The Coffee Planter of Saint-Domingue* (London, Cadel, 1798).
(21) Élie Monnereau, *Le Parfait indigotier* (Marseille, J. Mossy, 1765).
(22) 1 : 53.

« on a plus souvent fait d'excellents sujets par la crainte que par une douceur toujours mal placée » (1,41).

C'est également une visée pragmatique qui commande de « traiter avec modération les nouveaux débarqués ». Aussi selon lui, « l'antidote » indispensable à cet impératif catégorique, se faire craindre, est-il d'« égayer les nègres », qui devient ainsi la seconde obligation des conducteurs d'esclaves. La raison en est expliquée au principe, à l'origine africaine : « il faut les égayer afin qu'ils fassent moins attention au joug qu'ils vont porter, et qu'on doit leur faire envisager comme préférable à l'état de liberté, ordinairement malheureux, d'où ils sortent » (1,38).

Du même esprit de précaution et d'économie de la force de travail procède la recommandation : « donner à chacun la femme qu'il aime ». Par elle, Ducœurjoly permet de mieux lire, c'est-à-dire d'en écarter toute préoccupation sensible, la remarque de Raynal : « mettre les plaisirs de l'amour à la portée de tous les Noirs » (23), qui s'ajoute à un conseil plus général : pour rendre l'esclavage utile, il faut du moins le rendre doux (p. 216).

Le même souci de l'intérêt bien compris conduit un autre ancien habitant de Saint-Domingue, le citoyen Avalle, à utiliser avec plus ou moins de pertinence en 1799 deux concepts qui avaient été chers à Saint-Just, et à les étendre aux colonies américaines : « Le propriétaire leur doit en échange le *bonheur,* son intérêt même le porte à suivre les lois de l'*égalité* » (24).

Le clergé missionnaire

Au-delà de ceux-ci, que l'on pourrait appeler les « voyageurs de commerce » coloniaux, il est un secteur de pensée qui demande examen : le clergé missionnaire, envoyé au Nou-

---

(23) Guillaume-Thomas Raynal, *Histoire philosophique et politique des établissements et du commerce des Européens dans les deux Indes* (éd. 1783), livre 11, ch. 30, 222.

(24) Avalle, *Ouvrage du citoyen Avalle sur l'importance des colonies françaises aux Antilles* (Paris, an VII). C'est nous qui soulignons « bonheur » et « égalité ».

veau Monde « sur l'ordre du Roi », selon la formule consacrée. Son appréciation de la condition des Noirs esclaves sera
ici questionnée dans la confrontation qui a surgi entre deux
représentants du même ordre ecclésiastique, les jésuites. L'un,
le père Le Pers, est obscur résident à Saint-Domingue ; l'autre
est le célèbre Xavier de Charlevoix, qui a voyagé sur le continent et dans les îles.

De 1720 à 1723, Charlevoix a envoyé des lettres à la
duchesse de Lesdiguières, qui seront réunies et publiées en
1744 dans son *Journal historique d'un Voyage dans l'Amérique septentrionale*. Étant données les dates de rédaction, on
comprend qu'aucune mention ne soit faite des Noirs cultivateurs. Quant à son *Histoire de la Nouvelle-France*, à laquelle
le *Journal* est joint, elle ne parle des Noirs d'origine africaine qu'en tant que recrues militaires dans les guerres menées
contre les Indiens sauvages. L'ouvrage de Charlevoix qui nous
retiendra donc est *l'Histoire de l'Ile espagnole de Saint-
Domingue* parue en 1730, pour le traitement que l'auteur y
fait subir à des manuscrits que lui avait fournis le Père Le
Pers, et qu'il modifie considérablement dans un sens de
cruauté accrue et de strict ajustement à l'esprit esclavagiste.

On est à proprement parler stupéfait de passer des remarques évangéliques, demeurées inédites : « la douceur a grâce
partout, partout elle est nécessaire » (25), aux obsessions anti-
philanthropiques du Père Charlevoix : les Noirs, « rebut de
la nature », sont des « machines dont il faut remonter les ressorts... Quelque peu qu'ils mangent et qu'ils dorment, ils sont
également forts et durs au travail » (26). Bien sûr le fouet
est indispensable à l'esclave : « il faut lui faire sentir à coups
de fouet qu'il a des maîtres » (1,287) » « ...Mais il faut
recommencer souvent » (2,500).

Là où Le Pers apparaissait comme un anti-esclavagiste :
« Rien n'abrutit plus que l'esclavage. C'est au contraire plus
ou moins de liberté, soutenue de plus ou moins de culture

---

(25) Le Pers, *Mémoires pour l'Histoire de Saint-Domingue*, (Paris, Bibliothèque
nationale, Paris, ms. n.a.f. 8990 f° 67, ms. *Histoire de l'Isle de Saint-Domingue*,
n.a.f. 8991).
(26) Pierre-François Xavier de Charlevoix, *Histoire de l'Isle espagnole de Saint-
Domingue*, 2 vols (Paris, Guérin, 1730-1731), 2 : 501.

et d'éducation qui donne plus ou moins d'esprit. C'est ce que nous remarquons aux Iles parmi les nègres libres » (27), le Père Charlevoix ne manque pas de dresser une barrière de haine entre les races, notamment lorsqu'il évoque une révolte.

Si on se reporte au contraire à ce que le même Charlevoix dira des Indiens dans son *Histoire de la Nouvelle-France* (1744), on remarque que les termes du discours sont bouleversés, puisqu'il voit leurs sociétés plus douces et plus égalitaires que celle de ses compatriotes.

Ce n'est pas seulement l'objet ethnographique qui a changé, l'Américain au lieu de l'Africain, c'est aussi une critique par ricochet de la société blanche, c'est enfin tout le système de valeurs de l'écrivain, dès lors qu'il ne parle plus du Noir comme propriété intangible du Blanc. Racisme, esclavagisme, tel est malheureusement le message que *l'Histoire de l'Ile Espagnole* aura transmis à Buffon, à Voltaire, qui citent volontiers le jésuite parmi leurs références.

Trouvera-t-on, en regard de ces textes imbus d'esprit colon ou ministériel, des relations de voyage idéologiquement plus libres ? Prenons le cas le plus favorable, celui d'un officier d'origine comtoise, Girod-Chantrans, qui selon l'historien Gabriel Debien s'est travesti en Suisse, probablement pour se situer le plus extérieurement possible par rapport à l'appartenance française, et donc à l'esprit « national » que Le Pers critiquait chez Charlevoix. Dans son *Voyage d'un Suisse dans différentes colonies d'Amérique*, publié en 1785 (28), Girod-Chantrans écrit en effet avec quelque humour : « le peuple français est le seul navigateur qui accumule ainsi les hommes en mer ». Ce qu'il appelle selon l'expression communément usitée « le gouvernement des nègres » lui apparaît comme une « machine curieuse toujours montée... Rarement le trouve-t-on exempt de cruautés ». Et cherchant des limites objectives aux abus des maîtres, il déclare lucidement : « l'habitant sera despote autant qu'il est possible » (*Voyage d'un Suisse...*,

---

(27) F° 71, cf. notre ouvrage *Les Écrivains français et les Antilles.*
(28) Justin Girod-Chantrans, *Voyage d'un Suisse dans différentes colonies d'Amérique pendant la dernière guerre* (Neufchâtel, Imprimerie de la Société Typographique, 1785).

134). Singulièrement, il juge les esclaves plus libres dans leurs amours que ne le sont les planteurs, mais ce libertinage même est source d'épuisement et de mélancolie pour des individus d'une complexion « moins forte que lascive ». Seules échappent à la malédiction attachée à l'amour dans les colonies les liaisons que les maîtres entretiennent dans le monde des gens de couleur, au sein duquel, ajoute notre voyageur, il conviendrait de déclarer libres tous ceux qui sont de peau moins foncée que les mulâtres. Et pour se faire une idée réaliste de la condition des esclaves, il faudrait s'en tenir au seul jugement qui soit fiable, celui des nouveaux débarqués. Comme on s'en doute, il s'agit d'un vœu tout à fait gratuit, les Africains déportés, grands voyageurs s'il en fut au XVIIIᵉ siècle, et témoins capitaux, n'ayant disposé ni de la parole ni a fortiori de la capacité d'écrire, autrement que par le truchement tout à fait artificiel de la prosopopée, dans quelques textes humanitaires.

Les autres textes de voyageurs ou de résidents temporaires qui traitent de la condition des Noirs sont eux aussi marqués d'écarts subjectivistes par rapport à ce que les travaux des historiens américains nous apprennent aujourd'hui (29). Ainsi Jean-Bernard Bossu, qui a voyagé à l'île de la Grenade, à Saint-Domingue et surtout en Louisiane, est connu pour les épisodes pittoresques qu'il a insérés dans les 500 pages de ses *Nouveaux Voyages aux Indes occidentales* et les 400 pages de ses *Nouveaux voyages dans l'Amérique septentrionale* (30). D'un côté il prétend avoir connu à Saint-Domingue le colon Chaperon « qui fit entrer un de ses nègres dans un four chaud », et il ne manque pas de relater la vente dans cette colonie d'esclaves nus, méticuleusement visités avant l'étampage. Cependant il a pu remarquer un autre type de

---

(29) Notamment à notre connaissance, de John Spenser Basset, *The Southern Plantation Overseer as revealed in his letters* (Northamphon, Smith College, 1925, New York, Negro Universities Press, 1968), Charles S. Sydnor, *Slavery in Mississipi* (New York, D. Appleton-Century, 1933) ; Rosser H. Taylor, *Slaveholding in North Carolina : An Economic View* (Chapel Hill, University of North Carolina Press, 1926) ; et *Louisiana Historical Quarterly*.

(30) Jean-Bernard Bossu, *Nouveaux Voyages aux Indes occidentales* (Paris, Le Jay, 1768) ; *Nouveaux Voyages dans l'Amérique septentrionale* (Amsterdam, Changuion, 1777).

cruauté de la part des maîtres dans l'immense territoire qui venait d'être acquis par l'Espagne : « J'ai vu à la Louisiane des habitants jouer leurs esclaves au brelan. Il y en eut un, à ce que l'on m'a raconté, qui troqua un Nègre contre un chien de chasse dont il avait envie. Le Nègre, indigné de ce parallèle, se pendit dans les bois » (p. 372).

Mais ce sont des démêlés avec la hiérarchie militaire, et non pas une dénonciation de l'esclavage dans le Nouveau Monde, qui vaudront à l'auteur des *Nouveaux Voyages* d'être embastillé à son retour en France. Car, et je joue sur les titres de précédents ouvrages relatifs à la Louisiane, Bossu découvrant après Hennepin (31) « un très grand pays », est comme Charlevoix moins attiré par le tableau de la servitude noire en Nouvelle-France que par ce que Lafitau appelait les « *Mœurs des Sauvages Amériquains* » (32).

Crèvecœur, Chastellux, Brissot

Vingt ans plus tard, à la veille de la Révolution française, les choses ont changé. L'insurrection à Saint-Domingue n'a pas encore commencé, mais les textes des Français voyageurs ou résidents peuvent être plus directement utilisés par la propagande négrophile à titre de documentation topique. C'est ainsi que Brissot de Warville, animateur de la « Société des Amis des Noirs » et futur leader girondin, nourrira sa réflexion de deux jugements croisés sur l'agriculture esclavagiste en Virginie.

Le premier émane des *Lettres d'un Cultivateur américain* (33), Michel-Guillaume Jean de Crèvecœur, publiées en français en 1784, auxquelles Brissot se référera dans son ouvrage publié sept ans plus tard : *Nouveaux Voyages dans les États-Unis*. Crèvecœur a résidé onze ans (de 1769 à 1780)

---

(31) P. Louis Hennepin, *Nouvelle découverte d'un très grand pays situé dans l'Amérique entre le Nouveau Mexique et la mer glaciale* (Utrecht, G. Brodelet, 1697).

(32) Joseph-François Lafitau, *Mœurs des Sauvages Amériquains comparées aux mœurs des premiers temps*, 2 vols (Paris, Saugrain, 1724).

(33) Michel-Guillaume Jean, dit Saint-John de Crèvecœur, *Letters from an American Farmer*, (London, T. Davies, 1782) (édition française, Paris, Cuchet, 1784).

dans la colonie de New-York, loin donc des champs d'indigo et de riz qu'il mentionne pour situer ses préoccupations humanitaires. Ce n'est pas une excuse à ses yeux pour demeurer indifférent au sort des Noirs : « De cette riante capitale, écrit-il, on n'entend pas le bruit des fouets dont on presse ces malheureuses victimes à un travail excessif. La race favorisée de la nature boit, mange et vit heureuse, pendant que l'autre remue la terre... » (2,373).

Manquant peut-être d'éléments concrets pour sa dénonciation, lui qui en tant que fermier n'utilisait pas le travail servile, Crèvecœur se contente d'élever une protestation pathétique : « Quel spectacle affreux la misère n'offre-t-elle pas dans les campagnes ! » (2,365).

Il a vu, ou a entendu parler des esclaves : « exposés comme les chevaux à la foire, vendus et marqués d'un fer rouge. On les conduit ensuite sur les plantations, où ils sont condamnés à mourir de faim, à languir pendant plusieurs années » (2,374).

Au corpus bien connu des arguments négrophiles, Crèvecœur présente l'intérêt d'ajouter l'opposition, terme à terme, de la condition des exploiteurs et de celle des exploités ; les premiers « ne voient, ne sentent, n'entendent rien des maux et des gémissements de ces pauvres esclaves, qui par leurs pénibles travaux font naître toutes leurs richesses. Ici, les fatigues perpétuelles et les horreurs de l'esclavage ne sont jamais appréciées » (2,373).

Pour insuffisante et répétitive qu'elle puisse paraître à l'historien des idées, la rhétorique de Crèvecœur, reprise par d'autres bouches et d'autres plumes, acquiert une force nouvelle et ne manque pas de faire avancer l'histoire, plus rapidement en cette fin de siècle que ce que l'on pouvait déduire, pour les décennies précédentes, de la place occupée par les récits de voyage dans les bibliothèques privées (34).

Deuxième regard : celui de François de Chastellux, tel que Brissot le découvrait dans le *Voyage de M. le Marquis de*

(34) Cf. Daniel Mornet, « Les enseignements des bibliothèques privées (1750-1780) », *RHLF*, 17 (juillet-sept. 1910), 459-96 ; Michèle Duchet, *Anthropologie et histoire au siècle des Lumières* (Paris, Maspero, 1971).

Chastellux dans l'Amérique septentrionale, paru à Paris en 1786, auquel l'idéologue négrophile répondait la même année par son *Examen critique des voyages de Chastellux*. Le marquis, officier passionné des idées d'Helvétius, avait pourtant tracé un tableau lénifiant du processus esclavagiste en Virginie :

> On n'entend pas habituellement comme à Saint-Domingue et à la Jamaïque le bruit des fouets et les cris des malheureux dont on déchire le corps par lambeaux. C'est qu'en général le peuple de Virginie est plus doux que celui des îles à sucre, qui est tout composé de gens avides et pressés de faire fortune, pour s'en retourner ensuite en Europe. C'est que le produit de la culture n'étant pas d'une si grande valeur, le travail n'est pas exigé avec tant de sévérité (35).

Chastellux joignait donc un argument économique judicieux au leitmotiv du « bruit des fouets », dont la prégnance sur l'opinion publique française éclairée devait, à la fin de l'Ancien Régime, aboutir à modifier la réglementation de la violence privée coloniale. Il savait aussi répercuter un certain état de la conscience humanitaire au Nouveau Monde, placée devant le pénible devoir de faire du revenu. Ses planteurs virginiens, en général, « paraissent affligés d'avoir des Nègres, et parlent sans cesse d'abolir l'esclavage, et de chercher un autre moyen de faire valoir leurs terres » (2,145).

S'emparant de ce texte, Brissot disqualifie le prétendu pouvoir d'une race sur l'autre ; et tant pis selon lui si la recherche de l'égalité entre les hommes passe par la violence et par l'initiative armée des esclaves révoltés. Précisons que cinq ans plus tard, lorsque l'insurrection aura réellement pris corps dans la plaine du Cap, Brissot sera infiniment plus gêné, et cessera de la justifier. Mais entre-temps, il était à son tour devenu voyageur : en avril 1788 il avait entrepris une mission d'enquête comme délégué des Amis des Noirs, et c'est devant l'Assemblée de la Société des Amis des Noirs qu'il

---

(35) François-J. de Chastellux, *Voyages de M. le Marquis de Chastellux dans l'Amérique septentrionale dans les années 1780, 1781 et 1782*, 2 vols (Paris, Prault, 1786), 2, 144.

avait présenté en février 1789 son *Mémoire sur les Noirs de l'Amérique septentrionale* dans lequel il relevait des situations contradictoires. Il avait vu d'une part des esclaves doucement traités aux États-Unis ; il en avait vus qui « passaient le dimanche... entièrement dans l'inaction. L'inaction est leur souverain bonheur, aussi travaillent-ils peu et nonchalamment » (*Mémoire sur les Noirs...*, 32).

Il avait vu dans le Maryland et en Virginie « des cadavres noirs ambulants » (*o.c.*, 40). Et dans les états du Sud, des Noirs « dans un état d'abjection et d'abrutissement difficile à peindre. Beaucoup sont nus, mal nourris, logés dans de misérables huttes, couchés sur la paille » (*o.c.*, 31).

Autre contradiction : Brissot, qui ne se voulait « ni enthousiaste ni frondeur », se plaisait, en philosophe, à considérer les cases des Noirs libres « où la tyrannie ne fait point verser de pleurs » (*o.c.*, 29). Mais l'abolition ne règle pas tout, remarquait-il, car le préjugé de couleur limite toujours les possibilités de promotion sociale du Noir.

En définitive le *Mémoire* de Brissot assurait sa cohésion : l'esclavage est un ensemble de situations intolérables, et l'on voit ici combien l'idéologie motrice du voyage a su absorber les contradictions secondaires perçues pendant le séjour. Le cas Brissot montre comment le « vu » de 1788, tressé avec le « lu », voire l'annoté — dans le cas de Crèvecœur — c'est-à-dire le témoignage des autres (Robin, Chastellux, Hillard d'Auberteuil et ses *Essais sur les Anglo-Américains*, M. Denis et ses *Lettres manuscrites sur la Louisiane*) puis la réflexion des autres (Brissot a lu Jefferson, Adams, Livingstone), permet un certain déploiement du « proclamé » (*Mémoire, Voyage dans les États-Unis*), avant que n'apparaissent les butoirs du débat post-insurrectionnel, et donc les limites du négrophilisme girondin. Qu'on ait bien en tête le fait que, jusqu'à la grande épreuve de 1791, la philanthropie s'était surtout nourrie d'énoncés produits en métropole, par des auteurs éloignés des ateliers d'esclaves, écrivant des textes flamboyants de pathétisme facile et de compromissions visionnaires avec des révoltés virtuels, ce qui explique de notoires rétractations, plus tard. Sur place en revanche, et depuis les *Nouveaux Voyages aux îles de l'Amérique* du Père Labat en 1772, et les *Mémoires*

historiques sur la Louisiane de Le Mascrier, en 1753, parmi
donc les écrivains résidents, avait prévalu l'esprit précaution-
neux, ou conjuratoire, face au spectre de la contre-violence
noire. En 1758 déjà, Le Page du Pratz, qui avait séjourné
seize années en tant que régisseur de l'habitation du Roi près
de la Nouvelle-Orléans, insistait sur les précautions qu'il avait
prises pour éviter la délinquance et la turbulence des esclaves : briser leurs pirogues et abolir leurs assemblées, les enfer-
mer dans un camp entouré de palissades. Or une conjuration
se déclare, menée par le premier commandeur, et qui menace
de se généraliser : les nègres voulaient se défaire des Français et s'établir à leur place. D'autres Noirs étaient passés
aux Illinois, esquissant peut-être une alliance singulièrement
prometteuse ; aussi fit-on « souffrir les mèches ardentes » aux
conjurés, puis cette roue française qui devait jusqu'en 1789
servir de remède ultime aux troubles coloniaux (36).

Moreau de Saint-Méry et Berquin-Duvallon

Que fait Brissot en 1791, lui qui était pourtant revenu plein
d'usage et raison de son voyage ? L'initiative historique des
Haïtiens, si elle ne glace pas tout à fait sa plume comme elle
fait pour tant d'autres, conduit quand même l'Ami des Noirs
à approuver l'envoi de troupes de répression. On peut voir
là les prémices de cette permanence structurelle qui a été appelée dans un colloque « colonialisme de la gauche conserva-
trice » (37).

Devant l'événement dominguien, l'attitude de deux représentants du monde colonial, dictée par l'intérêt de classe, a
plus de mal à se faire passer pour de la responsabilité politique. L'un est le célèbre Moreau de Saint-Méry, né à la Martinique, passé à Saint-Domingue où il a été juriste officiel des
autorités, puis envoyé en députation en France dans les trois
premières années de la Révolution, puis émigré aux États-

---

(36) Le Page du Pratz, *Histoire de la Louisiane* (Paris, de Bure l'aîné, 1758).
(37) Colloque *Révolution, esclavage, colonisation, libérations nationales*, AFASPA-
Université de Paris VIII, (Paris, L'Harmattan, 1990).

Unis. L'autre, Berquin-Duvallon, est un colon de la grande île, qui a dû s'intégrer plus ou moins bien à la « colonie espagnole du Mississipi », dont il publiera une *Vue* en 1803 (38). La première remarque que nous ferons est que Moreau de Saint-Méry, publiant à Philadelphie en 1797 une imposante *Description de la Partie française de l'Ile de Saint-Domingue*, décide de ne rien changer au manuscrit rédigé avant l'insurrection, ce qui confère au texte publié un étrange parfum « Restauration » avant la lettre : annulées, les six années de révolte généralisée ; figés au *statu quo ante*, les rapports entre races et classes. Et voilà que de 1793 à 1798, Moreau effectue un *Voyage aux États-Unis de l'Amérique*, pour reprendre le titre d'un autre de ses manuscrits (39). Il se dit d'abord heureux de retrouver à Norfolk, Virginie, une ambiance analogue à celle qu'il avait connue dans les îles. Mais il est également frappé de l'état d'avilissement et de saleté des nègres, qu'il juge châtiés « arbitrairement ». Le loup esclavagiste, qui avait fait paraître un recueil de *Loix et Constitutions de Saint-Domingue* jugé par Brissot comme un « monument de barabarie » (40), s'était-il fait berger ? Non, puisque c'est au niveau des spéculations consolatrices qu'il se démarque des méthodistes américains, qui ont le tort selon lui de ne pas promettre à l'esclave « un autre monde meilleur », et dont le dogme menace cet esclave « de ne lui faire goûter l'égalité avec son maître qu'en enfer ». On le voit : pour être passé du Cercle des Philadelphes du Cap à la ville de Philadelphie, Moreau de Saint-Méry n'en continue pas moins à se faire une singulière idée de l'amour de ses « frères ».

Quant à Berquin-Duvallon, la Louisiane ne l'a pas poétiquement inspiré comme avait fait la colonie dominguienne (41). Là où un autre exilé, Louis Ducrot, sut fonder en 1794 *Le Moniteur de la Louisiane*, il tient à souligner sa

---

(38) Berquin-Duvallon, *Vue de la colonie espagnole du Mississipi en l'année 1802, par un observateur résidant sur les lieux* (Paris, Imprimerie expéditive, 1803).

(39) Médéric-Louis-Élic Moreau de Saint-Méry, *Voyage aux États-Unis de l'Amérique*, ms. (New Haven, Yale Historical Publications, 1913).

(40) Jacques-Pierre Brissot de Warville, *Note sur l'administration des planteurs*.

(41) Berquin-Duvallon, *Recueil de poésies d'un colon de Saint-Domingue* (Paris, Imprimerie expéditive, an XI, 1802).

situation d'étranger. Car Berquin est un de ces évacués qui ont amené avec eux des esclaves domestiques, dans un pays où la législation coloniale a interdit l'importation de nouveaux nègres, ce qui détruisait un certain nombre des espérances des nouveaux venus, comme en témoignent des correspondances privées (42). Berquin représente ces planteurs que fustigera Charles Robin : « Parmi les fugitifs de Saint-Domingue venus à la Louisiane, il s'en est trouvé que des esclaves avaient suivis par attachement. La récompense de ces trop fidèles serviteurs a été d'être ensuite inhumainement vendus » (43).

Apprenons donc à lire notre ci-devant planteur. D'un territoire à l'autre, il fait glisser des expressions telles que « bon nègre », auxquelles, bien entendu, il continue de donner un sens très précis : « Le bon nègre durant les deux heures de relâche qui lui sont accordées (en Louisiane) ne perd pas son temps. Il va travailler à un coin de terre où il a planté des vivres pour son bénéfice » (265). Et lorsqu'il écrit : « Les Noirs de Louisiane sont moins souples, plus âpres et plus décidés que ceux de Saint-Domingue » (262), comprenons que les Noirs des îles ont plus de valeur sur le marché du travail, ce qu'une correspondance d'exilé confirme : « les débris de nos nègres se louent mieux » (44).

Berquin-Duvallon se donne le luxe de critiquer les colons du continent, « trop parcimonieux », conformément à ce qu'un autre voyageur, Perrin du Lac, esclavagiste lui aussi, signale sur l'avarice des maîtres louisianais (45). Mais quand il affirme que l'esclavage hic et nunc est « plus dur qu'à Saint-Domingue », s'agit-il chez Berquin d'un plaidoyer pro domo, d'un préjugé national, ou d'une embellie rétrospective et nostalgique, puisqu'on sait par exemple que le supplice des quatre piquets, que Charles Robin dénonce en Louisiane dans les mêmes années, n'avait pas laissé d'être communément appliqué dans la grande colonie insulaire ? Non, des hommes

---

(42) Maurice Begouen Demeaux, *Stanislas Foache, négociant de Saint-Domingue* (Paris, Larose, 1951).

(43) Charles Robin, *Voyage dans l'intérieur de la Louisiane*, 3 : 204.

(44) Begouen Demeaux, *Stanislas Foache*.

(45) François Marie Perrin du Lac, *Voyage dans les deux Louisianes et chez les nations sauvages du Missouri* (Paris, Capelle et Renand, 1805).

comme Berquin-Duvallon n'ont pas été ébranlés dans leurs convictions : de ses avatars personnels, qui sont ceux de toute une caste, il tire une conclusion finaude : « il n'y a qu'à remplacer le mot esclavage par le mot servitude ». Dix ans de guerre révolutionnaire n'ont pas gommé ses jugements les plus obsolètes concernant les Noirs et leur « irrésistible propension, instinct machinal, qui les dispose et les attache à la servitude » (258).

Plus généralement, n'attendons pas un renouvellement de l'anthropologie chez ces voyageurs vaincus et réduits à l'ombre d'eux-mêmes par la perte de leurs possessions. Un demi-siècle plus tôt, Nicolas Bossu avait recueilli des anecdotes traitant de la dignité nègre, dans les îles comme sur la Terre-Ferme ; dans son ouvrage de 1772, *De l'Amérique et des Américains*, le « voyageur-philosophe » Pierre Poivre avait âprement discuté l'idée de la dégénérescence des non-Européens. On note au contraire, chez nos voyageurs qui écrivent parmi les bouleversements de la dernière décennie du siècle, des options anthropologiques figées : Berquin voit les Noirs comme une espèce d'hommes destinés à l'esclavage.

Et Moreau de Saint-Méry se refuse à commenter les remarques d'ordre culturel que dans son livre *Danse* (46) il a consacrées à la langoureuse danse « chica », qui lui semble pourtant l'expression de la personnalité nègre commune aux colonies noires du continent et à celles des îles. Et si Perrin du Lac rapporte dans son *Voyage dans les deux Louisianes* des faits qui témoignent de la perversité des maîtres blancs, il faudra lire sans ironie son conseil extra-humanitaire concernant les esclaves : « ayons au moins pour eux les soins que nous avons pour les quadrupèdes dont nous nous servons » (411).

---

(46) Moreau de Saint-Méry, *Danse*, article extrait d'un ouvrage ayant pour titre *Répertoire des Nations Coloniales* (Philadelphie, l'auteur, 1796).

1. L'abolition de l'esclavage

Le grand problème qui suscite tant de crispations anachroniques est celui de l'abolition de l'esclavage. Répétons-le, la plupart de ceux qui se sont déplacés en divers territoires à économie esclavagiste, et qui veulent en cette fin de siècle témoigner par l'écrit, ont été personnellement engagés dans le processus colonial ou marchand. Aussi leurs préjugés, leur amertume, leurs espoirs de revanche récupératrice entravent-ils leur indépendance d'esprit, allant jusqu'à stériliser l'expérience née du déplacement.

L'officier Chastellux avait pourtant ouvert la voie en 1786 à des réflexions fécondes sur les rapports, ou plutôt les contradictions entre droit de propriété et liberté individuelle, à partir de ce que lui offrait le spectacle de la Virginie. D'une part, il observait la hiérarchie des races confondue avec celle des classes : « l'affranchissement ne peut faire cesser cette malheureuse distinction ; aussi ne voit-on pas que les nègres soient très empressés d'obtenir leur liberté » (2,147).

« La véritable force sera toujours du côté de la propriété », remarquait-il, et Chastellux analysait philosophiquement le statut de citoyenneté des nouveaux états, au moment où s'élaborait la Constitution de 1787 ; le Virginien « est toujours un homme libre qui a part au gouvernement, et qui commande à quelques nègres, de façon qu'il réunit ces deux qualités distinctives de citoyen et de maître » (2,46).

Seule la conclusion de Chastellux apparaissait comme fantasmatique : effacer la couleur noire par le métissage généralisé et ainsi se débarrasser des nègres, ce qui supprime la raison d'être de l'esclavage.

Un an plus tard, cette pseudo-solution par le dépérissement démographique passait sous la plume de l'abbé Genty, dans son livre *L'influence de la découverte de l'Amérique sur le bonheur du genre humain* : « Hélas, ce n'est que par l'extinction progressive de la race noire qu'on parviendra au terme où le prix de l'esclavage surpassera celui qu'on en peut tirer » (47).

(47) Louis Genty, *L'influence de la découverte de l'Amérique sur le bonheur du genre humain*, (Paris, Nyon, 1788), 331.

C'était offrir une perspective véritablement sinistre à une catégorie d'hommes qui étaient sur le point de s'affirmer d'une manière particulièrement impétueuse. Car, quelques années plus tard, la guerre de décolonisation, processus de violence noire émancipatrice, se déclenche à Saint-Domingue, et jette le désarroi dans la réflexion politique des personnes déplacées.

Perrin du Lac campe sur ses positions esclavagistes, et se permet même de conseiller les autorités américaines en Louisiane : « Après la cruelle expérience de Saint-Domingue je suis loin d'engager aucun gouvernement à relâcher les liens de l'esclavage ; on doit les laisser subsister dans leur intégrité, ou perdre les colonies » (*Voyage dans les deux Louisianes...*, 409).

Quant à Moreau de Saint-Méry, son *Voyage aux États-Unis* le montre désemparé, agité d'observations contradictoires. D'une part il note qu'au Massachusetts, « la liberté générale n'a eu aucun effet fâcheux. Les esclaves sont devenus ouvriers... aucun d'eux n'est allé se faire esclave dans les autres états, ni n'a péri de misère » (*Voyage aux États-Unis*, 326).

Mais c'est pour en tirer une conclusion sur la relativité géographique des statuts civils : « Ces états semblent vouloir donner un grand exemple des inconvénients d'accorder la liberté à des esclaves qui sont employés dans la culture, comme dans la partie sud des États-Unis » (*o.c.*, 333).

Enfin, il formule des regrets dont la vanité surprend chez cet homme de pensée : « il aurait été plus avantageux pour les peuples qu'on n'ait jamais parlé de liberté » (*o.c.*, 334).

Malouet, qui avait voyagé et séjourné à Saint-Domingue et en Guyane en qualité d'ordonnateur, et qui était lié au parti colon, s'était rendu célèbre au-delà des milieux administratifs par un *Mémoire sur l'esclavage des nègres*, paru en 1788. Lui aussi notait que : « Les Pennsylvaniens ont affranchi ; ils ont fait sans aucun danger, et avec un grand avantage au contraire, un acte conséquent à leurs principes, à leur culture, à leur population ; ils ont affranchi leurs nègres, qui ne sont pas dans leur pays un instrument nécessaire de culture ». Mais il précisait aussitôt : « Qu'avons-nous de commun aux îles du

Vent et sous le Vent avec les habitants de la Nouvelle-Angle-terre ? » (48).

Très singulièrement, il s'en remettait à l'initiative étrangère pour instituer un nouveau Code Noir qui serait imposé au reste du monde par les principales puissances coloniales, France, Espagne, Angleterre : « Comme les Anglais nous ont précédés dans tous les calculs de l'économie rurale et politique... ce peuple penseur trouvera le premier les modifications convenables à la servitude nécessaire des Noirs » (*Mémoire sur l'esclavage...*, 150).

L'histoire en décide autrement et en 1797, Malouet se retrouve à Londres en situation de double exil. Ses prévisions, ses stratégies administratives ayant été bousculées, sa vision se fait apocalyptique, et par sa brochure intitulée *Quel sera pour les Colons de l'Amérique le résultat de la Révolution française*, il est probablement celui qui envisage avec le plus d'acuité un mouvement pan-nègre aux Amériques :

> Le roman de la liberté se terminera par la permanence d'une armée noire... C'est la perte totale des établissements européens en Amérique qui se présente comme dénouement de ce drame, il n'y a point d'enceinte, point de vaisseaux garde-côtes qui puissent empêcher la communication électrique de l'anarchie organisée (sic) entre les différentes tribus de nègres répandues dans les Antilles. Les Européens doivent se préparer à abandonner le golfe du Mexique ou à s'y tenir constamment en état de guerre.

Soit relative stabilisation dix ans plus tard, soit incapacité de penser la totalité, le naturaliste Charles Robin, auteur des *Voyages dans l'intérieur de la Louisiane,* songe à des solutions différenciées selon les territoires.

Pour Saint-Domingue, il avance l'idée d'une partition, plutôt qu'une guerre de reconquête : « Pourquoi ne vous borneriez-vous pas à un état défensif envers les Noirs insurgés ? » (1,269).

---

(48) Pierre-Victor, baron Malouet, *Mémoire sur l'esclavage des nègres* (Neufchâtel, 1788), 44.

Pour les petites îles, où il est plus facile de résister à l'insurrection que sur les continents, notamment en Louisiane, il compte sur une imposante force militaire de répression, combinée avec des réformes empiriques, « à moins que de nouveaux principes, de nouvelles mœurs, de nouvelles lois mûrement réfléchies, sagement et circonspectiment (sic) exécutées, n'amènent dans les colonies un nouvel ordre de choses » (1,41).

En définitive, pour l'historien des idées et des sensibilités, pauvre peut sembler le bilan de ces relations de voyage et de séjour parmi les champs de canne, d'indigo ou de tabac. Avant le soulèvement de 1791, toute la conduite à tenir envers les esclaves tient en ces mots : châtier, égayer, ne pas abuser, c'est-à-dire au sens premier ne pas mésuser des Noirs bossales ou créoles. Par ailleurs, les conditions de vie contrastées dans l'espace comme dans le temps que les voyageurs ont eu l'occasion de vivre, ne se sont pas résolues pour eux en conclusions pratiques ou théoriques : les exemples différenciés de Pennsylvanie et de Virginie, de New-York ou Baltimore et du Cap-Français, ne les ont pas conduits à élaborer un système cohérent pour le « gouvernement des Noirs ». Brissot lui-même, pourtant porteur d'une doctrine, va se faire surprendre par l'événement et en demeurer quelque peu prisonnier.

Les situations personnelles renforcent encore cette espèce de loi qui veut que l'écriture du concret aboutit très souvent à justifier le déjà-là ; le voyage, le témoignage constituant paradoxalement un obstacle à la critique fondamentale : dans la quasi-totalité des cas la réflexion in situ piétine ou régresse par rapport aux acquis théoriques de Montesquieu, Diderot et Rousseau.

En dernière analyse, et depuis la crispation des expossédants jusqu'aux protestations plus ou moins indignées contre les abus et même l'existence de l'esclavage, l'idéologie de nos voyageurs ne connaît-elle pas les hésitations et les oppositions homologues de celles qui furent au cœur de deux réalisations de la pensée bourgeoise française de l'époque : l'*Encyclopédie,* la Révolution ? La Révolution, y compris cette journée à la fois ambiguë et unanime de pluviôse an II, qui vit à leur tour se mettre debout, pour l'abolition, la gauche montagnarde de l'Assemblée et les représentants des colons présents dans les tribunes ! (49)

---

(49) Ces lignes développent une communication parue dans *Images of America in revolutionnary France*, Georgetown University Press, Washington, 1990.

3

Littérature et révolte des esclaves

Q : Qui est-ce qui écrit ?
R : C'est Toussaint Louverture (Texte de sommeil de Robert
Desnos).

1. Écrire dans la révolution

Comment la révolution victorieuse des Noirs de Saint-
Domingue entre-t-elle en littérature ? Quelle place y prend-
elle ? Quels sont ceux de ses acteurs qui retiennent l'intérêt
des écrivains ? Quelles formes et quelles forces narratives ou
poétiques suscite-t-elle dans les Antilles, en France métropolitaine, et à l'étranger ? Telles sont les questions que les pages
qui suivent tenteront d'éclairer à travers un ensemble de textes écrits soit dans le feu des événements, soit dans une suite
diachronique où se côtoient permanences et perceptions nouvelles.

Pour poser la problématique de départ, rappelons que parmi
les écrivains français, Voltaire, Chateaubriand, Madame de
Staël, Victor Hugo eurent des rapports plus ou moins directs
avec des détenteurs de propriétés foncières aux Antilles, ou
de participations commerciales, industrielles, liées au monde

créole. D'autres : Diderot, Lamartine, Stendhal, comptèrent parmi leurs relations des familles représentées dans le personnel administratif ou militaire des îles. Dès lors le texte, ou l'absence de texte, s'inscrivait dans un jeu de déterminations plus ou moins complexes.

D'un autre côté les Noirs et les hommes et femmes de couleur avaient été affublés de clichés et de stéréotypes : « une espèce d'hommes différente » (Voltaire), « les vilaines créatures » (Lesage), « la machine animale » (abbé Prévost), « le noir enfant », « le bon nègre » (1), « l'esclave généreux » (2). Ou bien la peur coloniale avait dicté quelques épithètes génériques : les Noirs sont « formidables et mutins, perfides » ; lorsqu'ils se font marrons ils mènent une « vie libertine ».

Arrive la Révolution, en métropole et aux Antilles ; Aimé Césaire l'a établi dans son *Toussaint Louverture* : « il n'y a pas de "révolution française" dans les colonies françaises. Il y a dans chaque colonie française une révolution spécifique, née à l'occasion de la Révolution française, branchée sur elle, mais se déroulant selon ses lois propres et avec ses objectifs particuliers ».

Aussi, devant cette spécificité originelle, un non-dit de la littérature française, bien compréhensible au demeurant, s'est-il creusé pendant quelques mois.

Dès que les premières nouvelles de la révolution à Saint-Domingue parviennent en métropole, il devient par exemple impossible d'actualiser et de reprendre les énoncés fougueux de Diderot qui avaient paré l'action du héros noir révolté d'un collier de métaphores dynamisantes. A chaud, les écrivains naguère partisans de l'émancipation des Noirs se voyaient interdire par les idéologues du parti colon de « remuer des cendres encore fumantes » (3). Plus fondamentalement il était difficile de focaliser l'intérêt dans le camp des insurgés, même si, selon un mot connu, l'humain consiste à se mettre à la place de l'autre.

(1) « On appelle bon nègre un nègre vil, rampant » (Manuscrit 880, Bibliothèque municipale, Nantes).
(2) Cliché d'époque.
(3) François de Tussac, *Le Cri des Colons*, Paris, 1810.

Les Noirs et hommes de couleur sont maintenant sujets de l'histoire, soit que, vainqueurs, ils aient mis fin à la période coloniale de Saint-Domingue, soit que, vaincu, Delgrès à la Guadeloupe se soit immolé avec trois cents des siens au morne Matouba après avoir signalé sur le mode pathétique une des grandes contradictions de la bourgeoisie coloniale : « C'est dans les plus beaux jours d'un siècle à jamais célèbre par le triomphe des Lumières et de la Philosophie qu'une classe d'infortunés qu'on veut anéantir se voit obligée d'élever la voix vers la postérité, pour lui faire connaître, quand elle aura disparu, son innocence et ses malheurs » (4).

L'insolite de la révolte des esclaves éclatait dans sa nature ; il ne s'agissait de rien de moins que de leur accession au statut d'hommes. En sont conscients non seulement le colonel Malenfant, dans son ouvrage *Des colonies et particulièrement celle de Saint-Domingue* (1814), non seulement l'administrateur Malouet, qui note que chez les Noirs se sont développées « des facultés dont ils ne se doutaient pas eux-mêmes » *(Correspondance sur l'Administration des Colonies)*, non seulement tel *Dictionnaire d'Histoire naturelle* qui indique que les Africains « se sont redressés, ils se sont fait une patrie, ils y ont prouvé que pour être noirs, ils n'en étaient pas moins des hommes », mais aussi Musset qui consacre des vers de son poème « *Rolla* » à cette mutation anthropologique.

L'hébétude qui avait un moment figé les plumes ne dura donc pas ; il se découvrit peu à peu des essayistes pour penser la violence des révoltés. Négligeons Charles de Rémusat qui dans *L'Habitation de Saint-Domingue* insiste sur le désarroi des esclaves après qu'ils ont tué leur maître (5). Négligeons ceux qui jugèrent les événements en termes d'assimilation : « La révolution de Saint-Domingue offre dans un cercle plus resserré, mais avec des caractères plus saillants, les mêmes passions, les mêmes préjugés que notre révolution » *(Le Globe)*.

---

(4) Proclamation de Louis Delgrès, Commandant en chef de la force armée de la Basse-Terre.

(5) Éditions du C.N.R.S., 1977. Datée de 1825, cette pièce ne fut pas jouée. Rémusat y montre un envoyé de l'Assemblée qui « vient faire la Révolution », et un noir, Timur, qui devient chef des esclaves prêts pour la lutte.

Delgrès > Guadeloupe

Négligeons aussi les brochures qui surgirent alors par centaines : il y eut suffisamment de textes plus achevés aux plans littéraire ou discursif, écrits à chaud, et qui parurent dès les années 1801-1802, en pleine guerre.

Il conviendra de retenir d'abord un idéologue qui mérite bien meilleure considération que celle dont il fait habituellement l'objet : l'abbé de Pradt, dont *Les trois Âges des Colonies* est publié en l'an 9, 1801-1802 (2 vol. in-8°). Dépassant ce qu'il appelle « l'hébétement général » qui a saisi les Français lorsqu'ils ont vu « s'implanter et s'affermir » la révolution aux colonies, De Pradt reconnaît d'emblée l'émergence historique du sujet noir : « En Amérique comme en France, il s'est élevé de la tourmente révolutionnaire des hommes à grands talents et à grands caractères qui, ayant su réunir l'humanité aux lumières, ont relevé la caste noire, ont donné du lustre à ses actions, du poids à ses prétentions. »

De Pradt est esclavagiste, mais anticipant sur l'historiographie de Thiers et de Mignet, il analyse les rapports de force sous l'angle de la « nécessité », son maître mot. Et dans un second ouvrage publié plus tardivement, en 1817, il en viendra, trente ans avant la parution du *Manifeste communiste* de Marx, à enregistrer le caractère inéluctable de la lutte de classes et de races : « Les mains que l'avidité destinait à la culture de ces champs de canne à sucre y creusaient un abîme et des tombeaux (*Des Colonies,* 1,260) ». Chez lui le jeu des déterminations sera poussé jusqu'à la caricature : « Donnez-moi des colonies vastes, couvertes d'une population d'esclaves, disséminés dans des habitations éloignées des moyens de répression, et je vous dirai, à peu d'heures près, le jour de leur affranchissement. »

Aux *Trois Âges des Colonies* avait fait écho, dans la même année 1801, le *Traité d'Économie politique et de Commerce* de P.-F. Page, où l'on pouvait lire : « Le nègre a pu croire l'esclavage inhérent à sa nature : mais depuis que la torche et le poignard à la main il a marché plutôt le maître que l'égal de l'Européen, le charme est rompu, et ne peut exister deux fois dans le même pays et avec les mêmes hommes » (t. II, 206).

Parallèlement à ce discours économique qui analysait les changements selon le passage du quantitatif au qualitatif, les œuvres littéraires enregistraient à leur manière les mêmes mutations. Certes, on pourrait prendre en compte le très médiocre roman *Félix et Léonore, ou les Colons malheureux,* paru en 1801, dans lequel J.-B. Berthier s'entête à affirmer : « Les révolutions des siècles, chez les noirs, sont indignes de la plume de l'histoire ; celles des années chez les Européens sont pour elle une source inépuisable d'époques et de faits. »

Mais Berthier est bien seul, même parmi les colons, à instituer ainsi deux types de chronologies, deux temps spécifiés selon un clivage ethnique, dans cette décennie décisive où précisément conflagration et conflit non seulement rythment les actions des hommes dans l'Ancien et le Nouveau Monde, mais encore accélèrent chez les gens de couleur de la zone antillaise le sentiment du caractère autonome de leur personnalité.

Toute la littérature d'époque dément l'affirmation de Berthier : les essais, romans, poèmes de ses contemporains les plus proches, et jusqu'à la conduite de son propre livre. Tout indique que l'on est en présence de révolutions inédites, qui déclenchent des bouleversements dans la vie des auteurs comme dans l'organisation et l'écriture de leurs ouvrages.

Bouleversements biographiques

Examinons quelques-uns de ces bouleversements d'ordre biographique et concernant le statut d'auteur, avant d'analyser le retentissement des événements dans le fonctionnement littéraire.

Entre les lignes de *Félix et Léonore,* on devine que Berthier, militaire retraité, est passé aux îles pour « faire du revenu ». Il est un de ces passereaux des colonies impliqués de près ou de loin dans un développement révolutionnaire qui va faire d'eux des transfuges.

Un autre romancier, Jean-Baptiste Picquenard, a passé sa jeunesse à Saint-Domingue ; il y a vécu les premières années de la révolution, après quoi il siègera en métropole dans des commissions administratives avant de devenir commissaire du

Directoire. C'est à Paris, en l'an VI et en l'an VIII, qu'il publie deux romans très engagés dans les événements dominguiens : *Adonis ou le bon Nègre, Zoflora ou la bonne Négresse* dont nous allons parler plus avant.

Il est aussi des romans plus tardifs, n'appartenant pas au « cri des rapatriés », et qui n'ont pas été publiés à chaud, mais on sait ou on sent que leurs auteurs ont été affectés d'une manière ou d'une autre par l'impact des événements. Ainsi de *Zoloé*, roman anonyme de la Guadeloupe, paru en 1826, et surtout d'*Oxiane,* qui parle de Toussaint de manière si intéressante.

Mais l'exemple le plus singulier concerne Eugène Chapus qui fait paraître en 1833, en collaboration avec Victor Charlier, *Titime ? Histoire de l'autre monde.* Les nouvelles publiées sous ce titre et qui sont dues à la plume de Chapus sont d'inspiration guadeloupéenne. L'une d'elle parle de la résistance de Delgrès face au rétablissement de l'esclavage en 1802, et l'auteur prend systématiquement position en faveur des sangs-mêlés. Or les archives de Pointe-à-Pitre pour l'an V signalent un Eugène Chapus, âgé de 23 ans, probablement le père de l'écrivain, et qui est marié à une rouge, c'est-à-dire une femme de couleur. Le *Catalogue général* de la Bibliothèque française fait naître le romancier en 1800 à Paris, puis, après rectification, à Pointe-à-Pitre. Bien que « dans la couleur », il a hérité du prénom qui signifie « bien né ». Voilà tout pour le versant antillais d'Eugène Chapus. En revanche, le versant métropolitain a été fortement souligné par Barbey d'Aurevilly qui dans ses *Critiques diverses* présente Chapus comme un « esprit charmant », préoccupé de « high life » parisienne et de littérature « fashionnable ». Autant de signes d'assimilation qui rappellent que chez nombre d'auteurs d'origine antillaise de l'époque, l'inspiration « révolution aux îles » n'aura été qu'un épisode dans leur carrière d'écrivain, ce que vérifie tout examen bibliographique.

Pivotements textuels

A ces obscurités, à ces instabilités d'ordre biographique, s'ajoute la précarité des textes. Précarité idéologique d'abord,

qui se dégage des préfaces. Le roman du Martiniquais Prévost de Traversay intitulé *Les Amours de Zémédare et Carina*,
publié en 1802, est accompagné d'un plaidoyer de dernière
heure, hâtivement rédigé en faveur des aristocrates de l'île,
qui ont souhaité l'occupation anglaise de 1794. La même année
1802, un géreur d'habitation, Ducœurjoly, publie son *Manuel
des Habitants de Saint-Domingue,* dans lequel il précise, bien
anachroniquement, les « moyens faciles de fortune » pour des
candidats colons. Les événements certes menacent de rendre
caduque cette propagande, mais Ducœurjoly se rassure *in
extremis* dans sa Préface : « J'apprends la soumission des
révoltés et la fin de la guerre. La fermeté du Premier Consul... rouvrira les portes du commerce ».

Il n'est pas jusqu'aux centaines de pages des *Descriptions
topographiques...* de *Saint-Domingue* par Moreau de Saint-
Méry qui, témoignant superbement en faveur d'un ci-devant
équilibre social intangible, n'aient eu à subir quelques ultimes réajustements. Ces *Descriptions* parues en l'an VI et en
l'an VIII lorsque l'auteur était en exil aux États-Unis, auxquelles il convient d'ajouter un *Fragment sur les Mœurs de
Saint-Domingue*, publié sans lieu ni date, mettent entre parenthèses la révolution haïtienne, mais la préface, une fois encore,
est là pour donner au lecteur les perspectives d'un rétablissement après la tourmente.

Ce sont là des modifications péritextuelles imposées par
l'histoire, qui interviennent entre le moment de la rédaction
et celui de la publication ; en d'autres œuvres il s'agit de
mutations internes d'un écrit saisi par la révolution. Bouleversements de l'écriture lorsque par exemple l'énonciation
s'exténue dans le cri et l'abattement, et c'est le *Recueil de
poésies d'un Colon de Saint-Domingue* de Berquin-Duvallon,
rédigé sur place en 1797 et publié à Paris en 1802. Le souffle de l'auteur y est court, et le rythme de la complainte,
accablé :

> « Il n'est plus de culture
> Et dans les champs féconds
> Croissent à l'aventure
> Des ronces, des chardons ».

Plus généralement l'écriture du désastre dominguien, telle que la montrent des ouvrages publiés mais aussi les correspondances privées et les manuscrits inédits, révèle au contraire une abondance de formules attendues et de clichés. Le capitaine Lecomte écrit dans sa *Relation d'un Voyage à Saint-Domingue* :

> Partout j'ai vu les habitants errer cà et là dans la campagne en poussant des cris affreux... Nos braves citoyens ont abreuvé nos campagnes de leur sang, et c'est en vain que ce sang crie vengeance ; ils ne verront plus la superbe cité du Cap, elle est la proie des flammes. O murs sacrés de cette pauvre cité ! (6).

Haussons-nous d'un cran, pour trouver le ton hyperbolique, les séquences ternaires, l'adjectivation profuse des *Soirées bermudiennes* de Félix Carteaux, dont Victor Hugo s'est souvenu pour écrire son *Bug Jargal*.

Carteaux, en l'an X, présente ainsi la scène du second incendie du Cap :

> Il n'en a jamais été de plus triste ni de plus affreuse, ni le furieux sac de Thèbes, ni les déplorables feux qui consumèrent la ville de Troie, ni le désespoir des habitants de Sagonte, ni les extrémités où furent réduits les Juifs de Jérusalem assiégée et prise par Titus, ni enfin aucune autre calamité de ce genre consignée dans l'histoire ne peuvent entrer en parallèle avec celle-ci, pour la grandeur du mal, la scélératesse des moyens et l'innocence des victimes immolées...
>
> Représentez-vous tout l'espace que l'œil peut découvrir, couvert de feux, d'où s'élevaient continuellement des tourbillons épais de fumée, dont l'immense volume et la noirceur ne peuvent se comparer qu'à ces nuages affreux, chargés de tonnerres et d'orages ; ils ne se dissipaient que pour faire place à des flammes aussi volumineuses, vives, étincelantes, et s'élevaient jusqu'aux cieux. Telle était leur viva-

---

(6) *Relation d'un Voyage à Saint-Domingue*, Bibliothèque municipale, Cherbourg, ms n° 47. Cf. aussi *Le Paysan du Danube*, Bibliothèque municipale, Rouen, ms Montbret, n° 574, et *Histoire de la Révolution*, par De Listré, Bibliothèque municipale, Nantes, ms n° 1809.

cité que pendant environ trois semaines, nous ne distinguâmes plus le jour de la nuit. Aussi longtemps que les révoltés trouvèrent le moindre aliment à fournir à l'incendie, ils ne cessèrent de brûler, résolus de ne laisser ni pas une canne à sucre, ni pas un bâtiment (7).

Plus neuve que ces stéréotypes du pathos, une sémiotique des événements se dégage, texte après texte. Dans *Oxiane,* c'est à travers un certain nombre de gestes que se dévoile une phase nouvelle de l'histoire. Les anciens esclaves y reprennent à leur compte chacune des manipulations habituelles aux colons : s'habiller en maîtres, fouetter (un blanc), le marquer au fer rouge, simuler sa vente. Dans *Bug Jargal,* la révolution haïtienne est perçue à travers ses bruits. Dans *Les Créoles* de Levilloux, roman de 1835 installé dans la révolution de la Guadeloupe, la crise s'annonce par des signes météorologiques répétés (8). Chez tous les auteurs, elle sera métaphorisée par le feu, l'enfer, les couleurs noir et rouge.

Enfin, un certain nombre d'ouvrages émanant de colons rapatriés travaillent à débusquer ce que Julia Kristeva appelait les « abris langagiers » : ici la phraséologie révolutionnaire. Berquin-Duvallon dénonce en vers « le fatal engouement de la philanthropie », l'auteur de la brochure : *Quel sera pour les Colonies de l'Amérique le résultat de la Révolution* (9) définit la « démocratie coloniale » en termes apocalyptiques, selon lesquels les colonies

se reproduiront bientôt comme un vaste arsenal de révolution, de brigandage et de piraterie, où tous les scélérats du monde auront un asile et de l'emploi...

Parlant de l'organisation des romans, on remarque certes une tendance à privilégier tout ce qui aurait pu faire l'économie d'une révolution : l'amitié entre les personnages de

---

(7) *Soirées bermudiennes, ou Entretiens sur les événements qui ont causé la ruine de la partie française de l'île Saint-Domingue,* par F(élix) C(arteaux), un de ses précédents colons, Bordeaux, an X.
(8) *Les Créoles ou la vie aux Antilles,* Paris, éd. Souverain, 1835.
(9) Londres, De Bayle, 1791.

camps adverses, la reconnaissance de bienfaits antérieurs, l'amour triomphant du préjugé de couleur, les éléments d'une religion, voire des fragments de culture commune entre ex-dominants et dominés.

Les uns et les autres pourtant ne peuvent « détourner les yeux » de la réalité du fait révolutionnaire, comme on l'avait fait naguère du fait esclavagiste. Charles de Rémusat parle de « révolution inouïe » (10) et J.-B. Picquenard écrit : « Nulle contrée dans le monde n'offrit aux historiens et même aux romanciers un champ plus neuf et plus fertile en faits extraordinaires et en événements singuliers que l'ancienne île d'Ohaïti » (11).

La révolution, c'est aussi le pivotement de la diégèse, exprimant dans une certaine mesure le nouvel état des choses qui se profère sur place : « Blanc cé Nèg et Nèg cé Blanc ».

Dans un premier temps les colons de Saint-Domingue avaient voulu faire de la colonie « une Vendée bourgeoise, capitaliste et esclavagiste », pour reprendre un mot de Jaurès (12). Mais l'histoire tourne sur ses gonds. Chez Picquenard les personnages qui appartiennent à la classe des Blancs doivent se passer le visage à la teinture noire de bois de campêche pour pouvoir se déplacer sans être inquiétés, et lorsqu'ils veulent réintégrer les villes qui leur servent un temps de bastions défensifs, et franchir donc une deuxième fois la ligne de la couleur, ils ont recours à l'huile de palma-christi, pour se déteindre.

Phénomène plus significatif encore du renversement des situations : chez J.-B. Berthier, soixante colons naguère assurés de leur hégémonie dans leurs habitations respectives se sont retranchés dans la ferme de l'un d'eux ; après s'être « barbouillés de noir », les voici transformés en de véritables marrons, cependant que les Noirs, revêtus depuis 1791 de l'uniforme de la Garde Nationale du Cap, partent à leur recherche. D'où le... généreux mouvement d'humeur du héros,

---

(10) O.c.
(11) *Zoflora, ou la bonne Négresse*, Paris, Didot jeune, an VIII. Cf. aussi *Adonis, ou le bon Nègre*, ibid., an VI.
(12) *Histoire socialiste de la Révolution française*, L'identification de Saint-Domingue à la Vendée était déjà apparue dans un débat de la Convention, à la fin de l'année 1793.

humeur qui était aussi celle de Bonaparte : « Félix ne put voir sans indignation un Noir porter des épaulettes ; il avait toujours eu la plus grande considération pour cette décoration militaire, et il la trouvait absolument avilie depuis que des hommes, ignorant également les lois de la civilisation et celles de l'honneur, en étaient revêtus. »

Mais Berthier fait intervenir l'exploit compensateur dans la sphère d'activité privée, là où le romanesque peut s'éployer sans limites : doué d'une force extraordinaire, son héros blanc Félix extermine les ravisseurs noirs de celle qu'il aime, en des prouesses aussi « inouïes » et véhémentes que l'était l'accélération de l'histoire :

> Il avait pris une massue dont l'extrémité était revêtue d'une épaisse lame de fer qui en redoublait la solidité et la pesanteur. C'était une arme terrible entre ses mains... Il ne se connaît plus ; sa raison est prête à l'abandonner : il court comme un furieux, rugissant de rage et de désespoir... Déjà il a bondi trois fois pour se précipiter à son secours ; mais à la clarté de ce même feu, il aperçoit une troupe de cannibales, au milieu desquels se débat une autre femme... Ses bourreaux achèvent de la dépouiller pour satisfaire leurs lubriques regards pendant l'horreur de son supplice ; elle pousse un cri perçant, en appelant à deux reprises : Félix ! Félix ! C'est Léonore. Il ne peut la méconnaître. Déjà deux coups de fusil ont donné la mort à deux de ses bourreaux ; il est au milieu d'eux, armé de sa redoutable massue qu'il fait voler sur leurs têtes et qu'il rougit de leur sang. Ils fuient épouvantés, et n'essaient pas de résister à un aussi terrible ennemi : tous ses coups sont mortels. Ce théâtre d'horreur est jonché d'une foule de cannibales. Ils ont abandonné Léonore.

L'Histoire de Mesdemoiselles de Saint-Janvier, les deux seules blanches conservées à Saint-Domingue (13) montre au contraire des comportements entièrement passifs : paralysés par la perspective d'une victoire des insurgés, des Blancs ont su passer le temps de l'expédition Leclerc « sans se compromettre avec l'armée française » et leurs enfants vivront dans la clan-

_____
(13) Par Mademoiselle de Palaiseau, Paris, Blaise, 1812.

destinité sous les régimes de Dessalines puis de Christophe, avant leur départ vers les États-Unis.

Quant à l'homme de couleur, généralement un quarteron ou un métis clair, il s'avère être un personnage plus riche que ces « personnages plats » de Blancs à qui l'Histoire échappe, car en lui les forces en présence réfractent leurs antagonismes fondamentaux. Rappelons qu'il s'agit de guerres civiles ou de luttes internes, en lesquelles les individus se connaissent, laissant interférer pleinement les péripéties du domaine privé avec les événements de la sphère publique. A cet égard le héros Oxiane est exemplaire : fils adoptif d'un Blanc créole, il doit combattre le fils légitime de ce dernier au sein du processus politique et militaire dominguien comme dans le cœur d'une jeune femme, Clara. En pleine guerre, il hésite à choisir son camp ; nommé chef d'une troupe d'insurgés il préférera une destinée obscure à un rôle qui serait décisif, et il partira pour la Martinique, là où la révolution n'a pas eu lieu.

On notera semblable paralysie chez le héros de couleur Estève, de Levilloux, lors d'une scène d'insurrection à la Martinique où pourtant les hommes de couleur de l'histoire réelle avaient tenu un rôle prépondérant. Ainsi les romanciers sont-ils tenus par souci de vérité historique de faire leur place aux mouvements de révolte des mulâtres, mais ils les relèguent dans le récit, hors du corps romanesque lui-même. Dès lors les ressorts, dont nous parlions tout à l'heure, de ces intrigues sensibles : amitié, compagnonnage, ou au contraire jalousie, apparaîtront autant comme des symboles de l'aliénation des sangs-mêlés au camp des maîtres, que comme des freins ou des adjuvants à la progression dramatique.

Le Noir enfin, et la Noire, sont partout à l'initiative. Le nègre en révolution réalise ce que recelait de potentiel la série des révoltés prophétiques campés (sans risque) depuis *Le Pour et Contre,* en 1733, sur l'horizon littéraire des Français cultivés. Et, puisque le Noir de l'histoire réelle est désormais passé à l'avant-scène du développement révolutionnaire, le personnage de roman qui lui correspond passe des rôles seconds de la vie domestique (bon serviteur, commandeur, tels que les avaient écrits les ci-devant romans coloniaux), à des fonctions de chef ou d'actant privilégié. Ainsi *Oxiane* se présente un peu comme le roman des chefs noirs dominguiens. Ceux qui combattent dans les mornes et dont grossissent les troupes, chapitre après chapitre, mais aussi le rebelle Toussaint-Bréda, demeuré tout un temps incognito au service du planteur.

Dans *Adonis ou le bon Nègre,* de Picquenard, non seulement le chef en vue est Biassou, d'ordinaire très décrié, mais une jeune Vénus noire, Zerbine, mène sa propre stratégie, faisant alterner les entretiens politiques avec des scènes de bain... Dans le second roman du même auteur, la jeune noire Zoflora est elle aussi à l'initiative, plus active notamment que le métropolitain Justin, qui ne peut que servir d'intermédiaire entre le chef marron Boukman et le créole féroce Valbona. Roman qui rend hommage à la justice de Biassou.

Un dernier aspect de l'organisation narrative mérite attention : il s'agit des dénouements, qui obéissent à une règle quasi générale : l'impossibilité d'écrire l'avenir des personnages au pays, quelle que soit leur appartenance ethnique ! Nulle part le lecteur n'est convié à suivre une histoire en place, comme celles que plus tard Édouard Glissant saura fonder, poétiquement.

Parfois les personnages blancs de Saint-Domingue partent « pour France » : se pose la question des indemnités dont a traité, avant le *Gobseck* de Balzac, un petit roman de 1803 : *La Dot de Suzette* (14). Mais le plus souvent les créoles partent pour les États-Unis. C'est le cas très intéressant du « bon » colon d'Hérouville, dans *Adonis.* A son arrivée à la colonie il avait prévu de faire travailler quelques dizaines d'esclaves pendant dix ans, pour doubler ses biens. Après quoi, précisait-il « je partagerai entre eux cette terre qu'ils auront arrosée de leurs sueurs et fertilisée pour nous seuls ». Surviennent les premiers troubles. Ni les « sublimes » objurgations du bon colon, ni sa menace de chantage à la revanche ne réussissent. « La paresse, la malpropreté, le libertinage et la cruauté des révoltés » n'ont que faire d'épargner une habitation qui se signalait au contraire par « la propreté

_____

(14) Par J. Fiévée, Paris, Maradan.

des jardins, la régularité des cases à nègres, la beauté des caféiers, l'élégante simplicité de la grande case ». Bref, le plan capitaliste de d'Hérouville se voit frappé de stérilité ; d'Hérouville doit partir. Doit repartir aussi vers la métropole le héros de Levilloux, Briolan, blanc libéral qui en 1790 avait vécu à Paris la révolution comme une fête. Et c'est en métropole que trouve un accomplissement final à sa carrière un autre personnage que Levilloux a emprunté à l'histoire réelle : le général Coquille Dugommier, béké de Guadeloupe mort au combat près de Perpignan (15). Quant au héros métis Estève, il meurt de façon violente, au pays guadeloupéen.

Selon le camp qu'ils ont choisi, et mises à part les grandes masses haïtiennes dont ces romans ne s'occupent guère, les personnages de Noirs subissent les conséquences contraires de deux processus historiques opposés : d'un côté le « bon » nègre Adonis, devant le triomphe de la révolution haïtienne, songe à fuir sa nouvelle patrie, et à partir « sous un autre hémisphère labourer s'il le faut ». Inversement dans Titime ? d'Eugène Chapus, les Noirs de Guadeloupe considèrent Saint-Domingue comme un exemple « pour montrer aux esclaves qu'entre la servitude et la liberté ou l'émancipation, il n'y a que le vouloir ». Mais après la réaction de 1802, un Noir y « abandonne la Guadeloupe comme un fugitif pour venir ensevelir (ma) vie en France ».

Schémas donc d'échecs et de dispersion : ces romans disent tous, d'une manière ou d'une autre, l'impuissance aux îles d'une certaine forme de libéralisme éclairé, pendant et immédiatement après la période révolutionnaire. Ce que Michelet appelait « l'éclair de juillet » y apparaît incapable de régler à lui seul la question décisive de la liberté du producteur noir. Ce qui expliquerait peut-être — et ce sera notre dernier mot

---

(15) Il avait levé à ses frais une compagnie de volontaires pour la guerre d'Indépendance des États-Unis. Tantôt colon, tantôt soldat, il avait été élu à la Convention par le parti patriote ; à l'échec de son mariage s'étaient ajoutés un certain nombre d'échecs professionnels.

— le regard critique et l'espérance tenace à la fois qui surgissent de la vieille chanson martiniquaise :

> Grand, mais grand, grand la Divinité grand,
> Grand la Divinité grand, nou ké réter ici au prochain numéro.

> En 89 zott pas té vlé ban nou ayen
> En 48 zott fait dépoté nou
> En 70 zott fait massacré nou

> Mais la Divinité pa té ka sommeillé

> Grand, mais grand, grand la Divinité grand
> Nou ké réter ici au prochain numéro (16).

2. Chefs et masses insurgées

Avant 1791, le chef noir héroïsé

Hormis une fascination épisodique du Père Labat pour des sorciers noirs plus ou moins empoisonneurs, les chroniqueurs français d'Ancien Régime ne se sont guère attachés aux personnalités d'esclaves en révolte : lorsque les chefs nègres Pèdre et Leblanc déclenchaient en 1656 une rébellion en Guadeloupe, le Père Du Tertre rapportait l'événement sans commentaire. Sur Mackendal, le formidable nègre marron de Saint-Domingue, seule une brochure fondatrice de 1758, *Relation d'une conspiration tramée par les nègres dans l'Isle de Saint-Domingue*, donnait quelques détails. Et le Père Charlevoix ne s'attardait aucunement dans son *Histoire de l'Ile Espagnole* sur les trois révoltes de 1679, 1691, 1697. Ce que Montesquieu appelait en 1748 « les dangers de l'esclavage », c'est-

---

(16) Citée dans *Le Roman de Mayotte*, de Robert Cady, Fort-de-France, Imp. L'Aurore, 1924. Ce bel-air se terminait par l'exclamation « vive la France, vive la République ». Ce qui infléchit, mais n'annule pas ces couplets satiriques en créole : « en 89 vous n'avez rien voulu nous donner ; en 1848 vous nous avez déportés ; en 70 vous nous avez massacrés ; nous resterons ici la prochaine fois. »

à-dire les révoltes, ce que les *Éphémérides* de Dupont de Nemours appelaient les « dangers de la tyrannie » ne se retrouvait donc — rapidement — personnalisé que chez le blanc créole Moreau de Saint-Méry, qui dressait rapidement la liste des Padrejean, Plymouth, Colas jambes coupées, Polydor, Mackandal. Aussi lorsque la littérature française parla du noir révolté avant 1791, ce fut de manière toute déréalisée, et le plus souvent à titre de forgerie mythologique.

Le héros noir potentiel, ou reconstitué littérairement, se distingue de la masse des esclaves qui, selon les clichés d'époque, ne sauraient fournir que des « machines ». C'est du moins ce qu'affirmait l'abbé Raynal, alors que le *Code de la Martinique* montrait au contraire combien les faits de dissidence individuelle et les initiatives de contre-violence noire étaient nombreux. Il n'importe : la tradition du héros demeura toute singulative (Saint-Lambert, abbé Prévost, Louis Sébastien Mercier, abbé Raynal, Diderot).

Le rebelle noir saisi par la littérature dispose d'un support mythique : il est soit d'ascendance noble, comme le Mackandal de *Histoire véritable,* qui paraît en 1787, soit placé sous une égide antiquisante, d'ordre physique lorsqu'il brille d'une beauté apollinienne, d'ordre moral lorsque par son nom il est référé à Moïse, (c'est le Moses Bom Saam de l'abbé Prévost), ou à Spartacus (où est-il, ce Spartacus nouveau ?).

Même s'il est présenté comme égorgeur et incendiaire, il conserve une supériorité morale car ses violences ne font que répondre aux cruautés esclavagistes. Ainsi dans les cinquante ans qui précèdent immédiatement la révolution à Saint-Domingue, une figure hypostasiée, acclimatée aux valeurs européennes, s'est constituée selon une légende exotique tout à fait hétérogène à ce que la tradition orale autochtone véhiculait sur place parmi les esclaves : le mackendal n'était-il pas devenu un nom commun de poison utilisé jusque par les esclaves de la Guadeloupe ?

Ce schème — plutôt que portrait — avant-gardiste du chef rebelle recouvrait diverses attitudes allant de l'indulgence et de la pitié compréhensive jusqu'à la compromission spéculative avec une grande insurrection à venir. Il n'allait pas résister au choc de douze années d'une guerre de décolonisation.

En métropole, un demi siècle de retentissement littéraire

Allant vers des œuvres au contenu original, nous distinguerons en chemin celles qui mettent en avant la représentation du seul leader, et celles qui visent à constituer l'expression théorique, poétique, dramatique ou romanesque des masses en lutte. Après quoi seront abordées quelques œuvres étrangères particulièrement pertinentes pour ce propos.

Ce clivage entre sujet leader et sujet masses avait une double origine : la tradition littéraire héroïsante dont nous venons de parler et, à l'opposé, une volonté d'explorer par l'écriture tout le réel dans son foisonnement et donc de tenir compte de la dimension collective ; il résultait aussi de la réalité historique haïtienne, qui alliait une population servile fruste (déracinée, déculturée, peu réacculturée) à quelques très fortes personnalités aptes à servir de modèle pour des personnages de pouvoir.

Les événements concrets, 1791 et la suite, ont pour impact de durcir l'opinion des écrivains français qui effectuent leur propre contre-révolution idéologique. Car l'action des masses haïtiennes en mouvement, profuse et violente, réalisant les excès annoncés par Saint-Lambert, est amplifiée, dénaturée par un puissant écho : la masse, en mouvement elle aussi, de centaines de textes de rapatriés, ou « le cri des colons », pour reprendre le titre d'un recueil collectif de 1810, attribué à l'un de ses rédacteurs, François de Tussac.

L'effet de choc suffira soit à consolider des préjugés, soit à affecter sans remède des esprits enclins aux palinodies : c'est l'abbé Delille qui reprend dans son poème *La Pitié* (1803), le texte d'une *Adresse des colons* de 1791, c'est Louis Sébastien Mercier qui abandonne sa suggestion de dresser une statue au « Noir vengeur », c'est Olympe de Gouges qui juge opportun en 1792 de prendre ses distances dans une nouvelle édition de ses *Réflexions sur les hommes nègres,* c'est Chateaubriand qui n'ose plus « plaider la cause des Noirs après les crimes qu'ils ont commis » (*Génie du Christianisme*), c'est Madame de Duras dont l'héroïne noire Ourika proclame sa honte, et son refus de toute solidarité avec les Haïtiens en révolution.

A la masse nègre « il ne manque qu'un chef assez courageux », écrivait en 1774 l'abbé Raynal. Or des chefs se sont levés par centaines sur le sol d'Haïti, susceptibles de fournir des personnages réels aux historiens, aux essayistes, aux auteurs de fictions. De fait, certains leaders secondaires apparaissent, épisodiquement il est vrai : Jean-François, présenté contradictoirement dans les *Souvenirs de Saint-Domingue* de A. Delrieux (il y est tortionnaire) et dans la *Vie de Toussaint Louverture* de Schoelcher, Jean-Louis, jugé positivement à la fois dans un petit roman de Louis Raban, *Farville, ou Blanc, Noir et Couleur de Rose* et dans le même ouvrage de Schoelcher.

Depuis les *Mémoires* du Général Pamphile de Lacroix, Boukman et Biassou ont retenu l'attention par leur aspect extérieur, plutôt que par le souci d'une analyse psychologique. On cite volontiers les slogans des deux chefs, transcrits en alexandrins créoles qu'on retrouvera chez Schoelcher *(Des colonies étrangères, Haïti)*. Le romancier Picquenard rappelle qu'il a vu sur place la tête coupée de Boukman, qu'il qualifie d'anthropophage ; en revanche, dans *Adonis ou le bon Nègre*, il présente Biassou comme un possible Lieutenant Général des Armées du Roi de France, secondé par des militaires et des techniciens européens. Le même Biassou, à la tête de ses hordes, figure dans *Bug Jargal* tout ce qui peut faire horreur au jeune homme de droite qu'est alors Victor Hugo. C'est « une hyène », un « renard » qui ne considère la révolution qu'en termes de renversements hiérarchiques caricaturaux, d'une couleur locale tantôt avérée, tantôt hasardeuse : « Tu m'apporteras la pipe, le calalou et la soupe de plumes de paon ou de perroquet. »

Bien entendu le lecteur a droit à l'anecdote, peut-être véridique, selon laquelle Biassou a fait scier le blanc, lequel l'avait déprécié avant de le remercier : « car je t'ai vendu certainement plus que tu ne vaux ».

Venons-en à la manière dont la littérature post-révolutionnaire ou romantique française a tenté de saisir l'émergence et les accomplissements des leaders les plus célèbres. Il s'agit de textes écrits après la proclamation de l'Indépendance et, pour certains, après la reconnaissance tardive d'Haïti par la

France ; bien peu pourtant allèrent jusqu'à un mouvement profond de solidarité avec ces insurgés de haut rang. Et il y a des explications à ce manque.

Si on y réfléchit, les chefs haïtiens avaient transcendé pour la plupart le statut de paria révolté, topos romantique, pour devenir généraux ou hommes d'État. Par là, ils s'offraient moins à l'émotion lyrique. Et si l'on considère la quête du tragique, une des composantes de la sensibilité d'époque, on s'aperçoit qu'elle ne fut jamais menée dans les textes romantiques jusqu'au meurtre du Pont Rouge, jusqu'à la citadelle où Christophe se donne la mort, jusqu'au Fort de Joux où s'était clos le destin de Toussaint sans arracher autre chose à Balzac qu'une remarque sur le stoïcisme moral du héros (« mort sans proférer une parole », *Zébédée Marcas*). Une remarque qui cachait peut être le regret que Toussaint n'ait pas fourni de révélation sur le fameux trésor qui hantait l'appétit de lucre de l'écrivain.

La passion amoureuse, telle que les Romantiques l'avaient érigée en valeur et écrite, n'apparaît pas dans les biographies consacrées aux chefs militaires et politiques. Seul Schoelcher, qui n'est pas un écrivain, ira interviewer la veuve de Dessalines, Claire-Heureuse. Des obstacles à une mise en forme littéraire s'ajoutaient donc à la pudeur patriotique, au culte républicain ou napoléonien, à ce que rapportait *Le Mercure de France* de septembre 1811 : « Raconter les malheurs de Saint-Domingue, c'est rappeler des pertes immenses et de gros sujets de douleur ».

Les héros haïtiens, parce qu'ils étaient perçus comme Noirs et parce qu'ils étaient révolutionnaires, firent plutôt l'objet d'une poétique de l'excès. La chronique de la guerre de Saint-Domingue permit de nourrir de frénétisme l'imaginaire : l'esthétique romantique, mêlant chez un même individu le satanisme et le sublime, dépassait la contradiction qui avait hanté les négrophiles du siècle précédent : violence esclavagiste, atrocités vengeresses. C'est une psychologie bien particulière, tressant le crime avec la générosité, qui poussa les plumes de Victor Hugo et de Lamartine au-delà de leurs positions politiques, qu'elles aient été à l'époque réactionnaires ou réformistes.

Un autre élément, à la vérité bien anecdotique, offrait des facilités au mélodrame : la légendaire mobilité du chef de guerre Toussaint, dont avaient parlé le général Pamphile de Lacroix et le naturaliste Descourtilz. Mobilité à quoi s'ajoutait un certain goût de l'incognito. Dans *Bug Jargal* de Hugo, cette faculté de dissimulation se transfère sur l'esclave appelé officiellement Pierrot pendant la journée, et nommé Bug Jargal, chef des marrons du Morne Rouge, pendant la nuit. Dans le roman anonyme *Oxiane,* qui émane d'un auteur appartenant au milieu militaire français, le nègre Bréda, sous le couvert d'un comportement de servitude docile, émet ses ordres à partir du camp ennemi, avant de mener un assaut libérateur contre un atelier d'esclaves, la torche à la main. Lamartine pour sa part semble s'être souvenu d'un article de *La Presse* de 1836 : « Toussaint parvenait pour ainsi dire à se rendre invisible où il était, et visible où il n'était pas ».

Nous disions qu'une aura de légende amoureuse manquait à ces chefs : Hugo et Lamartine y remédieront par quelques infléchissements, ou déplacements. Le premier, selon un processus assez trouble d'investissement libidinal personnel, crédite son héros noir d'une passion fougueuse mais respectueuse pour la blanche Marie, fiancée à un personnage falot d'Européen. Lamartine propose un Toussaint frustré par l'absence de ses fils, mais père de la collectivité haïtienne : « Si tu perds tes enfants, un peuple les remplace. »

Pour ce qui concerne enfin le respect de la vérité historico-politique, Hugo s'en est tenu à la pratique de Walter Scott, auteur de fictions historiques, qui plaçait à l'arrière-plan les personnages réels les plus connus dans l'histoire, le devant de la scène étant occupé par quelqu'un de plus obscur. Bug Jargal partage certains éléments du destin de Toussaint. Bien entendu la date choisie par Hugo, 1791, ne lui permettait pas de donner par avance une grandeur d'exception au futur père de la révolution haïtienne ; aussi le relègue-t-il en hors-texte romanesque, dans des notes qui mentionnent qu'il s'est « formé à l'école de Biassou », alors maréchal de camp, généralissime. En revanche lorsque son Bug Jargal entreprend de faire la diatribe des différents chefs révolutionnaires, il se garde bien de mentionner celui qui est pour le moment simple chef des

Noirs de Léogane et du Trou. L'essentiel, pour ce qui concerne le respect de la vérité politique, est la perception juste d'une idéologie nationaliste en train de se forger dans les discours que Hugo prête à Biassou, à partir de ce qu'il sait de la rhétorique louverturienne.

Face à cette organisation romanesque hugolienne qui doit ruser avec la chronologie, avec les obscurités et les contradictions idéologiques du jeune écrivain, la pièce de théâtre de Lamartine, clairement intitulée *Toussaint Louverture*, offre un degré supérieur de netteté politique. Écrivant il est vrai de 1839 à 1850, Lamartine y a dédaigné les portraits de Toussaint, presque tous entièrement hostiles, qu'avaient dressés les René Périn, les Dubroca, les Cousin d'Avallon ou la *Décade philosophique* de prairial an X. Son projet par ailleurs ne doit pas tant aux réhabilitations partielles qu'on avait trouvées dans trois ouvrages publiés en 1814-1815 : *Des colonies sous la zone torride* du colonel Malenfant ; *Le Robinson du Faubourg Saint-Antoine* de A.P.F. Ménégault, et *De la Traite et de l'Esclavage* de l'abbé Grégoire.

Sans cesser d'appartenir, à bien des égards, à la sensibilité romantique, son Toussaint revient à une problématique proche de celle de *Ziméo* : chez Saint Lambert un homme atteint par l'esclavage dans son intégrité personnelle ; pour le Toussaint lamartinien un homme menacé dans l'avenir de la population qu'il représente ; à chaque fois le héros s'engage dans la contre-violence. Certes, *Ziméo* et ce *Toussaint Louverture* diffèrent : le premier était l'homme de la nature et des passions extrêmes, le second est *homo politicus,* habité par les problèmes du pouvoir et des origines divines de sa mission de conducteur. Là où Saint-Lambert écrivait : « Vos hommes blancs n'ont qu'une demi-âme... Ils n'ont de passion que pour l'or ; nous les avons toutes et toutes sont extrêmes », Lamartine fait renier sa négritude par le Père de la révolution haïtienne :

« Il fait jour dans votre âme ainsi que sur vos fronts
La nôtre est une nuit où nous nous égarons. »

Une semblable non violence pour ce qui concerne les premières années du soulèvement : « Trop de sang n'a-t-il pas payé la liberté ? », rejoint les positions de l'auteur de l'*Histoire des Girondins* (1847) qui admirait l'homme de couleur Ogé ; Ogé qui « leva l'étendard de l'insurrection, mais avec les formes et les droits de la légalité » et mourut quand même martyr, victime de la haine des Blancs. En revanche les débordements collectifs d'esclaves suscitent chez Lamartine la vision horrifiée de cannes à sucre transformées en roseaux penchants, d'autant plus penchants que les insurgés y ont fixé les têtes coupées de Blancs créoles... Éternelle robustesse du végétal exotique !

Car à la différence de Ziméo, jamais ce Toussaint ne se livre corps et âme à la vengeance, mais, incarnant un certain nombre de valeurs morales chères au poète, et en état de légitime défense après qu'il a aux premiers actes de la pièce mûri des projets de résistance, il prend au dernier acte la décision de l'insurrection généralisée. Le dramaturge a saisi son héros dans le moment, février 1802, qui justifie l'appréciation bien connue du général Lavaux : Toussaint Louverture est le Spartacus prédit par l'*Histoire des Deux Indes* de l'abbé Raynal. Le héros de Lamartine est alors projeté par la double incandescence des slogans pratiques : « aux armes ! », et des métaphores visionnaires.

Le bilan est là : la génération romantique aura traité les chefs haïtiens d'une manière très subjectiviste. Dans les deux cas sur lesquels nous nous sommes arrêté, auront pesé sur la création littéraire, et les drames de la vie privée des écrivains, et l'influence du mouvement politique des époques révolutionnaire et post-révolutionnaire en France même : options royalistes et sympathies militaires chez le fils du général Hugo, rédaction, avec auto-célébration, de *l'Histoire des Girondins,* et engagement personnel de Lamartine à la Chambre des députés, à la Société pour l'Abolition de l'esclavage, puis au sein du gouvernement révolutionnaire de 1848. Pour le dire en bref, jamais la poétique romantique n'aura pu rejoindre l'authenticité du processus révolutionnaire haïtien.

Le point de vue haïtien

La littérature haïtienne de son côté, si riche qu'elle ait été en allégories morales, aura surpris parce qu'elle ne traite pas particulièrement les masses insurgées, hormis les exceptions majeures de Massillon Coicou et Charles Moravia.

Dans ses *Poésies nationales,* Coicou a équilibré la présence d'acteurs anonymes avec celle des chefs reconnus, dont ce Capois-la-Mort que le général français Rochambeau salue en pleine bataille. Un poème chante « La Victoire de Vertières » au cours de laquelle :

> « La nuit, devant le Noir au courage d'airain
> Avaient fui les héros de l'Adige et du Rhin. »

Coicou montre :

> « partout étendus dans la plaine
> Les Noirs nombreux, serrés, exaltés, hors d'haleine
> une trouée énorme
> Fléchit les assaillants, mais le rang se reforme ».

Surtout *La Crête-à-Pierrot,* poème dramatique de Moravia, aide à distinguer ce qui est commun aux révolutionnaires du Centre métropolitain comme à leurs adversaires de la Périphérie antillaise : *la Marseillaise,* le *Ça-ira,* et ce qui les différencie : la *Marseillaise noire.* Lorsqu'on les accuse de pratiquer une anthropophagie vengeresse, les insurgés se réclament de Marat, et une combattante décline les deux filiations idéologiques :

> « J'ai suivi Dessalines
> J'ai franchi les vallons, j'ai passé les collines
> Et j'ai mis sur mon front ce bonnet phrygien. »

Passé dans les rangs haïtiens, un Jacobin français déclare :

> « Qui peut dire : la France est ici, elle est là ?
> Où donc est la Patrie en ces minutes-là ? »

et il indique que la révolution de Saint-Domingue, partie de plus bas que la révolution française, a eu plus de mal à triompher :

> « Nous voulions conquérir le nom de citoyen
> Mais eux le titre d'hommes. »

Regards croisés : Césaire, Alejo Carpentier, Anna Seghers, Heiner Muller

Au XXᵉ siècle, les leaders d'Haïti vont être revisités par des écrivains engagés à un titre ou à un autre dans le mouvement révolutionnaire mondial : Césaire, de la Martinique, Alejo Carpentier, romancier de Cuba, et les écrivains Anna Seghers et Heiner Muller, citoyens de la République Démocratique Allemande. Leurs ouvrages vont s'inscrire dans une réflexion menée à partir des révolutions ou tentatives de révolutions soviétique (1917), allemande (1918, 1923), cubaine (1959), à partir aussi du mouvement de décolonisation généralisée de 1960 : ils porteront un nouveau regard, un nouveau système d'analyse sur l'objet « période révolutionnaire aux Antilles ».

Dans cette perspective s'inscrit d'abord le *Toussaint Louverture* de Césaire (1962), essai historique et politique inspiré de l'ouvrage du Trinidadien marxiste C.L.R. James : *Les Jacobins noirs,* (1ʳᵉ version anglaise en 1938, éd. Caribéennes, Paris, 1983), lui-même nourri d'historiographie haïtienne.

James étudiait dans un parallèle entre Toussaint et Lénine la relation du leader avec les « masses noires », annulant même un des termes de la dialectique : « Ce n'est pas Toussaint qui fit la révolution, mais la révolution qui fit Toussaint. »

Césaire, faisant alterner la narration des événements avec des exposés théoriques ou didactiques, rapporte lui aussi l'action de Toussaint à celle de Lénine :

> Quant au travail, de même que Lénine plus tard imposa à tous la plus stricte discipline, seule condition de salut de la Révolution soviétique, Toussaint décréta un règlement draconien... Ainsi parlait Lénine, ainsi pensait Toussaint. Mal-

heureusement, si les idées de Toussaint étaient bonnes, sa méthode l'était beaucoup moins. Le problème le plus délicat pour un révolutionnaire c'est celui de la liaison avec les masses, il y faut de la souplesse, de l'invention, un sens de l'humain toujours en éveil...

Aussi Césaire refuse-t-il l'héroïsation, la conception délégataire du pouvoir, puisque tout réside dans le mouvement des masses : « Le pouvoir de Toussaint Louverture croissait en proportion de son influence sur les masses... C'est le peuple qui emporta la victoire. »

Mais cet ouvrage ne représente pas de qualités littéraires. Pas plus d'ailleurs que le *Monsieur Toussaint* d'Édouard Glissant, paru l'année suivante, qui traite le sujet de manière trop allégorique.

C'est curieusement Christophe, lequel pourtant n'avait été exemplaire ni par le radicalisme ni par la constance, qui fera l'objet d'une des plus importantes créations dramatiques des littératures de langue française depuis 25 ans. Avec *La Tragédie du Roi Christophe*, Césaire va prolonger la réflexion menée dans *Toussaint Louverture* et, par un admirable mouvement poétique, prouver que le dramaturge a rejoint la conscience des combattants.

Christophe devenu Henry Ier avait déjà paru dans un roman intitulé *Kélédor, histoire africaine*, que le baron Roger, ancien gouverneur du Sénégal, avait publié en 1828. Il y figurait au milieu d'une cour présentée très schématiquement comme ridicule. Césaire au contraire mûrit une pièce de théâtre puissamment mobilisatrice dans les années qui suivent les indépendances africaines, et la fait jouer et publier en 1963, l'année de la création de l'Organisation de l'Unité Africaine.

Christophe a une réputation de despote fantasque, des ambitions prométhéennes plus ou moins vaines. Ses pratiques politiques de travail forcé, ses excès sanglants ont été jugés de tout temps en Europe selon une analyse psychologico-morale inspirée par le refus des secousses révolutionnaires, le refus de la démesure ou hybris, laquelle se paierait inévitablement par la tragédie ; certains commentaires de Césaire lui-même, émis après les premières représentations, avaient paru rejoindre cette opinion dominante.

Mais son texte est tout sauf univoque. En 1963, si ses lecteurs ou spectateurs européens sont toujours marqués par la hantise des totalitarismes, Césaire, qui se compte parmi les intellectuels du Tiers monde, réfléchit sur des situations inédites : décollage ou stagnation des anciennes colonies, conscientisation des populations, édification de nations nouvelles. Les acteurs — entre bien d'autres — de l'insurrection haïtienne ne sauraient être jugés selon une éthique modérée ; en tant que lutteurs, ils seront au contraire récompensés et admis à survivre « en négritude » dans la mémoire de leurs peuples. Or, l'ombre portée par le devenu haïtien, et par des épisodes tragiques des révolutions prolétariennes ou tiers-mondistes, empêche généralement le lecteur occidental de bien lire cette pluralité de voies ouvertes par le processus inaugural haïtien.

Le désir intraitable qu'a le héros de réaliser une mutation massive de la mentalité haïtienne, fût-ce très maladroitement, sa volonté d'édifier après avoir détruit, sont des composants indispensables à l'entreprise de réhabilitation de tout le peuple noir. Cette noble motivation rachète le visionnaire, ce que manifeste magnifiquement l'épisode final, après l'échec tragique et le suicide. L'installation épiphanique de l'ancien roi d'Haïti au royaume mystique d'Ifé ne laisse plus aucun doute sur les intentions du dramaturge. Devenu « nègre politique » (Ogoun Badagry), Christophe vivra éternellement là où sont acceptées les insuffisances de l'histoire, aussi bien que les émouvants insuccès dans la territorialisation d'un rêve. Qu'importe alors que tout un temps il se soit très mal désencombré de conduites imitatives et aliénantes. Césaire a déjà réfléchi à la question selon la dialectique matérialiste ; il a écrit dans son *Toussaint Louverture* :

> L'histoire traditionnelle brocarde ces Noirs qui, au seuil d'une révolution, se chamarrent de cordons de Saint-Louis et parlent le langage conventionnel de la réaction et du cléricalisme... Qu'on y prenne pourtant garde : la phraséologie est réactionnaire ; la mythologie sans doute, mais l'action est révolutionnaire... La phrase à cet égard décisive, c'est Marx qui la prononce, et précisément à l'occasion de la Révolu-

tion française : « La tradition de toutes les générations mor
tes pèse d'un poids très lourd sur le cerveau des vivants. Et
même quand ils semblent occupés à se transformer, eux et
les choses, à créer quelque chose de tout à fait nouveau, c'est
précisément à ces époques de crise révolutionnaire qu'ils évoquent les esprits du passé, qu'ils leur empruntent leurs noms,
leurs mots d'ordre, leurs costumes, pour apparaître sur la nouvelle scène de l'Histoire sous ce déguisement respectable et
avec ce langage emprunté. »

La vérité est que les chefs nègres eurent bien autre chose
à surmonter que le ridicule qu'ils se donnèrent des défroques
monarchiques. On s'inquiète bien plutôt du risque qu'ils cou-
rurent, sitôt engagés dans l'action révolutionnaire, de s'en laisser divertir et d'être tout près de s'imaginer qu'en cédant aux
tentations du réformisme, et par les vertus du conciliabule,
ils pouvaient mollement s'ouvrir les portes du repos.

Césaire a donc ici marié la *Naissance de la Tragédie* de
Nietzsche et *La Raison dans l'Histoire* de Hegel, avec les présences orageuses de Shango et d'Ogoun. Il a éclairé son héros
aux lumières conjointes de Marx et de la mystique vaudou,
et jamais, hormis dans son *Discours sur le Colonialisme,* il
ne sera allé aussi loin dans la dissidence ; jamais il ne se
sera écarté davantage de la pensée franco-centriste pour dire
le différent.

On ne saurait trouver semblable compromission chez des
écrivains totalement étrangers à l'insurrection dominguienne ;
ils ont plutôt focalisé leurs intrigues sur des agents historiques extérieurs aux Antilles, soucieux qu'ils étaient d'analyser de manière critique l'exportation d'une révolution européenne vers les îles...

Le Siècle des Lumières d'Alejo Carpentier qui se termine
avec le rétablissement de l'esclavage en 1802, a pour héros
Victor Hugues, commissaire à la Guadeloupe de la République française, qui inscrit ses propres palinodies dans les phases
contradictoires de l'histoire métropolitaine, et son activité de
corsaire dans la montée du capitalisme thermidorien.

Une chose est évidente : dans un esprit de raillerie féconde,
Carpentier travaille le processus révolutionnaire antillais selon

des énoncés volontairement anachroniques de Hegel et de Marx : à cette « leçon » orientée par le matérialisme historique, il ajoute la perception d'une émancipation subie, non agie par les Antillais eux-mêmes, et l'écriture d'un concret foisonnant qui milite *a contrario* pour des initiatives autochtones.

Sur *Le Siècle des Lumières,* d'excellentes études ont paru à ce jour en France : celle de Noël Salomon (17) et surtout celles qui ont été regroupées par Daniel H. Pageaux : *Quinze études autour de « El Siglo de las luces »,* et *Images et mythes d'Haïti à travers les textes de Carpentier, Césaire et Dadié,* éd. L'Harmattan, 1984 (sur *Le Royaume de ce monde*). Pour ce qui nous concerne, dégageons quelques lignes de force du premier roman :

— Sous Victor Hugues, lit-on parfois, la Guadeloupe a connu avec la guerre de course une période d'éclat économique plus ou moins autonome. Notre réponse : il s'agit d'une autonomie ambiguë — non productrice, précaire, factice — et dont par surcroît le moteur était un agent du jacobinisme métropolitain.

— La méthode d'amalgame historique propre à Alejo Carpentier, qui réunit des éléments de la vie de corsaire du temps de Victor Hugues à ceux du temps d'Oexmelin (18) et du temps de Labat (19), s'enrichit de lectures marxistes qui lui permettent de situer d'autre manière son héros. A la Guadeloupe, écrit Carpentier, Victor Hugues a transformé la guerre de course révolutionnaire « en une affaire fabuleusement prospère », illustrant ainsi le mot de Marx dans *Le 18 Brumaire de Louis Bonaparte :* « La société bourgeoise... ses véritables capitaines siégeaient dans les comptoirs. »

— Le personnage Victor Hugues pose le problème d'une révolution importée. Le magnétisme est une métaphore récurrente du texte, et ce commissaire de la Convention a un passé très symbolique de pilote et de boulanger pétrisseur : si l'on était frivole, on verrait là une origine à l'influence qu'il prend

---

(17) « *Sobres dos fuentes antillanas y su elaboración en el siglo de las luces* », (Publications de l'Institut d'Études ibériques, Bordeaux, 1972).

(18) *Histoire des Aventuriers qui se sont signalés dans les Indes,* Paris, 1686.

(19) *Nouveaux Voyages aux Îles d'Amérique,* Paris, 1722.

sur les créoles Esteban et Sofia... Plus sérieusement, disons
que l'auteur du *Siècle des Lumières* élève une protestation
contre l'histoire subie par les peuples habitant la périphérie
des empires coloniaux. Dans les périodes d'accélération du
processus révolutionnaire métropolitain, les personnages antillais ne peuvent que ressentir, retardés et distanciés, les con-
trecoups d'une volonté extérieure, et les virages politiques du
Centre. Or, marxiste du XXe siècle, Carpentier met en crise
cette notion de « centre » et de « périphérie », voire l'idée de
modèle révolutionnaire. Il le fait notamment à partir de la
reprise railleuse de remarques de Hegel : « C'est la zone tem-
pérée qui a servi de théâtre pour le spectacle de l'histoire
universelle » *(La Raison dans l'Histoire)*. Carpentier parle ainsi
de « la plus vaste scène du monde » et de « la transcendance
mondiale des événements qui se déroulaient en Europe » (20).

— A Saint-Domingue, l'esprit des Lumières a été confronté
à une lutte émancipatrice (« Quant les Nègres font la révolution... » proclame Césaire dans *Cadastre*) qui échappait à la
rationalité bourgeoise et qui faisait en particulier fuir à Cuba
les francs-maçons de la colonie. Autant de contradictions que
le romancier met à jour.

— Situation archétypale d'intellectuel face à la Révolution,
son héros Esteban (Carpentier a pu se souvenir de l'Estève
de Levilloux dans *Les Créoles,* en position homologue) est
passé « avec armes et bagages » *(Manifeste communiste* de
1848) aux côtés des révolutionnaires. Il est même devenu un
élément « organique » du mouvement, tout en demeurant le
témoin critique du niveau de conscience des agents révolutionnaires, aussi bien que de celui des masses.

— Surtout, une leçon se dégage du livre, et c'est une postulation « américaine » pour le succès de nouvelles révolutions
aux Antilles. Car à l'universalisme abstrait, irritant de la révolution jacobine, le Nouveau Monde oppose un « concret » jus-
ticiable d'une « analyse concrète ». Dans *Le Siècle des Lumières,* la Physis américaine proclame haut et fort l'existence du
divers, du foisonnant, du proliférant, par la profusion des
humus, des épis, des sargasses, des marchandises, et par ces

---

(20) Éd. Folio, pages 100 et 302.

nouvelles étoiles qui « mêlent leurs allégories » (Prologue) aux constellations du ciel européen. Dans le Nouveau Monde, le cadran solaire devient cadran lunaire, et les inventions européennes se défonctionnalisent...

Le lyrisme d'Alejo Carpentier célèbre une force potentielle d'expansion révolutionnaire qui, pour ne pas échouer comme un vulgaire galion, ni s'affaisser comme une plante tropicale, doit s'appuyer sur les réalités locales, réinventer autre chose que « la grande lumière née de l'éclair de juillet » (Michelet, *Histoire de la Révolution française*).

Esteban constate : « cette fois-ci, la révolution a échoué. La prochaine sera peut-être la bonne ». L'idée de progrès est-elle appelée à se réaliser à travers « odyssées et anabases » (navigations dans la Méditerranée antillaise, remontée à l'intérieur du continent sud-américain, qui sera la voie de Che Guevara) ? A travers des télescopages de séquences historiques et des retours partiels au point de départ ? L'engagement fidéliste de Carpentier autorise à citer encore *Le 18 Brumaire* de Marx : « Tous les grands événements et personnages historiques se répètent pour ainsi dire une deuxième fois... La première fois comme tragédie, la seconde fois comme farce. »

Et ici quelque chose fait question : le débarquement du commissaire Victor Hugues aux îles était-il la « farce » du débarquement du Grand Amiral Colomb ? Le sens à venir serait-il donné par le débarquement du « Gramma » sur les côtes cubaines ? Qu'est-ce qu'un événement historique ?

Par-delà des différences évidentes, une certaine communauté de préoccupations relie ce roman à la nouvelle d'Anna Seghers « *La lumière sous le gibet* », recueillie dans l'ensemble intitulé *Histoire des Caraïbes* (Paris, L'Arche, 1972). La romancière communiste allemande mène elle aussi sa réflexion sur les agents historiques, en prenant comme sujet une mission envoyée par la Convention dans le but de soulever les esclaves de la Jamaïque anglaise. Ayant présenté les acteurs potentiels d'une révolte à venir, l'écrivain évoque

les contraintes d'une mission secrète quand on n'est plus rattaché à la mère-patrie... Après la chute de Robespierre, Sasportas avait été bouleversé. Mais la mission qu'il avait à accomplir était restée la même qu'auparavant. Du moins il le croyait.

Jean... était enivré par tout ce qu'il avait vu à Haïti, le grand miracle de la libération. Et maintenant Jean croyait fermement qu'on pourrait *répéter ce miracle ailleurs* (souligné par nous).

Il y avait peu de temps encore, le gouvernement de Paris avait compté sur un soulèvement des nègres, surtout parce que la France était en guerre contre les Anglais, et qu'elle voulait forcer Toussaint Louverture, qui lui semblait accaparer un trop grand pouvoir, à intervenir en Jamaïque si une révolte y éclatait. Mais le temps des soulèvements est passé.

Ce texte marqué de la pendaison d'un envoyé, de la trahison d'un second, de la mort du troisième, des relations entretenues avec le mouvement révolutionnaire métropolitain, est hanté d'une réalité récente : l'action du Komintern aux côtés et au sein du Parti Communiste allemand, depuis l'insurrection manquée de 1923 jusqu'au bouclage tragique, par le nazisme, de toute perspective, dix ans plus tard. Mais Anna Seghers conserve son espoir dans un futur soulèvement des masses antillaises, et préserve une lumière jusque « sous le gibet ».

Heiner Muller a repris le même sujet pour sa pièce de théâtre *La Mission* (21). L'intrigue se situe après la victoire des deux révolutions, française et haïtienne, et après le massacre esclavagiste de 1802, en Guadeloupe. Comme l'avaient fait Carpentier et Seghers, Muller démonte les éléments de la mystifiante triade Liberté, Égalité, Fraternité.

L'adhésion — momentanée — aux principes de 89 d'un Blanc créole libéral, d'un paysan breton et d'un esclave a permis aux autorités de monter cette mission sur trois malentendus respectifs, à quoi s'est ajouté un décalage dans l'espace et dans le temps : « Le gouvernement, qui nous a confié la mission d'organiser ici à la Jamaïque un soulèvement d'esclaves, n'est plus en fonction. »

---

(21) Édition française, Paris, Éd. du Seuil, 1982.

Et symboliquement, les esclaves noirs ont retourné cette mission, comme on retourne un gant, en obligeant les trois envoyés à jouer la tragédie métropolitaine des masques : du roi, de Robespierre, et de Danton.

Alors la formulation lucide de la vérité : « la révolution n'a plus de patrie » répond aux slogans d'un internationalisme prolétarien avant la lettre : « les esclaves n'ont pas de patrie », aussi bien qu'à l'idéologie funeste du modèle Paris, « la métropole de leur espérance ». Pourtant, face à la voix nihiliste qui indique le terme de toute révolution blanche : « La révolution est le masque de la mort », la voix radicale du Noir a retenti :

> La patrie des esclaves est le soulèvement... Les morts combattront quand les vivants ne pourront plus. Chaque battement de cœur de la révolution fera de nouveau croître de la chair sur leurs os, du sang dans leurs veines, de la vie dans leur mort. Le soulèvement des morts sera la guerre des paysages, nos armes les forêts, les montagnes, les mers, les déserts du monde. Je serai forêt, montagne, mer, désert. Moi c'est l'Afrique. Moi, c'est l'Asie. Les deux Amériques c'est moi.

On le voit, les enjeux historiques spécifiquement antillais du processus révolutionnaire ont été peu à peu relayés par un croisement d'images très extérieures à l'archipel. Tour à tour la révolution de 1848 (chez Lamartine), les révolutions prolétariennes, les révolutions tiers-mondistes se seront réfléchies « au miroir » de Toussaint, de Dessalines, de Christophe, de Victor Hugues. Et bien conscients des significations centrifuges qui travaillaient leurs textes, Aimé Césaire et Alejo Carpentier furent, semble-t-il, les seuls à conserver l'essentiel des préoccupations autochtones, à ne pas transformer l'idée de révolution antillaise en un concept zombie, au service d'autres fins que celles des peuples immédiatement concernés. Dans le cas de Césaire comme dans celui de Carpentier les références explicites, les allusions, les correspondances appuyées entre deux époques, les anachronismes porteurs de significations nouvelles, montrent que les auteurs guidés par le souci des besoins de leurs peuples, ici et maintenant, ont analysé un événement vieux de plus de cent cinquante ans

selon la théorie générale du matérialisme historique, et à tra
vers la grille des révolutions du XXᵉ siècle dont ils étaient
l'un et l'autre solidaires.

3. Dessalines

Un principe de violence on le sait a commandé à l'émancipation du territoire de Saint-Domingue, la plus riche des
colonies françaises d'Ancien Régime. Contre-violence noire,
en réponse aux atrocités des maîtres d'esclaves, violence défensive face aux « exemples terribles » (Général Leclerc) des troupes françaises de 1802, violence offensive victorieuse à Vertières. Au cours de cette guerre libératrice, le claquement des
fusils s'accompagna de slogans rythmés, rimés, de plus en
plus radicalisés à mesure que la lutte devenait plus âpre et
plus ample. Ainsi est-on passé des alexandrins indirectement
vengeurs attribués à Boukman :

> Bon Dié qui fait soleil, qui clairé nous en haut
> Qui soulevé la mer, qui fait gronder l'orage
> Dié qui là si bon ordonnin nous vengeance
> Li va conduit bras nous, li ba nous assistance
> Jetté portrait Dié blancs qui soif dlo dans gié nous
> Couté la liberté, li parlé cœur nous tous,

au mot d'ordre simplifié de Dessalines : « Brilé (brûlez) cases,
coupé têtes ».

Pensons au combat de la Crête-à-Pierrot, à cette *Marseillaise* que chantaient « dans (leurs) campagnes » les Noirs assié-
gés, face à « l'étendard sanglant, levé », d'une tyrannie coloniale... Pensons à cette indépendance acquise le 1ᵉʳ janvier
1804, qui ne mit pas fin aux pouvoirs dictatoriaux, parmi lesquels l'activité et le bref règne impérial de Jean-Jacques Dessalines se détachent avec une particulière netteté.

Rappeler ces faits, c'est dire sur quel fond s'est imaginée,
écrite et reçue en trois lieux (Haïti, les Antilles françaises,
la France métropolitaine) la figure du fondateur de la nation

haïtienne. Mais pourquoi choisir Dessalines comme aboutissement d'une certaine poéticité ?

Par ce qui est advenu à son corps (vivant et mort), par les gestes meurtriers qu'il a effectués sur ordre de Toussaint Louverture (22), par les initiatives qu'il a prises lui-même et qui l'ont définitivement installé dans le registre de la cruauté mais aussi du sacrifice personnel (23), par son passage de l'état d'objet d'une histoire inexpiable à celui de sujet d'une crise révolutionnaire sans pardon, Dessalines représente bien la pointe extrême d'une violence inaliénable et, pourrait-on dire, chimiquement irréductible. L'action dessalinienne nie la théorie de l'hybris. Son défi paroxystique — ses discours prouvent qu'il en est très conscient — tend à devenir la mesure d'un enjeu immense : l'émancipation de plusieurs collectivités humaines d'Afrique et d'Amérique.

Esclave de deux propriétaires successifs, jugé « mauvais chien » et comme tel couturé de cicatrices de coups de fouets, révolté après 1791 et devenu général de Toussaint Louverture, il doit épurer l'armée du Sud par des fusillades, puis pratiquer la stratégie de la terre brûlée — le dégât, comme on disait alors en Europe — face au corps expéditionnaire français de Leclerc. Homme de ruptures, il officialise le premier l'objectif indépendance et se fait désigner empereur en 1804. La même année il décrète le massacre quasi-général des Blancs, deux années plus tard certains de ses sujets, inquiets pour l'avenir de leurs propriétés, l'assassinent au Pont Rouge et mutilent son corps.

« Brutal et grossier, ayant sur la conscience plus d'un crime, il n'en a pas moins sa place parmi les héros de l'émancipation humaine. C'était un soldat, un magnifique soldat, et il

---

(22) Lettre du 19 pluviose an X de Toussaint à Dessalines : « Carabinez les chemins, faites jeter des cadavres et des chevaux dans toutes les sources : faites tout anéantir et tout brûler. »

(23) Torche en main Dessalines, dit la légende, incendie son palais personnel. Rapprochons cet épisode du slogan *brilé cases*, et de la manière dont Dessalines détectait les faux titres de propriétés vieillis à la fumée : *pas bon senti brilé*, et nous aurons reconstitué autour de cette figure de la violence un ensemble de signes du feu très hantants. Nous devons cet ajout à l'historien français Yves Benot, auteur de *La Révolution française et la fin des colonies*, (Paris, éd. La Découverte, 1988), et au poète haïtien Louis-Philippe Dalembert.

n'avait aucune autre ambition. » Ainsi le juge C.L.R. James
dans ses *Jacobins noirs* (rééd. 1983, p. 312).

En France, l'opinion éclairée n'était pas prête d'emblée à
formuler des jugements aussi sereins sur cette figure d'exception. La puissance coloniale, vaincue en 1803, retarda jusqu'en
1825 le moment de reconnaître le nouvel état. Même si la
révolution de Saint-Domingue ne pouvait apparaître que
mineure au regard des grands bouleversements européens, elle
ne manqua pas de demeurer traumatisante, et son leader Dessalines fut longtemps pensé en dehors des cadres de la rationalité, situé par un ensemble d'affects du côté des monstres.

Pourtant la même rationalité et la même sensibilité avaient
suscité peu d'années avant 1791 une série de textes qui pré-
disposaient à comprendre la violence anti-esclavagiste, sinon
anticoloniale, à travers des héros littéraires noirs de stature
épique. En 1769 le Marquis de Saint-Lambert dans *Ziméo*
avait rassemblé des tableaux d'horreurs négrières où se
mêlaient le sang versé, la libido et les morts violentes, appelant en réponse les égorgements, les incendies et les passions
extrêmes d'un esclave révolté, à la fois attendrissant et san-
guinaire.

En 1771, Louis Sébastien Mercier avait dressé dans *L'An
2440* (Londres, rééd. Bordeaux, Ducrot, 1971) la statue d'un
Noir vengeur de trois races. Trois ans plus tard on lisait dans
L'Histoire philosophique et politique des Deux-Indes : « Il ne
manque aux nègres qu'un chef assez courageux pour les conduire à la vengeance et au carnage. Où est-il ce grand homme,
que la nature doit peut-être à l'honneur de l'espèce humaine »
(Abbé Guillaume Raynal, Genève, 1774, tome V, p. 288).
Diderot modifiera quelque peu le texte dans l'édition de 1780
pour y insérer : « partout on bénira le nom du héros ».

Ainsi avaient pu jouer les ressorts de la rhétorique pour
faire passer ce qui était à la fois une exigence de la morale
universelle et une trahison des intérêts nationaux français :
Saint-Lambert avait installé le décor sur lequel se détachaient
les gestes et le verbe du révolté, L.S. Mercier avait fixé pour
toujours la figure d'une vengeance consommée, Raynal et
Diderot avaient relancé la tension et le dynamisme du thème
par une projection impatiente en un tout proche avenir. Et

le mot Spartacus allait avoir plus d'un écho puisque, on ne saurait trop le répéter, la révolution de Saint-Domingue aura été la seule révolte d'esclaves victorieuse.

Encore fallait-il que de la représentation, abstraite ou pittoresque, d'un hypothétique héros violent mais généreux, on passât à l'épreuve concrète du processus révolutionnaire qui selon un mot connu, n'est jamais une partie de plaisir. C'est à ce moment que se repère un gigantesque renversement d'opinion.

A Paris, Marat est un des rares à approuver les premières violences des masses asservies, et justifier avec quatorze ans d'avance l'ampleur des massacres dessaliniens : « Pour secouer le joug cruel et honteux sous lequel ils gémissent, ils sont autorisés à employer tous les moyens possibles, la mort même, dussent-ils être réduits à massacrer jusqu'au dernier de leurs oppresseurs » (*L'Ami du Peuple,* 12 décembre).

Ce qui prévaut au contraire, ce sont des énoncés du type : « La tête de Dessalines nous livrera celle de tous les autres chefs » (A. Laujon, *Précis historique de la dernière expédition de Saint-Domingue,* Paris, s.d.). L'émotion s'alimente à lire la *Vie de Jean-Jacques Dessalines* de Dubroca (24), qui est un catalogue d'horreurs insistant sur les supplices et des « forfaits qui ont épouvanté le monde entier ».

Toutefois, en citant les proclamations (non les slogans) les plus vindicatives, Dubroca le « vieux républicain » montrait, peut-être malgré lui, qu'elles tenaient moins d'une nature cruelle que du besoin de fonder une légitimité. Et si en 1812 on lit encore les détails horribles de *L'Histoire de Mesdemoiselles de Saint Janvier, les deux seules blanches conservées à Saint-Domingue* (o.c.), des réajustements s'effectuent au moment de la reconnaissance de l'indépendance de l'ancienne colonie. On lit alors Charles Malo. Dans son *Histoire d'Haïti,* et tout en soulignant la « perfidie atroce » du soldat et de l'empereur, il cite suffisamment de textes dessaliniens pour qu'on voie se composer une politique cohérente qui intègre la violence dans un système de valeurs pouvant être reconnues au-delà des frontières haïtiennes.

---

(24) Paris, 1804. Traduit en hollandais, en espagnol, en allemand.

Ces proclamations qui avaient probablement été prononcées sur place en créole avant d'être transcrites dans la langue de l'ancien colonisateur affirment qu'une puissance transcendantale (et l'on est proche de l'Être Suprême de Robespierre) autorise la loi du talion et permet de dépasser le débat moral :

> Les Français ont commis des crimes jusqu'alors inouïs... Mon bras levé sur leurs têtes avait tardé trop longtemps à frapper... Mais Dieu lui-même a donné le signal... Oui, nous avons rendu aux Français guerre pour guerre, crime pour crime, outrage pour outrage. Oui j'ai sauvé ma patrie, j'ai vengé l'Amérique. Je l'avoue avec orgueil à la face du ciel et de la terre... Que m'importe l'opinion de mes contemporains et des générations futures ! j'ai fait mon devoir, je jouis du témoignage de ma conscience, cela me suffit (pp. 283-284).

La violence s'appuie aussi sur la croyance (réelle ou feinte chez le politique Dessalines) en une essence haïtienne, un mythe national en formation (peut-être la version laïcisée de l'esprit vaudou de l'Océan : maître Agoué) qui associerait les forces de la Nature et celles d'un peuple. Le leader se situe alors près d'une vision romantique de l'idée de nation, celle de Michelet par exemple, de laquelle bien évidemment l'ex-esclave aurait ôté la glorification des siècles passés :

> S'il est une nation assez insensée ou assez téméraire pour m'attaquer, qu'elle se montre. A son approche le génie d'Haïti sortira du sein de l'Océan. Son regard menaçant bouleverse les flots et excite les tempêtes ; son bras puissant disperse les flottes ou les met en pièces... Mais pourquoi compter sur l'assistance du climat et des éléments ? Ai-je oublié que je commande à des hommes nourris dans l'adversité, dont le courage s'accroît à la vue des obstacles et des dangers ? (p. 287).

Complétant un portrait jusqu'alors presque uniquement centré sur les atrocités, le livre de C. Malo a-t-il neutralisé le personnage en le rendant littérairement stérile pour les Français ? En 1839, A. Fortier parlera en tout cas de « l'administration sage de Dessalines » (*Des Colonies françaises*, Paris, Ledoyen) ; le *Grand Dictionnaire universel Larousse* propose un portrait balancé entre férocité et rare bravoure, et indique que ses « instincts d'indépendance » lui ont fait concevoir « la généreuse et salutaire pensée » de réunir Noirs et gens de couleur. Significativement c'est du massacreur de Communards bien connu, Adolphe Thiers, que viendra un des derniers jugements scandalisés sur Dessalines (in *Ausone de Chancel,* Cham et Japhet, Paris, Hachette, s.d., p. 24).

Littérairement, avons-nous dit, les deux *Bug jargal* de Victor Hugo (1820 et 1826) préfèrent parler d'autres leaders chez qui la violence s'affuble de pittoresque : l'un est ridicule, l'autre « charlatan », les autres « jongleurs », ou « monstres », ou « renards ». Dans son *Toussaint Louverture,* écrit en 1839, Lamartine a choisi pour héros une victime hostile au principe de la violence ; après quelques hésitations dont témoignent ses manuscrits (Bibliothèque nationale, Paris, fonds n.a.f., 14033) il décide de ne pas mentionner le rôle de Dessalines dans le combat de la Crête-à-Pierrot, ainsi qu'il en omet ce même drapeau rouge qu'il rejettera en 1848 à l'Hôtel-de-Ville de Paris...

Donc le personnage de Dessalines disparaît semble-t-il définitivement des lettres françaises métropolitaines. Pour ce qui concerne la littérature créole des territoires coloniaux de Martinique et de Guadeloupe, un autre intérêt ainsi que d'autres contraintes entrent en jeu. C'est d'abord la peur politique de la contagion révolutionnaire en direction des deux îles ; dans sa proclamation du 28 avril 1804, Dessalines n'a-t-il pas déclaré :

> Il faut vous représenter la Guadeloupe pillée et détruite, ses ruines encore teintes du sang de ses enfants *(après la répression de 1802, R.A.),* des femmes et des vieillards égorgés... Vous parlerai-je de l'horrible despotisme qu'on exerce à la Martinique ? Malheureux Noirs de la Martinique, que ne puis-je voler à votre secours et briser vos fers ? Hélas, une barrière insurmontable nous sépare. Mais peut-être une étincelle du même feu qui nous enflamme s'allumera-t-elle dans vos cœurs ; peut-être, au bruit de cette commotion, sortirez-vous de votre léthargie pour réclamer les armes à la main vos droits sacrés et éternels ? (C. Malo, o.c., p. 287).

Aussi trouvera-t-on des textes de Blancs créoles tels que le *Rapport sur la conduite qu'a tenue C. Roberjot Lartigue au sujet de l'entreprise formée par Dessalines pour soulever la Martinique, la Guadeloupe et Marie-Galante* (Saint-Thomas, 1806, Paris, 1815), et chez les mulâtres prévaudra longtemps une attitude d'effroi et de dénégation. Le cas le plus typique est celui du Martiniquais Raphaël Tardon, auteur d'un roman historique à effets très spéciaux : *Toussaint Louverture, le Napoléon noir* (Paris, Bellenand, 1951). Il s'agit de faire imaginer dans le détail comment « la férocité bestiale de Dessalines culmina à des sphères où il est malaisé d'accéder si l'on n'est qu'un homme normal » (p. 199).

Le Dessalines textuel de Tardon est

> L'homme qui suspendait ses prisonniers aux arbres par les testicules pour se griser de les voir descendre peu à peu, à longueur de viscères et de muscles, avant que d'un seul coup ils ne tombent au sol, vidés comme des poulets ; Dessalines, l'homme qui mangeait les bras, le nez, les oreilles et autre chose sur ses prisonniers vivants... Le monstre qui faisait... outrager les vieilles octogénaires par des ânes, et les ânesses par ses prisonniers (p. 14).

Le mot « monstre » permet à Tardon d'avancer la figure du Minotaure, lequel, au lieu d'assumer ses fonctions militaires à la Crête-à-Pierrot, y avait disposé artistiquement dans un même lit le triple agrément d'une Blanche, d'une mulâtresse et d'une négresse... D'autres ouvrages de Tardon ont témoigné de ce penchant pour le sensationnel de bas étage.

Plus sérieusement Césaire, pourtant un des trois hérauts de la négritude, nous a confié que Dessalines ne lui a « pas parlé » ; ses textes traitent de contre-violence effectuée par des héros victimes : Toussaint Louverture, encore une fois, et Delgrès pour la Guadeloupe ; dans les premiers actes de sa *Tragédie du Roi Christophe*, la violence du personnage royal est condamnée, et si la figure de la Folle-au-milieu-des-combats, qui appartient incontestablement à la légende militante dessalinienne, est évoquée, c'est par un personnage idéa-

liste, Métellus : « C'était elle la Folle qui hors peur hélait
notre sang timide » (Acte 1, scène 5).

A la suite de Césaire les essayistes de la violence n'ont
pas manqué dans les deux Antilles françaises, depuis les énoncés véhéments de la revue *Légitime Défense* (1932) ; c'est
Frantz Fanon, dont *Les Damnés de la Terre* (1961) cite longuement l'*Anti-Dühring* d'Engels et évoque la guerre antina-
poléonienne en Espagne, mais non pas celle de Saint-
Domingue. « La décolonisation est toujours un phénomène violent », y lit-on (p. 5 de l'édition Maspero), mais les cinquante
pages qui traitent de la violence concernent les décolonisa-
tions du XXᵉ siècle. Fanon travaille dans la contemporanéité
plutôt que dans la fréquentation des grands symboles historiques.

Quant à Édouard Glissant, il accorde dans *Les Indes* (1965)
quelques vers au héros implacable, dogue dressé contre les
« dogues nourris de nègres » :

« Ombre de sang, jailli d'un lac de sang, et sans pitié, c'est
Dessalines
Celui-là fut terrible, il te coûta beaucoup de larmes, ô prê-
tresse... Femme,
Tu pleuras sur sa haine, tu grandis de son amour » (p. 118).

Mais c'est Toussaint Louverture qui lui inspirera une pièce
de théâtre, et le *Discours antillais* (1981) étant circonscrit à
la Martinique, Dessalines n'y apparaît nullement dans les pages
d'analyse de la violence (292 sq.). Seul donc l'écrivain martiniquais Vincent Placoly aura consacré un ouvrage — une
pièce de théâtre — au farouche combattant de la cause nègre :
Dessalines, ou la passion de l'indépendance (Éditions Casa
de las Americas, La Havane, 1983). En créole parfois, mais
le plus souvent en français, son héros parle de sa guerre, avec
volubilité. Michaël Thoss a bien montré l'opposition entre civilisation et barbarie, « dont les valeurs sont partiellement ou
intégralement renversées » (Actes du Colloque *La Période*

révolutionnaire aux Antilles, Fort-de-France, 1986, p. 595),
Dessalines précise :

> Nous n'allons pas nous battre. Nous allons enfumer des man-
> goustes dans leur trou, nous allons dépendre des singes de
> leur créneau, c'est des sacs de saindoux que nous allons cre-
> ver (p. 18).

Mais curieusement il paraît enfermé dans une action militaire sans objectif précis : « Dites-leur que s'il ne reste personne devant moi je me battrai contre moi-même, tellement
est ardue (sic) chez moi l'appétit de lutter » (p. 27).

Placoly aura donc montré par l'exception que dans les
départements français d'Amérique, pourtant notablement tra-
versés comme on sait par les volontés d'autonomie ou d'indépendance, Dessalines n'aura pas constitué un pôle mythologique ou contre-mythologique (25) à l'instar de Toussaint Louverture, Schoelcher, Delgrès, Lumumba ou Che Guevara. Sans
doute Dessalines est-il « lisible » dans un schéma inspiré de
Georges Sorel ou de Sartre (préface des *Damnés de la Terre*) ;
mais peut-être est-il apparu trop monolithique à Césaire, par
exemple, qui a préféré écrire *La Tragédie du Roi Christophe* ; peut-être la figure est-elle trop simple pour que d'un
jeu de contradictions naisse une poéticité de type césairien
ou glissantien. Peut-être enfin, et c'est ce que nous allons
aborder maintenant, les Haïtiens lui ont-ils fait dire, et pleinement dire, un ensemble de valeurs trop spécifiquement nationales, dont un étroit rapport à la langue créole, pour qu'elles
puissent immédiatement rejoindre les catégories de la pratique universelle.

En Haïti, le personnage s'est peu à peu composé d'éléments
légendaires, voire mystiques, qui se greffèrent sans difficulté
sur des traits historiques originels. Car Dessalines avait su
de son vivant accomplir les gestes irrécupérables qu'il fallait
pour que se découpe en haut relief une figure hors pair, dans
une réalité elle-même bouillonnante.

---

(25) Au sens où René Ménil parle de contre-mythologies dans *Tracées*.

Après quelques années d'errements, il s'écartait résolument des exemples de compromis passés avec le colonisateur, et qui avaient été fatals aussi bien à la princesse indienne Anacaona qu'à Toussaint Louverture. Chez Dessalines, l'extermination des Blancs, le massacre de nombreux mulâtres désignent expressément les contours d'un combat pour la race et pour un état nouveau. La première surtout se fonde sur un ressentiment global : « Le nom français lugubre (sic) encore nos contrées... Qu'avons-nous de commun avec ce peuple bourreau ? » (cité in Boisrond Tonnerre, *Mémoire pour servir à l'Histoire d'Haïti,* Port-au-Prince, Fardin, 1981, p. 3).

Et le haineux refus de l'oppression (« Dessalines pas vlé ouè blan fransé » i.e. : « ne veut pas voir les Blancs français ») le fait s'approprier la métaphore épouvantable de son secrétaire qui avait dit : « Pour dresser l'acte d'Indépendance, il nous faut la peau d'un blanc pour parchemin, son crâne pour écritoire, son sang pour encre, et une baïonnette pour plume... », Dessalines répondant : « C'est cà même mon vlé (que je veux). »

Mais au-delà de cette négativité qui répondait au néant dans lequel on avait plongé une collectivité humaine, des décisions constructives interviennent : celle de donner à la nation nouvelle le nom indien d'Haïti, celle de se solidariser avec le combat anticolonialiste de Miranda, au Venezuela. Elles contribuent à situer l'époque dessalinienne sous le signe d'une véhémente jeunesse, où respirait sans retenue l'ego haïtien.

Aussi, comparativement aux morts diverses, et presque toutes violentes, des autres « grands nègres » de l'indépendance, l'assassinat de l'empereur Dessalines en 1806, après seulement deux années de règne, apparut-il comme irréparable. Malgré un purgatoire de trente-sept années dans lequel l'avaient immédiatement jeté ses successeurs de l'oligarchie mulâtre, des hymnes, des poèmes populaires en créole firent vivre sa mémoire. Sans atteindre la dimension strictement mythique, Dessalines fut perçu comme porteur d'un pouvoir politique magique inédit : « li poté ouanga nouvo ». Il fut le seul des dirigeants de l'Indépendance a être perçu comme *loa,* celui de la menace : « l'heu Dessalines moin monté'm » (attention lorsque je suis chevauché par l'esprit Dessalines). Dessalines « nègre-guerre » est l'Ogoun-ferraille d'une négritude non plus souffrante, mais militante puis triomphante. Tout naturellement il ne manqua pas d'être associé, en tant qu'esprit vaudou, chef de hounfort (temple), à certains autres loas parmi les plus marquants d'une religion en laquelle l'agressivité est souvent une valeur positive : Linglesse-bassin-sang, Erzulie esprit de l'amour. Plus tard viendront les messes catholiques de réhabilitation, plus tard les défilés officiels de célébration, les cérémonies toponymiques en son honneur. Conformément au mot du critique Ghislain Couraige, « Pas un Haïtien qui n'ambitionne de ressembler à Dessalines », la prétention de descendre de l'empereur a atteint plus d'une famille, et Maximilien Laroche a judicieusement défini le personnage comme « figure centrale de la pratique et du discours de la collectivité haïtienne » (*La littérature haïtienne,* Montréal, Léméac, 1981, p. 53 ; cf. aussi Lorimer Denis, *Bulletin du Bureau d'Ethnologie* n° 3, février 1944).

Face à cette surabondance de signifiants, la littérature nationale pouvait-elle assumer une fonction particulière ? La vérité oblige à dire que trop nombreux furent les écrivains haïtiens qui se contentèrent d'une mise en forme académique, compassée, du discours collectif déjà émis sur ce « cavalier de l'épopée » (Roussan Camille). Parmi les noms qui se pressent (Aubourg, Coriolan Ardouin, Brierre, Grimard, Innocent, Lochard, Moravia, Coicou) trop rares sont ceux qui échappèrent à la grandiloquence :

> « Qui nous inspirera ? Sera-ce Dessalines
> Dont le hardi courage a chassé l'étranger ?

(Oswald Durand, *Rires et Pleurs,* Paris, Crété, 1896, p. 107), ceux qui échappèrent à la prosopopée :

> « Je ne suis pas un homme, encore moins un ange
> Je suis l'Esclavage debout, et qui se venge. »

(C. Moravia, *La Crête-à-Pierrot,* Port-au-Prince, Verrolot, 1907, p. 25),
ou à l'anecdote versifiée :

> « Ils regardent avec dédain le tricolore
> Dessalines l'arrache... Et le Nègre dès lors
> Eut pour drapeau le bleu du ciel qui nous abrite
> Et le rouge du sang des Nègres déjà morts. »

(Marcel Dauphin, *Le Culte du Drapeau,* Port-au-Prince, Vertières, 1953).

Il y eut même un poème dans lequel les lambeaux du corps de Dessalines, traînés par une folle dans un sac (ou macoute) se retrouvèrent enveloppés en une seconde macoute d'écriture, tissée en alexandrins ! (26).

Seul un texte en créole de Félix Morisseau Leroy, « Papa Dessalines messi » (in *Diacoute,* rééd. New York, 1983), semble avoir renoué avec les énoncés spontanés que dictait la conscience nationale, aux premiers temps de l'indépendance :

> Pour tout ça'l fait m'di : papa Dessalines merci
> Pour tout ça l'prall fai
> M'dis : merci papa Dessalines,
> *c'est-à-dire :* pour tout ce qu'il a fait, pour tout ce qu'il va faire, je dis Papa Dessalines merci.

Dès que s'évoque la grande figure de l'Empereur, le lyrisme apparaît, même dans les plus modestes des romans haïtiens :

> Ils l'ont assassiné là, où les étoiles ne brilleront jamais. Là où les montagnes ne seront jamais vertes. Là où l'eau ne coulera jamais. Fils maudit de la terre maudite, pendant combien de temps peux-tu te laver de cette flétrissure ? Tu seras toujours esclave, car tu as lâchement plongé ta liberté dans le sang du frère le plus grand, le plus beau, le plus sublime et le plus courageux (Gérard Dorval, *Ma Terre en bleu,* Port-au-Prince, Fardin, 1975).

---

(26) Luc Grimard, *Sur ma flûte de bambou,* Paris, N.R.F., 1925, p. 123.

Mais le renouvellement allait venir d'auteurs que ne han teraient plus la mauvaise conscience, le respect humain, le souci du qu'en-dira-t-on international ; des auteurs décidés à se déporter hors d'un champ éthique balisé par l'étranger, hors d'une pratique de réhabilitation contrainte. De l'écrit commémoratif redondant on passa à la production de sens nouveaux, et c'est ainsi que dans les œuvres de Jacques Stephen Alexis, de René Depestre, de Jean Metellus, le patriotisme dessalinien fut travaillé à des niveaux divers, et mis en relation avec les rapports de classe. Analysons ces trois exemples.

De son premier emprisonnement en 1946, jusqu'à son assassinat par les hommes de Duvalier en 1961, le militant syndical et politique J.-S. Alexis n'a pas manqué de subir la violence répressive. En retour, il fut marqué à partir de 1949 par son activité au sein d'un Parti Communiste Français qui n'avait pas encore rejeté la notion de dictature du prolétariat, c'est à dire la violence armée de la classe ouvrière. Alexis en Haïti chantait les couplets vengeurs de *La jeune Garde* : « Prenez garde, à la Jeune Garde, qui descend sur le pavé. »

Avant même de se rendre en Chine il avait fait sienne la remarque de Mao Tse Toung : « La Révolution est un acte de violence », et son dernier geste politique fut un débarquement clandestin armé.

Alexis proclamait : « je descends par deux fois en ligne directe de l'homme qui fonda cette patrie » (Lettre à F. Duvalier, 2 juin 1960), et choisit de prénommer son fils Jean-Jacques. En tant qu'écrivain il n'échappe pas à la montée emphatique, chaque fois que son texte traite de l'Empereur. Pourtant l'œuvre alexisienne n'exalte aucune violence. Elle célèbre au contraire « la belle amour humaine », celle par exemple qui unit le héros Hilarion de *Compère Général Soleil* (Paris, Gallimard, 1955) à Claire-Heureuse, le même prénom que celui que portait l'épouse de Dessalines. Elle se penche sur les victimes d'agressions : l'Indien, les prêtres du vaudou, les coupeurs de canne, les prostituées, et surtout les héros tués parce qu'ils ont servi le peuple : Paco Torres, Jesus Menendez.

Alexis trie dans l'héritage dessalinien, et retient moins la dynamique brutale d'ensemble que certaines options finalisées.

Ainsi l'épigraphe des *Arbres musiciens* (Paris, Gallimard, 1957) souligne non pas les pratiques racialistes sanglantes du leader, mais au contraire une exigence d'unité nationale quelque peu idéalisée : « La ronde, sans exclusive, de toutes les mains autour du patrimoine du grand Empereur... Cette ronde à laquelle il a tout sacrifié. »

Compère Général Soleil rapproche l'internationalisme communiste de l'Allemand Thaelmann des entreprises de solidarité américaniste dont nous avons parlé (p. 95) ; le même roman évoque « les combats de Dessalines, la question du partage des terres des colons » (p. 153), pour les inscrire au principe des luttes paysannes ultérieures, et d'un certain communisme agraire haïtien. Une note des *Arbres musiciens* (p. 26) spécifie encore la pensée dessalinienne par un désir d'égalitarisme et de révolution sociale, ce qui n'est peut-être pas faux, mais masque l'oppression des travailleurs par un certain Dessalines, ancien inspecteur des cultures sous Toussaint (27). Cela permettait aussi d'annoncer, sur le mode messianique, un retour refondateur :

> Il ne peut pas ne pas revenir ! Il sortira des entrailles de la terre ! Alors ce sera le jour de la vengeance, le jour de la justice, le jour des nègres-sales, le jour des nègres-orteils, le jour des nègres-mornes, des nègres-feuilles, des nègres-nègres (*Arbres Musiciens*, p. 344).

Enfin, Alexis ne manque pas d'évoquer le martyre au Pont Rouge (*ibid.*, p. 343). Ici se lisent les traces d'une identification hantante, qui devait trouver son prolongement aux termes également tragiques de deux biographies : « les quartiers de sa chair dans les rues » (*ibid.*) annoncent l'œil, exorbité, du combattant Alexis capturé sur le chemin d'un ressourcement qui le menait précisément au temple vaudou, au « hounfort où, dit-on, Dessalines s'était réfugié plus d'une fois » (Michel Séonnet, *J.-S. Alexis*, Toulouse, éd. Pierres Hérétiques, 1983, p. 156).

---

(27) « Au Pont Rouge, la propriété d'État saute, le nantissement des ''barons'' peut commencer », Roger Dorsainville, in *Nouvelle Optique*, Montréal, numéro d'avril 1972.

Si, à la différence de cet écrivain solaire, René Depestre n'eut à subir personnellement que les tracasseries, et non la brutalité des régimes dictatoriaux, il fut un barde qui ne cessera jamais de dénoncer véhémentement l'assassinat de ses amis (*En état de poésie,* Paris, Éditeurs Français Réunis, 1980, p. 45), mais aussi la violence intellectuelle, la violence culturelle qu'il analysa magistralement dans *Bonjour et Adieu à la Négritude* (Paris, Laffont, 1981). L'important n'est pas que René Depestre ait tout un temps porté le revolver au côté pour défendre Cuba ; l'important, c'est que toute une partie de son œuvre soit un hymne à la violence révolutionnaire : « A l'âge de Fanon et de Che Guevara » (*Pour la Révolution, pour la Poésie,* Montréal, Léméac, 1974, p. 37), la proximité physique des plus prestigieux guerrilleros cubains surchauffe la réflexion qu'il mène sur le devenir de sa propre patrie. Là le « totalitarisme tropical », qu'il appelle « indigénisation accélérée des violences d'autrefois » (*ibid.,* p. 33), impose de choisir la critique des armes, « seule valeur qui reste encore dans les mains du peuple haïtien ». Aussi le combatif poète antillais tourne-t-il le dos au prophète hindou de la non-violence :

> Sous mon oreiller et sous chacun de mes chants
> Il y a un anti-Gandhi passionné
> Et plus chargé qu'un colt 45
> (*Poète à Cuba,* Paris, P.J. Oswald, 1976, p. 131).

Et à son tour il ne manque pas de revisiter un Dessalines qu'il situe sous l'égide de Marat, un Dessalines sachant dynamiser un peuple entier : « Sous l'autorité suprême de Dessalines, toutes les composantes historiques d'Haïti avaient été coalisées dans une tension extrêmement créatrice. » (*Bonjour et Adieu à la négritude,* p. 182).

Un Dessalines enfin qui avait entrepris l'indispensable réforme agraire et faisait avancer les intérêts de la Révolution : « La disparition tragique de Dessalines eut les effets désastreux d'un 9 thermidor haïtien » (*ibid.,* p. 183).

A côté du discours d'interprétation, la prise en compte de la réalité vaudoue ajoute une aura poétique à cette présence fondatrice : le loa Papa Loko « protégea Dessalines pendant toutes les batailles de l'Indépendance » (*Le Mât de Cocagne*, Paris, Gallimard, 1979, p. 69). Surtout, dès *Un Arc-en-Ciel pour l'Occident chrétien* (Paris, Présence africaine, 1967), le sens d'une appartenance mystique inspire au poète une de ses plus belles odes, où le langage rituel : « lever », se tisse avec un jeu quasi-éluardien d'images fondamentales :

> A moi de dire Dessalines
> A moi Erzili déesse des eaux douces
> A moi de lever ce torrent de flammes noires
> Jadis au temps de mes feuilles vertes
> Dessalines emporta mon corps dans son courant
> Dessalines lança ses eaux courantes sous mon
> soleil de femme (« Ode à Dessalines », p. 103).

Dans les derniers textes cependant, on notera la disparition progressive du thème de la contre-violence, en même temps que l'abandon de ce que Depestre nomme « les oripeaux idéologiques ». Non pas fondamentalement la dépolitisation, mais un reclassement des valeurs, la pulsion érotique refoulant hors du champ textuel la passion politique. Maintenant, ô surprise, par discrédit de toute théorie de pouvoir, Depestre lève de nouveaux noms pour la figure dessalinienne et la déporte vers le registre de la dérision :

> A quelques mètres de là, l'empereur des Haïtiens, Jacques 1er, avait pour partenaire, à une sorte de tennis de table, le généralissime Staline... Les deux petits pères des peuples, avec une égale dextérité, se renvoyaient une tête d'homme réduite dans toutes ses dimensions selon la technique propre aux Indiens jivaros (*Hadriana dans tous mes rêves*, Paris, Gallimard, 1988, p. 62).

Le lecteur croit rêver, et feuilleter du Raphaël Tardon, voire régresser à Dubroca. Un imaginaire de rechange a paradoxalement dissocié le couple Erzulie/Dessalines : pour l'écrivain définitivement exilé, Eros a cessé d'être politique. Il s'ensuit quelque perte de force signifiante, au bénéfice il faut bien le dire d'une certaine parade folklorique. En ce sens, René

Depestre paraît accordé au goût dominant de son milieu de communication, essentiellement un certain lectorat français qui ne l'a découvert qu'avec l'explosion de la bombe sexuelle Zaza, et ses sœurs géolibertines de *Alléluia pour une femme-jardin* (Paris, Gallimard, 1981).

Chez Jean Metellus au contraire, lui aussi exilé en France, le lien politique avec la patrie d'origine, hautement proclamé, a permis une rencontre progressive, de livre en livre, avec la figure du chef révolutionnaire haïtien. Certes, et bien que les maisons qui publient les deux auteurs soient à peu près les mêmes, les lecteurs sont en partie différents. Chez Metellus, pas de « couilles lyriques », fussent-elles celles du tigre de l'indépendance, géniteur d'une nation.

Son premier recueil poétique, *Au pipirite chantant* (Paris, Les Lettres Nouvelles, 1978), qualifiait Dessalines comme « l'épaule du peuple ». Dans son premier roman, *Jacmel au Crépuscule*, (Paris, Gallimard, 1981), un personnage voyait en songe le père de la patrie, et un dialogue définissait des caractéristiques dont les romans suivants allaient confirmer le caractère fondamental :

> Depuis la mort de Dessalines, Haïti est pétrifiée. Mais il y a autre chose à faire maintenant. Nous n'allons pas pleurer Dessalines toute notre vie... On dit que c'était un tyran. Parce qu'il voulait qu'on soit tous égaux (p. 38).

Mais, plus que dans la pièce de théâtre « Le Pont rouge » (éd. Nouvelles du Sud, 1991) c'est dans *L'Année Dessalines* (Paris, Gallimard, 1986) que le mythe s'actualise et se développe pleinement. Ce roman traite d'une entreprise d'opposition à la dictacture duvaliériste, dissimulée sous le prétexte d'une commémoration de la mémoire de Dessalines. Mais le petit groupe oppositionnel est bien vite massacré. C'est-à-dire qu'une mythologie émancipatrice s'est dressée un moment contre une déviation noiriste duvaliériste, de la violence de 1803-1806, les autres signes dessaliniens ayant été inversés par le régime de 1957.

Aussi les personnages se posent-ils la question obsessionnelle : « Si Dessalines était vivant, que ferait-il ? », et l'auteur,

interviewé par l'ensemble de la presse française, précise :
« Dessalines est actuellement l'homme qui dans les années 80
pourrait vraiment faire la révolution en Haïti. »

Parallèlement au héros du roman, Ludovic Vortex, qui voue
un culte fétichiste mais raisonné à son modèle « l'homme
absolu », Metellus livre un hommage sans restriction, rassem-
blant tous les éléments positifs dont nous avons déjà parlé,
et il confie à la presse : « Avec la mort de Dessalines, nous
sommes devenus des hommes improbables... Il faudrait à Haïti
deux bonnes semaines de nuits sanglantes pour que les choses redeviennent claires. »

Et cet homme doux parvient à faire passer son message de
violence. Les comptes rendus favorables se multiplient, du *Figaro*
à l'*Humanité* et au *Républicain lorrain*. D'inspiration chrétienne,
Télérama parle du « libérateur assassiné » (28 mars 1987). Dans
La Quinzaine littéraire du 16 mars 1987, Claude Wauthier évoque cette « ...société multiraciale où Dessalines avait accueilli
les déserteurs polonais et prussiens du corps expéditionnaire de
Leclerc. Quasiment un communisme avant la lettre ».

A une époque donc où dans les pays industrialisés avancés
on s'efforce de condamner ou d'exténuer certaines des violences existant de par le monde, Metellus aura suscité un
moment d'adhésion au radicalisme révolutionnaire. Ce point
d'arrivée : la réception contemporaine d'une violence anticoloniale vieille de 200 ans, annule-t-il le point de départ de
notre circuit : les premiers textes français horrifiés par la
guerre de Saint-Domingue ? Comprendre des excès très éloignés des problématiques actuelles ne veut pas dire que les
consciences soient définitivement émues, et se soient rangées
dans le camp de la contre-violence. Si Dessalines régnait,
serait-il perçu, entre les chefs d'État du Maroc et d'Irak,
comme « notre ami l'Empereur », ou comme un « nouvel Hitler » ? Oserait-on relativiser ses crimes par rapport au bilan
quotidien meurtrier des « ajustements » feutrés d'un certain
Fonds Monétaire International ? (28)

---

(28) Ces pages reprennent une communication parue dans *Figures et fantasmes
de la violence dans les littératures francophones*, Bologne, C.L.U.E.B., 1992. Cf.
aussi : *La période révolutionnaire aux Antilles françaises*, G.R.E.L.C.A., Fort-de-
France, 1986.

4

Gonflements et rétractions
d'un objet littéraire : Haïti chérie

Sujet glissant, scabreux. Comme dit le proverbe local :
« dehiè mone gain mone » (derrière les collines, il y a les
collines). Derrière les évidences premières — campagnes vertes
mais peu productives, fascisme du sous-développement, langue créole, première république noire — on risque de tomber aux lieux communs de l'histoire littéraire.

Étudiant l'évolution d'une production de textes, on risque
notamment de privilégier l'axe temporel, aux dépens d'une
géographie tropicale insulaire pourtant très insistante, et cela
d'autant plus qu'on reconnaîtra volontiers avec René Depestre que la littérature haïtienne n'a jamais cessé de pratiquer
le « bouche à bouche avec l'histoire », et que c'est l'histoire
nationale qui en a commandé les permanences et les variations. En réaction contre cette approche traditionnelle, nous
nous efforcerons de donner ici la priorité à la vision et à
l'écriture du cadastre haïtien (ses paysages, ses habitants)
laquelle, diachroniquement, constituera l'objet de ce chapitre.

1. Au départ, une littérature décalée

Voici une île, ou plutôt un tiers d'île, peuplé de sept millions d'hommes et de femmes. Une nation fondée en 1804

par une collectivité humaine qui accédait du même coup à l'existence civile. Nation qui eut son drapeau — existence idéale — avant de se réaliser en territoire.

Au XVIIIᵉ siècle ç'avait été un lieu latent derrière le très officiel Saint-Domingue colonial, un espace plus ou moins fantasmatiquement ébauché dans la cervelle d'un esclave en fuite, Mackandal, qui avait indiqué à ses compagnons de servitude le processus radical — exemplaire ? — de construction/destruction par lequel Haïti allait devenir, quatre décennies plus tard, le seul endroit du monde où des esclaves aient pu conduire leur révolte à la victoire.

Haïti donc, lieu arraché.

Haïti, immédiatement interdit à tout propriétaire blanc, sinon comme point de sépulture.

En revanche, un état qui n'allait être reconnu de longtemps ni par l'ancienne métropole, la France, ni par la Papauté : un pays morgué, refoulé dans la mémoire des Européens, annulé dans leur estime.

Or, dans la guerre de libération anti-esclavagiste de 1791-1803, la violence du geste et du cri avait accouché en même temps la nation et sa littérature, l'une et l'autre marquées à jamais par les slogans du fondateur Dessalines, par les alexandrins de Boukman, et par les couplets qui scandaient le combat des esclaves devenus soldats :

« Grenadiers à l'assaut
Ca qui mouri zaffai à yo »
(Ceux qui meurent, c'est leur affaire).

Après donc un processus de décolonisation qui culmina le 1ᵉʳ janvier 1804 avec la proclamation de l'indépendance, un état oligarchique se mit en place, sur fond de dispositif néo-colonial, et se succédèrent les drames du « temps des baïonnettes » et ce que le critique Max Dominique a appelé les « satrapies militaires féroces et obscurantistes ». Scansions des rivalités de pouvoir, soulèvements militaires, sécessions. Expression plus ou moins autonomisée des conflits de classes et de « races » : révoltes paysannes de 1843, 1857, 1883, conflits entre propriétaires fonciers noirs et minorité mulâtre, entre bourgeois d'affaires et compétences intellectuelles. Pendant tout le XIXᵉ siècle ces antagonismes internes allaient déstabiliser la conscience nationale, paralyser les efforts de représentation à l'étranger.

La société haïtienne se diversifiait cependant peu à peu, notamment en « grands dons » ou propriétaires semi-féodaux, en négociants des quais, en intellectuels ou « grands clercs », en métayers ou « de moitié », en « nègre feuilles » ou paysans sans terre qui, lorsqu'ils émigrent, se feront ouvriers agricoles à Cuba (les *viejos*) et dans la République Dominicaine voisine (*negritos, braceros*). La question dès lors est de savoir dans quelle classe sociale pouvaient se recruter des éléments réellement nationaux et dans quelle mesure ces éléments avaient la possibilité de faire connaître leur voix, et d'écrire.

Il devait échoir en effet à la littérature d'Haïti de se faire prioritairement expression non problématique d'une idéologie de la cohésion, de dessiner les contours d'un topos patriotique, de travailler dans les significations symboliques, ce qu'elle fit bien volontiers, en fonctionnant comme acte de propriété, marquant les sites où l'action avait été décisive lors de la guerre de décolonisation : La Ravine-à-Couleuvres, la Crête-à-Pierrot, Vertières.

Elle aidait ainsi à ce que se constitue dans l'imaginaire haïtien un nouveau cadastre niant la topographie coloniale, cet arpentage ancien compté en « lieues communes de France », et gazant définitivement les charmes révolus d'autres sites dont le nom avait chanté le mythe des îles : Plaisance, Fort-Dauphin, La Tortue.

Jusqu'en 1915, un ensemble littéraire héroïque investit donc les genres les plus divers : pièces de théâtre qui célèbrent les grandes figures de l'Indépendance, romans historiques, essais et manuels d'histoire, chants « patriotiques » et poésies « nationales » enfin, dans lesquels resplendissent les mots de patrie, de drapeau, d'Haïti, de pays, ainsi que les noms et les faits d'armes des premiers leaders ou « grands nègres ».

Alors, comme l'a remarqué le critique Maximilien Laroche, « le feu d'artifice, l'explosion, l'éclair, le coup de feu, le tonnerre, l'orage, sont les images des écrivains haïtiens ». (*L'image comme écho*).

Cette expression écrite multiforme d'un idéalisme patriotique « à cachet vraiment national » redondant, se révélait sans doute idéologiquement féconde auprès des couches sociales qu'elle pouvait atteindre, c'est-à-dire une très mince frange de francophones alphabétisés. Mais son didactisme qui exploitait un certain nombre de signes négligeait le plus souvent le quotidien concret, c'est-à-dire l'espace social, l'espace anthropologique.

Réduction et mutilation de la réalité nationale. Quant à la prétention, renforcée dans les dernières années du siècle, à devenir phare, à s'enfler jusqu'à représenter la race dans son ensemble, (à mesure que l'Afrique passait dans sa quasi-totalité sous la coupe colonialiste), ou à se faire « cap avancé de la latinité en Amérique », elle ne pouvait compenser l'évacuation des référents locaux.

On a parlé de la trahison de ceux qui répudiaient en vrac le langage créole, les composants fondamentaux de la culture orale populaire, et tout ce qui semblait excès de couleur locale. Plus généralement, le refus d'effectuer une lecture des rapports sociaux en Haïti ôtait à cette littérature le droit de se présenter comme outil de pratique nationale.

On dénonça par ailleurs la francophilie originelle de la culture de l'époque, dans le temps même où pourtant se diffusait officiellement une hostilité de principe envers les ingérences étrangères dans les affaires de la République. Ce que signale René Depestre dans *Bonjour et adieu à la Négritude* :

> Les anciennes métropoles, formellement évincées, revinrent en force dans les mœurs, les idées reçues, les croyances judéo-chrétiennes, les mythes gréco-latins, les préjugés raciaux, les consciences socialement exogènes des oligarchies natives.

Les élites intellectuelles avaient choisi la France pour *patrie idéale* : « Qu'on le veuille ou non, française est notre âme » lisait-on dans la revue *La Ronde* : « Peut-être que la France ne lira pas sans plaisir sa langue quelque peu brunie » (Déclaration d'I. Nau, 1839).

On raillera plus tard les effets de décalcomanie prosodique, l'emploi de l'ode et de l'iambe, les allégories d'origine albo-européenne, les alexandrins pseudo-classiques :

> Ombres de Dessalines et du grand Pétion
> Sortez de vos tombeaux, Jugez la nation
> Levez-vous fiers héros, géants du même moule
> Et de vos fortes voix parlez à cette foule

En fait la leçon patriotique, non entièrement mystifiante mais généralement abstraite, produisait contradictoirement des sens aliénants en ses médiations formelles.

2. Première appropriation littéraire du pays haïtien

Mais une possibilité de ressourcement du nationalisme culturel allait naître d'un sursaut patriotique, lui-même effet d'un surcroît d'aliénation, illustrant le principe d'une culture qui ne pouvait se constituer que dans le combat : « *Yon kilti k'fet nan goumin* » : là où, de nouveau la patrie se désigne et se dessine.

Après les humiliants versements d'indemnités à la France, puis à l'Espagne et à l'Allemagne, et comme prolongement logique de la tutelle des emprunts extérieurs, de l'appel aux forces armées étrangères, la nation haïtienne subit en 1915 le débarquement des « marines » américains venus parachever une mainmise yankee sur le secteur agricole et sur la Banque dite Nationale. Se déclenche alors une riposte populaire strictement réprimée (13 000 morts) par les troupes d'une occupation qui allait durer dix-neuf années. Littérairement s'effectue une véritable révolution, celle de la « génération de la gifle », après le suicide d'un poète, un dictionnaire français au cou.

Élan d'une résistance intellectuelle illustrée notamment par des titres tels que *Le Choc* (de Léon Laleau, sur la montée de la prise de conscience dans les salons petits-bourgeois de la capitale), *Marchaterre* (poème de Jean Brierre sur un massacre perpétré par les occupants) ou *Désespoir*, d'Émile Roumer :

> Les albinos lancés à l'appât des écus
> Comme des chiens à la curée
> Ont leur stupre étalé sur les débris d'un mort
> La chair sanglante de Péralte
> Les enfants égorgés dans les plaines du Nord
> Sans qu'un chrétien ait crié halte.

L'occupation du sol haïtien par les forces des États-Unis réactivait ainsi une certaine vision cartographique de la patrie, un certain sens communiel de l'espace national.

En même temps on assistait à une critique radicale du non-être de désir et de rêve dont jusqu'alors l'Haïtien s'était à lui-même donné image, ce que l'ethnologue Price-Mars appela « le bovarysme collectif » haïtien. Il s'agit, déclare alors la *Revue Indigène* de 1927, de « nous sauver de nous-mêmes ». Corrélativement, recherche approfondie de l'homme d'Haïti, cet Africain muté en indigène d'une île des Amériques.

Suite donc à la revue *La Ronde* (Vilaire, Damoclès Vieux, Edmond Laforest, Sylvain) qui en 1898 prônait déjà « la jouissance des fortes odeurs du terroir », suite à *La Nouvelle Ronde* de 1925 qui postulait pour « l'âme propre du pays », l'enracinement propre à la *Revue Indigène* insista sur la centralité haïtienne du point de vue, la préférence accordée aux réalités agrestes et naïves/natives. Et Price-Mars réunit en 1928 dans le recueil *Ainsi parla l'Oncle*, plusieurs essais où il tenta de définir ce que devait être la culture d'une totalité nationale : « il faudrait que la matière de nos œuvres fût quelquefois tirée de cette immense réserve qu'est notre folklore, où se condensent depuis des siècles les motifs de nos volitions, où s'élaborent les éléments de notre sensibilité, où s'édifie la trame de notre caractère de peuple, notre âme nationale. »

La tendance à recenser le patrimoine, à accepter celui-ci « comme un bloc », apparaît dans ses énumérations :

> Ô chants mélancoliques des blessés qui sont morts pour la liberté de la race et sa réintégration dans l'éminente dignité

de l'enpèos ; boroouoo onveloppantos que murmurent des
lèvres de tendresse pour apaiser l'humeur capricieuse des mar-
mots ; rondes enfantines qui dérident l'inquiétude naissante
des petits vers la communion universelle, et vous nocturnes
tragiques des croyants troublés par l'énigme de l'univers et
confondus dans l'adoration fervente des forces indomptées,
couplets satiriques qui fouaillent les fantoches du jour et
démasquent le pharisianisme des politiciens en vedette ;
hymnes d'amour et de foi, sanglots émouvants des Cléopâ-
tres et des Saphos affolées *(ibid.)*.

Alors Haïti cesse pour un temps d'être une scène de parade,
un lieu de rêve ou un ailleurs, pour devenir terroir écrit par
une cohorte d'ethnographes-essayistes-romanciers. Vont entrer
en littérature la petite boutique de quartier et le hounfort vaudou, le lac et la vallée, la ferme de quelques carreaux de
terre et la plantation de la société américaine H.A.S.C.O.

Au début du XXᵉ siècle déjà, le réalisme critique d'un cer
tain nombre de romans urbains s'était certes indirectement
donné une visée de morale publique ; mais les œuvres de
F. Marcellin, A. Innocent, J. Lhérisson, F. Hibbert, se bor-
naient à dénoncer âprement les manières de vivre de la petite-
bourgeoisie des villes, en proie aux haines entre Noirs et mulâtres et même lorsqu'elles mettaient en accusation la violence
feutrée ou la dictature ouverte (F. Marcellin, *La Vengeance
de Mama*, 1902), elles ne pouvaient prétendre à se constituer en romans nationaux.

Ce fut plutôt le roman paysan devenu majoritaire qui
exploita les ressources diverses du *Drame de la terre* (un titre
de J. B. Cinéas, 1933). Outre le constat de l'amère réalité
rurale, qu'on trouve dans *Bon Dieu rit* d'Edris Saint Amant,
outre les descriptions quelque peu figées de cet *Héritage sacré*
(titre de roman de Cinéas, 1948) du vaudou tel qu'il se vivait
dans les campagnes reculées et dans la *Montagne ensorcelée*
(titre de Jacques Roumain, 1931), les *Semences de la colère*
(titre de A. Lespès, 1949) surent dynamiser les villages isolés comme celui de *Gouverneurs de la Rosée* (J. Roumain,
1946), les terroirs tels que *Fonds des nègres* (titre de M.
Chauvet, 1960), en les présentant comme des biens à dispu-
ter à la jachère, à la sécheresse, aux accapareurs nationaux

et étrangers (voir *Le roman haïtien,* Léon-François Hoffman, Sherbrooke, Naaman, 1982). On ne saurait contester ici la qualification de réalisme : pour la livraison de décembre 1989 de la revue *Chemins critiques,* Michèle D. Pierre-Louis en a trouvé le référent dans les propos d'un paysan :

> Dieu seul sait combien je me suis battu pour cette terre ! Lorsque les Américains sont venus implanter leur usine, la Reynolds, par ici, le gouvernement a dépossédé des tas et des tas de paysans qui ont dû s'en aller, partir... Moi, je n'ai pas voulu m'en aller, j'ai résisté. J'ai été arrêté, jeté en prison pour avoir refusé de vendre, mais j'ai tenu bon. Je n'ai pas cédé. C'est la terre de mes ancêtres, comment aurais-je pu m'en défaire !... mais aujourd'hui tout est différent ! Aujourd'hui les prix que l'on offre au marché pour nos produits sont si dérisoires que je préfère laisser les fruits pourrir sur l'arbre... Voilà que j'ai dû vendre deux carreaux de terre, et puis faire d'énormes sacrifices pour expédier les fils à New-York.

La sociologue commente : « entre le "rêve d'habiter" et la "quête de l'ailleurs", ...la fuite est devenue l'ersatz de l'habiter ». Poétiquement, Jean Metellus transcrira une situation semblable, à partir d'antagonismes entre « moun lavil » (citadins) et « moun andeyo » (ruraux) :

> Les tubercules, les boursouflures de la terre attendaient des biceps, les pois-france, les pois-congo, les pois rouges et les pois noirs éclataient et réclamaient les mains des jeunes filles...
> Les arpenteurs, les notaires, les avocats et les fondés de pouvoir ricanaient.
> Un propriétaire devait affermer.
> Les citadins n'étaient pas venus respirer.
> Ils voulaient aspirer.

Au bouche à bouche permanent avec l'histoire s'est donc ajouté au fil des décennies le corps-à-corps avec le pays géographique. Des sites ruraux prenaient rang comme points d'appui pour des analyses dialectisant les rapports de l'enracinement et les dépassements internationalistes. L'expression

« le grand coumbite des travailleurs de la terre » que l'on trouve dans *Gouverneurs de la Rosée* pouvant se lire à la fois comme slogan corporatif, ici et maintenant, et comme objectif planétaire.

3. Habitants des sols et des textes

A la différence du langage créole qui n'emploie le terme « habitants » que pour désigner des paysans, nous l'entendons ici au sens français : gens des villes aussi bien que gens « d'en dehors ».

L'écriture des paysages et la géographie humaine doivent être considérées dans leur coextension : sur le sol natal, dans les textes, des hommes vivent, des hommes noirs pour l'immense majorité d'entre eux, issus de diverses ethnies africaines brassées dans le processus de traite et d'esclavage, puis dans les miscégénations d'une étroite insularité, jusqu'à constituer une ethnie nouvelle, après un tiers de millénaire de spécifique histoire. Parcours héroïque, parcours souvent tragique, qui décala la signification de ces trois mots : nègre, race, Afrique, si fréquemment rencontrés dans le roman, la poésie, le théâtre, les essais haïtiens.

Nègre dans la langue d'ici veut dire homme, et il faut la parole particulière d'un écrivain pour que le mot se charge d'une dynamique nouvelle. Le nègre en Haïti, c'est le Noir qui est sujet, ou victime de l'histoire ; depuis la rupture de 1791 :

> « Les nègres bondissaient au travers des halliers
> A l'horizon rougi brûlaient les ateliers »,

(Émile Roumer, *La chanson des lambis*) jusqu'au *Nègre crucifié* (titre d'un récit de Gérard Étienne, 1974) par un dictateur noir contemporain.

C'est assez dire que la négritude haïtienne doit moins encore que la négritude césairienne à la biologie, ou à une ontolo-

gie de type senghorien : elle est plutôt conscience très vive
de l'originalité nationale, de cet héritage dessalinien qui a
fondé un genre, une manière d'être nègre : « Nou pas con
tout nèg » dit en créole le poète Morisseau Leroy. A Maximilien Laroche qui déclare : « nous sommes les seuls nègres
à avoir osé », répondent Depestre, qui mentionne la « seule
révolution d'esclaves victorieuse », et Jean Metellus :

> « Te souviens-tu de la victoire des calindas et de la
> Négritude
> De la vraie Négritude sur la terre d'Haïti
> De la Négritude des champs de bataille
> Du Négrisme des grottes sauvages où tu avais charmé
> jusqu'aux plus intraitables serpents » *(Au pipirite chan-*
> *tant)*

Quant au mot « race », même lorsqu'il paraît le plus féti-
chisé, il signifie souvent autre chose que ce qu'un Européen
pense y lire. C'est que les écrivains haïtiens ont d'abord parlé
pour des contingents d'hommes déportés, massacrés, opprimés ; puis, l'indépendance acquise, ils ont réagi contre le
racisme de l'étranger qui frappait une nation, un peuple, ses
intellectuels. Dans cette perspective peuvent être lus les premiers traités haïtiens de « racisme anti-rasciste » rédempteur :
De l'égalité des races humaines, par Anténor Firmin (1885),
De la réhabilitation de la race noire par la Révolution d'Haïti,
par Hannibal Price (1900), le romantisme d'un Maurice Cas-
séus : « Ah ! Dis-nous ton grand rythme africain, ta voix nocturne, ô conique tambour racial », mais aussi les sinistres
camouflages idéologiques de l'empereur Soulouque et, plus
tard, ceux des textes de François Duvalier : « la race morale
et mentale » *(Bréviaire d'une révolution)* ; « L'entité race apparaît au premier chef la valeur morale de la nation haïtienne »
(Problèmes des classes à travers l'histoire d'Haïti) ; « source
des arts dans le sang des Noirs » *(Éléments d'une Doctrine)* ;
« rythme, lyrisme, ce jaillissement de notre moi subliminal
colore toutes les manifestations de notre vie spirituelle » *(Le
Nouvelliste,* 1936).

Dans ces conditions, la célébration littéraire de la femme d'Haïti a pu elle-même faire question. D'une part des écrivains de registre romantique ont donné dans l'écueil de la pseudomorphose européenne, affublant leur personnage (souvent une femme haïtienne réelle et réellement aimée) de traits visiblement et intentionnellement exogènes. A l'inverse, un louable souci d'authenticité a, en quelques occasions, déguisé, voire réifié l'objet femme par accumulation de métaphores qui, même mises en musique, ne donnaient peut-être guère à rêver : de *Choucoune*, très simplement créole, on est passé à :

> « Marabout de mon cœur aux seins de mandarine
> Tu m'es plus savoureux que crabe en aubergine,
> tu es un afiba dedans mon calalou
> le doumboeil de mon pois, mon thé de z'herbe à clou »…

Il est vrai que d'autres littératures que celle d'Haïti, à vocation nationale elles aussi, ont exhibé semblable colorisme local excessif. Surtout, cette opposition de deux courants symétriques fut dépassée dans des textes qui surent dire d'exaltante manière ce qu'Alexis appelait « la belle amour humaine » ; textes qui nièrent, tout en les intégrant, les particularités ethniques de la femme haïtienne. Ce sont les vers d'Ida Faubert :

> Un jour vous oublierez que vous m'avez tenue
> Captive entre vos mains comme une chose à vous
>
> Vous ne pourrez pas voir mon visage défait,
> Ni mes yeux désolés, ni ma bouche tremblante
> Car l'ombre voilera ma douleur accablante
> Attendez que le soir soit venu tout à fait.

C'est le poème du jeune militant René Depestre, si souvent récité : « Je ne viendrai pas ce soir » (*Étincelles*) ; ce sont les vers de René Philoctète, comparables aux beaux textes d'amour de Benjamin Péret :

> « Mon amour Margha et moi
> nous
> pris dans le cercle des bras d'outremer
> formons le calcaire du vaste demain des ondes. »

C'est, d'Alexis lui-même, la trame de *L'Espace d'un Cillement* où se tissent le mythe androgynique, la sorellité, la passion romantique et l'analyse d'une personnalité, par un travail de reconstruction du moi amoureux.

Dans ces mêmes perspectives et contradictions de la négritude haïtienne seront lus les textes d'un retour au « moi national et racial » prôné par la revue *Les Griots* (trimestrielle de 1938 à 1940, hebdomadaire de 1948 à 1950). Dirigée par le poète négriste et populiste Carl Brouard, elle célébrait les « chamités nostalgiques », « la grande masse paysanne », « l'Afrique douloureuse et maternelle ».

Car un troisième décalage sémantique s'observe pour ce qui concerne les références à l'Afrique, lieu de provenance de la population érigé — dénaturé parfois — en extension fantasmée de la nation. Certes, comme Robert Cornevin l'a montré dans sa préface à une réédition de *Ainsi parla l'Oncle*, Price Mars s'était sérieusement documenté pour rédiger les trois chapitres africains de son ouvrage, désignant la « proche origine africaine » de tel ou tel élément de la culture haïtienne. Mais chez la plupart des auteurs, il s'agit d'une Afrique intérieure :

> « J'ai de noirs crissements dans mon âme africaine
> J'ai des désirs vibrants comme des assotors » (Poème de Robert Lataillade. L'assotor est un gros tambour vaudou).

> « Afrique périlleux trajet de mon sang jusqu'au noir petit matin de mon corps... Afrique jetée dans mes profondeurs comme l'ancre de quelque grand transatlantique » (Depestre, *Minerai noir*).

Il s'agit d'un mythe d'origine, que Jacques Roumain dans *Bois d'Ébène* a appelé « le lent chemin de Guinée », une construction chimérique, une nostalgie de type provocateur, comme chez l'indigéniste Carl Brouard :

Tambour
Quand tu résonnes
Mon âme hurle vers l'Afrique

Tantôt je rêve d'une brousse immense
Baignée de lune
Où s'échevèlent de suantes nudités
Tantôt d'une case immonde
Où je savoure du sang dans des crânes humains *(Nostalgie)*

Et dans le mysticisme noiriste de F. Duvalier, les références au « royaume africain de Baguirmi », les recherches formelles d'analogies entre le continent originel et l'île d'Haïti *(Éléments d'une doctrine)* ne trompent guère : l'idéologie des « forces mystiques du continent africain » *(Mémoires d'un leader du Tiers monde)* s'est substituée à la compétence anthropologique.

Pour trouver une critique fondamentale et retentissante de ces perversions, il faudra la double réflexion marxiste de René Depestre *(Bonjour et Adieu à la Négritude)* et de Jacques Stephen Alexis :

> Toutes les gloses et toutes les gorges chaudes en faveur d'une prétendue négritude sont dangereuses dans ce sens qu'elles cachent la réalité de l'autonomie culturelle du peuple haïtien et la nécessité d'une solidarité avec tous les hommes, avec les peuples d'origine nègre également, cela va de soi (« Du réalisme merveilleux des Haïtiens », in *Congrès des Écrivains et Artistes noirs*, Paris, Présence Africaine, 1956).

Plus généralement, dans ce mouvement alterné de rétraction et de gonflement d'un espace référentiel, les grands textes du XXᵉ siècle feront apparaître deux versants de littérature : d'une part une attitude de confiance dans l'affirmation de soi, une pratique conquérante d'identification qui s'exerce dans les champs les plus larges, une lecture, une écriture des rapports entre classes sociales, religions, langues, élaboration des mystiques, une exploration du concret et du divers. Se voulant à la fois mimésis et fable, le texte se portera à la rencontre d'un foisonnement physique et humain, amplifiant même l'espace profane par le domaine sacré de chacun des dieux taïnos ou vaudous : les sources, la mer, les eaux douces.

A l'inverse, dans les années soixante-dix, et comme conséquence de l'explosion de violence duvaliériste, naît une littérature de retrait et d'abstraction, une remise en cause de l'existence des contenus, un moment « faible » mais poétique, celui de l'allégorie, du recueillement, de l'intériorité.

4. Expansions romanesques : J. Roumain, J.S. Alexis

Le chef-d'œuvre de Jacques Roumain, *Gouverneurs de la Rosée*, qui se joue dans le cadre d'un village figurant et préfigurant la nation tout entière, appartient au premier versant désigné. On ne manque pas d'y remarquer l'exubérance de l'écriture, celle des significations disposées autour de l'axe symbolique des liquides (eau, sperme, sang) qui désigne le triple niveau d'intervention du héros. Manuel s'est en effet donné pour tâche de régénérer Fonds Rouge, éprouvé jusqu'à l'agonie par la sécheresse et la désunion de ses habitants. Et cette intervention se lit simultanément dans trois rapports privilégiés de l'homme d'Haïti : à la nature, à l'éros, à l'ensemble de ses compatriotes :

— dans un premier temps, le microcosme rural est marqué d'aridité et les paysans sont figés dans leur croyance à l'esprit aquatique, la Maman d'l'eau ; le héros et son amante sont séparés par une situation de vendetta ; dans les cérémonies vaudou, inutilement se verse le sang de poulet ;

— dans un second temps, Manuel découvre une source, grâce à son expérience et à son opiniâtreté à vouloir relever le village ; l'union physique du couple se réalise sur le lieu de cette source ; le héros est assassiné et verse un sang utile à la cause de tous ;

— l'intervention effectuée, le terroir du village en voie d'irrigation est promis à la fertilité ; le héros se perpétue dans l'annonce d'une grossesse ; le village est sur la voie de la réconciliation puisqu'il y a eu sacrifice.

« Tragédie optimiste » autour d'un héros positif, l'origine idéologique de *Gouverneurs de la Rosée* — le réalisme socialiste — ne fait aucun doute. Il n'en a pas moins réalisé un des types possibles du roman national.

Avec Jacques Stephen Alexis, et dans la même filiation, est abordée une entreprise qui n'est rien de moins que l'élaboration et la mise en scène romanesque de la totalité du peuple. Alexis n'est pas issu de l'école ethnographique haïtienne ; il n'a pas fréquenté de façon suivie les représentants du courant indigéniste ; il a condamné « le nationalisme folklorique, dangereux et regrettable » (*Optique*, n° 23). C'est par l'intermédiaire de la revue *La Ruche*, fondée entre autres par René Depestre, en 1945, qu'il est passé de l'organisation syndicale étudiante à l'action politique visant à fonder un parti communiste (le deuxième après celui qu'avait fondé Jacques Roumain) et qu'il prolonge cette action par l'ultime sacrifice.

En 1961 en effet, J.S. Alexis sera torturé puis tué après un débarquement anti-duvaliériste, qui visait à recouvrer, autrement que par la littérature, un objet territorial passionnément aimé. Dominique Le Rumeur, spécialiste du romancier, nous a confié ce qu'elle avait recueilli à Cuba de ce voyage fatidique, après un premier appareillage à l'embouchure d'une petite rivière au nord de La Havane, très vite stoppé par les autorités cubaines :

> Considérés comme des rebelles, les quatre hommes furent retenus plus d'une semaine sur la côte cubaine, jusqu'à recevoir du frère de Castro, Raoul, l'autorisation de repartir. Selon la même source, Alexis et les siens survécurent une semaine en Haïti dans la région de Saint Nicolas avant d'être découverts par les tontons-macoutes.

Loin d'Haïti, dans les milieux d'intellectuels progressistes de Paris, le futur romancier avait pu satisfaire son appétit de culture mondiale, et se mettre à son œuvre littéraire, publiée chez l'éditeur parisien Gallimard : les acquis du marxisme et le souci des expériences anti-impérialistes dans le Tiers monde devaient l'inciter à creuser le sillon de l'haïtianité autrement donc que n'avaient fait ses devanciers.

Le peuple constitua l'armature et la matière des trois romans qu'il eut le temps d'écrire et de publier. Le peuple, ce sont d'abord les producteurs. « Ce pays ne vaut que par ses travailleurs », écrit-il dans *Compère Général Soleil* (1955), qui est un de ses deux chefs-d'œuvre, avec *l'Espace d'un Cille-*

ment (1959). Livres effectivement emplis de paysans et d'ouvriers de manufactures, sans qu'on puisse parler de romans strictement prolétariens, car leurs pages s'ouvrent aux destinées des petits commerçants, médecins, et atteignent même les deux marges de la société : les « *grands dons* » et les « *manolitas* » ou prostituées. Dispositif particulièrement manifeste dans *Les Arbres musiciens* (1957), qui montre les parcours individuels d'une boutiquière et de ses trois enfants : un prêtre, un lieutenant, un poète. Dispositif qui donne à l'écrivain la possibilité de pousser ses analyses comme autant de ramifications vers des milieux relativement diversifiés, et surtout de poser la question : quel rôle tel individu socialement déterminé peut tenir dans l'état d'Haïti, et dans la société à venir, laquelle devra sceller l'alliance entre les salariés et les couches inférieures de la petite-bourgeoisie, bref, tout ce qui n'est pas la classe « compradore », « souchée aux Américains ».

En même temps, Alexis se faisait le peintre des vies pathétiques : les vieillards et les (inoubliables) enfants, les exilés à Cuba ou en République Dominicaine, les prisonniers du sinistre Fort-Dimanche et leurs mères, épouses, sœurs, amies qui viennent leur rendre visite. Et l'auteur travaille par prédilection les manifestations d'où se dégagent les linéaments d'une culture et d'une volonté commune de mieux vivre : contredanses, combats de coqs, services vaudous, assemblées de grévistes, veillées mortuaires.

Alexis présente un pays en état de crise, où s'exacerbent les tensions : disette et misère physiologique à un pôle, « goinfrerie » à l'autre pôle de la société. Pour dégager la réalité de l'objet « peuple », il remonte le passé du territoire, depuis « la commune primitive des Chemes, plus loin que la traite, plus loin que les conquistadors » ; il recueille les héritages culturels respectifs des Indiens Taïnos, des Africains et des Européens, « nos survivances amalgamées, fantasmes et fantômes de toutes raccs » ; il mobilise la conscience collective « pour aider la nation à résoudre ses problèmes et à accomplir les tâches qui sont devant elles » (« *Du réalisme merveilleux des Haïtiens* »).

Cette formule romanesque se réaliserait trop aisément sans doute dans l'inépuisabilité du référent (Depestre affirme que son compatriote tenait en réserve quarante canevas de romans), si l'écrivain ne s'était tourné vers d'autres voies : messages populaires inclus dans son *Romancero aux Étoiles* (Paris, Gallimard, 1961), ou schéma de condensation narrative qui ramène la diversité indéfinie au régime du singulier ou du duel.

Avec *L'Espace d'un Cillement* en effet, Alexis a écrit un « coup de foudre » amoureux selon un plan arbitrairement méthodique : une suite de mansions qui correspondent aux six sens par lesquels deux amants s'approchent et se connaissent.

L'idylle née dans le microcosme du *Sensation Bar* est en même temps une rencontre d'ordre symboliquement national. A chacune des mansions correspond une des journées du carnaval, où une collectivité exprime son mal-vivre, dans le délire. A un autre niveau la Nina Estrellita, petite prostituée héroïne secondaire du récit, et El Caucho, le militant ouvrier, héros premier, représentent à eux deux les destins possibles d'Haïti (et, pense Alexis, ceux de toute autre île de la Caraïbe). Avilissement et vénalité des coïts subis aux bras des *marines*, ou conscience prolétarienne. Lequel l'emportera ? Qui pourra désaliéner ce peuple, cette femme ? Le dénouement demeure ouvert.

L'œuvre d'Alexis : totalisation, typisation, individualisation des héros, recours au « démon explicatif » par inclusions d'auteur et personnages porte-parole, n'est pas très éloignée des ambitions balzaciennes, ni des fresques nationales d'un Ciro Alegria ou d'un Cholokhov. Il est donc assez vain de se demander si l'auteur a donné à un contenu sociologique une forme marxiste, ou si à l'inverse une forme folklorisante a été plaquée sur un message collectiviste. Par d'autres voies en effet un poète comme Jean Metellus saura dans *Au pipirite chantant* ramener lui aussi la réalité de la nation à la catégorie peuple, dans une relation heureuse du travailleur rural au paysage :

> Le paysan haïtien sait se lever matin pour aller ensevelir un songe, un souhait.

Sur des terrasses vêtues de pourpre il est happé par la vie,
par les yeux des caféiers, par la chevelure de maïs se nour-
rissant des feux du ciel.

Le paysan haïtien au pipirite chantant lève le talon contre
la nuit et va conter à la terre ses misères dans l'animation
d'une chandelle.

Bien entendu, chacun des romans d'Alexis a son héros
guide, conscience d'avant-garde qui tente de faire école et qui
se sacrifie sans qu'on sache si sa mission sera ou non menée
à bien par un disciple. L'écrivain n'est pas seul sur cette voie.
L'histoire du pays, depuis la mort de Mackandal, n'abonde-
t-elle pas en vies et morts exemplaires ? Par ailleurs, outre
Justin Lhérisson, auteur de l'hymne national *La Dessalinienne*
et d'un célèbre roman de mœurs : *La Famille des Pitite-Caille*,
outre Julio Célestin, qui dans *Sous les manguiers* a mêlé des
récits populaires à une hagiographie de Boukman, la littérature haïtienne n'a-t-elle pas mainte et mainte fois associé thèmes héroïques et populisme ? Aussi le lecteur a-t-il souvent
envie d'aller voir plus loin que l'existence de l'individu héros ;
s'il est personnellement engagé au destin de cette nation, il
a même envie d'aider à ce que les choses aillent effectivement plus loin.

Ainsi le mouvement général des œuvres d'un réalisme à
la fois « socialiste et merveilleux », qui militèrent à un titre
ou à un autre pour une « nouvelle indépendance », consista-
t-il à aller d'abord à la découverte de la diversité la plus
grande, refusant au départ de réduire le multiple à l'unité (ce
qui avait été au contraire typique du nationalisme idéaliste),
refusant aussi de confondre, d'amalgamer des réalités contradictoires, s'efforçant de définir les conditions à partir desquelles un certain degré de cohésion nationale pouvait être atteint.

A ce propos délibéré d'exhiber et d'analyser la collectivité
haïtienne au quotidien correspondit en général une écriture en
expansion continue, une dilatation lyrique du propos, dont la
forme la plus manifeste semble avoir été l'accumulation.

Ce n'est pas seulement la volonté de célébration (par quoi
le poète rejoint son voisin antillais, le Saint-John Perse d'*Éloges*) qui explique le gonflement du texte de *Au pipirite chan-*

tant de Metellus : les pluriels, les mots en caravanes, les anaphores travaillent à gonfler tous les « sens » du texte, et fondent une manière d'écrire la plénitude :

> La terre d'Haïti grosse de fermentation et d'une brigade
> d'arbres à pain a condamné les pleurs.
> C'est une terre de déraison où la sécheresse n'a pas de gîte
> où le cocotier enivre même la mer, la vivante.
> C'est une terre d'enfantement.
> Elle abrite le poète et l'incendiaire
> l'œillet et le bayahonde.
> Elle réunit côte à côte le kénépier et la sensitive.
> Elle aligne au lendemain des noces la campêche et le sapo-
> tillier, l'igname et les manguiers.
> Elle pétrit la rosée et sculpte la vie dans la couveuse de la
> faim, dans la demeure des zombis.
> Ses palmiers brodent les nuages et encensent la volupté du
> jour.
> Les boutons de ses caféiers font pétiller la nuit.
> Sa gerçure sème l'angoisse dans le feuillage et dans les fleurs
> dans l'écorce et dans les racines
> dans la poitrine d'une paysanne et dans le corps d'un initié...

Dans le roman *L'Espace d'un Cillement*, c'est l'odorat
d'une femme amoureuse, métaphore du travail de l'écrivain,
qui prospecte les richesses olfactives diffusées par un corps
d'homme. Attention suprême portée à un être de chair, à un
être de mots : écriture de l'amour mais aussi amour de l'écriture. Cinquante types d'odeurs, quatorze synonymes, une salve
de verbes assonancés, et son quadruple écho de substantifs,
nous mènent au seuil du maniérisme. Salutairement, un changement subit de registre, du précieux « nard » aux prosaïques
« petites cassaves », vient piqueter d'allitérations, puis rom-
pre l'envol trop marqué d'une période :

> Avec les chaleurs qui commencent, c'est un nard un peu
> lourd et râpeux, quelque chose de touffu, de multiple, fait
> de toutes les angéliques qui portent l'air, le musc de la terre
> qui germine, senteur humide des montagnes toutes proches,
> et les exhalaisons d'une mer qui brûle, qui râle, sale et res-
> sale la peau, iode, chlore, soude et magnésie... Au milieu

de tout cela, La Nina perçoit des tons plus personnels, plus
nets. Voici les fragrances des avocats et des bananes du petit
déjeuner, le piquant poivré du roroli qui épice les petites cassaves que, le matin, on plonge dans l'essence de café brûlant.

5. Le réduit tragique

Bien différentes de ce courant de textes positifs, qui a fourni
à la littérature haïtienne sa carte d'identité et son passeport
auprès de ses lecteurs les plus lointains, ont suivi des œuvres
qui écrivaient et réfractaient le réel d'Haïti selon une lumière
froide et désolée.

Depuis le départ des forces américaines en 1934, l'événement majeur aura été l'accession à la Présidence de la République de François Duvalier, qui, à la suite de Price-Mars,
avait milité pour l'haïtianité dans le groupe et la revue *Les
Griots*, et qui inaugure « trente ans de pouvoir noir ». Dictateur anti-mulâtre et anti-communiste, soumis au Département
d'État américain, il théorise sur « notre sol sacré, notre souveraineté nationale » en même temps qu'il déclare au gouverneur Rockefeller : « Haïti pourrait être un grand terrain
de repos, de loisir et de tourisme pour la classe moyenne américaine : proximité, beauté, tranquillité politique. »

Terreur de masse : 30 000 disparus ; des opposants qui
s'entendent traiter de *kamokins*, c'est-à-dire apatrides ; un mil-
lion d'exilés, dont la plus grande partie de l'intelligentsia qui,
depuis l'étranger, apprend à réinventer un pays, à rêver un
avenir pour la collectivité haïtienne...

De nouvelles œuvres sont nées de la déroute de la gauche
révolutionnaire, lors des massacres de 1969 à Port-au-Prince
qui ont suivi une tentative foquiste (constituer un foyer de
fixation insurrectionnelle armée) d'inspiration guévariste.

Après *Amour, Colère et Folie,* de Marie Chauvet (Gallimard, 1968), les romans les plus marquants de cette étape
littéraire nous paraissent avoir été :

— *Moins l'Infini*, d'Anthony Phelps, Paris, Éditeurs Français Réunis, 1972.

— *Le nègre crucifié*, de Gérard Étienne, Montréal, éd. Nouvelle Optique, 1974.

— *Dezafi*, roman créole de Frankétienne, Port-au-Prince, 1975. La version française a paru à Port-au-Prince en 1979 sous le titre *Les Affres d'un défi*.

— *Le mât de cocagne*, de René Depestre, Paris, Gallimard, 1979.

— *Mourir pour Haïti*, de Roger Dorsainville, Paris, L'Harmattan, 1980.

Conjointement, la fuite à l'étranger d'intellectuels et d'éléments populaires a suscité, notamment parmi les concentrations d'émigrés au Canada, un bouillonnement de recherches politiques, idéologiques et littéraires dont témoigne un nombre impressionnant de revues : *Nouvelle Optique* (1971-1973) ; *Collectif Paroles* ; *Le Petit Samedi Soir* ; *l'Ampi* ; *Alternative caraïbe* ; *Chemins critiques* (qui concerne aussi la Guadeloupe et la Martinique).

Ce qui frappe, c'est d'abord une thématique tout à fait neuve : celle de la cruauté. Ainsi les premières lignes du roman de G. Étienne plongent-elles dans un univers ubuesque et horrible :

> Port-au-Prince se réveille avec les coups de clairon de la prison du Centre. La pluie tombe. En haut des mornes de l'hôpital, un tonnerre annonce la fusillade des Rebelles arrêtés dans le Sud. Moi, je suis cloué au Carrefour du Cimetière... Dans un petit moment, les sanvergognes du Président me feront marcher sur la tête et manger un baril de millepattes. Pour sauver ma dignité de Révolutionnaire et montrer mon courage, j'aurai craché et pété, pété et craché sur le Ministre de la Défense, les Colonels aux dents pourries, les marchands de toile du Bord de Mer, le drapeau noir et rouge de René, le raciste. J'aurai grafigné la figure de Madame Célie Deslandes, le médium du Chef. Ensuite, on m'aura crucifié devant un peuple de morfrézés *(métamorphosés, R.A.).*

C'est l'acte de violence désespérée qui ouvre le roman de Dorsainville ; c'est l'atmosphère d'épouvante qui inaugure *Dézafi* ; c'est le noir humour de l'incipit de Depestre :

> Il était une fois un homme d'action qui était contraint par l'État à gérer un petit commerce à l'entrée nord d'une ville

des tropiques. Cet homme s'appelait Henri Postel. La boutique, marquée par les autorités à l'enseigne de l'Arche de Noë, dépendait de l'Office National de l'Électrification des Ames (ONEDA). Un après-midi d'octobre, le Grand Électrificateur des âmes...

Littérature de terreur et de deuil : « dey-o, m'rélé dèy-o » (deuil, je crie le deuil, du disque *Toto Bissainthe chante Haïti*). Les pages d'amour y comptent parmi les plus navrantes ; textes où se confessent l'obsession des lieux de torture, la fixation névrotique (le dictateur est le Grand Dévorant, l'A-Vie, le Roi Endimanché, une allusion à la sinistre prison), et où se récite continûment la litanie des disparus. Écriture donc de récurrences thématiques — la faim ou « grand goût », le sang étalé, la tripe — et de mots ressassés. « Haïti chérie pli bon pays passé ou nan point... » dit la rengaine créole, le pays natal émerveillant ses poètes : « Salut Haïti buveuse de légendes, pavillon à l'écoute de la fête erzuléenne, tes pas sonores tel un minerai... » (René Philoctète), « Nous avons un pays étrange et merveilleux » (Franck Fouché), « Je connais un mot... Ce mot est ma folie : Haïti » (René Depestre).

Mais l'auteur de *Compère Général Soleil* parlait déjà de « pays foutu », de terre « couleur de sang et de fiel », et du « corrosif de la vie haïtienne ». Désormais la patrie est également présentée sous les traits d'une fille publique : « cette patrie si bouzin... Haïti est une putain sans robes et pas un peigne » (Gérard Étienne),

« Il me faut dix-sept aunes de ciel
Pour te refaire un jupon d'innocence » (Guy G. Georges).

Les textes les plus pessimistes, ceux de Frankétienne et de G. Étienne, insistent sur l'avilissement général et sur la honte : « Les nègres coupent la gorge des nègres en Haïti ».

Chez Métellus lui-même, un ton éploré, accablé, se substitue parfois à la sérénité d'ensemble qui est la marque du *Pipirite chantant* :

« Maintenant en terre d'Haïti, le bras d'un père est armé pour descendre un autre père.

Le fils tue son frère,
Le père attaque le fils. »

René Depestre, avec *Le Mât de cocagne*, produit un récit de courage lucide sous une apparence fantasque, une fiction multiplement symbolique où le burlesque ne refoule jamais entièrement le pathétique. L'espace national tout entier appartenant au dictateur, le héros assigné à résidence ne saurait habiter que son corps, qu'il a su conserver comme lieu de forces. Non qu'il s'agisse pour lui d'émigrer, ni de tenter de reconquérir quelque espace réel (par une action de guérilla ou par une action associative). Le mât de cocagne officiel auquel, exilé de l'intérieur, il a décidé de grimper, ne conduit qu'à l'appropriation d'un butin symbolique ; suiffé, ce poteau-mitan entre Haïti réel et Haïti rêvé n'offre pas même la résistance du matériau bois : il n'est que parcours précaire (avancées et retombées) de désir et de défi. Cependant, dans les mêmes années, l'auteur aura confié à un recueil poétique *(En état de poésie)* le sanglot qui lui vient à l'évocation de sa ville natale :

« Le cheval le plus désolé de ma poésie s'appelle Jacmel ».

Plus généralement, pour dire un monde de violence bestiale — que Depestre appelle la zoocratie — la figuration littéraire s'oriente vers des métaphores dignes des *Chants de Maldoror* : rats, serpents-pieuvres, caméléons et malfinis (oiseaux de proie antillais). La conception cauchemardesque de l'existence prévaut non seulement dans la peur immédiate :

« Kou m-gin kochma
Sé tontonmakout m-plédé révé »

(dès que j'ai un cauchemar c'est de tontonmacoutes que je rêve ; *Diacoute 2*, de Félix Morisseau Leroy, 1972), mais elle suscite un monde délirant de crocs, éperons, hache-viande, cyclones, et convoque les figures les plus inquiétantes de la tradition populaire : les mauvais loas et surtout le zombi, ou mort-vivant, figure centrale chez Depestre et chez Frankétienne.

C'est que la lutte, ou le rêve de lutte, se développe dans des conditions de somnambulisme. Les combattants n'ont plus pour eux le nombre, ni la perspective du nombre, comme chez Jacques Roumain ou Alexis, le désarroi s'étant emparé du peuple. « Koté nou pralé ? Ki bô nou vlé alé ? » (Vers où irons-nous, quel bord voulons-nous atteindre ?, *Dézafi*).

Ainsi que l'écrit Frankétienne dans un savoureux langage alterné français-haïtien : « Avant de nous engager, nous devrions nous purger l'âme de toutes les salissures, débarrasser nos pensées des séquelles du maldiocre, anéantir le virus de la peur, neutraliser les madichons, détruire les germes du vice, enlever les pichons accrochés à notre plumage. » *(Les affres d'un défi)*.

Le groupe de ceux qui résistent est donc rétracté, réduit parfois à une héroïne, ou à un homme déjà vieilli : rien d'étonnant à ce que l'affrontement avec l'ennemi tourne à l'introversion et au dialogue avec soi-même, et que, par rapport à la période antérieure, ces œuvres soient fortement marquées de subjectivisme.

Et c'est le pays lui-même, pays-prison, qui est atteint de la même rétraction : Haïti semble maintenant réduit aux chemins de l'errance hors et dans Port-au-Prince, ville-geôlc, Port-au-Crime, et singulièrement aux lieux les plus significatifs du régime : le Champs-de-Mars, souvent désert, le Palais National, le Fort-Dimanche...

> Même décor oui ouan mêmes frontières oui ouan, *écrit Frankétienne*, même ligne de crête séparant les deux versants de la montagne oui ouan l'engrenage de la faim et la mastication du vide... Nous avançons péniblement dans un espace affadi par nos atermoiements. Le jour nous errons à travers les rues de la basse-ville, en furetant dans les dépotoirs...
> *(Dézafi)*

Chez Jean-Richard Laforest, la zombification du peuple a pour homologue l'annulation du lieu :

> Au-dessus d'une grande vitre teintée de buée arbres éclatés couleurs inclinées des champs de clarté venant de l'herbe des pierres de l'allée des atomes du béton flammes clandesti-

noc de lampes à huile abois de chien l'amas des arbres flot-
tant derrière les murs gris plainte d'épure qui naît et se dit
pour se dissoudre au même moment.

Ainsi, les effets de dépossession, de dénaturation et d'écra-
sement, l'absence de couleur, de saveur, d'activité pourraient
se résoudre dans le silence et le blanchiment du texte :
« Errant à la recherche de notre ombre, nous bafouillons, nous
mangeons les parties essentielles de nos paroles » (Les Affres
d'un défi).

Mais ce qui prévaut est une écriture du creux et du vide,
aussi bien dans l'abattement des petites phrases nominales :
« Attente de la mort. Chute dans le sommeil. L'anéantissement par la faim. La torpeur et la plongée dans le rêve. Rien
que masques de carnaval. Notre gorge se resserre, nœud
d'asphyxie. » (Ibid.), que dans l'éréthisme et la fantasmagorie : « Une flamme sort de ma bouche. Je la lance en haut
des châteaux qui sont deux siècles de typhoïde d'un peuple
dépossédé de sa matrice et de ses champs de bananes. » (Le
Nègre crucifié).

6. Aux carrefours de la délocalisation

Désormais l'espace culturel haïtien dépend moins de la
matrice originelle Afrique que de ses multiples foyers d'adoption, prioritairement les havres montréalais et new-yorkais.

Se pose le problème du croisement des langues, déjà ancien.
Nous n'interviendrons pas dogmatiquement, de l'extérieur,
dans le débat sur celles à partir desquelles aurait dû, devrait
travailler la littérature. Pour parler d'une situation en voie
d'être recomposée, disons seulement que le français seul
n'aurait jamais pu nous régaler, au sens souverain de ce terme,
de Choucoune ni de Dézafi. Inversement, un créole mono-
polistique aurait tué dans l'œuf la créativité langagière de Gouverneurs de la Rosée et l'oralité qui s'entend dans d'autres
romans, avec sa fonction discriminante (la mort pour le tra-

vailleur haïtien qui veut se faire passer pour dominicain s'il prononce mal le mot *perejil* dans *Compère Général Soleil* et dans *Le peuple des Terres mêlées*, de René Philoctète), ou selon la luxuriance socialement codée de ses brassages, par exemple dans *L'Espace d'un Cillement* : espagnolismes pour dire la vulgarité du monde de la prostitution, termes américains *(watchman, marines)* et français *(soudeur, mécanicien)* pour désigner le monde de la technique, expressions créoles qui déclenchent l'attendrissement (*ti moune,* ou enfants, *porterprésenter* ou posture féminine sensuelle). Enfin le cas de Frankétienne, demeuré au pays, suffirait à prouver le bénéfice qu'un auteur pouvait tirer à explorer la réalité d'Haïti dans ses deux langues ; le savoir, la saveur étant doubles pour qui lit le créole de *Dézafi* et son écho en prose poétique française. C'est dire que chaque écrivain haïtien a été jusqu'ici placé devant un obstacle, et devant une chance. Mais aujourd'hui le déracinement généralisé a des effets tout autrement destructeurs.

Question connexe : celle de l'épuisement éventuel des contenus nationaux chez les écrivains contraints à l'émigration. Anthony Phelps écrivait en 1976 :

> « Ah cette douleur du pays absent...
> et le verre et l'acier modifient nos croyances.
> Antillais de forte souche et de longue lignée
> Nous parlons maintenant langage de gratte-ciel
> Paroles de givre et mots de neige. »
> (*Motifs pour le temps saisonnier*, Paris, J.P. Oswald).

Ajoutons l'extériorité des titres : *Gens de Dakar, O Canada mon pays mes amours !, Poète à Cuba, Un Ambassadeur macoute à Montréal, Renaître à Dendé, Éros dans un train chinois.* Faisons une exception pour la République Dominicaine limitrophe, qui inspira les écrivains « d'une seule île et de deux peuples » : Jacques Viau, poète de langue espagnole *(Permanencia del llanto)*, né en Haïti en 1942, mort au combat anti-yankee de Santo-Domingo, son autre patrie, à l'âge de 23 ans ; René Philoctète, qui sans quitter le territoire haïtien s'est fait le militant « natif-natal de l'île entière » dans son roman *Le Peuple des Terres mêlées*, où s'écrit lyriquement l'entraide des victimes de deux dictatures, et la communication fraternelle entre les imaginaires de deux peuples.

Mais le problème est tout autre pour Gérard Étienne par exemple, qui vit au Canada depuis 1964 : son roman de 1983 *Une femme muette* (éd. Silex et Nouvelle Optique) vise à haïtianiser une fiction d'exil, et particulièrement à transférer la violence de son pays d'origine dans un cadre nouveau. Plus généralement, la tentation existe chez l'écrivain de la diaspora de répondre à une commande étrangère, telle qu'elle s'exprime dans les articles de recension et de réception. Soient en effet deux topiques bien connues : celle du vaudou, celle du zombi (« sujet premier des écrivains haïtiens », selon M. Laroche). Il y a de toute évidence une manière autochtone, faite d'un sentiment d'appartenance largement répandu, et une manière non-haïtienne, gratuite, amusée, de les lire.

Or, la méconnaissance étrangère se fait parfois pilotage d'écriture : sans aller jusqu'aux titres objectivement racoleurs *(Comment faire l'amour avec un nègre sans se fatiguer)*, rappelons que les Français ont ignoré le Depestre d'*Un Arc-en-ciel pour l'Occident chrétien*, ils ont ignoré son *Bonjour et Adieu à la Négritude*, mais ont immédiatement saisi le chantre des « femmes-jardins ». La réception française faite aux ouvrages de Métellus comporte son lot de poncifs : les remarques sur « l'humanisme généreux » de l'écrivain, sur sa langue « doublement nourrie de l'imagerie haïtienne et de la rigueur cartésienne », quelques sages réserves (« on ne goûte ces singularités qu'à petites doses ») s'y mêlent au plaisir avoué de lire des « scènes grouillantes et colorées », d'une « paradisiaque beauté ». Les mêmes clichés critiques erronés (« comique », « drôlatique », « amusé ») accompagnent la parution des romans graves de la Guadeloupéenne Maryse Condé...

Dans un autre registre, les années soixante-dix furent marquées par des évasions soit de type formaliste, articulées notamment sur des courants littéraires français comme *Tel Quel*, soit d'inspiration tiers-mondiste forte, donnant dans la facilité des slogans tricontinentaux.

Plastique, l'objet littéraire « Haïti chérie » ne risque-t-il pas, sans cesse, de s'éployer dans la direction qui le sollicite ?

La représentation littéraire du territoire, dépliant explicatif, n'est-elle pas vouée à se diluer dans la distance géographique prise par l'écrivain, et dans l'horizon d'attente de ses lecteurs « du dehors » ? Le remède, on s'en doute, serait l'existence d'un lectorat national important, non-irresponsable. Problème de l'illettrisme majoritaire, car le théâtre, lui, mieux souché, paraît équilibrer les productions du pays avec celles de la diaspora, malgré le manque de ressources financières et de lieux de représentations équipés. Face à la création parisienne d'*Anacaona*, par Jean Metellus, et aux représentations à l'étranger de la troupe Kouidor, qui a fondé sa pratique selon les options internationalistes de Brecht et Piscator, le public haïtien assiste sur place à des spectacles en langue créole : traductions d'*Antigone*, d'*Œdipe-Roi*, de *Prométhée* ou succès de *Pélintêt* par Frankétienne, prolongeant un patrimoine constitué par les drames vaudous de Félix Morisseau-Leroy, par *Zombis nègres* de Gérard Chenet (1973), *Amours de Loas* d'Hénoch Trouillot, ou *Bouqui nan Paradis* de Franck Fouché.

Nous ne pensons pourtant pas que la dispersion soit l'aboutissement obligatoire de cette riche tradition de création haïtienne. Si le lecteur suit les romanciers et les poètes hors des frontières, loin du Boulevard Jean-Jacques Dessalines et du Marché de la Croix-des-Bossales, il trouvera des avenues aussi bien que des impasses ; il butera certes sur des estrades trivialement rebattues mais il pourra également approcher de singuliers champs de force... Il goûtera des approches psychologiques affinées pour parler de l'exil (*Louis Vortex,* de J. Metellus, Messidor, 1992). Pour les publications les plus immédiatement contemporaines, il sera guidé par les excellents ouvrages critiques de Michaël Dash, Max Dominique, Carolyn Fowler, Léon-François Hoffman, Jean Jonassaint, Maximilien Laroche...

Parties du registre romantique, ayant quelque peu stagné au XIXᵉ siècle dans la mimésis « réaliste », avant de se ressourcer au XXᵉ siècle dans l'anthropologie, l'idéologie de la révolution, le pathétisme et le souci des recherches formelles, les œuvres les plus grandes de la littérature haïtienne auront été marquées du cachet d'un insoutenable, que l'humour et la fantaisie débridée dans l'éclatement des exils ont aujourd'hui encore bien du mal à dépasser.

« Lavi ap rétrési » constate le poète Georges Castéra : pourquoi la littérature d'un pays malheureux entre tous connaîtrait-elle un développement triomphal ? Il est déjà bien beau qu'elle ait acquis cette place dans le concert de la littérature mondiale, dans le groupe des littératures non-blanches, dans le secteur agité des littératures de dissidence. Pour la dernière décennie du XXe siècle, lui souhaiter dans l'abstrait une réussite totale serait méconnaître la nécessité, vitale pour elle, d'une adéquation (dans la distance et le désir) au pays réel ; ce serait l'autonomiser tout à fait illégitimement par rapport aux tragédies multiples que vit une nation encore en état de non-développement.

COMPLÉMENTS BIBLIOGRAPHIQUES 1980-1994

— Publiés à Port-au-Prince : Pierre CLITANDRE, *Cathédrale du mois d'août* ; Roger DORSINVILLE, *Ils ont tué le vieux blanc, Les vévés du Créateur* ; René PHILOCTÈTE, *Une Saison de Cigales, Il faut des fois que les dieux meurent* ; FRANKÉTIENNE, *Fleurs d'Insomnie* ; Frédéric MARCELLIN, *Thémistocle Epaminondas Labasterre* ; JAN J. Dominique, *Mémoires d'une amnésique*, Félix MORISSEAU-LEROY, *La Ravine aux Diables* ; Michel MONNIN, *Manès Descollines* ; Victor GARY, *Sonson Pipirit*.

— A Paris : Jean-Claude CHARLES, *De si jolies petites plages, Manhattan Blues* ; Émile OLLIVIER, *Mère-Solitude, La Discorde aux cent voix, Passages* ; Jean-Claude FIGNOLÉ, *Les Possédés de la pleine lune, Aube tranquille* ; Louis-Philippe DALEMBERT, *Et le Soleil se souvient* ; Gérald BLONCOURT, *Yeto, le palmier des neiges*.

— A Montréal : Anthony PHELPS, *Haïti Haïti, Orchidée nègre* ; Gérard ÉTIENNE, *La Reine soleil levée* ; Hédi BOURAOUI, *Haïtuvois, Antillades* ; Réginald O. CROSLEY, *Immanences*.

— A La Havane : Anthony Phelps, *La Bélière caraïbe*.

Particulièrement important est *L'Oiseau schizophone* de Frankétienne (Port-au-Prince, éd. des Antilles, 1993, 812 p.). Les mots inventés, les collages en variations typographiques s'y ajoutent aux effets de spirale, dérive, rupture, pour dire dans l'immédiateté les convulsions d'une conscience collective haïtienne passée au lance-flammes de toutes les violences contemporaines.

5

Genèse d'une anthropologie critique

« La négritude est une esthétique qui se prend pour une anthropologie ». La réflexion du Martiniquais René Ménil nous permettra de mettre momentanément entre parenthèses ce mouvement idéologique et littéraire bien connu, pour analyser vingt-cinq années de genèse et de fonctionnement de textes antillais, que nous considérons comme une entreprise collective de recherche anthropologique. Une anthropologie critique, parcellaire, circonstancielle, non théorisée. Une démarche par laquelle l'addition de savoirs se fait avancée de légitimation défensive/offensive, effectuée à l'initiative d'individus vivant sous le régime contradictoire de citoyens et de colonisés, et faite pour une collectivité sujette au racisme des békés et de leurs journaux grands-blancs, au racisme subsistant aussi dans les énoncés métropolitains.

De 1921 à 1945 on assistera donc chez les auteurs de Martinique, Guadeloupe, Guyane, à une exploration de leur identité, dans les textes à la fois concrets, plus ou moins finalisés, et en tout cas suffisamment décalés par rapport à certaines positions dogmatiques, pour ne pas réduire cette identité à un constat-ornière.

1. René Maran

Parlons d'abord de René Maran, Guyanais né en mer, près de la Martinique, en 1887. L'attribution en 1921 du Prix Goncourt à son roman *Batouala* devait, on le sait, susciter d'emblée une polémique politico-morale passionnée dans les milieux coloniaux, puis entraîner des lectures enthousiastes en direction de « l'âme nègre », des prises de position tranchées relativement à ce qu'est ou n'est pas un « véritable roman nègre » (selon le sous-titre de l'ouvrage), enfin de multiples analyses de critique authentiquement littéraire.

Le sujet, ou plutôt l'objet de *Batouala* ? Une population d'Afrique française présentée comme abrutie. L'auteur : un écrivain de couleur, administrateur de rang subalterne depuis 1909 à Bangui, lequel, par un assez vain désir d'objectivité, parsème son texte des marques d'une distanciation radicale, vis-à-vis de ses « frères » du continent originel. Les effets de lecture de *Batouala* ? D'une part ceux d'une préface véhémente, par laquelle un colonisé des territoires français d'Amérique, devenu gérant loyal d'un impérialisme de type « plus grande France », renvoyait aux Français de métropole l'image mirée de leur éthique, afin de mettre en question leur pratique coloniale. D'autre part, et en direction de possibles lecteurs antillais, une censure implicite sur l'idée subversive qu'ils détenaient l'extrémité dorée, le premier maillon privilégié, l'anneau inaugural et dignifiant d'une chaîne impériale dont les indigènes de l'Oubanghi-Chari traînaient l'autre bout dans les violences et la sauvagerie. Claude Mac Kay dans *Banjo*, Martin Steins dans sa thèse remarquablement documentée sur les « *Antécédents et la genèse de la négritude senghorienne* », ont montré que Maran n'était pas le seul Antillo-Guyanais à pratiquer ainsi une solidarité négro-africaine à éclipses.

Deux questions capitales se posaient au départ, liées à la situation même de Maran :

— de quelle manière peut-on, homme de couleur, administrer d'autres hommes de couleur pour le compte d'une instance colonisatrice commune ? Question qui pour nous entraîne celle-ci :

— jusqu'où le substrat culturel et idéologique de la formation initiale de Maran, acquise dans une École coloniale, permet il d'expliquer les naïves et les contradictions de son anthropologie telle qu'elle se révèle dans ses essais et ses œuvres de fiction ? Ce substrat comporte, précisons-le, un ensemble de valeurs qui procèdent d'un humanisme laïque (Maran est franc-maçon), d'une certaine idée de progrès universel issue elle-même de l'esprit des Lumières, et donc d'une certaine confiance en l'homme. Vision du monde qui validait bien évidemment l'équation : colonisation = civilisation.

D'entrée de jeu, on le sait mieux aujourd'hui, une supercherie était à l'œuvre, implicite ou explicite : l'homme dont parlait cette idéologie coloniale n'était abstrait que dans la présentation qui en était donnée. En réalité il s'agissait de l'homme blanc, que l'ethnocentrisme européen imposait aux autres comme modèle pour qu'ils en deviennent des copies plus ou moins approchées, selon une perspective de développement univoque. Et il ne s'agissait pas là d'assertions uniquement théoriques : centralisatrice et opposée au *self-rule*, la France coloniale savait reconnaître les compétences individuelles de fonctionnaires de couleur, d'administrateurs, voire d'écrivains, dès lors qu'ils lui paraissaient suffisamment assimilés. Les Congrès pan-nègres de l'époque intériorisaient eux-mêmes quelque peu cette perspective ascendante unifiante, empêtrés qu'ils étaient dans la contradiction suivante : il faut conserver les valeurs traditionnelles africaines, mais une collectivité noire, une « race attardée » ne saurait évoluer « qu'à la faveur de l'influence qu'exercera sur elle la race blanche ».

Un système clos fonctionnait, interdisant de fait au jeune lettré d'outre-mer toute manifestation authentique, ouverte, d'internationalisme noir, tout projet de solidarité militante sur place, avec des Africains perçus cependant comme des congénères. C'est bien ce qu'on trouve dans une des premières lettres africaines de Maran, datée de 1909, et citée par son ami Léon Bocquet : « je sens que je suis sur le sol de mes ancêtres, ancêtres que je réprouve parce que je n'ai pas leur mentalité primitive ni leurs goûts. Mais ce n'en sont pas moins mes ancêtres ».

Maran utilise ici une expression connue : si *La Mentalité primitive* de Lévy-Bruhl paraît en 1922, son premier texte sur le sujet est de 1910, et ses cours de sociologie avaient banalisé le terme. Aussi la question anthropologique pouvait-elle se poser au jeune administrateur : qui suis-je venu civiliser, c'est-à-dire finaliser à l'européenne ?

A l'époque, l'indigène africain est l'objet d'un discours copieux. Maran bien entendu lira plus tard *L'Ame nègre* et *Les Noirs de l'Afrique* de Delafosse, deux ouvrages parus un an après son *Batouala*. Il cite d'autres lectures : *La Nature et l'Homme noir* de Paul Barret (1888), *Le Préjugé des Races* de Jean Finot (1905), *Sociétés primitives de l'Afrique* du Dr Cureau (1912) et surtout ces *Instructions relatives à l'organisation et au fonctionnement de l'Administration en A.E.F.*, publiées le 28 septembre 1921 par le Gouverneur Général Augagneur, à l'intention de ses subordonnés disséminés sur un immense empire. Il est piquant de relever que c'est dans un courrier adressé à la revue communisante *Clarté* que René Maran désigne ces *Instructions* comme une référence fiable.

Lectures officielles, dira-t-on, c'est-à-dire spécialement recommandées, voire imposées lorsqu'il s'agit des *Instructions*, les auteurs faisant autorité : Barret a été médecin de la Marine, Cureau est un ancien gouverneur, tout comme Delafosse qui est en outre professeur à l'École coloniale. Livres à fonction pédagogique, qui se présentent soit comme de petits manuels d'histoire dynastique *(Les Noirs de l'Afrique)*, soit comme d'épais traités de géographie physique et humaine (ouvrages de Cureau et de Delafosse). Le point de vue strictement ethnographique, excluant ou relativisant le souci de l'écoute de l'Autre, se repère dans la plupart des titres. Si l'intitulé de Finot : *Le Préjugé des Races*, expose une certaine charge polémique, il n'est pas idéologiquement neutre d'annoncer l'étude de sociétés « primitives », de conceptualiser « l'âme noire », ou d'associer par principe la Nature et l'Homme noir. Cureau reconnaît que « l'ethnographie n'est, en apparence, que désordre et confusion.

...L'étude anthropologique, qui n'a d'ailleurs jamais été l'objet d'un travail sérieux et généralisé, se noie dans un océan de types. »

Ce que confirme la lecture de l'ouvrage de Barret, à vrai dire plus ancien, lorsqu'il présente tout un continent frappé de morbidité, et des populations stigmatisées par leurs « coutumes révoltantes ». Véritable obstacle à la connaissance anthropologique, ses conceptions fixistes s'écrivent à coups de métonymies qui livrent naïvement leur arbitraire :

> Est-ce l'apathique habitude de cette nature écrasante ? Depuis l'obscurité du passé, il vit courbé sous l'ombre éternelle de la forêt : il sillonne somnolent ces eaux endormies, il voit mais à peine regarde, et n'ayant rien appris au carcan de ses routinières habitudes.

Toutefois ce corpus de lectures maraniennes renfermait aussi de quoi alimenter la réflexion, et la porter au-delà de la normativité inhérente à une formation initiale d'administrateur. La richesse de la documentation, la diversité et les contradictions que celle-ci recélait pouvaient être fécondes pour une lecture « nègre » : là où Cureau déplore par exemple l'impossibilité d'une approche ethnologique unitaire, là où Delafosse oppose l'extrême variété des manifestations extérieures de la vie quotidienne africaine à l'unité fondamentale des cultures, un Maran, un Césaire se réjouiront de découvrir l'inépuisabilité du Divers : littératures orales des Fangs, des Mandingues... Cureau lui-même n'est pas fixiste à toutes les pages de son texte ; il sait juxtaposer l'idée de peuples sauvages, c'est-à-dire appartenant à l'ordre de la nature, à celles de populations qui connaissent « l'enchaînement normal » d'une histoire interne, interrompue par la conquête. Il sait témoigner des possibilités d'évolution des sociétés africaines : « Je les ai examinés à tous les degrés de leur progrès, depuis l'homme de la simple nature jusqu'au citoyen des petits royaumes. » Qu'il ait lu ou non Cureau, Césaire rejoindra cette argumentation dans son intervention au 1er Congrès des Écrivains et Artistes noirs.

Delafosse pour sa part a vu des peuples soit primitifs, arriérés, soit « étonnamment doués aux points de vue intellectuel, artistique et politique ». Lilyan Kesteloot a très précisément analysé cet apport dans *Les Écrivains noirs de langue française, naissance d'une littérature* (p. 101 sq.).

Surtout, les ouvrages d'administration coloniale se prêtaient à des lectures diversement sélectives, voire contradictoires. L'énoncé de Cureau selon lequel le Gabonais « aime non

moins les tam-tams délirants, où l'on se saoule de lubricité
et d'alougou », pourra inspirer tel poète haïtien de l'École des
Griots, mais non pas Césaire. La remarque de Barret : « le
Noir nous considère au moins comme des étrangers dont il
a d'instinct méfiance » sera immédiatement illustrée dans les
romans de brousse de Maran. Et l'on imagine les répercus-
sions, chez les écrivains de la « négrerie » puis de la « négritude », des énoncés paradoxaux de Cureau : le nègre n'est
ni gai, ni enjoué, ni drôle ; il n'est pas paresseux ! Même
une remarque dépréciative du type « le cercle des idées nègres
est très restreint » pouvait être retournée du côté des valeurs
d'exclusion et de fixation, ce que Sartre appellera dans *Orphée
noir* le « souci étroit » du nègre. Enfin, le poète martiniquais
fier de la « laideur pahouine » et de son « rire prognathe »
ne pouvait-il pas être fasciné, au moins autant que nous
l'avons été nous-même, par ce portrait que Barret dresse d'une
ethnie africaine qui réalise à ses yeux un type d'homme
accompli, aux antipodes certes d'une certaine conception européenne de ce qui est humain, mais assez proche de ce que
nous appelons des personnalités hors du commun :

> L'air de sauvagerie étonnée empreinte dans l'habitude des
> Pahouins impressionne à première vue ceux qui ont l'occa-
> sion de quelques rapports avec eux. On sent des gens qui ne
> mangent pas toujours à leur faim, et frémissant de ne pou-
> voir s'approprier le bien d'autrui, s'ils le savent trop bien
> gardé. Leur grande taille, maigre et osseuse, est chez plu-
> sieurs comme débitée à coups de hache : sous la peau géné-
> ralement d'un noir de fumée, dont la teinte s'adoucit fréquem-
> ment jusqu'à décroître en une nuance marron assez claire, sail-
> lent dans les mouvements des muscles secs, fermes, vigou-
> reux. La sculpture de la tête, faite d'angles et de méplats for-
> tement accusés, est remarquable ; les traits heurtés sont nets,
> arrêtés, pleins de caractère. Le front est planté droit, les tem-
> pes caves, les pommettes fortes et massives. A l'ombre d'arca-
> des proéminentes brillent des yeux arrondis ou façonnés en
> amande, dont la lueur fauve vous sonde et cherche à vous
> percer. Le regard en est fixe et dur, et toute douceur ou pitié,
> absente. Avec un nez à peine épaté et des lèvres pas trop
> grosses, l'ensemble de cette figure est allongé ; mais un pro-
> gnathisme plus ou moins accusé, qui parfois avance la

mâchoire jusqu'à l'apparence du masque simiesque, est cause
que l'expression n'en est jamais bien noble... C'est une certaine droiture farouche, inquiète, l'énergique empreinte d'un
appétit de domination sombre et sans calcul, voisin de la
férocité.

A ces ouvrages, il faudrait ajouter la documentation que
Maran se flattait d'obtenir « de toutes parts » par des voies
détournées, et par « personnes interposées » (*Les Continents*,
15 juillet 1924).

Après donc ce regard jeté sur un fonds bibliographique dont
pouvaient s'inspirer ceux qui dans les premières décennies du
siècle décidaient de parler de l'homme noir, venons-en aux
textes par lesquels se désigne l'anthropologie maranienne.

Le point peut d'abord être fait à partir de l'article « French
Literature » qu'il livre dans l'édition de 1926 de *l'Encyclopédie britannique*, c'est-à-dire après plusieurs années de pratique d'administration en Afrique, et après le scandale de
Batouala. On peut y lire :

« Africans... men who were like children and whose vir-
gin minds required cultivation. The soul of the negro mind,
compared with that of the white man, is emotional, instable,
variable and incomprehensible... The study of the negro...
increases our knowledge of humanity. »

*Les Africains... hommes qui semblaient des enfants et dont
l'esprit vierge avait besoin d'être cultivé. L'âme du nègre,
comparée à celle de l'homme blanc, est émotionnelle, instable, variable et incompréhensible... L'étude de l'esprit des
Noirs... augmente notre connaissance de l'humanité.*

Ici trois propositions sont inscrites, qui procèdent d'un
même schéma évolutif :

— les Noirs sont des hommes ;

— l'anthropologie différentielle ne se conçoit qu'à partir
d'un centre de référence, de décision et de proféraion. De
ce centre on peut « comprendre » l'âme blanche, parce que
cette dernière, sans doute, n'est ni « émotionnelle », ni « instable » ; *a contrario* on ne saurait y appréhender l'âme du

nègre. Maran s'installe au sein d'une instance psychologique et d'un discours d'exclusion, illustrant le propos de Maurice Godelier : « La ligne de développement occidentale, bien loin d'être universelle parce qu'elle se retrouverait partout, apparaît universelle parce qu'elle ne se retrouve nulle part. » (*Sur le mode de production asiatique*, p. 92).

Malgré plus de dix années d'observations ethologiques en Afrique, Maran dans cet article en demeure à l'impossibilité d'inscrire l'homme noir dans une réflexion globale ; il a donc recours à l'inévitable métaphore chère aux assimilateurs : des hommes-enfants ; des esprits vierges, c'est-à-dire, en termes de culture, annulés pour tout un temps, parce que différents. Nous sommes bien en présence d'une négativité étendue à toute une collectivité humaine, qui de la part d'un homme de couleur confine à une trahison. Contre ce positionnement ethnologique premier ne prévaudront ni les autres énoncés maraniens, plus ou moins contradictoires, ni son activité de rédacteur des statuts de la *Ligue de Défense de la Race nègre*, ni la place de choix qu'il accordera aux Africains dans son journal *Les Continents*, par exemple lorsque le Prince Tovalou-Houénou y dénonce Delafosse comme un « doctrinaire » de l'École coloniale hostile à l'apprentissage du français dans les colonies. Et l'on ne mettra pas sur le même plan cette réflexion théorique inaugurale de Maran, faussée en son principe, et ses prises de position contre la répression aux colonies qui font l'objet, l'année où paraît cet article de *l'Encyclopédie britannique*, de rapports de policiers attachés à suivre un Antillo-Guyanais qui demeurait au moins aussi suspect qu'au temps de *Batouala*.

Mais en revanche ses textes littéraires, avec leurs ruses volontaires ou involontaires, offrent de tout autres possibilités de lecture. Outre des poèmes, outre *Batouala*, roman à personnages humains, son œuvre comprend plusieurs fictions animalières et une semi-autobiographie de lutte contre le préjugé de couleur : *Un Homme pareil aux autres*. Le caractère commun à tous ces textes, ce qui en fait l'intérêt, est l'ambiguïté.

Le chef africain Batouala, les Noirs qui l'entourent, sont présentés dans les détails les plus sordides de leur vie quoti-

dienne, et dans des comportements plus justiciables d'une
analyse faunique que d'une véritable science de l'homme.
Ajoutons le souci des effets romanesques, qui donne un relief
particulier à des scènes accablantes, tel cet accouplement adul-
tère en présence du mari agonisant. Et pour ce qui concerne
dans ce texte les cultures africaines, en l'occurrence celle de
l'ethnie Banda, représentée par quelques contes et chansons,
le peu qui en est dit tend trop souvent à dé-spiritualiser ce
que Maran appelle les « vieilles coutumes », qu'il place sur
le même plan que le patrimoine génétique des instincts animaux. En désignant la spécificité banda, la différence banda
comme un domaine réservé d'abrutissement, certaines des
pages de *Batouala* fermaient toute perspective au relativisme
culturel, et *a fortiori* au développement séparé.

Dans les romans à personnages animaux : *Le Livre de la
Brousse, Bêtes de la Brousse, Djouma chien de brousse,
Bacouya le Cynocéphale*, on trouvera des jugements sévères
sur la stupidité de la femme noire, sur une Afrique stagnante
où les saisons passent devant le regard amusé du chien
Djouma, ou sous le vol symboliquement inquiétant de Dop-
pélé le charognard. *Terre de soleil et de sommeil*, titrera de
son côté le Français métropolitain Ernest Psichari, à partir
d'un autre territoire — la Mauritanie — dans une Afrique res-
sentie globalement comme lieu d'engourdissement et de morbidité. C'est assez dire que l'idéologie la plus fixiste imprè-
gne les descriptions et les semi-narrations maraniennes. D'une
part en effet ses fictions, organisées en une suite de tableaux
de mœurs plutôt qu'en véritables diégèses, excluent tout espoir
d'évolution autonome, de ressourcement propre au pays des
Noirs. D'autre part, lorsque dans ces fictions la situation
devient intenable au sein d'une tribu, un schème récurrent veut
que tel ou tel personnage en détresse parte se réfugier chez
les Blancs, si fantasques et brutaux qu'apparaissent ces derniers. Double bénédiction dont l'Européen favorise ainsi la
collectivité africaine : après l'avoir pénétrée, il l'accueille ;
d'intrus il se fait issue, voie de salut. Que ces archétypes de
situations romanesques aient eu leur répondant sur place çà
et là n'est évidemment pas la question. Chez les personnages africains de Maran, la règle des comportements est

l'égoïsme, le darwinisme social, voire une violence qui brave tout ce qu'on croyait savoir des solidarités claniques ; face à la force du colonisateur, c'est la lâcheté, l'effronterie remplaçant l'affrontement. En 1953 encore, à sept années de la proclamation des indépendances africaines, le dénouement de *Bacouya le Cynocéphale* reste d'esprit très capitulard, soulignant qu'il est inutile de vouloir combattre plus puissant que soi. Révèle-t-il la pensée politique de Maran, ou la philosophie spontanée des colonisés, telle qu'il l'exprimait trente ans auparavant dans *Les Continents* : « pauvres hères qui subissent notre civilisation ; la terreur que leur inspire la bête féroce qu'est pour eux l'Européen ; leur pusillanimité, leurs chagrins et leurs rires ; le désir qu'ils ont de se confier à qui se penche sur eux avec amour » ?

Il existe pourtant chez le romancier des effets de brouillage, et un autre versant de lecture tout aussi signifiant que ce discours premier. Ainsi de la symbolique animale, qu'il convient de ne pas interpréter de manière simpliste.

Certes dans les années trente il pouvait paraître provocateur qu'un écrivain noir situât au même plan romanesque des Africains et des singes. Ne prolongeait-il pas par là, à plus d'un siècle de distance, l'ethnographie tristement raciste d'un Cuvier, qui continuait d'être relue, à peine modifiée, dans des congrès « anthropologiques », ou vulgarisée par les croquis des dictionnaires Larousse sur l'angle facial des races et des espèces ? L'humour maranien suffisait-il à retourner le gant de cette science européenne controuvée ? Suffisait-il par exemple que *Bêtes de la Brousse* répétât en son titre le surnom donné en Afrique... à un Européen qui avait fait sauter un Noir à la dynamite ? En réalité les fictions animalières de Maran, transitant d'une espèce à une autre, aussi proches des fabliaux français que des contes africains, composaient un joyeux jeu de massacre. A travers des effets de totémisation ironique, elles abattaient avec détermination le mythe occidental de l'homme raisonnable tout autant que le concept africain de participation vitale à l'ensemble des êtres.

« Le fonctionnaire colonial n'est pas un homme... il doit faire taire son cœur » confiait Maran dans une lettre, et lui-même réduisait son espace de liberté d'opinion à la dénomi-

nation de quelques individus : « si j'ai mis en cause les admi
nistrateurs coloniaux, c'est que je ne pouvais songer à atta-
quer de front cette puissante administration ». C'est donc à
travers le prisme édulcorant du psychologisme que se liront
les dénonciations inscrites dans *Djouma* : celle du travail forcé
pour la perception de l'impôt, et — « la Koumi changée en
cimetière » par la répression : « on tuera les habitants comme
de simples lapins ». Une dédicace, que nous avons retrouvée,
adressée à Henri Barbusse « pour lui prouver que j'ai du courage moi aussi », ne saurait faire illusion.

C'est cette même méthode de psychologisation des drames
coloniaux qui explique le souci de Maran d'avoir recours pour
administrer l'Afrique à des élites non africaines « volontés fortes et cœurs droits ». Souci déjà exprimé dans sa réponse à
la revue *Clarté*, qui protestait contre la guerre du Riff ; pour
Maran le patriote Abd el Krim était « une sorte de sire de
Coucy ». « La guerre au Maroc est abominable » ajoutait-il,
« ...on doit la poursuivre et la finir victorieusement », la solution du conflit passant par le remplacement du militaire providentiel Lyautey par un non moins providentiel « gouverneur
civil à poigne ».

Dans les romans maraniens le Blanc est quelque peu réifié, solitaire, livré dans le meilleur des cas aux démons con-
jugués de la bonne volonté et de la mauvaise conscience. En
face, un monde indigène qui ne saurait illustrer positivement,
on l'a vu, le mythe primitiviste ; mais situé hors histoire, du
côté de la nature, il demeure exempt de tout processus d'acculturation et de déculturation.

Il y a plus. Si de manière tout à fait fugace, « le temps
d'un éclair », le roi des singes Bacouya émet le désir d'expul-
ser le Blanc de son territoire, nous sommes surtout confrontés, d'un roman à l'autre, à un univers clos, sans perspective d'aucune collaboration avec les Européens, un monde
cohérent bien qu'irréductible à l'ordre colonial. En profondeur, le roman maranien écrit un espace colonisé mais autonome, ce qui contredit le magnificat colonialiste que l'auteur
publiera pendant la Seconde Guerre mondiale sous le titre *Les
Pionniers de l'Empire*.

Relire donc René Maran dans ses contradictions et son inconfort. Maran d'une part, « plus européen qu'Antillais » : « vivant en France depuis toujours (sic), j'ignore tout des Antilles et de l'esprit de mes compatriotes » (*Les Continents*, 1er novembre 1924).

Maran individu privé soumis en métropole aux préjugés racistes contre lesquel il proteste avec plus ou moins de solennité, confiant à son ami A. Locke : « Le Noir indépendant d'esprit, comme c'est mon cas, est rejeté en France ; il est sournoisement banni de toutes les places qui lui appartiennent de droit. »

Mais aussi Maran qui écrit dans la revue *La Griffe* de 1923 : « Le nègre en France est protégé, choyé et traité d'égal à égal. »

Maran lieutenant de l'impérialisme sur la terre de ses ancêtres ; Maran donnant des gages de fidélité coloniale et rêvant d'une colonisation à visage humain, promue par une autre France qu'il appelle dans *Les Continents* la « vraie France » ; Maran spécialiste pourtant d'un certain travail « anti », comme on disait dans les milieux révolutionnaires d'après 1918, son collaborateur des *Continents*, Tovalou Houénou, étant inculpé de propagande anti-française en 1926.

Nous pourrons alors nous demander si le clivage que recélait *Batouala* : préface sulfureuse mais récit rassurant, ne se retrouve pas dans ses histoires de brousse, qui fonctionneraient alors, inconsciemment peut-être, comme littérature de contrebande, parmi toutes les œuvres franchement impérialistes publiées sans complexe par d'autres écrivains coloniaux de l'entre-deux-guerres.

Pour aborder une autre étape de cette anthropologie critique antillaise, venons-en à la génération née après le début du siècle, plus jeune donc que René Maran d'une vingtaine d'années, et qui commence à publier à Paris autour de 1931-1935.

En 1931 Maran a écrit la part la plus importante de son œuvre ; il livre un poème autobiographique, « Othello », qui préfigure *Un Homme pareil aux autres*. Son *Livre de la Brousse* va être publié en bonnes feuilles dans *La Revue de*

Paris, avant de paraître en volume en 1931. Mais la suspicion dont il est l'objet dans des milieux de tendance négriste l'empêche d'y être reconnu officiellement en tant qu'intellectuel noir.

Or 1931 marque un certain point d'équilibre pour la possibilité qui s'offre de dessiner quelques contours d'une carte d'identité des colonisés d'Amérique. En 1931 le racisme n'a pas encore pris le pouvoir outre-Rhin. L'Éthiopie, seul état d'Afrique à n'avoir pas été colonisé, l'Éthiopie donc, dirigée par un jeune empereur qui vient d'être reçu avec solennité à Paris, « reste plus que jamais la nation de l'avenir », selon le jugement — bien téméraire — de la *Revue du Monde Noir*. Sur ce point l'Occident n'a pas encore déçu les originaires des empires coloniaux ; la partie la plus officielle de l'intelligentsia française n'a pas encore produit son pamphlet anti-éthiopien de 1936, intitulé impudemment « Défense de l'Occident » ; le pape n'a pas encore eu à bénir les troupes d'invasion mussoliniennes. L'intellectuelle catholique martiniquaise Paulette Nardal n'a pas eu encore à lancer son appel au secours de l'Éthiopie, qui paraîtra dans *Le Cri des Nègres*.

Autre élément d'équilibre : l'Exposition coloniale de 1931 est un succès (34 millions de visiteurs, alors que l'exposition anti-coloniale des communistes et des surréalistes n'en a compté que 4 000) approfondi par celui du Congrès international d'Anthropologie tenu à la Faculté de Médecine ; ce congrès comportait des sections d'anthropologie morphologique, d'ethnographie générale, d'ethnographie spéciale, de psychologie sociale, et, précisons-le, on y discuta très sereinement de la dualité cérébrale des métis, et de l'infériorité mentale des nègres.

La contestation dissidente dans les milieux noirs de Paris semble alors contenue : surveillance active, folklorisation de certaines prises de conscience, création d'associations d'étudiants d'outre-mer à tendance modérée, scission dans le mouvement négriste-communiste.

2. La Revue du Monde Noir

Examinons la *Revue du Monde Noir*, qui constitue un cas intéressant d'exterritorialité : animée par la Martiniquaise Paulette Nardal, licenciée d'anglais, et un Haïtien, le docteur Léo Sajous, elle est conçue dans un salon de la région parisienne, à Clamart, éditée à Paris avec l'accord sourcilleux des autorités françaises, et prioritairement diffusée à Montparnasse ; elle se fait l'écho du bal nègre de la rue Blomet. Une revue qui dans un premier temps au moins accentue donc un phénomène bien connu de centralisation métropolitaine et parisienne.

Ses six numéros paraissent rue Jacob, dans le Quartier Latin, de novembre 1931 à avril 1932. Paris « *rive noire* » (titre d'un ouvrage de Michel Fabre) s'était certes fait carrefour : il permettait notamment les contacts internationaux entre représentants de l'Afrique et représentants de la diaspora noire. Aussi, bien que la *Revue* connût des problèmes financiers et policiers, elle offre un espace d'initiative, le vrai plaisir de se définir et de se faire reconnaître au contact d'autres que soi.

Publication bilingue, le français et l'anglais constituant les pôles linguistiques des principaux collaborateurs. Une pratique de traduction partage chacune des pages, s'accompagnant de comptes rendus de provenances diverses, et d'un repérage très à jour des circuits culturels par lesquels pouvaient se diffuser les connaissances nécessaires pour dresser un bilan des compétences et performances nègres de par le monde.

Le Noir un et multiple, tel est en effet l'objet exclusif de ce discours qui s'adresse aux « Noirs du monde entier sans distinction de nationalité », pour reprendre des termes empruntés à *La Voix des Nègres*. On note l'ambition du projet : aborder « tout ce qui concerne la civilisation nègre », par la représentation singulative de phénomènes anthropologiques multiples. La culture nègre, racialisée, se voulant distincte, mais non antagoniste de la civilisation blanche, celle qui, absente, se devine en négatif.

L'image de la civilisation africaine y est perçue à travers les travaux de l'Allemand Frobenius et du Français Delafosse.

Du premier, *L'Histoire de la civilisation africaine*, futur livre de chevet des étudiants noirs de Paris à partir de 1936, n'a pas encore paru en traduction française. Mais la *Revue* signale l'Institut des civilisations qu'il a fondé à Francfort, et qui a donné idée au Docteur Sajous d'un équivalent français, l'Institut nègre de Paris. « Frobenius, *écrit la Revue*, fait surgir l'Afrique de la nuit des temps avec ses traditions et sa culture passées » ; suit un texte de l'ethnologue allemand, consacré à quelques aspects du spiritualisme noir. Pourtant sa conception quasi-mystique de l'africanité n'a pas acquis en France la pesanteur qu'on lui connaîtra, et la ligne générale de la *Revue*, modérément rationaliste, ne s'en trouve pas affectée.

L'autre entreprise de réhabilitation des valeurs traditionnelles africaines est celle de Delafosse à qui, précise la *Revue*, « il faut toujours se reporter ». Ses livres de 1922 dont nous avons parlé et *Les Nègres*, paru en 1927, prennent en compte la littérature orale et l'art africains ainsi que la religion vaudou au Bénin et en Haïti.

Ayant souligné l'originalité de ce substrat, et la nécessité pourtant de rejoindre un jour ou l'autre la civilisation européenne, le legs Delafosse comporte plus d'éléments compatibles avec les positions de la *Revue* que l'idée frobénienne de cultures noires irréductibles.

Si, après l'Afrique, on examine la part réservée aux collectivités du Nouveau Monde, on constate l'absence du Brésil noir, ceci pour des raisons probablement linguistiques, en tout cas contingentes ; en revanche les écrivains noirs des États-Unis, outre les citations de leurs propres textes, font connaître par ricochet des lieux de présence noire, ou négriste. Par Langston Hughes, les lecteurs font connaissance avec les écrivains cubains Regino Pedroso et Nicolas Guillen. Autre circuit culturel, celui des musiques : par les orchestres présents à Paris, notamment ceux de la Cabane Cubaine, les rédacteurs de la *Revue* ont apprécié Malhia, Beltram et surtout Apuzzu jouant ce « Peanut Vendor » qu'ils rapprochent des biguines et laghias spécifiques des Antilles françaises. Autre jeu d'influences et d'effets de retour : dans « Paris qui remue », l'Américaine noire Joséphine Baker danse... sur de vieux airs de carnaval de Saint-Pierre, Martinique.

Ce sont là des connaissances de seconde main, de second lieu, des étapes dans la constitution d'une anthropologie antillaise par les Antillais eux-mêmes ; or cette anthropologie n'en est qu'à ses débuts, y compris dans le secteur le plus en pointe de la *Revue*, celui de l'ethnomusicologie. Et la même conclusion se dégage des recensions d'ouvrages sélectionnés. D'une part les *Secrets de la jungle* (africaine) et *L'Ile magique* (Haïti) sont de la plume d'un « sorcier blanc », William Seabrook ; mais déjà les contes et fables d'Afrique noire recueillis par l'administrateur guyanais Félix Eboué constituent un progrès par rapport à l'*Anthologie nègre* de Cendrars, lequel travaillait... d'après des relations de missionnaires.

En tout état de cause, une culture générique noire, telle que la *Revue* l'entend *a priori*, reste à définir. Seuls émergent quelques-uns de ses constituants qui prennent forces d'évidences ; ils permettent de lutter contre le préjugé racial, de rejeter l'accusation de « mentalité inférieure » et, chez certains rédacteurs, de refuser la tentation de l'assimilation, laquelle, écrit l'un d'eux, deviendrait « une sorte de carnaval perpétuel ».

La *Revue* préconise une psychologie individualisée, au lieu de la caractérologie raciale que pratiquent les voyageurs européens en Afrique. C'est pourtant dans ce dernier travers que tombe l'article de Louis-Th. Achille, « L'Art et les Noirs ». Isolant certains accomplissements dans l'ordre chorégraphique, cet agrégé d'anglais les met au compte de dons spécifiques dont il crédite sa couleur ; animé d'un esprit d'exclusion dans le moment même où il exalte avec le plus de véhémence, il retourne en image dévalorisante ce qui se voulait louange hyperbolique :

Il n'est point en effet de race humaine où le sens esthétique soit aussi généralement répandu et où il intervienne aussi constamment dans l'activité de chaque individu... En elle, l'on découvre moins un sens esthétique dont l'exercice demande à l'intelligence une contribution indispensable... qu'un instinct artistique exigeant pour le corps tout autant que pour l'âme une satisfaction urgente et fréquente.

Louis Achille rejoint ici les anciens clichés des Blancs sur
l'esclave-qui-ne-vit-que-pour-la-danse...

Mais c'est sur la question d'un modèle culturel nouveau
que la confusion théorique est la plus grande. Un Guadeloupéen, Jean-Louis, débat du génie de la race créole (sic),
mélange intime, à fondement génétique, de « l'âme française
telle qu'elle était au XVIIᵉ siècle, et de l'âme africaine, s'unis-
sant sous le ciel serein et doux (sic) des tropiques ». Un co-
rédacteur, Louis-Jean Finot, considère cependant les Français
comme un « peuple supérieur ». Paulette Nardal pour sa part
conjugue deux courants, deux appartenances : proche amie
d'Alan Locke, qui a publié six ans auparavant « The New
Negro » dans *Survey Graphic*, elle pratique une culture afro-
américaine vivante ; parallèlement elle partage avec sa sœur
Jane le concept d'afro-latinité, c'est-à-dire non pas une culture fondée sur la dernière née des langues romanes, le créole,
ni sur le rapprochement avec les cultures hispanophones de
la Caraïbe, mais un produit dérivé de la tradition gréco-latine
classique. Définition non entièrement délirante toutefois puisque
dans la zone antillaise des écrivains aussi dissemblables que
René Maran et Jules Monnerot s'y seront retrouvés très à
l'aise.

Reconnaissons que culturellement la *Revue du Monde Noir*
vit sous le signe du composite. Aussi bien sa visée est-elle
ailleurs, et d'ordre semble-t-il plus politique que littéraire. Il
lui faut donner confiance à la « race », montrer des Noirs
exemplaires qui vivent sous un statut de souveraineté nationale, et c'est l'origine des articles sur l'organisation admi-
nistrative en Haïti, sur le Liberia ennemi de tout désordre,
sur l'Éthiopie où renaît l'idée d'état. La *Revue* renvoie aux
grands chefs de gouvernement modérés d'Haïti : Pétion, Sté-
nio Vincent. Elle évite toute référence aux agitateurs : Dessalines le Haïtien, Delgrès le Guadeloupéen, Langston Hughes et Mac Kay dans leurs poèmes prolétariens, les publications révolutionnaires noires de Paris et Moscou. Il est entendu
que les Noirs du monde doivent abandonner les « mauvaises
manières » *(nèg ni môvè manié,* dira plus tard une ironique
chanson créole), pour être dignes de l'égalité des droits et
de la considération internationale : représenter son pays à

Genève, conférer à Cambridge, se tenir mieux que ne fait
d'ordinaire le Noir de Cuba...

A titre de bilan, disons que malgré quelques ouvertures,
le souci « vieux nègre » de respectabilité, cher à ceux que
le Guyanais Damas allait appeler « de petits-bourgeois cré-
pus », fit passer la *Revue* à côté de deux composantes essentielles : le souci anthropologique du « nègre quotidien »
(Césaire), et un certain dynamisme déstabilisateur de l'ordre
colonial, qui allait marquer les plus grands textes antillo-
guyanais de langue française.

3. Légitime Défense

Reprenons notre date, 1931. Aimé Césaire a dix-huit ans
et s'apprête alors à partir pour France, comme pour aider à
clouer le cercueil d'une *Revue du Monde Noir* qu'il aura jugée
« superficielle », et pour faire connaissance d'un brûlot : le
premier (et seul) numéro paru de *Légitime Défense*, lancé
l'année suivante par trois des rédacteurs dissidents de la
Revue, Léro, Ménil, Monnerot.

Dans le panorama culturel utilisable pour l'élaboration d'une
réflexion anthropologique, la jeune équipe rédactionnelle dispose maintenant de repères non négligeables, même s'ils doivent être considérés avec cet esprit extrêmement critique qui
ne sera pas le moindre outil de leur réflexion. Il leur faudra
s'ils en ont le temps prendre en compte aussi bien la Harlem Renaissance que les congrès pan-nègres, le Congrès contre
l'Impérialisme tenu en 1927 à Bruxelles, les avancées de l'haïtianité et du mouvement afro-cubain, la pensée de Marcus Gar-
vey (*Philosophy and Opinions* est de 1926), étrangement complémentaire au *Déclin de l'Occident* de Spengler, qui a commencé d'être traduit en français en 1931.

Mais, à la différence de la *Revue du Monde Noir*, le souci
des lanceurs de *Légitime Défense* paraît être de définir une
dissidence inaugurale plutôt que de désigner les traces épar-
ses d'un patrimoine identitaire problématique, qu'il convien-

drait de rassembler. Ils entendent visiblement se dégager à
jamais d'une histoire et d'une ethnographie également nau-
séabondes, celles des hommes d'Afrique depuis si longtemps
perçus comme des animaux (l'Afrique est absente de leurs
textes, hormis au sens que Rimbaud a donné au mot nègre) ;
celles de personnes métamorphosées en instruments par l'esclavage ; celles enfin d'individus humains ressurgis après 1848,
mais méconnaissables, rendus étrangers à eux-mêmes par le
processus d'assimilation.

Éloignés des *Claire Solange, âme africaine* (roman de
l'Antillaise Suzanne Lacascade, Paris, Figuière, 1924), héroïne
du retour aux sources, ils le sont donc aussi des *Sonson de
la Martinique* (titre d'un roman d'Irmine Romanette, Paris,
Sté Éd. littéraires et techniques, 1932), pitoyable laboureur
noir victime de l'inégalité sociale, des croyances folkloriques,
et des illusions de citoyenneté française. Le pouvoir à la Martinique est à l'époque représenté par un gouverneur métropolitain, Gerbinis, et un Secrétaire Général guyanais, Éboué.
Le prolétariat noir dont parle Étienne Léro ne s'est encore
forgé que de rares cadres révolutionnaires, et le Noir des
Antilles reste assez proche du portrait qu'en donne Gilbert
Gratiant dans ses *Poèmes en vers faux*, parus en 1931 :

> « L'envoûté des riches palabres
> L'insatiable mangeur d'amour
> Et le fumeur des songeries
> Le Nègre
> Si grand par le service et si haut par le don »

Légitime Défense développera donc une stratégie de la négativité, consistant à être « traître » à sa classe d'origine, ou
supposée telle : la bourgeoisie de couleur. Elle entend appli-
quer tous les révulsifs nécessaires à cette réelle conquête de
soi : Freud, et les maîtres de la négation : Sade, Hegel ; les
maîtres de la révolution sociale : Marx, Engels, Lénine,
l'Internationale communiste ; les maîtres de la révolution poétique : Rimbaud, Lautréamont, Mallarmé, Valéry.

Une nouvelle caractérologie apparaît alors, dont on doit se
demander ce qu'elle contient encore d'ancien, et ce qu'elle

a de révolutionné. René Ménil compose un tableau qui rassemble la « révolte contre les injustices… l'amour de l'amour, l'amour des rêves d'alcool, l'amour des danses inspirées, l'amour de la vie et de la joie, le refus de puissance et l'acceptation de la vie » (p. 8), un ensemble de valeurs qu'on pourrait croire empruntées au surréalisme français dont se réclamait la revue, ou même, chez le jeune hégélien martiniquais, dérivées de certaine remarque du philosophe allemand sur la « pétulance qui caractérise les nègres » (*Leçons sur la Philosophie* ; un hégélien qui ferme les yeux face aux remarques péjoratives du Maître sur l'Afrique).

Il est vrai qu'on retrouvera ces valeurs vitales presque terme à terme, vingt-cinq ans plus tard, sous la plume du romancier haïtien J.S. Alexis, témoignant qu'un même signifié anthropologique antillais a été mis en œuvre, qui exalte également le biologique, le culturel et l'écriture. En des termes voisins, Étienne Léro pour sa part annexera l'apport harlémitain des poètes noirs des États-Unis : « marinés dans l'alcool rouge, l'amour africain de la vie, la joie africaine de l'amour, le rêve africain de la mort » (p. 12).

Depuis lors, au cours de conversations amicales, René Ménil a convenu que sa phrase de 1932, « Le nègre antillais est enchaîné par la pensée logique et utile », méritait d'être critiquée, ou du moins relue, comme contingente. Et la Préface qu'il écrivit en juillet 1978 pour une réédition parue chez J.M. Place précise :

> *Légitime Défense*, pratiquant une manière de psychologie naïve et spontanée — donc fausse — commence déjà (sans penser à mal), à esquisser les traits d'une mentalité nègre en général, lesquels, amplifiés et poussés à l'absolu, se retrouveront dans l'incroyable caricature du « négro-africain » dont Senghor s'est fait le théoricien sans humour.

Le théoricisme incisif de *Légitime Défense* sera en retour considéré par Césaire comme non productif (notre interview de juillet 1974). La modernité du petit opuscule collectif n'en est pas moins grande : c'est dans le souci du combat anti-impérialiste qu'il élabore l'idée d'une personnalité antillaise, montrant la voie qu'allaient emprunter pendant plus d'un demi-

siècle la recherche anthropologique aux Antilles françaises,
la recherche linguistique et culturelle notamment, jamais très
éloignées de la politique.

En 1935 se célèbre avec beaucoup de solennité le tricentenaire de l'entreprise de colonisation française dans la zone
caraïbe. Un tel événement aurait dû pouvoir sceller un constat d'identité des populations concernées, définissant la personnalité antillaise à la Martinique et à la Guadeloupe. Or,
l'insuffisance des repères historiques, géographiques, linguistiques, y est toujours aussi criante, et aussi problématique l'élaboration d'une anthropologie. Dans une situation générale
d'annulation des savoirs spécifiques, le Tricentenaire ne fait
que peser de tout son poids de masque.

C'est une historiographie impériale, ou au moins franco-
française, qui est diffusée par l'école en Martinique, Guadeloupe, Guyane, et fait se cristalliser la mémoire des jeunes
sur des dates particulièrement gratifiantes pour le colonisateur : 1789, lancement de la formule Liberté, Égalité, Fraternité ; 1848, décision métropolitaine d'abolir l'esclavage. En
revanche, les citoyens des Antilles ne sont pas appelés à réflé-
chir aux grandes dates de l'œuvre de Colbert, si importantes
pour leur destin, non plus qu'à 1802, date de la révolte anti-
esclavagiste de la Guadeloupe, ni à 1804, date de l'émancipation de l'île-sœur de Saint-Domingue, ni à 1870, date de
l'insurrection partiellement anti-française du sud de la Martinique. Ils devront ignorer que les Noirs jamaïcains ont été
affranchis avant les esclaves français, sans que 1789 y eût
été pour quelque chose ; qu'un autre processus a valu pour
Cuba, colonie qui a obtenu son indépendance. Hormis une
remise en question : *Le Tricentenaire des Antilles* de
l'essayiste communiste S. Rosso, l'histoire est aplatie dans les
titres d'ouvrages de circonstance : *Deux vieilles terres françaises : Guadeloupe et Martinique*, de P. Labrousse, *Trois siècles de vie française aux Antilles : nos Antilles*, de S. Denis.
Marthe Oulié accroît encore la pratique d'appropriation textuelle en incluant Haïti dans son titre *Les Antilles filles de
France*.

Le lien étroit établi entre les « petites Frances d'outremer » et la métropole tend aussi à l'annulation des savoirs géographiques autochtones, au refoulement du sentiment d'appartenance à un archipel, et *a fortiori* d'appartenance au monde américain. La croisière du Tricentenaire, à bord du *Colombie*, touche bien quelques ports des Antilles non françaises (La Havane, Port-au-Prince), mais l'esprit général, impérialiste, aimablement saisonnier (appareillage au 14 décembre) et mondain de cette mission officielle animée par le sénateur martiniquais Lémery (créature de l'usinier béké Eugène Aubéry), ponctuée de discours de commande sur le charme français des îles, n'est est que davantage souligné. Mission bien propre à susciter cette littérature C.G.T. (Compagnie Générale Transatlantique) que Suzanne Césaire dénoncera quelques années plus tard dans *Tropiques*. On ne saurait s'étonner du succès de ce sous-produit anthropologique aberrant, la doudou des îles (cf. nos *Écrivains français et les Antilles*). L'heure n'est pas encore venue d'une géographie littéraire qui favoriserait des relations culturelles entre les écrivains des Antilles françaises et leurs congénères ou voisins de la zone caraïbe.

Un réseau d'institutions officielles encadre la formation et la carrière des compétences martiniquaises, guadeloupéennes, guyanaises. Moins pragmatistes certes que l'École coloniale des futurs administrateurs, l'École normale et la Sorbonne diffusent une culture humaniste dont Césaire, parmi d'autres, vérifiera le caractère non universel ; c'est, on le sait, par le détour de lectures personnelles extra-universitaires qu'il se constituera un savoir anthropologique africain.

Plus généralement, des précautions de nature diverse ont été prises afin de prévenir toute tentative de contestation du Centre métropolitain : non seulement les filatures policières et le fichage d'originaires des Antilles aussi bien que d'Afrique noire ; mais aussi l'encouragement donné aux organisations estudiantines conformistes ou réformistes-schoelchéristes utilisées comme contre-feux, autour notamment de la personnalité modérée d'Isaac Béton. Ce Guadeloupéen avocat à la cour d'appel de Paris voisine certes en 1930 avec l'étudiant révolutionnaire Garan Kouyaté parmi les fondateurs du *Comité*

Universel de l'Institut Nègre de Paris, mais la publication qu'il lance en 1936, *Le Colonisé*, prêche à ces colonisés le calme et la régénération morale. La modeste *Revue du Tricentenaire*, qui critique seulement certains aspects de la colonisation, est condamnée par les autorités officielles. Parallèlement, les scissions dans le mouvement négriste-communiste que nous avons évoquées ; les dossiers du Ministère, les archives des commissariats des villes portuaires sont à cet égard parfaitement éloquents. Sur place l'offensive d'une culture hégémonique ne paraît compromise ni par les réactions à l'assassinat du leader communiste Aliker, ni par les mouvements sociaux enregistrés à Fort-de-France en 1935.

Les missions de recherche sont encore entachées de ces pratiques pillardes, que Leiris vient de dénoncer dans ses carnets de route *De Dakar à Djibouti*, devenus en 1934 *L'Afrique fantôme*. Ce n'est qu'à l'initiative des anthropologues Marcel Mauss et Paul Rivet, ce dernier étant directeur du Musée de l'Homme, que le jeune Institut d'Ethnologie de l'Université de Paris mettra en œuvre des enquêtes moins marquées d'européocentrisme. Ainsi Léon Gontran Damas, qui s'est fait connaître en 1934 par des poèmes publiés dans *Esprit*, est-il la même année envoyé en Guyane, son territoire d'origine, pour y étudier les survivances africaines dans les anciennes tribus marronnes.

> Damas, *indique Esprit*, espère grâce à l'ethnologie éveiller la conscience de race chez les Noirs... Désirant prendre, à l'encontre de René Maran, une position tout à fait nette... Le hot, les collections du musée d'ethnographie, les écrivains nègres (Mac Kay, Langston Hughes, Alain Locke) lui ont fait comprendre le rôle et la mission de sa race.

Et dans la même visée : instituer une anthropologie culturelle moderne qui ne soit pas un « sous-produit du colonialisme » (J. Haldane, *Current Anthropology*, 1968, vol. 9), des recherches homologues étaient confiées à Price-Mars pour Haïti, à Fernando Ortiz pour Cuba.

Mais Damas dira au critique Daniel Racine que l'implication financière de la métropole en de telles missions était des plus maigres, l'anthropologue n'ayant que le choix entre un statut d'administrateur et celui de... reporter :

> Lorsque Lucien Vogel, qui était alors le maître de la presse française, saura que je suis chargé par le Musée de l'Homme et le ministère de l'Instruction publique d'une mission scientifique en Guyane, il m'appellera dans son bureau pour me dire qu'il voulait que je sois l'Albert Londres noir. Il voulait tout mettre à ma disposition pour que je lui fasse un reportage sur la Guyane. En fait, c'est lui qui a pris en charge mon voyage, car j'ai reçu très peu d'argent du Trocadéro (siège du Musée de l'Homme, R. A.).

On attendait de Damas qu'il se fît un jour député *béni oui oui* de son pays d'origine, comme l'avaient été Diagne au Sénégal, Lagrosillère en Martinique, pour citer deux notables républicains de couleur, deux piliers indigènes de l'assimilationnisme colonial. Mais Damas n'avait pas pour premier souci de représenter, encore moins d'administrer (comme avaient fait ses compatriotes Maran et Éboué) qui que ce fût. Il lui importait plus par exemple d'apprendre des langues africaines afin que ses poèmes, notamment ses poèmes antimilitaristes, fussent traduits en baoulé...

Ainsi ses notes anthropologiques guyanaises devaient-elles rejoindre les archives du Musée de l'Homme, avant de fournir la matière de ses *Veillées noires*, publiées seulement dix ans plus tard (le documentaire *Retour de Guyane* ayant été publié en 1938). Décevant les instances métropolitaines opposées à toute perspective de développement séparé, ces notes déplaçaient quelque peu les représentations traditionnelles, sans toutefois les bouleverser jusqu'à prendre figure de texte dissident.

4. L'Étudiant Noir

Mars 1935. La publication des étudiants antillais — martiniquais devrait-on dire au vu des signatures — s'appelle maintenant *l'Étudiant Noir*. Elle n'appartient pas à la filiation politique *Revue du Monde Noir/Légitime Défense*, mais au monde du syndicalisme lycéen et étudiant antillais de Paris. Elle prolonge une série de bulletins annuels, qu'elle juge anémiques, produits par l'Association des Étudiants Martiniquais. Sa réflexion anthropologique, sa recherche d'identité, paraissent liées à la lutte que les étudiants mènent à partir de 1934 pour le rétablissement ou le paiement de leurs bourses. Ponctuant cette action, un numéro de *l'Étudiant Martiniquais* avait paru deux mois auparavant, fin janvier 1935. Il comportait déjà des contributions importantes — dont nous ne disposons plus — de Léonard Sainville et d'Aimé Césaire. Mais les nécessités d'un regroupement plus large imposent un changement de nom : Martiniquais est remplacé par Noir (Certains auraient préféré « nègre »), ainsi qu'un approfondissement sensible de la réflexion. Voisinant avec des articles de défense syndicale qui émanent des « boursiers de la colonie », et qui réclament dramatiquement des secours « pour les vacances de Pâques », se dégage donc une somme de contributions personnalisées, pluralistes même, mais également soucieuses de définir l'entité nègre. Une entité considérée en situation, et non pas « un peu à l'aveuglette » comme avaient pu faire, selon le jugement offensif/défensif de Gilbert Gratiant, la « phalange de jeunes hommes » de *Légitime Défense*.

Notons-y d'emblée la singularité de ton d'un article de Senghor, déjà très... senghorien, intitulé « L'Humanisme et nous, René Maran ». L'auteur est âgé de vingt-neuf ans, et on reconnaît en son texte un clivage qui sera plus tard dogmatisé en assertions célèbres sur « raison nègre » et « raison blanche » : Senghor revendique en effet un « mouvement culturel qui a l'homme noir pour but, la raison occidentale et l'âme nègre pour instruments de recherches : car il y faut raison et intuition ». L'article se termine en une forme essentialiste qui ne prend aucunement en compte la situation de Maran, telle que nous avons voulu l'approcher : « Culture l'a conduit à Nature, à Anthropéia, Paidéia ». (Pour une étude spécifique de la négritude senghorienne, voir les travaux de Martin Steins dont l'article « Jeunesse nègre » in *Néohélicon*, IV, Budapest, 1956, et sa thèse).

Nous aborderons plus avant l'article de Césaire « Négreries » quand nous parlerons du sujet césairien. Mais d'autres contributions de *l'Étudiant Noir* sont tout aussi intéressantes pour la maturation d'une anthropologie critique antillaise.

Éboué, qui revendique pour les Africains une science de l'homme faite par les indigènes eux-mêmes, laisse entendre que cela intéresse aussi les Antillais, puisque le langage tambouriné par exemple a pu transiter d'Afrique jusqu'aux Antilles chez certains initiés, souffleurs de conques de lambi, dans les villages du Vauclin et du Gros-Morne.

Sur la même page, Paulette Nardal dispose une brève parade de types humains qu'elle a côtoyés au Quartier Latin : un « chasseur noir vendeur de cacahouètes », congénère sans dignité, aliéné économiquement au monde blanc. Mais ce « Guignol ouolof », en s'objectivant, se juge ironiquement de l'extérieur : il sait encore demeurer lui-même, à la différence, laisse entendre Paulette Nardal, des Noirs assimilés sans humour à qui sa livrée fait honte. « J'aime autant faire ce métier ridicule que d'être chômeur ou de vivre des femmes ».

Léonard Sainville, rapatriant son texte au pays martiniquais, interroge le problème nègre, la littérature nègre à partir de références populaires : campagnards frustes appelés « soubarou bois-mitan », paysan de Sainte Anne plus intégré à la vie économique moderne, ouvrier d'usine, porteuses de trays (ou plateaux), « jolies blanchisseuses de la (rivière) Roxelane », mères de famille célibataires. Sainville déracialise donc la notion de nègre puisque la réalité démographique la fait se confondre avec celle de peuple : « Une littérature d'Amérique française, si elle veut être géniale... ne peut avoir pour objet que d'étudier ce peuple, son tempérament, ses mœurs et ses coutumes, son travail, ses luttes. »

Ici s'annoncent les fondements d'une écriture populiste et réaliste, celle des romans qu'il publiera quelque vingt ans plus tard : *Dominique nègre esclave* et *Au fond du Bourg*. Mais le futur romancier Léonard Sainville, dont les travaux historiques sont par ailleurs estimables, retarde en 1935 d'une modernité : il traite encore le problème d'une littérature nègre à la Martinique en termes de littérature prolétarienne, alors que l'esthétique communiste mondiale lui a préféré depuis trois ans le réalisme socialiste.

La plus affinée, la plus originale aussi des contributions est celle de Gilbert Gratiant : « Mulâtres pour le bien et le mal », qui sera approfondie ou illustrée vingt ans plus tard par ses articles de *Présence africaine* (décembre 1955 et juin 1957), par un texte écrit pour le Parti Communiste martiniquais, et surtout par un recueil en langue créole : *Fab' Compè Zicaque* (Fort-de-France, 1950 ; mais Gratiant publie dès 1935 *Cinq poèmes en créole martiniquais*, Hauteville, Ain). Dans *l'Étudiant Noir* il a l'heureuse idée d'une introspection, étendue à l'immense population des « gens de couleur », c'est-à-dire d'origines mêlées : africaine et européenne. Hommes et femmes issus du jeu imprévu des filiations, de la « boîte à surprises invraisemblable qu'est une famille de six enfants à la Martinique ». L'analyse de Gratiant est tout à la fois psychologie sociale du jeune enfant mulâtre, regard historique sur ce que Leiris appellera *Contacts de civilisations en Martinique et en Guadeloupe* (Paris, UNESCO, 1955), et approche du principe de coupure anthropologique chez l'individu adulte, telle que l'envisageront les travaux de Georges Balandier.

Pour ce qui concerne la psychologie concrète de Gratiant, nous sommes évidemment très loin des portraits de mulâtres produits par la caractérologie crispée traditionnelle : le mulâtre n'est pas chez lui un lieu de tensions tragiques comme avaient pu le présenter les petits romantiques créoles ; il n'est pas non plus le bâtard souffrant en schizophrène de sa bâtardise. Lorsqu'il y a en lui avilissement, cet avilissement est d'ordre social, non racial, car les reniements ne sont pas spécifiques d'une couleur de peau. Certes, le mulâtre est amené à naître et grandir sous le régime d'une double déperdition, notamment culturelle, et sous le signe de la restriction et du manque ; tous ces mots scandent le texte. Il n'empêche que « l'âme nègre » survit : « Les vieux ''nèg-guinen'', grands-oncles, grands-pères, aïeuls de toutes sortes, sont présents dans le nouveau-né. »

Plus, sinon mieux : une caractérologie fondée sur la transmission des acquis pourrait expliquer les marques psychologiques de certains sang-mêlé (orgueilleux, coléreux) par les fonctions de « fouetteur blanc » ou de « tyranneau nègre » d'un de leurs ancêtres. Retenons plutôt cette opportunité double — biographique et historique — que Gratiant décèle : on ne choisit pas sa « race », ce qui importe est la détermination de classe. D'une part le mulâtre « est né avec un élan » : « Rien ne peut l'empêcher d'aller vers les avantages réservés à l'autre classe, la blanche, c'est-à-dire liberté, argent, honneurs. »

Il existe d'autre part une chance historique : celle que Lénine a définie dans *L'Impérialisme, stade suprême du capitalisme*. Gratiant écrit : « Les excès du capitalisme, exacerbé en impérialisme, ont donné occasion aux vrais peuples coloniaux de se retrouver eux-mêmes. Renaissance du nationalisme chez tous les exploités tropicaux. L'attention est alors attirée sur nous-mêmes. Qui sommes-nous ? »

Il reste qu'aux Antilles, l'héritage des deux aïeux, pour reprendre les termes d'un poème célèbre de Nicolas Guillen, « *Balada de los dos abuelos* », est considérablement amputé : « Une civilisation (la noire) mutilée et donc réduite au cinquième de son activité essentielle, rencontre en une terre nouvelle une civilisation (la blanche) également étrangère à la terre, représentée dans les quatre cinquièmes peut-être de son activité totale. »

Un cadre colonial impose encore à cette rencontre le régime de la réduction, de l'unification des mœurs, de la « défense rigoureuse et impitoyable », et d'une créolisation « stricte ». Cette créolisation, que les essayistes de la *Revue du Monde Noir* considéraient comme une fusion harmonieuse, est une transformation de deux legs, mais elle s'est effectuée sous le régime de la force. A cette force opposera-t-on immédiatement la violence ?

Ce serait compter sans la tonicité personnelle, la vocation hédoniste aussi que nous avons pu tant de fois vérifier chez Gratiant ; Gratiant qui en se disant nègre se sentait « douillettement provincial » aux pays de Loire ; Gratiant qui avait si aisément assimilé le legs marxiste d'optimisme historique. Aussi, malgré les refoulements et les contraintes sociales au départ, malgré le poids du surmoi colonial, le moi mulâtre se réalise pleinement en « quelques manifestations caractéristiques, elles seront : débordement sensuel amoureux, danse, musique, flânerie, récits et discussions, usage du créole comme langue. »

Poursuivons. Parti d'une catégorie biologique, Gratiant transite vers une appellation sociale : nègre, dont il déploie lyriquement tous les éléments de signification, privilégiant toutefois l'option révolutionnaire, et non les ralliements pan-nègres d'un « snobisme à rebours » :

> Reconnaissant ce qui subsiste en moi d'âme nègre, sous sa forme créole, ou confusément sous ses formes non éveillées, je rends hommage publiquement à ce fait magnifique, je crie avec un émerveillement joyeux : *je suis nègre*, mais le cri n'est pas exclusif, et j'ai autant de plénitude dans ma joie à me sentir mulâtre martiniquais ou tout bonnement Français en Vendômois, le Vendômois du doux val de Loire, celui de mon enfance, de mes amis, des filles de mon frère. Que si par ce cri lancé en défi on veut comprendre qu'il est donné courageuse et véhémente adhésion à la cause des persécutés, mes frères dans l'opprobre, qui sont noirs de peau, des martyrs de la haine de race, des martyrs des impérialismes scélérats : je me solidarise et je hurle : *je suis nègre !*

Et cette proclamation d'identité, datée de février 1935, s'accompagnait d'un programme linguistique et littéraire, dicté par les lois conjointes du plaisir et de l'engagement social :

> Le créole ?... J'en veux codifier l'écriture, en fixer la grammaire, réunir une conférence de tous les créolisants du bassin des Antilles... Ce que j'aurai acquis de la civilisation blanche, et ce que j'aurai conservé de la noire par la créole, j'en veux faire des armes de la délivrance pour la vraie civilisation noire à laquelle, cependant à mon regret, j'entends si peu de choses.

Certes l'accomplissement littéraire de Gratiant, *Fab Compè Zicaq*, sera de bien moindre ampleur et impact, en tant qu'« arme » de délivrance, que les recueils poétiques de Césaire. Cet article fondateur, annonciateur du *Credo des Sangs Mêlés*, allait lui-même connaître un singulier destin mutilant : nous ne disposons aujourd'hui que d'une copie de *l'Étudiant Noir*, comme si l'affirmation identitaire des Africains et des Antillais, à ce stade de son développement, s'était magnifiquement offert le luxe d'un spécimen unique ! Une chose demeure certaine : on ne peut pas évaluer la revue de 1935 dans un seul champ, celui de l'idéologie de la négritude, si nombreuses étant les forces contradictoires d'intégration et de diversion à avoir joué à l'entour de cet unique pôle.

A partir de 1935, la figure de proue de la réflexion sur la personne humaine des Antilles sera bien certainement Césaire, soit qu'il publie seul le *Cahier d'un Retour au Pays Natal* (in *Volontés*, 1939), soit qu'il collabore avec d'autres essayistes, notamment avec son aîné René Ménil, et ce sera la revue *Tropiques*. A cette date donc il produit dans *l'Étudiant Noir* l'article « Négreries », qui a pour sous-titre « Jeunesse noire et assimilation ». Voilà quatre termes qui, « jeunesse » excepté, appartiennent au bagage conceptuel des compagnons de Césaire, dans lequel ils fonctionnent en polémique double. « Négreries » est emprunté au langage des racistes et sera mis en crise — et revalorisé — par le néologisme « négritude » : il s'oppose à « assimilation » ; il s'oppose aussi à « noire ». Pour ce qui concerne la critique de l'assimilation, Césaire reprend un scénario de *Légitime Défense* :

> Un jour, le Nègre s'empara de la cravate du Blanc, se saisit d'un chapeau melon, s'en affubla, et partit en riant... Ce n'était qu'un jeu, mais le Nègre se laissa prendre au jeu : il s'habitua si bien à la cravate et au chapeau melon qu'il finit par croire qu'il les avait toujours portés ; il se moqua de ceux qui n'en portaient point et renia son père qui a nom Esprit de Brousse.

Notons que dans un cadre différent de celui des Antilles, Paul Barret, auteur de *La Nature et l'Homme noir*, avait déjà relevé cette aliénation vestimentaire, fixée sur le chapeau-fétiche du « gentleman de Freetown », et qu'un bois gravé de *Pigments* de Damas (1937) montrait, comme pour illustrer le poème « Solde », un Noir nu sortant d'un plastron, entre gratte-ciel et palmiers...

Césaire toutefois porte sa réflexion plus loin, jusqu'au couple de l'identique et de l'autre ; une réflexion moins analytique à vrai dire qu'encombrée d'allégories à majuscule : Identique, Nature, Peuple... Ce recours à la catégorie Peuple, « plus sage que les décrets parce qu'il suit Nature », est présenté comme garant d'une authenticité anthropologique, et inscrit évidemment Césaire dans l'idéologie des « républicains de gauche », alors dominante parmi les étudiants noirs de Paris.

Mais son apport personnel, original, tient à son insistance à considérer la jeunesse à la fois comme tranche d'âge, en situation, « Les jeunes nègres d'aujourd'hui ne veulent ni asservissement ni assimilation, ils veulent émancipation », et comme métaphore du renouvellement de la pensée. La « tribu des Vieux », à laquelle cette jeunesse s'oppose, c'est aussi l'ensemble des manières de penser « vieux nèg » comme on disait aux Antilles, et comme on s'en injuriait à Paris, c'est-à-dire non progressistes. « Jeunesse noire » apparaît donc, en quelque sorte, comme l'homologue césairien du « Nègre nouveau ».

Ces concepts, ici maniés quelque peu maladroitement encore, vont se retrouver magnifiquement portés à incandescence poétique dans le *Cahier d'un Retour au Pays natal*, dont les premières pages s'écrivent, en la même année 1935 :

> « l'amant de cet unique peuple »
> « Je dis hurrah ! La vieille négritude
> progressivement se cadavérise ».

5. Le Cahier d'un Retour au Pays natal

Le *Cahier* n'intéresse évidemment pas au premier chef la discipline anthropologique : il est l'hymne à l'homme maudit, ignominieux, apte pourtant à devenir celui que René Char appelait « l'homme requalifié ». Le *Cahier* procède selon l'avancée dialectique d'une subjectivité à la fois triple et unique : le *je* césairien, le *nous* martiniquais, le *nous-les-Noirs*. Démarche constructive mais pathétique, douloureuse, qui rencontre les négations de l'homme, résultat de déterminations extérieures hostiles : « ce pays cria pendant des siècles... que les pulsations de l'humanité s'arrêtent aux portes de la négrerie. » Cette démarche suscitera en regard d'autres négations, celles que choisit un Antillais qui s'efforce d'avoir « foi en soi » (article *Négreries*).

Dans *Légitime Défense*, l'Antillais moralement colonisé était tenu pour ridicule et « hideux ». Dans le *Cahier*, c'est un étudiant (Césaire lui-même) qui se reproche d'avoir jugé « comique » et « laid » un Noir miséreux ; mais le procès qui est fait à l'assimilation reste le même. Au principe, des hommes qui ont été amenés à renoncer à demeurer eux-mêmes ne sont justiciables que d'une anthropologie de la fausseté : celle de la « pseudomorphose », du « vrai bon nègre », de ce « zèbre » enfin, issu d'un proverbe dahoméen découvert dans *Magie Noire* de Paul Morand, « le zèbre ne se débarrasse pas de ses zébrures », zèbre qui, porté sans doute par un commun élan d'enthousiasme, galope ainsi de la *Revue du Monde Noir* jusqu'aux textes de Césaire et de Ménil.

A la Martinique la foule s'esquive et se délite dans un habitat urbain conçu par d'autres, selon des impératifs économiques et spirituels exogènes : bourg crasseux ou ville coloniale où la voirie a doublé les carrefours avec des croix de mission : « fardeau géométrique de croix éternellement recommençante ». Les langages de cette foule-non-foule, gestuels plutôt que verbaux, sont diversement aliénés, et là où « *Négreries* » avait posé l'alternative assimilationniste : folie ou sottise, le *Cahier* parle en effet de « gestes imbéciles *et* fous ». Un inconscient peuplé d'affects cauchemardesques et délirants se manifeste soit en vie « prostrée », « menteusement souriante », soit encore en conduites suicidaires. Aussi le diagnostic césairien de pathologie sociale réduit-il la population d'une île à « quelques milliers de mortiférés ».

La misère du Martiniquais colonisé est donc d'ordre existentiel plutôt que socio-économique. Certes la pauvreté matérielle est dénoncée à mainte page : on n'oubliera pas les passages qui disent le dénuement des maisons populaires, la condition des travailleurs de la canne, et tout spécialement ce personnage de Granvorka « broyé un soir de récolte », qui annonce le traitement par Césaire de cas semblables, soit en articles et discours, soit en ébauche de pièce de théâtre *(Pour un gréviste assassiné).*

Mais, malgré un inventaire copieux des conditions de la vie à la Martinique : la faim, la fête, le travail, l'alcoolisme, les pratiques amoureuses, les manières de table, de défécation, les façons de se donner la mort, le propos du *Cahier* n'est pas le réalisme social, celui qui par exemple nous émeut à la lecture de certains textes de Joseph Zobel. Les images du cireur de chaussures et de « la négraille aux senteurs d'oignon frit », évoquent plutôt le « nègre quotidien » des États-Unis, tel que Césaire a pu le connaître chez les poètes noirs américains, et ne visent pas à écrire la vie matérielle d'un peuple. Ce qui est majeur dans le *Cahier*, c'est la vigueur du sermonnaire, les axes de référence pascaliens qui dressent le constat d'un mal psychologique et moral désigné en termes de petitesse et de grandeur de l'homme, en termes de bassesse et d'élévation.

En regard, avons-nous dit, les refus. Césaire pourchasse jusque dans la parure populaire créole — madras et anneaux — ce qu'il juge être mensonge exotique ; semblablement, dans la période parisienne de Duke Ellington et de Cab Calloway, il dénonce la part d'exhibitionnisme que recèle toute performance publique de jazz, qu'il oppose à la fête intime, spontanément dansante des noëls antillais. On sait de quelle visée ontologique témoigne le *Cahier* : à ces profondeurs on méconnaît en effet la saisie culturaliste aussi bien que le souci politique, la prise en compte d'un peuple tel qu'il est, afin d'agir pour changer sa vie. Si la volonté d'assumer tout ce qui est nègre — de manière quelque peu masochiste parfois — est bien présente dans le texte, elle procède d'une conscience historiquement et géographiquement élargie, et se dit sur un registre chrétien (le crachat), qui concerne d'ordinaire le pécheur au seuil de la rédemption.

Parallèlement, Aimé Césaire refuse tout bovarysme consolateur, fût-il celui de l'homme du continent originel, l'Africain beau, noble et nu. Son regard anthropologique se détourne en effet de l'homme de la nature même si, en quelques pages, le poète loue avec les mots de Frobénius ceux qui « s'abandonnent, saisis, à l'essence de toute chose ». A ce descendant de déraciné, sevré de son île natale, les énoncés du fondateur de l'Institut d'Ethnologie de Francfort auraient pu rendre confiance en soi ; l'héritage frobénien pourtant n'allait être accepté que très sélectivement. Expliquons-nous.

Que l'Afrique et les Antilles fussent pour une grande part hétérogènes ne constituait pas le principal obstacle : l'idée d'un « pays » martiniquais (le mot « pays » apparaît très souvent dès cette époque dans les textes de Guadeloupéens et de Martiniquais), ainsi que la recherche des éléments concrets d'une culture martiniquaise, prise au sens large du mot, pouvaient procéder logiquement du concept frobénien de « kulturkreis », ou aire culturelle. Mais il y avait chez l'ethnologue allemand une mystique d'ensemble qui se situait extérieurement au rationalisme, au freudisme et au matérialisme historique plus précisément, et qui eût exigé des contorsions intellectuelles dont Césaire pas plus que ses devanciers de *Légitime Défense* n'eût été capable. A la métaphysique vitaliste de la Païdeuma frobénienne, les Antillais auront emprunté, explicitement ou non, quelques termes de classification, comme ce style ethnique « éthiopien » rêveur, opposé à un style de vie « hamitique » qui se fonderait sur le fait et l'exploit. Ils auront effectué, notamment dans *Tropiques* dont nous parlerons ci-dessous, quelques prélèvements lexicaux choisis surtout pour leur aptitude à fixer poétiquement un certain état de conscience nègre. Là s'arrête l'imprégnation textuelle de *l'Histoire de la Civilisation africaine* à laquelle il faut ajouter, pour Césaire, la nécessaire influence de Senghor assidûment fréquenté à l'époque de l'écriture du *Cahier d'un Retour au Pays natal*.

Il reste que le texte, pour sa plus grande part, est étranger à l'anthropologie spéculative frobénienne, dont les composants n'ajoutaient d'ailleurs que peu de chose à certains stéréotypes d'un modèle nègre qui s'étaient malencontreusement glissés dans *Légitime Défense*.

Le mouvement général du *Cahier* mène ailleurs, vers un double dépassement : d'une part des visions hallucinées et un comportement personnel désordonné — le poète lâchant les monstres, exécutant des entrechats, tournant sur lui même à la manière des inspirés — d'autre part le recours à la violence du « peuple, vaillance rebondissante ». Que cette seconde orientation, révolutionnaire, soit dite en termes voilés ne change rien à l'intention. Si comme l'a remarqué A. James Arnold (*Modernism and Negritude*, Harvard University Press, 1981), l'homme-panthère est un des sous-titres de *Magie Noire* de Paul Morand, l'assimilation au tigre annonce déjà « tigritude » qu'on a depuis lors opposée à la négritude : « Qui ne me comprendrait pas ne comprendrait pas davantage le rugissement du tigre. »

Et Césaire tourne un regard appuyé du côté du vaudou haïtien : « Je tiens maintenant le sens de l'ordalie... C'est du sang d'homme qu'il faut... non du sang de poulet », du côté de Dessalines dont, suivant les énoncés de *Légitime Défense*, il développe en sourdine un célèbre slogan : « houer, fouir, couper tout, tout autre chose vraiment que la canne insipide ».

On aperçoit mieux alors certaines des perspectives qui mènent à ce que Césaire appelle « la Fin du monde, parbleu », achèvement qui est commencement, terminaison qui est initiation. Nouvel évangéliste, il use pour son message d'un lambi à fonction équivoque... La pirogue dont parle aussi le *Cahier* est l'homologue du bateau représenté dans les vévés de Maître Agoué, qui relie les vaudouisants d'Haïti à ceux d'Afrique ; signe césairien d'assomption nègre, appelé à connaître un immense développement dans le poème « Batouque », elle suffit dans le *Cahier* à nier poétiquement le réel antillais : « la voici danser la danse sacrée devant la grisaille du bourg ».

Elle annonce l'apparition d'une personne humaine nouvelle aux îles ; déjà un Antillais au moins, le jeune Césaire a dépassé la condition mortifère et, dans les limites de sa vie de poète pêcheur de lune (cf. les dernières lignes du texte), il travaille à extirper l'antique malédiction. Mais on l'aura remarqué : le *Cahier* ne répond pas à l'énoncé central : « Qui et quels nous sommes ? Admirable question. »

Il l'éparpille au contraire un moment dans une appropriation totalisante pan-nègre (« ce qui est à moi »), convoquant aussi bien les Noirs des États-Unis que la mémoire du fondateur Toussaint Louverture, puis semble la dissoudre dans une introspection fantasmée, jusqu'aux niveaux physiologiques premiers : « je force la membrane vitelline qui me sépare de moi-même. »

Mais le dynamisme général du texte l'emporte. Une anthropologie prospective a défini ses fondements (« mon originale géographie... la détermination de ma biologie »), aussi bien que son devenir, lorsque le poète présente sa vision finale d'un peuple neuf, auto-affirmé, et inévitablement « debout ». Debout, mot-clé des textes négristes depuis les années vingt, originalement associé ici à un terme tout à fait nouveau : négritude.

6. Tropiques

On l'a vu, jusqu'en 1940, et tout hantés qu'ils aient été alors de problèmes d'identité, les jeunes intellectuels antillais n'étaient guère préparés à des études de mythes et d'imaginaire, la priorité étant donnée à l'idéologie ainsi qu'au poétique. Prenons par exemple l'image qu'ils s'étaient constituée d'Haïti, qu'ils réduisaient à la terre du vaudou et au premier site d'émergence victorieuse de la négritude, ignorant donc l'ensemble d'une culture populaire à substrat paysan, telle que l'ethnologue Price-Mars l'avait désignée en 1928 dans *Ainsi parla l'Oncle*, ignorant les romans haïtiens qui disaient précisément les « drames de la terre », ignorant l'indigénisme. A cinquante années de distance, René Ménil soulignera encore cette méfiance à l'égard de tout ce qui pouvait ressembler à de la folklorisation, et qui résultait, ajouterons-nous, aussi bien de lacunes dans le savoir anthropologique que dans un légitime refus de l'exotisme. Quoi qu'il en ait été, on ne peut s'empêcher de noter la différence avec Haïti, où Jacques Roumain s'apprêtait à fonder un Bureau d'Ethnologie, réalisant la coexistence du romancier et de l'anthropologue, de noter la différence aussi avec Cuba, où les poètes de l'afro-cubanisme (congo et yoruba) et les écrivains musicologues recensaient un patrimoine culturel infiniment plus large :

curieux notamment de musiques populaires, des « sons », alors
que les rédacteurs des trois revues dont nous venons de parler tournaient le dos aux « chansons latilié » (d'ateliers d'esclaves), au rythme des quadrilles aussi bien qu'au « gros ka »
(tambour), n'accordant un regard (critique) qu'aux biguines.

La question va quelque peu se modifier avec le retour au
pays et l'insertion professionnelle enseignante de Césaire et
de Ménil, à Fort-de-France. Déjà pointe chez le premier ce
que dans une interview au *Monde* il appellera le désir d'être
un « ethnarque » : « J'ai voulu... essayer de conduire un petit
peuple que l'immense vague de l'esclavage avait vomi en terre
américaine ».

Et d'avril 1941 au deuxième semestre de 1945, quatorze
numéros de *Tropiques*, de 60 à 80 pages in-8° chacun, vont
marquer une étape importante dans l'élaboration de la démarche anthropologique antillaise, avec les limites certes des
« réserves », ou bagage culturel initial, propres aux deux animateurs, l'un professeur de lettres de 28 ans, l'autre professeur de philosophie de 34 ans, limites auxquelles il convient
d'ajouter l'apport spécifique de tel ou tel autre collaborateur
épisodique, martiniquais ou extérieur. Mais la revue souffrira
du non-renouvellement de ces collaborations : on en compte
onze dans les premiers numéros, elles ne seront plus que cinq
à la fin. Des compétences qui avaient marqué *Légitime
Défense* manquent à l'appel. Abstention de P. Nardal ; mort
d'Étienne Léro le précieux, qui avait envisagé à sa manière
de nouvelles relations interculturelles : « Le vent qui monte
de l'Amérique noire aura vite fait de nettoyer nos Antilles
des fruits avortés d'une culture caduque. »

Absence de Jules Marcel Monnerot, qui a déjà produit
l'intéressant article « Dionysos le philosophe » (Acéphale, n°
3-4, 1937) ; futur auteur de *Les faits sociaux ne sont pas des
choses*, demeuré en France.

On s'attendrit sur l'aspect matériel de *Tropiques* : répétition du même cul-de-lampe, de fin d'article en fin d'article ;
piètre qualité du papier distribué avec parcimonie par les autorités ; faiblesse typographique. Mais en regard : la quasi-
absence de coquilles, signe d'exigence et de fierté dans
l'accomplissement de l'œuvre.

Au départ la visée de *Tropiques* est d'ordre existentiel, apte à satisfaire le poète Césaire aussi bien que l'essayiste Ménil, apte aussi à être pleinement reçue par un lectorat de lycéens et d'étudiants avides de liberté d'expression du moi. En prolongement de la revue on imagine l'impact des cours de Ménil sur cette « liberté absolue » de l'esprit, dont l'enseignant-philosophe lisait la nécessité dans la pratique de Hegel. *Tropiques* a sans doute aidé à nouer et à féconder la pensée première d'un Frantz Fanon, d'un Georges Desportes, peut-être aussi celle d'Édouard Glissant, avant que ce dernier ne juge utile d'effectuer à Paris un cursus universitaire d'ethnographie.

Tropiques, a indiqué Ménil dans sa présentation à la réédition de 1978 (Paris, Jean-Michel Place éd.), « tendait à exprimer l'intensité, la démesure et la disparate de la vie ». Le sentiment de la vie, son questionnement, sont en effet une préoccupation constante dans ses propres textes ; ils irradient les poèmes que Césaire insère dans la revue ; ils s'alimentent à des sources romantiques, à Bergson, à la volonté des surréalistes de « changer la vie ».

Mais à la question de Ménil « Narcisse martiniquais, où donc te reconnaîtras-tu ? », à son insistance à reprendre une formule de Tristan Tzara : « homme approximatif », à sa volonté de « donner un contenu à notre existence lamentablement formelle », le cadre spécifique martiniquais et une situation historique particulière vont imposer la recherche de réponses concrètes, empruntées à des études d'environnement.

A l'opposé des précédentes revues, *Tropiques* a été en effet conçue, écrite et diffusée dans des circonstances de territorialisation maximum : une insularité aggravée en plein conflit mondial par le blocus et par une dictature coloniale, celle de l'amiral vichyste Robert, dont le pouvoir cependant, de moins en moins agrégeant, va s'amenuiser jusqu'à disparaître en 1943 et permettre à nouveau des voyages d'écrivains, la circulation de quelques œuvres, des effets de réception en terres américaines. Obstacles à la communication et ouvertures, redéploiement d'influences, c'étaient là des enjeux capitaux pour de jeunes intellectuels qui voulaient éveiller une collectivité à la conscience d'elle-même.

Ménil ne renonce pas aux portraits types de *Légitime Défense*, à ses fabulettes, à ses récits de rêves. Pour les besoins de la polémique il a repris quelques-unes de ses attaques contre « l'évanescent petit-bourgeois antillais », « ombre » sans poids, « lièvre colonial ». Mais il dépasse cette caractérisation abstraite pour mettre en question l'existence même d'un pantin mécanique au sein d'une nature prodigieusement poétique :

> Dans la grande cuve caraïbe bouillonne la vie, violente... Ici, les grandes steppes bleues de la mer, là les criques claires au pied des falaises en dérive ; loin dans les terres, la folie convulsive des plantes rejoignant le rêve gelé de la lave et du morne. Et sur tout cela, sur cette vie déchaînée et incompréhensiblement fixée dans son mouvement, voici que s'avance, cauteleux, l'homme le plus « réussi » de la région : le petit-bourgeois antillais.

Après comparaison avec les pages de prose ou de poésie de Césaire, on remarque l'étroite parenté qui règne entre les textes des deux animateurs de la revue. Ménil pour sa part affirme sa volonté d'élargir « l'innocente idée de culture » jusqu'à la prise en compte du sol, de la race, des formations économiques, de l'histoire politique.

Insertion du Martiniquais dans son milieu géographique : certes, il faudra attendre le numéro 10, de février 1944, pour lire un article de E. Nonon sur la faune précolombienne des Antilles françaises ; texte qui vaut moins par son apport scientifique (il reprend l'information des anciens chroniqueurs Du Tertre et Labat), que par l'essor qu'il peut donner à l'imaginaire poétique. Lisons ces noms d'animaux marins, dont certains étaient de dimensions prodigieuses ou d'aspect fantastique : bécune, lamentin, diable, balaous, coulirous, titiris, capitaines, vieilles, lunes, coffres... Ici s'attestent le réel et le surréel, entre lesquels vit la personne humaine des Antilles, ici se légitime le titre d'un autre article, consacré à André Breton : « Faune et Flore de l'Inconscient », ainsi que le bestiaire, présent ou à venir, des poèmes de Césaire. Semblablement, une étude d'Henri Stehlé sur la flore des Antilles françaises souligne une autre sorte de profusion : la quadru-

ple origine des dénominations de végétaux : caraïbe, européenne, africaine, hindoue.

Tel est le cadre dont Ménil appelle à tenir compte pour
une meilleure compréhension de l'homme, de la femme de
la Martinique. A l'ethnologie elle-même le philosophe accorde
les mérites de la psychanalyse : mettre à nu les véritables
mobiles des comportements individuels et collectifs :

> Le surmoi actuel du peuple antillais, formé ne l'oublions
> pas aux beaux temps proches pour nous de l'esclavage, est
> le résultat d'une triple opération. Premièrement, refoulement
> traumatique du style de vie (totémisme africain) des nègres
> esclaves : ce qui explique la charge d'angoisse séculaire qui
> noie, en face de ce monde, la conscience collective aux Antil-
> les. Deuxièmement, instauration dans la conscience des escla-
> ves, à la place de l'esprit refoulé, d'une instance représenta-
> tive du maître, instance instituée au tréfonds de la collecti-
> vité et qui doit la surveiller comme une garnison la ville con-
> quise : ce qui explique le complexe d'infériorité du peuple
> antillais. Troisièmement, retour vers le nègre même de son
> agressivité laquelle, ne pouvant se manifester si peu que ce
> soit dans une société fondée sur une exceptionnelle cruauté,
> revenait l'étrangler dans sa propre conscience : ce qui expli-
> que l'existence d'un certain masochisme dans le peuple antil-
> lais *(n° 11, mai 1944)*.

Prêchant l'exemple, Ménil et Césaire ont présenté dans le
numéro 4 de janvier 1942 une « *Introduction au Folklore martiniquais* », dans laquelle ils définissent leur méthode, visant
à interpréter les contes traditionnels de l'île comme des témoignages réfractés d'obsessions populaires : la faim, la peur,
les luttes. La même démarche est à l'œuvre lorsque *Tropiques* cite des proverbes, des énigmes de la tradition orale martiniquaise, lorsqu'elle signale la parution de *L'Anthologie des
Mythes et Légendes d'Amérique*, de Benjamin Péret, quand
elle publie un conte cubain de Lydia Cabrera, ou qu'elle
demande l'octroi de bourses pour que les étudiants puissent
aller suivre les enseignements de l'Institut d'Ethnologie de
Port-au-Prince.

Au Narcisse martiniquais, Ménil a suggéré « une étude
approfondie de la fantaisie humaine, comme dépassement dia-

lootique de l'actuelle anthropologie formaliste ». Lui-même renouvelle l'idée frobénienne de morphologie des cultures par l'association de la dialectique hégélienne avec une psychologie de la forme ; il considère en effet l'identité martiniquaise comme une « forme » d'origine européenne attendant un « contenu » d'origine africaine. Et tout en validant la démarche poétique comme forme privilégiée du discours sur l'homme, il ouvre une autre perspective de recherches : « Plonge tes regards dans le miroir du merveilleux : tes contes, tes légendes, tes chants. »

Césaire, pour mieux cerner son objet anthropologique, reprend en l'actualisant la totalisation négative, insupportable, du *Cahier* :

> La famine entretenue, le sadisme policier, l'isolement intellectuel à quoi veillait une censure imbécile, l'empoisonnement moral, savamment organisé par le Service d'Information et de Déformation, l'obscurantisme faisant écho au racisme déclaré ou sournois, la volonté bien nette de décapiter, de décérébrer notre peuple, de l'humilier, de le faire reculer par degrés insensibles jusqu'aux jours de l'esclavage et de l'acceptation animale, un « ordre moral » hypocrite où crevaient de temps en temps les œufs pourris du scandale, le petit terrorisme travaillant à la petite semaine, l'arbitraire, la bêtise, le préjugé, l'ajournement *sine die* des vraies solutions, des vrais problèmes martiniquais.

Cela est paru dans le numéro 12, en janvier 1945, et concerne une période révolue. Mais dès avril 1942 Césaire a commencé à répondre à l'interrogation du *Cahier* : « Qui et quels nous sommes ? ». « Admirable question », poursuit-il, « Haïsseurs, Bâtisseurs... Traîtres, Houngans (*Prêtres vaudous, R.A.*), Houngans surtout ». Enfin, contrairement au texte de 1939 sur la foule qui ne sait pas « faire foule », *Tropiques* croit maintenant à « l'existence dans ces îles d'un bloc homogène, d'un peuple qui depuis trois siècles cherche à s'exprimer et à créer ».

Abordons un autre aspect de ce discours sur l'homme martiniquais : outre l'analyse interne d'une collectivité insulaire, y a-t-il dans *Tropiques* une définition extérieure, selon des...

tropismes africains, américains ? Significativement en effet, Ménil a imaginé dans la forêt antillaise un cannibale caraïbe (l'authenticité faite homme, R.A.) dévorant une chabine (mulâtresse claire, symbole d'aliénation) avec accompagnement de musique de Duke Ellington, sous les yeux horrifiés du petit-bourgeois martiniquais.

L'histoire de la Civilisation africaine de Frobenius fait maintenant partie des « bagages personnels » (Césaire) importés d'Europe. Mais si *Tropiques* en publie quelques extraits, son importance s'est amoindrie par comparaison avec d'autres apports et d'autres curiosités, et s'il est encore question de « saisie » de l'individu martiniquais, celle-ci ne saurait plus être hamitique ni éthiopienne, mais « convulsive », à la manière surréaliste. La lecture même des quatorze numéros permet de relativiser, sinon d'infirmer la remarque de Césaire : « L'Afrique ne signifie pas seulement pour nous un élargissement vers l'ailleurs, mais aussi approfondissement de nous-mêmes. » Car René Hibran précise justement dans le numéro de février 1943 : « L'Art s'il existe ici sera un Art essentiellement local. Le futur artiste devra chercher en soi, autour de soi, et non ailleurs. Il n'est pas possible de faire revivre l'Art Caraïbe ou l'Art Nègre, ce serait faire parler une langue morte. »

Certes, Suzanne Césaire en 1945 en appelle tantôt au « Nègre Nouveau » adapté du New Negro afro-américain, tantôt à une tripartition ethnique du pays martiniquais : les Blancs, békés « faux colons timides », les mulâtres bourgeois « fleur de la bassesse humaine », enfin le « nègre de désir » qui ne sait pas qu'il est Africain... Mais la grande majorité des textes de *Tropiques* s'écartent de toute position négriste, racialisée à l'africaine.

A cet éloignement du continent des origines correspond une volonté vigoureuse d'inscrire de multiples manières la « Caraïbe aux trois âmes » en terre d'Amérique.

Avant le second conflit mondial, la petite-bourgeoisie antillaise voyageait volontiers aux États-Unis, et ses écrivains inséraient quelquefois, en voisin, un personnage américain dans leurs œuvres. Puis, dans le champ politique tel qu'il se présenta au temps de *Tropiques*, de 1940 à 1945, face à un colo-

nialisme français défaillant, tardivement rallié aux structures
de la France Libre, les États-Unis ne manquèrent pas d'insister
sur la nécessité de leur présence dans la zone. Les efforts
des animateurs de *Tropiques* pour réactiver et diffuser une
culture afro-américaine acquise dans les années trente (*Blues*
de Jolas, textes parus dans les revues communistes : *Nouvel
Age*, ou progressistes : *Europe*) ne parurent donc pas déplacés aux yeux de leurs lecteurs.

Dès le numéro 2, de juillet 1941, Césaire écrit un important article dans lequel il présente la poésie noire américaine,
si riche en éléments d'anthropologie sociale, qui parle du
« nègre quotidien », ouvrier des plantations du sud ou prolétaire des villes, et avant tout de Harlem. Une esthétique y
est à l'œuvre, qui est en même temps une morale : l'écrivain, et plus spécialement le poète, ne saurait s'isoler du peuple dont il parle : « Il ne se veut nullement peintre, évocateur d'images ; mais engagé dans la même aventure que ses
héros les moins recommandables ; il vit de leur vie, de leur
grandeur ; de leurs bassesses... Il n'est pas au-dessus mais
parmi. »

Les différences anthropologiques toutefois sont grandes : à
Paris les 24 000 Antillais recensés à l'époque ne constituaient
pas un Harlem ; à la Martinique, on n'était pas un peuple
nègre, vivant à part, dans une collectivité française ; alors
que les poètes noirs des États-Unis ressentaient plus aisément
une double appartenance. Aussi le tropisme culturel afro-
américain, engagé profondément chez d'autres Antillo-Guyanais
(Louis T. Achille, Léon Gontran Damas) ne devait finalement
conduire les collaborateurs de *Tropiques* à aucune pratique
ultérieure de préfaciers, de traducteurs, de critique littéraire
de Langston Hugues, Jean Toomer, ou Claude Mac Kay.

Mais la revue ambitionnait de nouer des contacts diversifiés avec d'autres voisins du Nouveau Monde, afin de situer
la Martinique dans un cadre radicalement nouveau. A l'occasion d'une polémique littéraire sur le néo-surréalisme au Venezuela, l'urgence de tels contacts est proclamée : « Allons-nous
oui ou non établir des relations culturelles avec nos voisins
américains et espagnols... Pays coloniaux ou semi-coloniaux,

pays qui se cherchent... L'épopée américaine vient seulement de commencer. »

Des échos parviennent de Curaçao, de Mexico. Des voisinages s'affirment avec les Cubains Lydia Cabrera, Wifredo Lam — typique sang-mêlé des Antilles — qui traduisent et illustrent le *Cahier*, avec Alejo Carpentier, avec le Chilien Jorge Caceres. Césaire parlant de Cuba passe de son image réductrice de 1939 : le postillon havanais « lyrique babouin entremetteur », à la vision d'un « étrange peuple habité de salpêtre et d'aubes qui borde le rivage caraïbe » (février 1944). Vient l'époque des déplacements : Césaire part conférer en Haïti ; l'avion du Nouveau Monde remplace pour lui le navire des lignes impériales de l'Exclusif, la Panam se substitue à la Transat, et permet à Suzanne Césaire de considérer d'en haut « les peuples américains de Porto Rico et d'Haïti ».

Un processus de reconnaissances réciproques commence donc à prendre corps, complétant l'analyse insulaire étroitement territorialisée par l'esquisse d'un espace anthropologique commun : on n'en est pourtant pas encore à démarquer les contours d'une culture caribéenne, on n'a pas réfléchi sur toutes les richesses du baroque méso-américain, on n'a fait qu'appréhender à leur surface les diverses modernités de l'archipel.

Mais vient la fin du deuxième conflit mondial : le prestige de la France libérée renouvelle à partir de 1944 les chances d'un franco-centrisme, qui obturera pour une quinzaine d'années encore la plupart des possibilités de dialogue intra-américain. *Tropiques* se fait jacobine, schoelcheriste ; elle célèbre le libéralisme du gouverneur Ponton, elle ouvre ses colonnes à René Étiemble, dont elle partage l'enthousiasme à l'égard des potentialités émancipatrices des troisième et quatrième républiques françaises...

Dans la présentation qu'il a donnée à Jacqueline Leiner pour la réimpression de 1978, René Ménil a signalé les limites historiques de la revue, en même temps qu'il montrait les perspectives qu'elle avait ouvertes, et la fécondité de « la confrontation qui s'ensuivra de la pensée antillaise d'aujourd'hui avec ses prises de conscience passées. »

Il manquait en effet à *Tropiques* ce travail sur une contre-histoire taillée dans le passé du « système des plantations », cette anamnèse constitutive de ce que Glissant appellera l'antillanité. Il y manquait l'analyse désaliénante du pulsionnel, jointe à la critique radicale du colonialisme qu'on trouvera chez Frantz Fanon. Les quelques expressions en créole qui y figuraient ne pouvaient tenir lieu d'anthropologie linguistique. Il y manquait enfin un autre type de définition globalisante, celle par exemple que Ménil donnera plus tard dans *Tracées* : « Se référer à l'évolution historique (formation sociale historique, formation des classes sociales et contenu idéologique de ces luttes, développement de la sensibilité — goûts et dégoûts éthiques et esthétiques —) en fonction du mode de vie et des mouvements sociaux. »

Plus généralement, disons que *Tropiques* ne pouvait achever le long questionnement de la personnalité antillaise, remis en chantier à chaque vague nouvelle de la force assimilationniste. En 1964, Ménil ne rappelait-il pas une fois de plus que pour les « champions du statu quo colonial, il n'y a pas d'homme martiniquais, il n'y a pas de réalité martiniquaise » ? (1). Les collaborateurs de *Tropiques*, justement assurés dans leur inter-savoir, n'en avaient pas moins réussi, dans les conditions à la fois difficiles et propices des années 1941-1945, à prospecter un être-au-monde antillais autonome.

Tropiques aura seulement marqué un point (non le point) d'aboutissement d'une enquête multiplement hypothéquée sur la personne humaine des Antilles françaises. A l'origine, on ne le rappellera jamais assez, l'extinction des Caraïbes, et la déréalisation de tout discours anthropologique les concernant, pouvaient justifier la remarque plus générale de Diderot sur l'homme sauvage :

> Que penseront nos descendants de cette espèce d'hommes, qui ne sera plus que dans l'histoire des voyageurs ? Les temps de l'homme sauvage ne sont-ils pas pour la postérité ce que

---

(1) « Problèmes d'une culture antillaise », *Action*, revue du Parti Communiste martiniquais, repris dans *Tracées*.

sont pour nous les temps fabuleux de l'antiquité ? Ne parlera-
t-elle pas de lui comme nous parlons des centaures et des lapi-
thes ? (2)

Et s'agissant des Antillo-Guyanais d'ascendance africaine,
on aura noté au départ les blocages d'un René Maran, qui
non seulement s'était voulu « un homme pareil aux autres »,
mais avait intériorisé le clivage de nature européocentriste :
mentalité logique/mentalité prélogique.

Après quoi Gratiant, Césaire, Ménil, en « situation historique et situation affective » (3), avaient empiriquement analysé
certains des comportements sociaux de leurs compatriotes,
analysant aussi, comme autant d'éléments culturels, leurs sentiments et leurs jugements esthétiques. Par la démarche micro-
sociologique, et notamment la prise en compte des milieux
familiaux, ils avaient appréhendé l'individu antillais dans sa
singularité psychique.

Mais cette saisie restait le fait de poètes (4), dont l'appartenance romantique, au sens large, transhistorique du mot, portait au degré maximum la difficulté qu'a toute littérature à
prendre l'homme comme objet, non comme sujet (5).

(2) « Fragments politiques », *Œuvres complètes* (Paris, Assézat et Tourneux,
1875-1877, IV, p. 45).

(3) Expression de J. J. Monnerot sur le lieu d'où parle tout représentant d'une
science de l'homme, *Les faits sociaux ne sont pas des choses* (Paris, Gallimard, 1946).

(4) Monnerot parlait dans la revue *Inquisitions*, 1936, de « l'incroyable faiblesse
de la poésie comme genre ».

(5) Ces lignes développent une communication prononcée au Colloque « Archipel caraïbe et traversée de l'Atlantique », G.R.E.L.C.A. et C.R.E.C.I.F., Fort-de-
France, 1992.

6

Césaire

1. Transe et régence dans « La tragédie du Roi Christophe » de Césaire

Quelques remarques formelles préliminaires, au retour d'une représentation à la Comédie-Française.

La tragédie du Roi Christophe s'est singulièrement dressée, en 1963, dans un paysage culturel de Martinique, Guadeloupe, Guyane, alors très pauvre en pièces de théâtre. Singulièrement aussi, et contrairement aux autres leaders haïtiens Toussaint Louverture ou Dessalines, son héros Christophe, roi d'Haïti de 1811 à 1820, n'a jamais resplendi d'une aura particulière. En tant que personnage, il infléchira plutôt le spectacle vers la définition que Lukacs donnait de la forme romanesque : « marche vers soi d'un héros problématique », et sur la scène la royauté christophienne devra se valider progressivement selon un langage scénique contribuant à dégager un sens global de souveraineté et de rayonnement. Sa corporalité, sa gestualité, les jeux d'éclairage et les décors auront à imposer une présence quelque peu transcendante, de caractère militaire et politique bien sûr, mais aussi surréelle, notamment lors des apparitions subites du souverain.

Ouvrier maçon devenu roi, porteur de l'idée travail, ce héros tragique commande peut-être au metteur en scène de reconstituer, en les stylisant, quelques tableaux de l'histoire réelle : portage de bois (par exemple une présentation de plaques de projection suivie d'un panorama avec acteurs sur l'aire de jeu), dialogues de paysans au travail avec « houes et machettes », chants de travail scandant les « travaux pharaoniques », sans omettre, bien entendu, le combat de coqs. Cela dit, passons à l'étude.

A l'instant de sa mort, le héros Metellus rappelle que les Noirs révoltés de Saint-Domingue surent obéir « selon la régence et la transe », lorsque mugissait le lambi, la conque qui les mettait debout.

Mais au-delà de ce rapprochement de termes historiquement situés, le couple transe et régence ne désigne-t-il pas un modèle double aux Noirs du monde entier, au dramaturge aussi, un modèle qui allierait les sources de la sensibilité la plus vive aux voies d'un comportement cohérent, d'un gouvernement programmé, d'une écriture concertée ? Un couple qu'on pourrait opposer à la décriée et discriminante formule (circonstancielle ? fondamentale ?) de Senghor : « L'émotion est nègre comme la raison est hellène » *(Liberté I)* ? Ne répondrait-il pas aussi, dans la vie de Césaire lui-même, à la nécessité de faire coexister deux dispositions contradictoires : d'une part la transe, cette propension au cri et aux moments dépressifs (dès le *Cahier d'un Retour au Pays Natal*), le lyrisme paroxystique de ses recueils et de ses *Propositions poétiques,* la fureur d'écrire une obsession anticolonialiste passionnée (voyez *Batouque,* voyez le *Discours sur le Colonialisme*). D'autre part la régence — à petits pas — de sa ville, dans le dialogue maintenu avec son peuple martiniquais, avec la France colonisatrice, et cette attention extrême portée à l'organisation de nations nouvelles, ou révolutionnées : aussi bien la Chine, Cuba avec sa dualité guévariste et fidéliste, que les pays de cette « Organisation de l'Unité Africaine », précisément fondée l'année où paraît *Le Roi Christophe.* Le besoin éprouvé enfin de doter le versant lyrique de *Et les Chiens se taisaient* d'un complément politique : tragédie plus structurée, et plus stricte régie.

Une remarque : entre *l'Espoir* de Malraux et *La Tragédie du Roi Christophe,* les différences sont évidentes. Des deux œuvres un même mouvement pourtant se dégage, effet d'une certaine parenté idéologique : partant ici de la transe, là de l'illusion lyrique, il retient un moment la tentation anarchiste (« tout par terre, la nudité nue. Ma foi, une liberté comme une autre », *T.R.C.*, II, 3) pour aussitôt la nier, et déployer en un montage de séquences convergentes la volonté d'organiser, additionner, coordonner des forces gouvernementales et militantes. Mais à la différence de Malraux, il n'y a pas chez Césaire alternative systématisée entre transe et régence : tout au plus une alternance, la part faite au frémissement poétique, à l'effusion exaltée le cédant souvent au souci d'instruire un peuple, édifier un état, tracer une écriture dramatique. Ajoutons les moments privilégiés qui réalisent la fusion des deux composantes en une « inouïe mobilisation de forces » (Césaire, *Tropiques,* janvier 1945). Dans la *T.R.C.* enfin, les deux registres sont dépassés, lorsqu'à la dernière scène s'instaure un quiétisme d'autant plus surprenant qu'il procède d'une religion — le vaudou — tenue pour particulièrement riche en toute espèce de transe. Mais Christophe n'accède-t-il pas alors à l'épiphanie d'une royauté spirituelle dont il n'avait été que régent en son bref gouvernement haïtien ou, pour reprendre le titre français d'un ouvrage qu'Alejo Carpentier lui avait consacré, dans *Le Royaume de ce Monde* (1) ?

La première « transe » donc qui parcourt le texte est celle de l'agonie de Metellus : paroles orientées vers l'acquiescement du patriote à la mort, disposition au sacrifice qui fut un élément psychologique réel de la naissance d'Haïti. Songeons à ce Capois-la-Mort, à Toussaint piégé/résigné, à ce célèbre énoncé de la guerre de libération : « ceux qui meurent, c'est leur affaire ».

Acquiescement qui plus généralement constitue la face tragique de toute révolution, celle que retiennent les poètes ; c'est la « facilité sinistre de mourir » que Hugo croit déceler chez

---

(1) *El Reino de este mundo,* 1949 ; *Le Royaume de ce Monde,* trad. 1954.

les Communards (2), et c'est la grandeur mythique d'un autre leader antillais, Che Guevara, capturé puis achevé (comme Metellus) en 1967.

Scène de voyance que ces derniers moments d'un héros qui réincarne le Rebelle de *Et les Chiens,* dans la pureté et la fougue : Metellus, naguère visité en plein combat par des hallucinations qu'accompagnait le claquement des armes :

> « dans l'aboi des fusils
> nous voyions la Fille Espérance ».

Par le jeu des mots sous les mots, par le choix d'une écriture lyrique révélant la fixation de l'écrivain sur un modèle héroïco-poétique, Césaire a magnifié ce qui, un temps, fut sans doute foyer de conscience révolutionnaire négriste, et virtualité du mouvement national haïtien.

Il y aurait toutefois erreur et schématisme à penser qu'avec Metellus disparaît tout idéalisme, toute transe romantique : à l'instant où il tombe « comme un rêve », Christophe se prépare à monter, et à hisser son peuple à la hauteur de ses propres visions.

Ce sont les transes de Christophe qui scanderont les fins de scène de l'acte I : rythme haletant, jeux de sonorités, syntaxe qui progresse par bonds, lexique emprunté au langage des sectes bambaras (« griffus », « savane blanche », verbes substantivés). Après des giclées oraculaires, des bousculades de mots qui étaient programme, processus, serment, chaque coup qui frappe le roi (la foudre, le spectre de Brelle, l'attaque de paralysie) déclenche en lui un moment de saisissement et de soubresaut poétique : contemplation inspirante (II, 1 ; III, 3) de ces récades royales du Bénin (3) ; acquiescement à la Nuit de la mort (III, 6) repris de Metellus, et décliné selon Péguy (4) ; communication cardiaque et scripturaire avec ces oiseaux qui en Afrique rythment la vie, et la symbolisent (III, 7).

---

(2) « Les Fusillés », in *l'Année terrible.*
(3) Confisquées par le Musée de l'Homme de Paris, et qui devront un jour être restituées !
(4) *Porche du Mystère de la Deuxième Vertu.*

Ici se pose une des questions nodales du texte : comment un leader soumis au régime des transes pourra-t-il gérer, régenter un pays qui est lui-même du lot des « pays à commotions, des pays convulsionnaires » (I, 2) ?

La convulsion politique, on le sait, est assez peu goûtée en Europe ; l'image d'Haïti et, dans les années 60, l'image de l'Afrique en ont souffert. Mais dans une optique révolutionnaire, les commotions ne sont-elles pas souhaitables ? Les pays du Tiers monde pour lesquels parle Césaire sont-ils désignés « de nature » pour les transes plutôt que pour le réformisme ? C'est en définitive l'histoire — lutte des peuples et des classes — qui dessine leur avenir : Haïti est née de ces « secousses » qui faisaient débarquer les esclaves sur les rivages américains. Au modèle temporisateur du conseiller anglais Wilberforce : « anneau par anneau », Christophe oppose donc une sagesse africaine : « secousse, secousse » pour désigner l'avènement de sa patrie (1,3).

Nous parlions plus haut des moments de fusion de la transe et de la régence ; qu'on aille y voir de plus près, qu'on revienne à ces transports et à ces fièvres du texte, à ces ébranlements de la sensibilité et de l'écriture. On y remarquera que l'intensité poétique est signe de l'illumination politique, pointe incandescente de la conscience raciale, ou nationale.

Et la transe se veut entraînement ; ce n'est pas un hasard si la thématique de l'appel, de la sommation, travaille si souvent la *T.R.C.* : « Un paraclet, celui qui le hélant appelle un peuple à sa limite » (Martial Besse), « C'est elle la Folle qui hors-peur hélait » (Metellus), « Une inégalité de sommations » (Christophe), « à quoi son nom l'appelle » (Christophe).

Les visions du roi, comme tout imaginaire « qui tend à devenir réel » (5), acquièrent — devraient avoir — force de conviction puisqu'aux séductions du donné à voir s'ajoutent alors les prestiges du langage, Césaire sachant, pour reprendre un mot d'Antonin Artaud, « manipuler la parole comme un objet solide ». En témoignent des séquences célèbres : « la vaste insulte », « l'omni-niant crachat », « l'acre sel bu et le vin noir du sable » (1,7).

---

(5) A. Breton, *Le Revolver à cheveux blancs.*

Mais ces moments d'enthousiasme ont leur revers : la forme monologique, le retrait lyrique peuvent faire obstacle à la contagion de la ferveur. Drame du leader-poète : non seulement le héros Christophe, mais Césaire lui-même fut écartelé entre deux objectifs qu'il a définis, l'un dans *Tropiques* : « Se défendre du social par la création d'une zone d'incandescence en deçà de laquelle, à l'intérieur de laquelle fleurit dans une sécurité terrible la fleur inouïe du ''je'' » (6), et l'autre dans une lettre à Lylian Kesteloot : « J'ai toujours pensé qu'en politique un petit pas fait ensemble vaut mieux qu'un grand bond solitaire. » Petit pas qui fut parfois piétinement !

Seuls ceux qui ont une conception magique de la politique peuvent croire que les exhortations, la fusion émotionnelle suffisent à faire vivre les mots d'ordre dans les consciences et, pour le cas présent, régler ce qui apparaît dans la pièce comme le plus formidable problème de la post-indépendance : la désaliénation des esprits. Arrêtons-nous sur cet aspect majeur du combat de Christophe. Il lui faut tout remettre en question, pour trouver « la force d'inventer au lieu de suivre » (*Lettre à Maurice Thorez*).

Régir un nouveau langage. Régler d'abord la question des noms d'esclaves. Ici la protestation du Roi (1,3) touche à l'une des pratiques les plus intolérables de l'aliénation : l'Africain dépouillé de ce qui faisait de lui un homme, affligé d'une estampille (« Pierre, Paul, Jacques », c'est-à-dire n'importe qui) complétant une autre marque de propriétaire — l'étampage — portée au fer rouge sur l'épiderme. Ainsi effaçait-on, tragiquement, le passé personnel de l'esclave, son passé familial, sa lignée ancestrale, c'est-à-dire un héritage spirituel, une force morale régulièrement transmise sur le sol africain, de classe d'âge en classe d'âge. A cette rupture mutilante entre patrimoine génétique et reconnaissance sociale, Christophe répond en rejetant le maître d'esclaves dans un anonymat symétrique : « *on* nous les vola », et par une opération qui procède autant de la tradition vaudoue du lévé-nom que de

_____

(6) *Tropiques*, janvier 1945.

la logique dialectique, il effectue la négation d'une négation dépersonnalisante :

> « de noms de gloire je veux couvrir vos noms d'esclaves
> de noms d'orgueil nos noms d'infamie
> de noms de rachat nos noms d'orphelins ».

Mais pour que, « hors des jours étrangers », puisse germer l'identité haïtienne, c'est à tous les niveaux du langage que doit se poursuivre l'effort de dissimilation. En effet le poète officiel Chanlatte n'est pas seul à fonctionner dans la décalcomanie (de la *Phèdre* racinienne notamment), ce que Césaire dénonce avec humour par un emboîtement de parodies (1,7) ; l'homme de guerre Magny est imbu... du glossaire de la dramaturgie classique française (1,6), et le bouffon chante ses comptines selon la version commune... d'Ile-de-France.

Christophe lui-même, dans sa difficile recherche d'une parole nationale (1,7), se fait piéger par des décasyllabes importés qui chantent abstraitement la canne à sucre et le rhum, sans les nommer ! Et jusqu'à ce qu'il ait mentionné la réalité créole du clairin, son propre discours le trahit sur la voie même de l'authenticité : « je ne hais rien tant », « à la bonne franquette, je veux dire à la haïtienne », « la véranda, si j'ose dire » *(ibid.)*.

Reprenons la remarque de Gilles Deleuze : « Si le simulacre a encore un modèle, c'est un autre modèle, un modèle de l'Autre dont découle une dissemblance intériorisée » *(Logique du sens)*. De cette impossibilité qui travaille le rapport identité/différence, de cette contradiction entre forme et être de nature, naît immanquablement le contraire du majestueux, le comique, souligné par les didascalies : « les courtisans s'affairent, se débrouillent, s'appliquent ». Ce sont là des efforts pour réaliser une essence dans le cérémonial, mais on se dirige vers une royauté de carnaval, on réinstalle un faux sérieux dans une de ces îles des Antilles où court librement l'humour démystificateur, et où les carnavals sont célèbres. *La Tragédie du Roi Christophe* s'approche alors d'une forme dégagée par Bakhtine : « La cérémonie de l'intronisation est évidemment pénétrée de catégories carnavalesques, de contacts familiers, de mésalliances (l'esclave-roi), de profanations (le jeu avec les symboles) du pouvoir suprême » *(La Poétique de Dostoïevsky).*

Ici régence rime avec patience. N'en faut-il pas, et de l'infinie, pour passer du stade de l'imprégnation absolue, celle qui condamne l'ex-colonisé au stérile réemploi de la parole du maître, jusqu'à la réécriture sans compromission, et ce sont les métaphores insolites, comme ce « chanteau de pain béni » (7) qui désigne un legs économique à faire valoir, à son tour, par le peuple nouvellement indépendant (1,5) ; ce sont les décalages de signification et les encodages inédits : « le sang rauque », « le sang agraire », « les seins inexorables » *(ibid.).* C'est (II, 2) une lecture désaliénée de la romance d'Ourika, dérivée du roman *Ourika* de Madame de Duras, dans lequel une jeune Sénégalaise installée en France par sa protectrice dit sa honte de ses congénères d'Haïti. Romance écrite pour déclencher l'apitoiement du public européen, et devenue lecture de diversion et d'évasion pour la bourgeoisie haïtienne de 1813 ; mais texte que l'idéologue Vastey parvient à retourner, à rapatrier, y trouvant justification de l'effort collectif et source de mobilisation des consciences. Prenant en compte l'intimité psychologique, Vastey sait alors réconcilier l'idéologie et la sensibilité, l'individuel et le collectif, les vertus viriles et le souci de la femme, jusqu'à fournir un argument supplémentaire à la lutte des Noirs du monde pour leur émancipation : « C'est pour que désormais il n'y ait plus de par le monde une jeune fille noire qui ait honte de sa peau et trouve dans sa couleur un obstacle à la réalisation des vœux de son cœur. » Entre la langue de l'ancienne métropole, sa culture, et le règne à venir d'un langage entièrement décolonisé, la régence des mots, au plus près, devient donc l'affaire de presque tous les personnages de la *T.R.C.,* puisqu'aussi bien l'auteur a doté Christophe et ses compagnons (tous des intellectuels...) d'un même plaisir et souci du bien dire.

---

(7) Sic. Envoyer un chanteau, ou morceau de pain bénit à une personne, c'était lui signifier qu'elle aurait à rendre le service du pain bénit, le dimanche suivant.

Au plan politique, la « régence » doit conduire à un nouvel état, à un homme nouveau à partir du néant administratif laissé le plus souvent par l'ancienne puissance coloniale, et en réaction contre les différentes forces centrifuges qui menacent l'existence de la jeune nation. Or, héritier d'Eschyle, qui posait déjà le dilemme anarchie/despotisme, et de Lénine, qui défendait « l'ordre d'état contre l'esprit anarchique de la petite propriété » (8), Césaire a donné son avis dans son *Toussaint Louverture* : « Pour impulser l'effort, pour coordonner les activités, il fallait un gouvernement tout-puissant. Il ne s'agit pas de je ne sais quel goût nègre pour la dictature. » Ce faisant, l'écrivain allait dans le sens de la vérité historique haïtienne : « Nous ne sommes pas des révolutionnaires ; personne n'aime plus que nous la stabilité des empires et des choses humaines » (Vastey, *Réflexions politiques sur quelques ouvrages*).

Une nation nouvelle, cela donc s'organise, et dans les années 60, ce Roi Christophe est inévitablement amené à dialoguer avec un certain nombre de textes qui questionnent les perspectives des régimes nés des Indépendances africaines, fournissant à Césaire des concepts, des termes de référence :

— *l'Expérience guinéenne*, de Sékou Touré, qu'il a préfacé en 1959 : « Ce qui caractérise Sékou Touré : la continuité du dessein, la raideur de la volonté, non exclusive de souplesse tactique... vertu de mobilisation. »

— *L'Afrique noire est mal partie* (1962), de René Dumont, qui critique « l'enlisement », le non « décollage » des économies. Or la raque dont parle Christophe (II, 7), c'est-à-dire la boue, est bien l'image de l'informe, du non structuré, de la misère : le décollage économique, qu'il concerne la cuvette congolaise, les tanns du Sénégal ou les raques d'Haïti, est donc conçu par le héros césairien comme une révolution de type hégélien, une forme qui naît du chaos. Dumont critiquait aussi le train de vie des ministres, députés, fonctionnaires africains, « version moderne de la cour de Louis XIV » (cf. la répétition de la cérémonie du couronnement, I, 3). Dumont suggérait en outre « l'investissement humain » tel que

(8) *Œuvres*, tome 32.

Césaire le mettra en scène, à la lettre : « mettre en œuvre tout de suite la totalité des forces de travail disponibles ». Le leader enfin devait « éveiller l'intérêt » par son « impulsivité personnelle ».

— *Autobiographie* (1957), de N'Krumah, chef d'État ghanéen, idéologue du panafricanisme, de la tradition communautaire, du « conscientisme » ; dénoncé à l'époque en Europe pour son mythe de grandeur, d'idéalisme et d'infaillibilité...

— *Peau noire, masques blancs* (1952) et les *Damnés de la Terre* (1961), du Martiniquais Frantz Fanon, selon qui l'indépendance et son « atmosphère de champ de bataille » pouvait devenir « mésaventure, malédiction ». Fanon traitait du rapport entre spontanéité des masses et élévation du niveau de conscience, idée centrale de la tragédie qui nous occupe.

— Citons encore, comme possibles interlocuteurs sur le problème du pouvoir, L.S. Senghor qui publiait en 1961 *Nation et voie africaine au socialisme* ; Nyerere, Président de Tanzanie, dont la revue *Présence Africaine* (où Césaire militait) devait publier en 1963 la traduction de son *Ujaama,* ou famille élargie, « fondation et but du socialisme africain ». Cf. « la grande famille haïtienne », III, 1.

A cette époque des Indépendances, le vocabulaire politique se chargeait de métaphores : « fonder » des états, « édifier » des nations nouvelles, « cimenter » l'unité du peuple... Un épisode de l'histoire antillaise, la construction de la Citadelle La Ferrière, paraissait à Césaire susceptible de revenir à l'origine de ces images devenues clichés, les rafraîchir à la source d'un symbole central stylisé dans une écriture dramatique et scénique. Le bâtisseur Christophe n'était-il pas un exemple de leader passé d'un des pôles de la révolution, la nécessité de détruire un ordre ancien, au pôle opposé, complémentaire : souci de bâtir la première indépendance noire ? N'avait-il pas incarné ce tournant décisif en participant à la campagne de la terre brûlée, avant de songer à cette Citadelle, dont l'historien haïtien Vergniaud-Leconte devait écrire : « l'aspect de l'édifice est d'une beauté tragique... Pensée de ralliement d'un peuple dans un moment de péril national » (*Henri Christophe dans l'histoire d'Haïti,* Ps, 1931).

Exemple de parcours particulièrement prégnant pour Césaire lui-même, qui avait glorifié autrefois une négritude fondamentalement opposée aux accomplissements architecturaux de l'Européen : « Ma négritude n'est ni une tour ni une cathédrale » *(Cahier),* avant d'accepter la régence d'un fort (-de-France) et faute de pouvoir gouverner une citadelle (nationale).

Telle était la richesse du symbole qu'il permettait de représenter des débats, des enjeux capitaux : nécessaire mutation des mentalités, ce que Césaire appelait « l'adaptation d'un peuple à un nouvel état » (Entretien avec G. de Préville, 1964) ; obsession du retard à rattraper, qui hantait déjà le roi d'Haïti (9) ; déploiement de l'idée de travail et de sa valeur économique, morale surtout, chez des peuples qui avaient à s'affirmer par la praxis, non dans l'ontologie. Et le dramaturge densifiait le corps symbolique haïtien de 1806 par des inserts à résonance immédiate : « poussières » (un mot de De Gaulle sur les Antilles) ; « matériau humain » (expression de Lénine) ; « longue marche » (étape de la révolution communiste chinoise).

Dans le langage des anciens Indiens de l'île, Haïti signifie haute terre. A 868 mètres d'altitude, sur un éperon rocheux auquel en 1963 on accèdait encore par un parcours muletier d'une heure et demie, la construction de la citadelle La Ferrière nécessita en 16 ans le travail en rotation de 200 000 hommes — soldats et paysans en corvée — pour maçonner, hisser les matériaux, les canons, les provisions. Or, en représentant cet acte grandiose, le dramaturge faisait s'accorder les données de l'histoire avec une symbolique de l'élévation qui procède des structures plus ou moins générales de l'imaginaire (cf. les dictionnaires de symboles, les travaux de Bachelard et de G. Durand) :

— Au monde des hauteurs sont liées des valeurs de commandement, de puissance, d'excellence ; du mont Olympe au Sinaï, c'est d'en haut que l'on régit le mieux les actions des hommes.

---

(9) « La légende de la hâte du roi prit les dimensions d'un mythe héroïque » (John Vandercook, *Black Majesty*).

— Le schème ascensionnel est aussi celui du dépassement physique, moral, et d'un effort extrême de la volonté.

— Le rocher naturel, les constructions humaines en pierre chargent cette symbolique de leurs valeurs spécifiques : stimulation provoquée par la résistance du matériau ; « enseignement et épreuve » que la pierre suscite : « Une tour, une muraille ne sont pas seulement des lignes verticales, elles nous provoquent par une lutte de verticalité » (Bachelard, *La Terre et les Rêveries de la Volonté*).

— A l'effort d'élévation, au complexe d'Atlas (cet autre roi transformé en montagne, et supportant le ciel) est souvent associée l'idée tragique d'une démesure très précisément titanesque.

— Enfin, dans une certaine tradition romantique, celui qui monte est déjà résolu à mourir, à se sacrifier dans l'âpreté des pics et des « déchirures d'éclairs ».

Certes le défi de Christophe : nier la nature, avoir prise sur le paysage, prolonger le roc en place par la pierre d'angle, s'inscrivait dans une logique morale et une dynamique personnelles qui menaient de la construction d'un palais à 365 fenêtres, à l'emmurement d'un archevêque traître à la cause nationale, jusqu'au terme mythique, l'incorporation du corps du roi suicidé au ciment de la citadelle. Mais qu'ériger fût le signe du régir ne dépendait pas de la seule fantaisie individuelle d'un roi-poète. Et localement, dans la zone caribéenne, toute une tradition de luttes autorisait cette fascination pour les hauteurs.

Historiquement, l'idée d'un pouvoir politique qui se serait retranché sur un sommet de Saint-Domingue était déjà venue à plus d'un stratège de l'époque coloniale, et l'Abbé Raynal avait recueilli le projet d'une place-forte intérieure qui, en cas de danger, aurait servi de capitale (*Histoire philosophique et politique des Deux Indes,* livre XIII, chap. XXVII, édition de 1780). Surtout, dans le camp opposé, les nègres marrons privilégiaient les hautes pentes des mornes comme lieux de refuge, le colon occupant les plaines et les basses pentes fertiles. En Jamaïque, les esclaves en fuite se retiraient donc dans les Montagnes Bleues ; ainsi faisaient dans le massif des Deux-Mamelles les rebelles Kelers de la Guadeloupe.

A la Guadeloupe encore, c'est au morne Matouba que l'officier de couleur Delgrès en 1802 avait préféré se faire sauter plutôt que de se rendre aux troupes esclavagistes. En Haïti, pendant la guerre de libération de 1791-1803, la Crête-à-Pierrot où combattait Magny avait été promue à la dignité de symbole, les Français n'ayant pas réussi à en déloger les Noirs ; le morne Bédoret (*T.R.C.*, tirade de Metellus) avait servi de cadre à une victoire des insurgés. En 1959, c'est de la Sierra Maestra que devait partir l'insurrection cubaine... C'est assez dire que l'antillanité révolutionnaire, surtout mais pas seulement celle des « grands nègres », s'était tournée de tout temps vers les sommets.

Sur un autre plan, celui de l'intertexte césairien, le sommet s'était aussi, et depuis un tiers de siècle, constitué en noyau symbolique. Dès 1935 en effet, le jeune Césaire citait ce mot de Michelet : « La difficulté n'est pas de monter, mais en montant de rester soi » *(L'Étudiant Noir)*. En 1939, le *Cahier d'un Retour* opposait la ville coloniale, « plate, étalée... Elle rampe sur les mains sans jamais aucune envie de vriller le ciel d'une stature de protestation », à Haïti « où la négritude se mit debout pour la première fois ». En 1959, dans son intervention au *Deuxième Congrès des écrivains et artistes noirs,* Césaire multipliait les métaphores : hausser, se hisser, se lever. En 1962, dans une lettre à L. Kesteloot, il parlait de « la situation éminente d'où l'on somme ». Car sommer, homonyme de sommet, impose l'idée d'un leader en surélévation, qui enjoint au peuple de réaliser son propre surgissement.

Et c'est aussi la poésie qui doit escalader, survoler les pentes. Césaire distingue un moment son propre rêve poéticomoral : « quelle folie le merveilleux entrechat par moi rêvé au-dessus de la bassesse » *(Cahier)* de la performance de Lautréamont, qu'il apprécie selon une formule proche de celle de Marx désignant l'exploit révolutionnaire des Communards (10) : « excursion jusqu'aux murailles du ciel... gueulée de poings nus contre les barrages du ciel » *(Tropiques)*.

(10) « A l'assaut du ciel », formule que le texte de la *T.R.C.* reprend littéralement dans le monologue qui clôt l'acte I.

Un nœud idéologique et métaphorique s'était donc organisé dans l'imaginaire et l'écriture césairiens, associant la révolte, l'audace poétique et la prééminence.

Alors, autour d'une métaphore centrale marquée de signes tragiques : défi au destin, confrontation avec les puissances cosmiques du soleil, de la foudre et du vent, le dramaturge inscrit dans la double lumière d'Eschyle et de Shakespeare un héros à parcours prométhéen qu'une soif de pouvoir, progressant, mène inéluctablement à la catastrophe.

Maîtrisant une telle architecture théâtrale, Césaire n'en gouverne pas moins, en leur détail, le langage scénique, la régie du spectacle (11). Une option d'inspiration brechtienne est prise en ce domaine, délibérément : loin d'installer le spectateur dans la transe et la participation, on choisit le mode de la distanciation pour susciter son observation critique, voire sa condamnation. Quelques exemples de mise en scène sont particulièrement éclairants.

Soit, en Prologue, le pitt (12) où un combat de coqs en gagaire annonce l'affrontement de deux chefs en guéguerre. Hors texte, aux Antilles, le coq joue un rôle fondamental dans l'imaginaire collectif : contes, figurations folkloriques, peinture, lexique de l'érotisme... Coq qui symbolise la force virile et combative. La gagaire au sol de sable, champ clos, espace rétréci, sera pour Césaire le métaphore de l'île antillaise type. S'y fait entendre « la voix d'Haïti », voix d'une foule passionnée de petites choses, mais « passée à côté de son cri » *(Cahier)*. En outre, le pitt étant une construction circulaire à gradins, l'épisode devient du théâtre dans le théâtre, où l'Antillais se livre deux fois au regard du spectateur. Par coqs interposés, cette dramaturgie en abîme figure donc la politique-spectacle, la lutte par délégation : dans un champ à la fois ludique et tragique (lequel des deux champions est mort ?), les vaillants coqs Christophe et Pétion signalent que la politique, c'est encore l'affaire des autres et que, du politicien noir, on n'est pas encore passé au « nègre politique » (III, 9).

---

(11) Il laissait cependant une marge d'initiative aux acteurs et aux musiciens.
(12) Pitt, en Martinique : bâtiment où s'organisent les combats de coqs.

Autre exemple de mise en scène à deux degrés, isolée et modalisée par un jeu d'éclairage très souple : le Sénat de Pétion, lieu circulaire et clos, est observé, en même temps, par les spectateurs et par deux personnages de la pièce, eux-mêmes installés devant la tente de Christophe (I, 6). Deux lieux, deux formes de pouvoir sont présentés en opposition, et par cette technique désillusionnante, l'instruction politique de Christophe (« sire vous voilà fixé ») et surtout celle du public, s'effectue de manière immédiate. Ce processus de sur-théâtralisation conduit à juger la validité d'un régime parle-mentaire sur son fonctionnement formel ; mais on se rappel-lera que Césaire lui-même, député du Parlement français depuis presque vingt ans lorsqu'il écrit sa pièce, avait dû bien souvent, à l'instar de son héros Christophe, être ici et ail-leurs, assistant en témoin distancié aux joutes parlementaires des quatrième et cinquième républiques françaises, rêvant d'autres batailles et d'autres enjeux...

Avec une troisième « pièce dans la pièce », celle du meur-tre d'un travailleur indûment endormi (II, 2), la distanciation devient tout autant effet de contenu que procédé scénique déréalisant. Christophe désormais régente de loin l'emploi du temps et le rythme de travail des Haïtiens ; de loin il use des signes d'un pouvoir policier et répressif : lorgnette, canon. Précisons le mouvement de va-et-vient entre mimésis indirecte et « parties véritablement et spécifiquement théâtrales du spec-tacle » (Artaud). Les spectateurs voient « un salon bourgeois », entendent un récit inachevé : « vous devinez la suite ». Puis sur écran la projection d'un retour en arrière de la narration laisse voir... trois personnages/spectateurs qui disent... ce qu'ils voient dans la lorgnette : retour alors à la mimésis, sur le mode du récit.

Jean-Marie Serreau, metteur en scène de la *T.R.C.*, remar-quait : « l'heure de la théâtralité a sonné pour le Tiers monde ; ça veut dire l'heure... de voir se débattre leurs problèmes comme chez Eschyle ». Césaire lui aussi voulut que l'archi-tecture, la régie de la pièce, aussi bien que ses moments de lyrisme, constituent un seul et même acte pédagogique. Il vou-lut que ce type de tragédie, tel le lambi aux oreilles des révol-tés de Saint-Domingue, fasse pleinement retentir ses vibrations et ses sommations — transe et régence — pour qu'à l'heure où s'arrachaient la plupart des Indépendances, la décolonisation eût des chances d'être effective, réussie.

Mais nous l'avions annoncé, le recours au vaudou bouleverse les données et les registres de la *T.R.C.*, il remet en question sa problématique politique, psychologique et morale. S'ils se déploient largement au dernier acte, les effets de sens vaudou ont affleuré aux actes précédents, d'une manière latente il est vrai : plus que les invocations déclarées à quelques-uns des douze loas (13) de la pièce, c'est la parole quotidienne des personnages qui a frissonné de multiples emprunts au « langage » et d'allusions à diverses phases de l'initiation. Ainsi du « lavé-têt » (II, 8 « ne me lave pas la tête ») ; du « bayé gè » (II, 7 : « Je lis... tout ce qui est écrit sous leur crâne épais ») ; la « chanson-pointe » (II, 8), cf. chant-point, ou concentration de forces ; « mazonne » (II, 8 ; c'est une chanson qui permet de prendre congé d'un loa, ce que ne mentionne pas la note de Césaire) ; « toutes divinités de la foudre et du feu » (III, 2 : phrase littéralement reprise de l'ouvrage de Milo Rigaud : *La tradition vaudou et le vaudou haïtien*) ; signifiance du cheval dans la même tradition mystique (III, 7) : en même temps qu'il « porte » (à l'appel étymologique de son nom), Christophe veut aussi « monter » son « choual », c'est-à-dire l'ensemble de ses fidèles et, les possédant de son énergie, peser sur leur conduite.

On notera la sobriété de ces emprunts, l'absence de transes vaudoues, l'élimination en particulier d'un passage hallucinatoire qui figurait dans le manuscrit, comme l'a montré Fréderik Ivor Case (in *Cahiers Césairiens*, n° 2). L'essentiel pour Césaire est de faire vivre son héros « sous le regard des dieux » ; un regard sévère, qui fonde la nécessité tragique. Car on comprend que derrière l'agent humain Christophe se tient une divinité, figure du destin, actant du dévoilement de la tragédie.

Il est surtout un épisode, le dernier, où le dépassement de la transe et de la régence s'effectue pleinement. Incorporé au

---

(13) Esprits, divinités vaudoues.

mortier, le roi Christophe est devenu le lon de la Citadelle ;
au terme d'une aventure terrestre épique, il est transporté à
Ifé, « ville imaginaire » (pour reprendre un titre poncif de la
peinture haïtienne) plutôt que géographique :

> Ce que le vaudouïsant cherche dans le grand voyage au
> pays d'Ifé, qui représente la plus haute initiation réservée aux
> houngan et aux mambos, c'est le pouvoir... A la limite, il
> s'agirait presque de la jouissance de quelque chose dont on
> n'a pas la possession, ni la propriété (Willy Apollon, *Le Vau-
> dou, un Espace pour des Voix*).

A Ifé le leader noir échappe au purgatoire chrétien, aux
reproches des révolutionnaires, aux gloses occidentales sur la
démesure psychologique et morale. Mais cette installation
éclaire après coup le sens profond des actes du roi d'Haïti,
sa recherche de souveraineté, pathétique, parfois dérisoire. Car
dans les royaumes de l'ancien Nigeria et du Bénin, on était
précisément « roi comme Louis XIV », sans passer par aucune
imitation : les faux-pas de Christophe sur la voie de l'identité le portaient donc au-devant — sous la dictée d'un inconscient ethnique ? — d'autre chose, ces caractéristiques majeures que le compagnon de Toussaint ne pouvait pas avoir connues : urbanisme grandiose des empires d'Afrique, leur vie
de cour, le travail forcé, les scènes de cruauté. « Roi, tu as
été roi jadis » *(Et les Chiens)*.

Ville solaire, Ifé est faisceau de formes, de forces et de
mythes. La poésie du sacré déjà infuse en son nom, car « Ifé
qui fut Ouphas » (« Dit d'errance », *Cadastre*) émet une
étrange musique surréelle où la fricative « f » fait entendre
la « voix du monde », selon l'ésotérisme des sectes bambaras. Un page africain prend la parole, et l'écriture césairienne
sert admirablement ce temps retrouvé, saisi dans la stase et
l'extase, ce nouveau mode d'être rêveur auquel accède enfin,
au-delà de l'histoire, un héros qui avait jusque-là vécu dans
la fièvre activiste. Le texte se gonfle d'images de la spiritualité, aux sens multiples mais convergents. Succédant à la pier-
raille et au rocher du morne, d'emblée la colline instaure un
climat de sérénité souveraine, un ascendant qui est « progrès

vers la connaissance » (14). De même le palmier, substitué
au figuier maudit de l'acte I, a valeur de signe universel de
royauté et de triomphe qu'il présente dans certains vévés (15)
haïtiens aussi bien que dans l'iconographie bouddhiste ou
moyen-orientale. Puis, dans le champ symbolique des souffles spirituels ouraniens, le rhombe sera un des losanges de
la rose des vents, et la planche ronflante utilisée dans le théâtre
grec primitif, comme parmi les Bambaras, chez qui il atteste
« la lumière de l'esprit ». Surcharge sémantique ? Mais une
des caractéristiques de la *T.R.C.* n'est-elle pas justement la
polysémie métisse, au plus haut degré possible ?

Quant aux « béliers dans les promenoirs du ciel », ils concernent très explicitement la représentation animale du dieu
de la foudre au Bénin, ethnie Fon : « Dieu de l'orage et du
tonnerre, le bélier divin se promène sur les nuages d'où des
auxiliaires font tomber la pluie fécondante et projettent du ciel
les pierres de foudre » (Denis Paulme, *La mère dévorante*).

Poursuivons. On sait qu'à Ifé l'art de cour, universellement
reconnu par les critiques pour son style « naturaliste idéalisé »,
« énigmatique », avait atteint la perfection dans ces têtes de
reines au chignon tressé justement comme un « faisceau
d'écailles ». Ce passage de la *T.R.C.* fait donc (re)vivre par
transposition d'art des formes d'harmonie et de majesté : plas-
ticité de la métrique, rôle des dissyllabiques isolés par du
« blanc » qui dessinent une figure typographique en même
temps qu'un espace sonore.

Les transes et les luttes des peuples sont maintenant réduites dans le balancement des vers, le jeu d'images apaisan-
tes ; de « ici patience » à « marée du jour », on lira en filigrane les rythmes des guerres de libération, les avancées et
reculs de l'impérialisme, les transformations dialectiques d'un
acquis en son contraire (les exemples, tragiques ou enthou-
siasmants, ne manquaient pas à Césaire), le choix des « voies
et moyens », la modification du sens et des outils du combat
anticolonialiste.

---

(14) Chevalier, *Dictionnaire des Symboles.*
(15) Dessins emblématiques d'un loa réalisés au cours d'un service vaudou.

L'essentiel cependant, transcendant l'histoire et la géographie, c'est l'apothéose d'un héros qui meurt à son corps pour renaître au monde des valeurs originelles, sous les traits de Shango. Conjointement l'appel au mythe de Memnon :

1) réhabilite un moment historique durant lequel la culture grecque s'était tournée vers l'Afrique ;

2) rappelle l'effondrement d'une statue, préfigurant ainsi la destruction, par pans entiers, des civilisations africaines ;

3) indique une possibilité de renaissance sur un autre registre, sur un autre « chant », à l'instar de la statue fissurée qui s'était mise à vibrer au soleil levant.

Et la désignation des armes qu'Henry Ier se choisit en 1811, dans un chromatisme à la fois spirituel et très évocateur de la zone caraïbe, aura permis l'émergence d'un autre mythe de reconnaissance. Car les armes du héros Christophe n'auront jamais cessé de se métamorphoser : réelles (épée, canon), puis emblématiques, et maintenant armes poétiques, « miraculeuses ». Selon la double tradition vaudoue du Bénin et d'Haïti, son blason royal s'est mué en vévé, puisque sur invention d'auteur Christophe est devenu loa. Vévé dynamique et graphisme aérien : à l'injonction de l'idéologue - poète, les oiseaux, acteurs et artistes, accompliront leur propre renaissance sous l'aspect du plus mythique, du plus éthéré d'entre eux : le Phénix. Clair est le message adressé aux peuples du Tiers-monde. Par l'énoncé lyrique et sa vocalisation théâtralisée, l'idéologie n'aura pas cessé de gouverner ces pages, jusque dans le moment de leur plus grande fantasmagorie !

Survie des héros à entreprises pourtant « friables », mais portées par de grands mouvements humains, la leçon sera lue en termes d'incessantes mutations, d'inventions et d'échanges. Et correspond à cette survie la fécondité du texte césairien lui-même, pareillement issu d'échange et d'invention, par décomposition/recomposition de mythes antérieurs.

Achevons ici notre propos. 1806-1820 : à partir d'une situation archétypale de post-indépendance, Aimé Césaire aura dressé un triptyque au signifié si large qu'il n'appartient qu'aux poètes marchant aux côtés de leurs peuples d'en avoir vision : le Bénin de Shango, source de spiritualité, l'Haïti de Christophe, brasier révolutionnaire, l'Égypte de Memnon. Une et plurielle, la négritude esthétisée de la *T.R.C.* aura accueilli en cet épilogue le non périssable aussi bien que l'histoire, le rêve tout autant que l'exploit, et la transe orageuse associée à son terme peut-être : la maîtrise tranquille par les Noirs de leurs propres affaires, présentes et futures (16).

2. L'aloi et le remède dans les textes césairiens

Ce qu'un linguiste martiniquais, Jean Bernabé, désigne comme « l'art combinatoire » d'Aimé Césaire, a suscité des métaphores d'origine géographique aisément repérable : marronnage textuel, cannibalisme. Mais aujourd'hui une certaine similitude des histoires littéraire et monétaire à la Martinique m'engage à lancer une autre image. Car aux Antilles françaises un parallèle symbolique saisissant existe entre circulation des cultures et usage des monnaies : les îles ont successivement connu les pièces étrangères importées et découpées en « moços », les sous français frappés d'une contre-marque coloniale, les billets de sucre des habitations békés, les billets de banque à motifs doudou, en attendant que circulent un jour des espèces moins liées à la Caisse Centrale de la France d'Outremer...

Aussi est-ce moins la pratique de l'alchimiste que celle du fondeur de monnaies qui m'apparaît évident symbole d'identité, préalable à cette « frappe de l'univers à l'effigie de l'homme » dont parle le poète.

Dans cette perspective, interrogeons l'*aloi* des écrits de Césaire, je veux dire leur teneur en éléments de diverses origines, tout autant que le *remède* qui préside à leur élaboration, soient les règles et tolérances de composition que l'écrivain s'est lui-même plus ou moins expressément assignées.

---

(16) Prépublication de ce texte dans *Soleil éclaté*, Tübingen, Éd. Gunter Narr, 1984.

Les masses qui entrent dans l'alliage césairien ont été bien signalées par les commentateurs. Ajouter à la liste n'aurait guère de valeur critique ; relever par exemple que la suite de mots « seule sous le/ce soleil » *(Cahier)* existe chez Desnos, ou que l'expression « cours gluantes » se trouve aussi chez Saint-John Perse, est d'une laborieuse insignifiance. Un passage du *Cahier* laisse au contraire entrevoir les contours et les niveaux d'une intertextualité ou inter-oralité particulièrement dense dans l'ensemble de l'œuvre :

> Faites-moi commissaire de son sang
> faites-moi dépositaire de son ressentiment
> faites de moi un homme de terminaison
> faites de moi un homme d'initiation
> faites de moi un homme de recueillement
> mais faites aussi de moi un homme d'ensemencement
>
> faites de moi l'exécuteur de ces œuvres hautes
> voici le temps de se ceindre les reins comme
> un vaillant homme

En huit vers nous avons lu :
— un grade politique emprunté au langage des révolutionnaires : commissaire ;
— une rafale de vers disposés à la manière des prières de demande de Péguy ;
— la déconstruction d'une périphrase française désignant le bourreau, exécuteur des hautes œuvres ;
— un collage de l'*Ancien Testament* (Job 38/3) qu'un familier des Antilles référera pour sa part à un geste typique du « vaillant bougre » coupeur de cannes : se ceindre les reins.

Exemplaire, appelée à se perpétuer dans les textes ultérieurs, cette profusion d'emprunts ponctuels à diverses cultures ou sous-ensembles culturels nous incite à chercher des principes de sélection et d'homogénéisation valables pour l'ensemble du corpus césairien.

J'examinerai surtout les limites de cette fusion des cultures, disant qu'il n'y a presque jamais de « rencontre bien totale », de miscibilité intégrale, et que là n'est pas le but de l'écrivain. Car le propos de sa communication au *Premier*

Congrès des Écrivains et Artistes noirs, (Paris, 1956), apparaît capital : lorsqu'une culture entre ainsi en contact avec une autre, il ne s'effectue qu'une « sélection d'éléments culturels offerts » ; toute culture est un mélange « effroyablement hétérogène », « une hétérogénéité vécue comme une homogénéité ».

Considérons en effet trois masses dont la présence est sensible dans ses textes : culture française, culture africaine traditionnelle, culture créole. La situation personnelle de Césaire, étudiant à Paris « rive noire » (17) puis délégué pour des décennies dans cette même métropole par un peuple avec lequel il restait en contact permanent, pouvait dans des conditions exceptionnelles favoriser les imprégnations réciproques, la composition des alliages, l'amalgame heureux des écritures, dans « le secret des grandes communications et des grandes combustions » (18). On note au contraire une triple mise à distance, d'inégale amplitude, dont il nous faut rendre compte et donner les raisons.

A la différence de Césaire essayiste, qui multiplie les références à l'histoire de la métropole, Césaire poète et dramaturge veut ignorer tout naturellement la civilisation française, à l'élaboration de laquelle ni lui ni ses ancêtres n'ont jamais été appelés à participer. La mise à distance en ce domaine est d'ordre référentiel aussi bien que thématique et idéologique ; elle s'accompagne d'un filtrage sévère des emprunts.

De la France on aurait en effet une curieuse image, à lire ce pays de comptines et de chants de marins, dont la vie est scandée par les rites du Tau et du chanteau de pain bénit, avec un clin d'œil vers son « bazar de la cruauté », expression adverse du bien connu Bazar de la Charité. Il y a un non-lieu et un hors-temps français dans les textes « étranges » de l'écrivain, qui offre cette non-référentialité comme caution de sa propre désaliénation. La tolérance, le *remède,* ce sera d'accepter la présence d'un poète très concrètement français, Péguy, en citations et en emprunts discursifs ou textuels.

---

(17) De Michel Fabre, *o.c.*
(18) *Cahier d'un retour.*

Passée l'époque des formations intellectuelles initiales, des premières curiosités et prises de contact, Césaire s'est absenté des traditions culturelles majeures de la population française. Ses recueils poétiques et ses œuvres dramatiques, indifférents ou légèrement ironiques envers l'engagement républicain, appellent les mots liberté, fraternité, mais séparément, et sans co-occurrence du troisième terme de la devise... Encore faut-il, pour que dans *Une Tempête* la liberté en français prenne force, qu'elle soit doublement étayée de ses équivalents étrangers : *freedom now ; uhuru*.

De la tradition catholique, un alibi lui a permis de ne retenir que certaines valeurs, certaines figures : « Je n'étais pas là à l'adoration des mages » *(Et les Chiens se taisaient)*. La face plus ou moins voilée du Christ, comme allégorie de la compassion, oui ; mais les notions de péché ou de contrition ne sont pas le moins du monde convoquées dans une œuvre où par ailleurs la figure positive du serpent, issue d'une autre culture, joue un rôle au moins aussi grand que celui du crucifié.

Si l'on considère les grandes options politiques de la métropole, on note que le libéralisme parlementaire est satirisé dans *La Tragédie du Roi Christophe* et que symétriquement, et au-delà de certaines marques de fréquentation de l'espace communiste français, le marxisme subit la même conversion (19), le même « traitement » (19) que la pensée chrétienne, jusqu'à faire l'objet d'une véritable combinatoire idéologique. C'est ainsi que la valeur travail hante souvent le texte césairien, ce qui dans les belles-lettres constitue une originalité. Dans le sillage des publications négristes-communistes des années trente, croisé de celui des poètes afro-américains, on voit se dresser, nommément désigné parfois, le prolétaire de tous les pays noirs, parmi un paysage rural marqué par l'exploitation, ce que pour la Martinique Césaire appelle « la houle de cannes et de dividendes » (20).

---

(19) Au sens de traitement du minerai, et de conversion/transmutation des métaux. Cf. la *Lettre à Maurice Thorez :* « aucune doctrine ne vaut... que convertie à nous ».

(20) Dans le *Cahier*, l'opposition des noms de propriétaires et des noms de prolétaires fonctionne de la manière la plus évidente et la plus simple : Vaultier Mayencourt, Brafin, de Founiol, de la Mahaudière, vs Siméon Piquine, Grandvorka, Michel Deveine.

Mais la teneur en marxisme apparaît en cet alliage comme frappée de faiblage, lorsqu'à la notion de lutte de classes est substituée une vision agonistique plus générale, et proche des positions de Nietzsche (21).

Ainsi, dans le four césairien, l'équilibre des alliages semble exiger que toute leçon d'origine ou de transmission française soit complétée ou contrebattue par un apport étranger. Cette démarche plurielle, qui évite toute « pseudomorphose », toute constitution d'un modèle et donc toute dépendance, se repère particulièrement dans sa poétique.

Autant que des Français, ce sont des étrangers qui fournissent des titres, depuis le premier d'entre eux peut-être, « Négreries », identique à celui d'un ouvrage belge paru en 1930 (22), jusqu'aux calques shakespeariens purs : *La Tragédie du Roi Richard III.* D'une main sûre, Césaire sait puiser au gisement de la modernité française : Baudelaire, Mallarmé, Apollinaire. Mais soit situation et prédisposition personnelles, soit influence de la lecture de *Commune,* une revue très radicale en ses sélections de littérature contemporaine, il sera moins enclin à ce que J. Kristeva nomme les *applications, les paragrammes de participation* à une civilisation jugée aliénante, qu'aux refus, aux disjonctions.

Même dans le cas — privilégié — du compagnonnage avec Breton et ses amis, le fait de déclarer accepter leur « tutelle » (23) ne garantit évidemment pas le titre de son surréalisme, exceptée la coulée textuelle des années quarante. Les conversions, les différenciations sont connues, nous en parlons au chapitre « Transit surréaliste » : souci d'une responsabilité collective au sein du procès énonciatif ; remplacement des thématiques urbaine, magnétique, électrique propres au surréalisme français, par l'imaginaire des éléments naturels. L'allégeance de départ envers deux figures majeures de la dissidence avait donc valeur fonctionnelle autant que symboli-

---

(21) « Le travail, la lutte, les passions, la tension, les antagonismes, la réalité en somme » (Nietzsche, *Grossoktavausgabe,* XV, 384, Kroener). D'allure également nietzschéenne, cette poétique du dynamisme naturel multirègnes, conduisant à un ordre qui fait connaître, et donne sens : « je commanderai aux îles d'exister ».

(22) Par Gaston Denys Périer.

(23) Entretien avec Michel Benamou, in *Cahiers césairiens,* n° 7, 1974.

que : Rimbaud, qui lui prêtait le thème-image du sang, du *mauvais sang* ; Lautréamont, qui lui fournissait l'exemple d'un bestiaire emblématique de la négativité.

Puis écrire en langue française, alors qu'on ne s'intègre pas au patrimoine que cette langue véhicule, induit des pratiques textuelles originales. D'une part l'*aloi* du style, sa littérarité, ne se mesureront pas ici en termes d'identification ou de différenciation par rapport à un modèle, selon cette filiation symbolique que des théoriciens situent au principe de toute écriture. Car, dans la phase prédatrice du marronnage culturel, aucun scrupule ne devrait arrêter ceux à qui autrefois tout fut volé ; ils n'ont pas même à reprendre la justification d'Isidore Ducasse : « celui qui chante ne prétend pas que ses cavatines soient une chose inconnue » ; et du mot plagiat ils rappelleront le sens premier, non littéraire, de détournement d'esclaves...

Ce qui vaut pour l'amont vaut aussi pour l'aval : l'emprunteur antillais n'a pas à se soucier d'enrichir à son tour l'héritage de la culture française par une redistribution personnelle de composants thématiques, symboliques ni rhétoriques. Étranger à la tribu, il n'a pas à donner un sens plus pur à ses mots, à s'inscrire dans une perspective d'aménagement de la langue de l'Autre par une parole neuve. Il travaille plutôt à souligner l'arbitraire colonial des signifiants, choisissant des mots rares non par plaisir de glossographe, mais pour faire essai de certaines pièces du thesarus, et montrer jusqu'à quelles dérives elles peuvent aller.

Donc l'écrivain Césaire est lui aussi entré en dissidence. Libéré de la hantise des lieux-communs (français), des idées reçues (de France), c'est sans norme ni *remède* autres que ceux de sa propre poéticité qu'il pratiquera les citations sans guillemets, c'est-à-dire sans soumission aux principes d'autorité et de crédibilité, le broyage de syntagmes, les disjonctions discursives, s'accordant volontiers tout collage propre à densifier une écriture nationale en formation.

« Taoudeni, Taoudeni, délivre-moi d'Enos », chante un poème paru en 1941 dans *Tropiques*. L'Afrique traditionnelle — soleil, sel et silex — se présentait en effet comme alternative aux Thraces d'influence occidentale, le poète ayant pu s'informer auprès d'hommes aussi différents que Delafosse, Maran, Éboué, Frobenius. Mais une fois encore joue le processus de mise à distance, d'une autre nature cependant, et conforme à la conclusion commune à laquelle Césaire et Senghor étaient parvenus : « s'agripper est vain à un profil absurde de mât-totem et de tambours » (*Ferrements, Grand sang sans merci*). « Chez les Antillais le cordon ombilical est coupé depuis longtemps » (*Négritude et Humanisme*, p. 145).

Cette situation d'orphelin, de « ras » de dérision, ne s'améliore pas après 1945 lorsque, l'Afrique ayant changé, Césaire fait relativiser sinon entièrement relayer l'ontologie frobénienne (s'abandonner à l'essence des choses) par le souci anticolonialiste qui veut plus que jamais que « Présence Africaine » s'entende comme « Afrique au présent ». Parallèlement aux vers qui chantent l'intégration dans le cosmos, ce sont alors les poèmes de solidarité avec la Guinée, et le dialogue avec les leaders des Indépendances, par texte dramatique interposé.

Selon le discours prononcé au *Premier Congrès des Écrivains noirs,* la culture africaine, au singulier, est « à naître », comme synthèse d'éléments traditionnels autochtones et d'apports européens. Cette vision d'anciennes cultures réduites et transmissibles à l'état de fragments explique peut-être que, jusqu'à la splendide remontée vaudouisante du *Roi Christophe* dont j'ai traité par ailleurs (24), et si l'on excepte une petite chanson « d'après le yoruba » parue dans *Ferrements,* Césaire n'ait écrit dans le filon d'aucune des cultures traditionnelles de l'Afrique. Les fragments eux-mêmes, les marques d'africanité concrète, restent d'une extrême sobriété, et leur code symbolique est à peine esquissé : de loin en loin une daba, un kraal, un kaïlcédrat, une citation en langue vernaculaire, une traduction d'énoncé métaphorique figé, comme cette « farine de pain de singe ». Évitant le pittoresque et la fonction référentielle, le dramaturge se contentera parfois des didascalies les plus abstraites, ou si l'on veut les plus vision-

---

(24) R. Antoine, *La Tragédie du Roi Christophe de Césaire,* (Lectoguide Bordas, 1984).

naires ; « magnifique reconstruction des anciennes civilisations
du Bénin » *(Et les Chiens se taisaient).*

Et des éléments d'ordre affectif viennent renforcer ce travail d'élimination : porte-parole des humiliés et offensés,
Césaire rejette les fiertés d'origine guerrière (les Amazones)
ou architecturale (Djenné). Les souverains dont il garde
mémoire ne sont pas monarques au faîte de leur puissance,
mais rois de résistance comme Agonglo, ou chefs combattants de Cafrerie et du Zululand.

Sûreté et sincérité des choix : plutôt que de recourir prioritairement aux mythes de fondation, toujours optimistes, le
poète se porte vers le pathétisme des civilisations assassinées,
après qu'a retenti le mandoucouman des défaites. Il livre ainsi
des séquences d'une charge poétique intense, dont je propose
trois exemples :

— une métaphore à double niveau symbolique : « des étoiles
plus mortes qu'un balafon crevé » *(Cahier)* ;

— la nostalgie rôdeuse des côtes d'Assinie : « à petits pas
de cicatrice mal fermée » *(Ferrements)* ;

— l'appel à une désirade africaine, dans le ton d'Apollinaire :

« Ifé qui fut Ouphas...

Vers une Ophir sans Albuquerque

Tendrons-nous toujours les bras ? » *(Cadastre).*

Reste l'essentiel, qui a justement retenu l'attention des critiques : cette poéticité de la naturation, cette idée d'une vision
« à l'africaine », vision pionnière aux Antilles françaises, et
qui associe l'homme aux forces, latentes ou déchaînées, de
son environnement.

Dégageons alors une hypothèse : et si l'être-au-monde césairien — sujet lyrique et volonté politique — était trop peu
extraverti pour parler selon une culture (une culture aimée)
autrement que dans la saisie très subjectiviste de son substrat ? C'est ce que semblerait indiquer son approche des civilisations de l'Afrique appréhendées non comme objets, mais
comme finalités et raisons de vivre, sans que l'écrivain ait
jamais eu à « africaniser » sa pensée, étranger qu'il demeure
à la plupart des valeurs qui constituent les unités culturelles

du continent originel. Non pas tant le « silex antique » en tant que tel, que l'effet de son dépôt, au fond de soi.

On aurait pu croire qu'un projet national aussi passionné solliciterait davantage le minerai natif créole ; ce serait oublier la situation de départ à la Martinique : dépouillement et manque. Homme de culture et d'orientation moderniste, Césaire, malgré une déclaration sur la vitalité du fonds antillais, a connu la frustration d'habiter un pays « sans stèle », un pays où une grande partie du folklore (carnaval, biguines, la plupart des contes et des proverbes) porte des « stigmates » (25) de situation coloniale qu'il a également repérés dans la langue créole, et ne sont productifs au plan de l'écriture et de la symbolique que très exceptionnellement (histoire de Compè Lapin, de Yé, de Colibri). Stigmate, par exemple, que cette hantise des « volants » chez les Martiniquais de naguère : « peurs juchées dans les arbres » *(Cahier).* A l'inverse, la fécondité en expansion du personnage de Caliban montre que les mythes restent à forger, fût-ce dans l'hétérologie. Le travail de désaliénation, auparavant, aura consisté à écrire contre, c'est-à-dire :

— fracasser la triade exotique que dénonçait Suzanne Césaire : « hibiscus, frangipanier, bougainvilliers », sans s'interdire la réutilisation des items ;

— écrire le pays en retournant motte après motte, mot après mot, les traces laissées par les écrivains coloniaux et assimilés ; textes à l'appui, je citerai Rose Beurnier, Henriette Célarié, Louis Chadourne, Emmanuel Flavia Léopold, dont les écrits de Césaire portent ressentiment.

Comparons les termes par lesquels Louis Chadourne qualifie les Guadeloupéens ; « démons », « possédés », « peuple puéril et sournois, violent et peureux, hâbleur et discoureur » *(Le Pot au noir,* 1923), avec ce que dit le geôlier de *Et les Chiens :* « chef hypocrite et sournois d'un peuple de sauvages, triste conducteur d'une race de démons ».

Comparons encore les descriptions dépréciatives des cases antillaises, dans le *Cahier,* avec ce qu'écrit une femme de gou-

---

(25) Interview de J. Siegler, *Afrique,* 1961.

verneur « Cabanes dorées... la nature vous a relevées du sceau
de la misère » (Rose Beurnier, *Antilles, roman créole,* 1934).
Et Césaire écrit contre les « extases vertes », le *Paradis sur
terre* d'Henriette Célarié (1930), tout aussi bien que contre
les « îles sans colère », « l'histoire immobile » trouvée sous
la plume de E.F. Léopold ou Valentine Estoup.

Mais notre surprise vient d'ailleurs : sans intention de
« mémorer un noir verbe » (26) qu'il juge de « niveau extrêmement bas » (27), Césaire « recrée avec ces réminiscences »
dont Mallarmé disait qu'elles avèrent « qu'on est bien là où
l'on doit être » (28). Mots maternels créoles sous les mots
de l'Autre, ils apparaissent en traduction littérale : « noir c'est
noir », en enregistrements passés au cutter : « or vent paix
là », en hurlement : « rooh ho » phonétiquement bien proche
des vivats antillais, en écho possible « le diable le plus proche » *(Cahier)*, d'un cri de Carnaval « mi diab-là dèwo ».

Parfois c'est l'examen des possibilités comparées de colo-
cabilité qui décide de la nationalité de l'énoncé. Lorsque dans
Ferrements Césaire écrit : « C'est moi-même terreur »,
l'expression est française. Lorsque cinq vers plus loin il y
substitue « c'est vous-même douceur », nous sommes renvoyés
au refrain populaire créole : « sé ou menm doudou », et la
charge pathétique du poème s'en accroît d'autant. Ainsi, à
l'étape qui est la sienne, Césaire se prépare-t-il précaution-
neusement au rendez-vous annoncé par Senghor, soucieux de
ne pas recevoir n'importe quoi, et inquiet de ce que son peuple
pourra donner.

Dans l'ordre enfin des symbolisations, le poète théoricien
signale, pluriel, le jeu des « images primordiales » (29), et
multiple, « la flamme des palimpsestes » (30). Mais une des

---

(26) *Ferrements,* Statue de Lafcadio Hearn.

(27) Interview de Jacqueline Leiner, pour la réédition de *Tropiques,* (J.-M. Place).
Notons que Césaire fait dire à un spectateur haïtien de combat de coq, en très bon
français : « insufflez-lui de l'air » *(La Tragédie du Roi Christophe),* alors que Saint-
John Perse s'attendrit au contraire d'un sobriquet créole équivalent : « ban-moin-
lè » (Lettre à Mme Saint Léger, *Œuvres complètes,* Pléiade, p. 830).

(28) Conférence sur Villiers de l'Isle Adam, *Œuvres complètes,* p. 481.

(29) Lettre à Lylian Kesteloot.

(30) *Moi laminaire,* « Rabordaille ». Les palimpsestes et collages d'origine biblique ont été bien étudiés dans le livre de A. James Arnold, *Modernism and Negritude* (Cambridge et Londres, 1981).

caractéristiques de son écriture réside en ceci que les symboles les plus riches sont ceux en lesquels la polysémie, ou ce qu'il a appelé « l'appréhension brumeuse des mythes », se concentre en une dualité des signifiés, une bisémie.

En situation d'acculturation tout devrait en effet pouvoir se lire deux fois, une fois en lecture « nègre », une fois à l'européenne. Aussi l'écrivain affectionne-t-il les alliages binaires ; dans *La Tragédie du Roi Christophe* par exemple, le rhombe des théâtres primitifs, ou le mythe de Memnon, qui associent culture grecque et cultures africaines. Ou bien, illustrant pour son compte l'énoncé de Saint-John Perse : « toutes choses bisaiguës », qu'il reprend dans *Moi, laminaire,* il condense en une métaphore unique le conflit de deux signes. Ainsi de la « tête de proue » *(Cahier),* à la fois orgueil des navires négriers et beauté des éperons de vaisseaux camerounais, tels qu'il les avait vus représentés dans *l'Histoire des civilisations africaines* de Frobenius. Ainsi du « lambi de la bonne nouvelle » qui croise l'évangile de la négritude avec la conque de la révolte.

Et la *Lettre brésilienne* formulera sa conception dialectique du mouvement des cultures : « Le sang est une chose qui va vient et revient et le nôtre je suppose nous revient après s'être attardé à quelque macumba. »

Dès lors, écrire dans une culture déjà métissée s'avère une démarche riche en effets de sens, et dans *La Tragédie du Roi Christophe,* c'est cette préalable co-fusion anthropologique du vaudou, associée au travail de conversion politique et nationale propre au dramaturge, qui assure la cohésion de l'écriture, la bonne coulée des autres composants, et donne à l'énoncé final le timbre des chefs-d'œuvre.

Est-ce par manque d'argument historique ? Césaire a très peu écrit, Haïti exceptée, dans le jeu des cultures caribéennes ou méso-américaines. Contrairement à d'autres écrivains des Antilles, il n'a pas mis son œuvre à l'heure des salsas langagières ou culturelles. Mais, plus habité ici de parentés ethniques que géographiques, son esprit de responsabilité n'en est pas moins à l'initiative d'un épanouissement textuel, métonymique de l'éveil d'un des peuples de la Caraïbe. Une fois encore a prévalu la rigueur mobilisatrice du scrupuleux fondeur-fondateur (31).

---

(31) Première publication de ce texte dans *L'Athanor d'un Alchimiste*, éd. Cari-béennes. Sur la poétique césairienne, on pourra consulter aussi de J. Leiner : *Aimé Césaire, ou le terreau primordial*, Gunter Narr, 1992.

7

Un rapport intertropical à Marx

S'il y a une chose dont on pourrait s'étonner, qu'on s'en irrite ou qu'on l'apprécie positivement, c'est la manière dont, à la Guadeloupe et à la Martinique, petites îles sous administration française d'un archipel centre-américain, une collectivité de 600 000 habitants pour la plupart issus d'esclaves voici 150 ans à peine a su produire des écrivains mondialement reconnus et d'excellents critiques littéraires, la manière aussi dont le matérialisme historique s'est taillé parmi les uns et les autres une place de choix, en dépit de difficultés énormes.

Rappelons brièvement deux éléments d'une mise en place. L'abolition définitive de l'esclavage, en 1848, n'avait pas libéré les femmes et les hommes de couleur de la dépendance économique ; mais elle les avait installés dans un cadre de citoyenneté française où, l'école laïque aidant, une tradition républicaine et socialiste, appelée partiellement à devenir communiste, devait prendre corps à la fin du XIXe siècle.

D'autre part, en 1925, c'est-à-dire après cinq ans de tâtonnements, et sur l'impulsion, l'injonction de la Troisième Internationale, le jeune P.C. français s'était engagé dans une vigoureuse démarche anticolonialiste, qui devait alors lui valoir l'attention favorable d'un certain nombre d'Antillais accédant à l'écriture.

232 LA LITTÉRATURE FRANCO-ANTILLAISE

1. Manuels et intellectuels dans les textes antillais de l'entre-deux-guerres

L'écrivain marie-galantais Guy Tirolien nous en faisait la remarque : « Tous les problèmes antillais ont été posés dès l'entre-deux-guerres. »

L'entre-deux-guerres... L'impérialisme français, à son apogée, ne laisse pas de surveiller tous ses territoires, y compris les « poussières » antillaises (aucun chef d'État n'a osé parler encore de « danseuses » entretenues...) qu'il va faire miroiter dans la lumière artificielle du Tricentenaire des Iles, en 1935 : scandale politique autour du roman *Batouala,* prix Goncourt de l'Antillo-Guyanais René Maran ; boycott partiel de la *Revue du Monde Noir* pourtant sage ; répression financière à l'encontre des rédacteurs martiniquais de *Légitime défense :* filature en tous genres des hommes de couleur en métropole (leurs conférences et leurs conversations de cafés rapportées au Ministère des Colonies par les agents Joë et Désiré) ; essai de noyautage des groupements révolutionnaires noirs.

Suivons dans des textes de nature diverse les traces de ce spectre qui hante encore le Ministère (dossiers S.L.O.T.F.O.M.) : l'alliance des travailleurs manuels (en particulier les démobilisés de 1918) et des intellectuels, deux forces potentielles de la révolution antillaise. Situons-les par rapport à d'autres moteurs : Internationale Communiste, courants pré-indépendantistes en Afrique française. Vérifions enfin l'emploi, l'inflation même, bien avant Césaire, de ce mot-projectile : nègre.

L'émigration antillaise est alors, bien plus qu'aujourd'hui, constituée principalement de « compétences » intellectuelles, prises au sens large du mot. Il y a certes les marins de Martinique et de Guadeloupe, dont les livrets sont surveillés de près, mais ils paraissent moins organisés que les matelots annamites ou africains (1). On note aussi des employés, tels ces

_____

(1) En 1930 est fondé le syndicat des Navigateurs nègres de Bordeaux, qui groupe en son Bureau un chauffeur sénégalais, un peintre en bâtiment (Henri Valentine) du Lamentin, Martinique, un soutier guinéen, un matelot guadeloupéen (Calixte Clairisse) né à Pointe-à-Pitre. Un appel à l'organisation des Antillais et Réunionnais

comptables qui fourniront des cadres au mouvement négriste
et communiste, disputant au courant réformiste les milieux de
l'émigration. Mais l'avantage est aux intellectuels installés définitivement ou temporairement en métropole, qui ont pour eux
les organisations corporatistes ou politico-mondaines, et l'appui
de l'administration française, tant qu'ils ne contestent pas celle-
ci (2).

La chronologie ci-dessous livre le schéma de ce dispositif (3) :

1924 : Fondation de la *Ligue Universelle de Défense de
la Race Noire* avec le Béninois Tovalou Houénou, et du journal *Les Continents,* où écrit René Maran. L'Internationale
communiste, qui développe une politique résolument anticolonialiste et indépendantiste (textes du Ve Congrès), suit de
près l'arrestation de l'ex-député socialiste A.-R. Boisneuf, Guadeloupéen très lié aux masses de son pays, et partisan de la
violence anticolonialiste. A Moscou, les syndicats soviétiques
offrent un étendard à Sabin Ducadosse et Gothon Lunion,
représentant les ouvriers d'une « vieille colonie », la Guadeloupe, considérée alors comme un des maillons faibles de la
chaîne impérialiste, un des endroits où « la barrière est basse
et où le bœuf peut passer ». Et *l'Humanité* consacre aux événements de Guadeloupe 12 articles dont certains sont écrits
par Marcel Cachin.

1926 : La ligue devient le *Comité de Défense de la Race
Nègre* publiant *La Voix des Nègres,* laquelle renchérit sur
les appels négristes du leader guadeloupéen Légitimus : « Nous
nous faisons honneur et gloire de nous appeler Nègres avec

---

paru dans *Marseille Matin* du 31 mars 1936 ne donne pas de résultat tangible. A
Dunkerque, le Martiniquais Noël Corenzin qui a fondé un Foyer Noir et une Société
de Secours aux Chômeurs est vite accusé de compromission politique et financière.
Aucune commune mesure avec l'action de l'Africain Kouyaté, qui a jeté les bases
à Dakar d'une organisation syndicale révolutionnaire, regroupant 200 marins et
pêcheurs ; aucun rapport avec l'action des dockers et pêcheurs d'éponges de Cuba,
qui effectuent à l'époque une propagande antimilitariste parmi la flotte anglaise des
Antilles.

(2) Les annuaires recensent en métropole, année 1933, 54 « capacités » guadeloupéennes, dont le secrétaire d'État Candace, et 129 Martiniquaises (ingénieurs,
médecins, petits fonctionnaires, militaires, et le sénateur Lemery).

(3) Nous devons plusieurs renseignements au poète Guy Tirolien et à M.D. Geniès.

un N majuscule. » Brière de l'Isle, officier de couleur, y dénonce la condition des Noirs en France : boys, grooms, clowns.

1927 : Le jeune Lenis Blanche, ami du haut fonctionnaire guadeloupéen Satineau « dont il partage les options socialistes » (dossiers de police), fonde une *Association des Étudiants Guadeloupéens,* jugée par les policiers moins dangereuse que les associations d'étudiants indochinois. Puis le *Comité* devient la *Ligue de Défense de la Race Nègre.*

Le Martiniquais Sainte-Rose Franchine (domicile clandestin à Paris) en est vice-président. Les Guadeloupéens Labuthie Sosthène (employé de bureau), et Rosso Stéphane (comptable) en sont respectivement secrétaire-adjoint et trésorier. Cette nouvelle ligue édite *La Race Nègre,* pannégriste, communiste jusqu'en 1931, et qui informe, mobilise sur les points suivants :

— Situation de « nos sœurs de race qui triment dans les charbonnages de Fort-de-France ». Il faut aussi (déjà) « empêcher l'exode de nos compatriotes antillais vers la métropole, et les organiser là-bas ».

— Lettre de Guadeloupe en 1930, sur les Noirs « toujours déçus. Quand ils cherchent à manifester leur mécontentement par une grève, il se trouve toujours toute la maréchaussée, et même des soldats qui... font de la chair de ces nègres une véritable boucherie (grève de février dernier)... Si une nouvelle révolution ne se produit pas, cet état de choses ne cessera pas ».

1928 : L'avocat André Béton, assimilationniste, anti-négriste et anti-communiste, fonde le *Comité Guadeloupéen de Paris.* Un autre Guadeloupéen, Satineau, fonde *La Dépêche africaine.*

L'Internationale Syndicale Rouge édite à Moscou *l'Ouvrier Nègre,* « fils déshérité de la famille prolétarienne ».

1930 : Sajous et Kouyaté fondent le *Comité Universel de l'Institut nègre de Paris,* avec des collaborateurs antillais, pour « l'instruction dans le sens du génie de la race ».

1931 : Scission à la Ligue : Émile Faure, indépendantiste sénégalais, est élu président ; Kouyaté, jugé trop proche du P.C.F., est démis. Il adhère avec plusieurs Antillais à l'*Union des Travailleurs Nègres* (affiliée à la C.G.T.U., elle aura une

Bourse du Travailleur Nègre). Il fonde un nouveau Comité de Défense de la Race Nègre et, avec le communiste martiniquais Trissot, édite le *Cri des Nègres* (auquel Césaire fait parfois allusion. Cf. R. Depestre, *Pour la Révolution, pour la poésie,* p. 162).

Le *Cri,* publication communiste noire, est mieux lié au vécu des travailleurs antillais que n'étaient *la Race Nègre* ou *la Revue Internationale des Ouvriers nègres* (Moscou), dont la couverture montrait un noir en salopette qui brise ses chaînes au-dessus d'un globe terrestre.

Dans le *Cri,* Rosso, Alpha et leurs correspondants guadeloupéens dénoncent le salaire des coupeuses de cannes (9 F), celui des ouvriers des sucreries (15-18 F), le nombre des chômeurs en 1933, la situation des pêcheurs, la pauvreté du mobilier des cases, la scolarisation insuffisante à Fort-de-France, la diminution des salaires et le triplement de l'impôt en 1934. Le *Cri* signale aussi les salaires de famines en Haïti, et l'emprisonnement du jeune intellectuel Jacques Roumain (futur auteur de *Gouverneurs de la Rosée*) qui avait voulu y fonder un syndicat, et qui promet des articles au *Cri* (rapport du policier Joë, 27.XII.31).

Les constantes du *Cri* sont l'appel à l'union et à l'organisation des étudiants (4), des ouvriers et des îles elles-mêmes : « Notre pays a besoin d'être maître de ses destinées. Il faut une Fédération des Républiques antillaises. »

La police s'inquiète de ce que les étudiants antillais de Paris lisent le *Cri* « avec enthousiasme », et qu'il soit envoyé au directeur d'école de Morne à l'Eau, Guadeloupe (5).

Cependant *La Race Nègre* suit une évolution inverse. Elle publie encore quelques articles concrets sur les travailleurs noirs de métropole, premières victimes de la crise économi-

---

(4) Le père, souvent employé ou fonctionnaire, doit compléter le montant de la bourse étudiante, en particulier le Guadeloupéen, qui ne reçoit que l'équivalent du logement étudiant (200 F, le Martiniquais recevant 1 000 F par an). Bourses, écrit la *Race nègre,* dont l'octroi est soumis à une surveillance et à des pressions politiques ; ici s'annoncent les problèmes qui hanteront les colonnes de *Légitime défense* et de *l'Étudiant Noir.*

(5) Entre les deux îles, il ne devait pas être distribué plus d'une cinquantaine de *Cri des Nègres.*

que (6). Puis c'est le tournant réformiste et radical-racial en 1932 : elle se prononce maintenant contre toute notion de prolétariat noir ou de capitalisme (nov. 1934), contre le communisme, et contre les étudiants Césaire et Senghor, jugés trop soumis à la culture blanche. *La Race Nègre* a pour correspondants des éléments non ouvriers : officiers noirs de l'École de Fréjus, roi camerounais, commis indigènes aux écritures, commerçants africains. La grille idéologique marquée d'un souci culturaliste à base ethnique est désormais plus nationaliste que marxiste, plus négriste qu'internationaliste (catégories qui se confrontent alors de tout autre manière qu'aujourd'hui).

Dans ces reclassements d'ensemble, les parcours individuels sont des plus divers : Henri Bangou (*Histoire de la Guadeloupe,* III, 122) a retracé celui du juriste communiste guadeloupéen Max Clainville Bloncourt, co-fondateur du *Messager Dahoméen*, président de l'Union Intercoloniale, responsable du *Paria,* candidat du Bloc Ouvrier et Paysan, délégué au Congrès anti-impérialiste de Bruxelles de 1927, et qui avait rejoint le combat des paysans de Guadeloupe (7). Arrêtons-nous sur deux autres personnalités guadeloupéennes.

1) Gothon Lunion prépare le baccalauréat à l'âge de 26 ans, en 1922. Sans emploi, il adresse au Ministre des Colonies une lettre d'une belle tenue pour se plaindre de l'Office de placement de la Seine. Deux ans plus tard, on retrouve à Moscou ce chômeur sur le trône des Romanoff... entre deux séances d'un Congrès de l'Internationale. *L'Illustration* du 16 août 1924 s'inquiète :

> Le Ve Congrès a défini le droit et le devoir pour les colonies de se séparer des métropoles... Tel est le singulier avertissement qu'illustre de la façon la plus expressive la photographie du joyeux nègre communiste installé sur le trône des tsars.

---

(6) De son côté, le *Comité Syndical International des Ouvriers Nègres* lance en 1932 un appel sur la situation de : « milliers de marins et dockers nègres qui battent réellement la semelle dans les ports devant les bureaux d'embauche ».

(7) Bloncourt avait-il reçu de l'Internationale une mission d'« agit-prop » ? Cette mission comportait-elle la constitution d'une organisation communiste déclarée comme telle ? La réponse appartient aux archives du mouvement communiste international.

Décidément doué pour les initiatives à sensation, Lunion confère en 1927 sur « Les nègres conscients », dans la Salle des Sociétés Savantes ; dans l'auditoire (70 personnes) des gens protestent, dont son compatriote Satineau, administrateur en Afrique peu disposé à mêler conscientisation et révolution (8).

Mais au *Comité de Défense de la Race Nègre* Lunion s'oppose au Sénégalais Lamine Senghor, plus soucieux que lui d'une organisation de type léniniste. Et en 1928, Lunion en vient à signer un appel du *Comité Guadeloupéen de Paris* en faveur de la candidature d'André Béton, « qui grâce à sa situation personnelle, sa modération, ses relations en France, en Afrique et en Amérique, pourra nous aider dans l'œuvre de rénovation que nous avons entreprise ».

Après cette manifestation d'opportunisme délégataire, Lunion disparaît des feux de l'actualité... et des dossiers du Ministère.

2) Trois ans avant de venir militer à Paris, Hannah Charley a conféré dès 1924 en Guadeloupe contre l'assimilationnisme : « Les lettrés nègres... incroyablement manœuvrés, n'osent pas parler des choses nègres. »

Il prétend avoir fondé une association de 5 000 membres actifs à la Guadeloupe, mais dirige en fait un groupuscule de tendance négriste composé d'intellectuels ou de semi-intellectuels, auxquels s'est joint un « maître-ouvrier ». La trace laissée par Hannah Charley n'est sans doute pas dans ses brochures : *Stipulations financières, Haut les Cœurs, Le devenir de notre race,* qu'il vendait à l'issue de ses conférences, encore que la rhétorique en fût particulièrement mandante :

> Il faut vous répéter ce titre à vous-même, pour vous en bien convaincre et vous en bien pénétrer : Haut les Cœurs.
>
> Il s'agit pour vous, intérieurement, intimement, de vous pénétrer que vous-même, personnellement, actuellement, vous pourriez être capable, avec les entraînements et les conditions requis, d'exécuter, indépendamment, racialement, n'importe quelles actions d'éclat que vous voyez accomplir par n'importe quels sujets de n'importe quelles races dominantes actuelles,

_____

(8) Le très officiel guadeloupéen Candace préférait parler de « nègres évolués ».

que cette race soit française, anglaise, allemande, japonaise..
et que ce haut fait soit de nature militaire, scientifique, sociale
(*Haut les Cœurs*, p. 21).

Hannah Charley, à la fois « vieux nègre cabaret », vague
connaissance de Césaire, professeur, figure-t-il dans le *Cahier
d'un Retour au Pays natal* en tant que « nègre comique et
laid » ? « Hannah Charley, demi-philosophe et demi-clochard,
qui fréquentait le Quartier Latin », a confié le poète au critique zaïrois N'Gal. Alors, la connaissance du référent Hannah Charley nous interdirait une lecture simpliste du passage
consacré au nègre miséreux rencontré dans le tramway ; ce
Guadeloupéen décrépit ne représenterait pas du tout la « vieille
négritude » ; triple serait la « trahison » du jeune clerc : ethnique, sociale, idéologique aussi, puisque tous deux militaient
pour la même cause.

L'histoire de la littérature ne peut donc contourner les textes
politiques antillais des années trente, si elle veut mesurer le
degré d'avant-gardisme dont on crédite habituellement d'autres
textes plus connus, et considérés comme irradiants dans l'histoire de la négritude.

Ainsi de la *Revue du Monde Noir* de 1931, organe modéré
et semi-officiel, qui à un article près (9) ignore délibérément
la masse des travailleurs manuels des Antilles et de la diaspora antillaise, toute préoccupée qu'elle est de fournir, à l'instar des revues noires américaines, une image honorable des
performances intellectuelles de la race. Il convient toutefois
de noter, sous ce masque de respectabilité, la teneur d'un rapport de police d'août 1932, signé Joë :

> Sajous aurait l'intention de se mettre en relation avec les
> nazis, pour que ceux-ci aident les nègres du monde entier...
> Sajous avait reçu une offre d'hospitalité pour l'Allemagne, il
> a ajouté que les Allemands ne demandaient pas mieux que
> de l'avoir pour l'employer au soulèvement des diverses races

---

(9) Celui de René Ménil, qui abordait en février 1932 le problème de la solidarité nécessaire entre l'intellectuel noir exilé et le travailleur manuel demeuré au pays.

noires (sic), colonisées ou autres asservies par l'impérialisme
français et anglais.

Le cas de *Légitime défense,* en 1932, est plus intéressant :
rédigée par des étudiants orientés vers le surréalisme (fréquentation de Breton), le communisme (lectures de *l'Humanité,*
de *Commune,* du *Cri des Nègres*) et la pensée freudienne,
elle parle du bouvier, du petit planteur, du salarié agricole
des îles, vêtu d'étoffe à sacs, scandaleusement rétribué, et dont
les enfants mêmes travaillent aux champs en « petites bandes » ou « petits ateliers ». Infinie patience de ces travailleurs :
« Des Noirs continuent de couper la canne, et ne pensent pas
encore à couper la tête de ceux qui ne cessent pas de les
trahir » (10), qui contraste avec le volontarisme et la violence
verbale de ces jeunes gens en colère :

> Nous nous dressons ici contre tous ceux qui ne sont pas
> suffoqués par ce monde capitaliste, chrétien, bourgeois, dont
> à notre corps défendant nous faisons partie. Le Parti Com-
> muniste (IIIe Internationale) est en train de jouer dans tous
> les pays la carte décisive de « l'Esprit » (au sens hégélien de
> ce terme)... Quant à Freud, nous sommes prêts à utiliser
> l'immense machine à dissoudre la famille bourgeoise qu'il a
> mise en branle... Parmi les immondes conventions bourgeoi-
> ses nous abominons particulièrement l'hypocrisie humanitaire,
> cette émanation puante de la pourriture chrétienne... Issus de
> la bourgeoisie de couleur française, qui est une des choses
> les plus tristes du globe, nous déclarons — et nous ne revien-
> drons pas sur cette déclaration — face à tous les cadavres
> administratifs, gouvernementaux, parlementaires, industriels,
> commerçants, etc., que nous entendons, traîtres à cette classe,
> aller aussi loin que possible dans la voie de la trahison.

Aussi *Légitime défense* renonce-t-elle à communiquer avec
une classe ouvrière encore peu consciente de ses intérêts : « A
défaut de prolétariat noir, à qui le capitalisme international

---

(10) A rapprocher des mots d'ordre du patriote haïtien Dessalines : « Brillé cail-
les (brûlez les cases des colons), coupé têtes » ; ou bien du geste surréaliste selon
Breton : le tir au revolver, au hasard dans la rue.

n'a pas donné les moyens de nous comprendre, nous nous adressons aux enfants de la bourgeoisie noire. »

La mission des écrivains de couleur serait d'exprimer, par délégation, « le sentiment du coupeur de cannes devant l'usine implacable », mais la plupart des compétences intellectuelles antillaises, précise la revue, trahissent cette mission : « Tués placés foutus universitaires... administrateurs ils iront piller leurs congénères (en Afrique, R.A.), magistrats les juger, officiers les assassiner. »

Dans ce premier et unique numéro (elle cessa de paraître, dit R. Ménil, du fait de ses rédacteurs eux-mêmes), la revue en reste au constat de l'impossibilité d'une alliance inter-classes dans les Antilles françaises.

Dans l'*Étudiant Noir* de 1935 voisinent, avons-nous dit précédemment, Gilbert Gratiant et Léonard Sainville, communistes, Paulette Nardal, de la *Revue du Monde Noir,* Césaire, demeuré sur certaines positions anti-assimilationnistes de *Légitime défense,* Senghor, représentant déjà l'humanisme noir (11).

Gratiant, Sainville, qui y abordent la question des classes, remarquent que le marxisme est produit d'importation aux Antilles, et que la minorité de demi-savants, issue d'une classe privilégiée, vit séparée de la grande masse du peuple par une barrière d'incompréhension et d'antipathie latente.

Quelle qu'ait été donc la sincérité des jeunes rédacteurs de ces revues, leur situation excentrée par rapport aux travailleurs des îles, et par rapport à l'émigration noire des ports de métropole, explique cette mise en retrait sur les appels passionnés à l'union dans le *Cri des Nègres,* et sur une certaine volonté de front unique qui se manifeste alors en Martinique.

Sur place en effet, le groupe Jean-Jaurès fonctionne depuis décembre 1919 comme association « prolétarienne et socialiste », avec un journal : *Justice,* fondé le 8 mai 1920, que dirige le professeur de philosophie, historien, avocat, confé-

---

(11) Jacqueline Leiner nous a fait connaître l'existence du seul numéro de *l'Étudiant Noir* actuellement redécouvert.

(12) Une partie de ces renseignements provient d'articles d'Armand Nicolas, secrétaire du Parti Communiste Martiniquais, parus dans *Justice.*

rencier, essayiste, poète Jules Monnerot (1874-1942, pseudonyme René Arot), celui que *Tropiques* désignera en février 1943 comme un « soldat parmi le peuple dépouillé » (R. Ménil).

Monnerot est devenu en 1920 marxiste et léniniste, et comme tel, objet de la répression gouvernementale et usinière ; à ses côtés, un commerçant : Aliker ; un ébéniste : Bissol ; un médecin : Linval ; un charpentier : Laurent ; un cordonnier : Duféal ; un orfèvre : Tramis ; un employé de commerce : Sivatte.

Outre *Justice,* Monnerot journaliste aura tenté d'éditer en mars 1930 *L'Essor prolétarien,* « organe d'action sociale présenté par la classe prolétarienne au public martiniquais, au monde ouvrier en particulier » et, en 1939, *Le Drapeau Rouge* (12).

Surtout, après son *Bulletin d'Histoire de la Martinique* de 1915, il édite à partir de 1926 — pendant les dernières quinze années de sa vie — la *Revue Martiniquaise* devenue la *Revue de la Martinique.* C'est une publication liée au milieu syndical de Fort-de-France, au Bloc ouvrier et paysan, lequel présente aux élections « des prolétaires manuels et intellectuels ». Elle se veut aussi « contribution à l'histoire du travail », et fournit en outre des études d'histoire et de littératures locales et pannègres. Mais Monnerot y a continué la tradition assimilationniste du *Bulletin pour servir à l'Histoire de la Martinique.* Ayant rencontré Jaurès en 1902, alors qu'il était jeune délégué socialiste des Antilles françaises, il approuvait en effet sa définition de la Guadeloupe et de la Martinique : « morceaux de l'histoire française palpitant sous d'autres cieux ». Dans le premier numéro de *Justice* par exemple qui dénonçait la « ploutocratie » et prônait « une Bourse où se rejoindront tous les prolétaires du Travail manuel et intellectuel », il écrit : « Ce n'est pas à une province russe que nous demandons l'assimilation de notre colonie, mais à un département de la Mère-Patrie, selon le vœu des aînés et de leurs textes anciens repris par nous... »

Et il ne se montrait pas infidèle à la pensée de Marx, passablement négligente des petits territoires, en poursuivant : « Nous n'avons pas la naïveté de croire que le signal d'une transformation sociale en France puisse partir d'ici... la préparation des grands mouvements sociaux et leur déclenchement ne sont pas dans les attributions de notre bonne petite île. Légalitaires nous sommes donc. »

Cependant ce patriotisme français, aussi vif en 1941 (cf. ses *Ballades défendues)* qu'en 1920 (n° 1 de *Justice),* ne l'empêcha pas de rendre compte, dans le numéro de septembre 1931 de sa revue, de l'insurrection du sud de la Martinique, qui avait explosé aux cris de « vive les Prussiens ».

Certes, on ne trouve pas dans la *Revue* de référence à la *Voix des Nègres,* à la *Race Nègre* ou au *Cri.* Mais, après un échange d'explications, elle accueille favorablement l'unique numéro de *Légitime défense,* « pimpante revue parisienne » où... le fils de Monnerot écrit : « C'est à la Martinique que le visage hideux de la bourgeoisie de couleur s'est penché sur mon berceau. » Et la *Revue Martiniquaise* finit par justifier sa turbulente cadette en tant que réponse aux provocations et aux compromissions colonialistes : « Nous saluons les éveillés qui se font éveilleurs » (13).

Réciproquement, lorsque le leader communiste Aliker meurt à Fort-de-France en 1934, assassiné par des nervis, intellectuels et étudiants noirs à Paris sont nombreux à signer une motion de protestation. Et à la Martinique, certains rédacteurs de *Légitime défense,* revenus au pays, s'agrègent en un Front Commun aux forces communistes locales.

Malgré les fortes personnalités de Bloncourt en Guadeloupe, et de Monnerot surtout à la Martinique, il faudra toutefois attendre la fin de la deuxième guerre mondiale, et l'essor de fédérations communistes dans les deux îles, pour que les manifestations d'alliance entre travailleurs manuels et intellectuels révolutionnaires prennent une envergure quasi-hégémonique.

Il reste à considérer les rares œuvres littéraires produites sur place et traitant de la situation sociale, dramatique : mitraillades de 1924, grèves, lock-out, chômage généralisé.

---

(13) Ces mots ne pouvaient sans doute pas régler le contentieux entre le père et le fils Monnerot.

En 1931, les faubourgs des villes antillaises font leur apparition en littérature avec le roman de la Guadeloupéenne Renée Lacascade : *L'Ile qui meurt*. A travers la grille des récents événements, le prolétariat noir y est jugé comme une masse de manœuvre pour de vilains politiciens locaux, opposés aux plans généreux d'un gouverneur éclairé qui a épousé une femme de couleur, agrégée de l'Université. Insignifiance...

Une Martiniquaise, Irmine Romanette, a placé au contraire les travailleurs de la canne au centre de son roman *Sonson de la Martinique* (1932). Elle y questionne l'emploi du temps des laboureurs, leurs budgets, le déroulement de leur travail. *Sonson de la Martinique* comporte un discours d'analyse sociale : non seulement l'exploitation des hommes, mais celle qui frappe les ouvrières agricoles, sans compter les couturières des bourgs, victimes de leurs amants riches propriétaires terriens.

Le roman d'Irmine Romanette, qui se fait parfois l'écho des revendications du *Cri,* étudie un moment de la conscience politique des masses antillaises, partagées entre la connaissance des oppositions de classe : « C'est notre sort de nous user sans qu'il nous reste rien de la fortune que nous faisons pousser pour les autres », la nécessité de s'organiser : « Pour se tailler coûte que coûte une place au soleil des îles », et, d'autre part, la fascination qu'exerce sur tous la propriété individuelle : « tout moun dans monde/aimin ti bagaïe yo » (chacun sur terre/aime son petit bien).

Le fantôme du maître d'esclaves, Dubuc Trois Fouets, hante l'imaginaire de ces paysans, et ce souvenir aliénant de l'oppression historique coexiste avec l'affirmation de soi au travers de la culture populaire (chansons créoles de grageuses, contes).

En 1914 enfin l'aliénation chauvine : « Je montrerai bien à un Allemand que Sonson Mondésir est un Martiniquais à la hauteur », y complète la résignation à un socialisme brumeux et conciliateur...

Une certaine force romanesque double ce constat de psychologie politique et sociale, qu'on ne devait pas retrouver avant longtemps dans les lettres antillaises, sinon par le thème récurrent de la faim, qui scande *Mon pays, Martinique, Martini-*

que de Victor Coridun (1937), *Piment rouge* de Claude et Marie-Magdeleine Carbet (1938), et surtout le *Cahier d'un Retour au Pays natal* de Césaire, 1939, qui écrit en termes inoubliables la somme des misères dont souffre un peuple : « C'est dans les marais de la faim que s'est enlisée sa voix d'inanition... la mort... ses mille mesquines formes locales (fringales inassouvies d'herbe de Para et rond asservissement des distilleries). »

Mais c'est tout le *Cahier* qu'il faut relire...

La présente étude avait pour but, à partir d'exemples précis, d'offrir une approche diversifiée (jeu des événements extra-littéraires, intertextualité) d'un moment de l'histoire des lettres et des idéologies antillaises. On ne peut désormais nier que dans les années trente, à Paris, l'influence de la *Race Nègre* et du *Cri* sur les intellectuels antillais se soit ajoutée à la « tutelle » surréaliste, et à l'apport des poètes noirs des États-Unis. Pour le Guyanais Damas il faudrait signaler le poème « Rappel » de *Pigments* (1937) :

> « pendant qu'ils éjaculent
> les patrons d'Usine
> pendant que le bon nègre
> allonge sur son grabat dix à quinze heures d'Usine ».

Et sur place, avec les limites qui furent les leurs, le roman d'Irmine Romanette, les essais de Jules Monnerot, solidaires de leur milieu de communication, ont préparé en partie le terrain, le champ de conscience nécessaire à la réception de textes majeurs qui reprendront leur témoignage, tout en les niant par des effets de sens nouveaux (14). Plus généralement, du « prince » béninois Tovalou Houénou, fondateur de la *Ligue,* au polygraphe Hannah Charley « semi-clochard » du Quartier Latin ; de Maran, prix Goncourt, à ce Maqui, militant présent à Moscou en 1924, si obscur que la police se demande

---

(14) « Chaque Antillais peut témoigner qu'ayant lu le Cahier, les Antilles ne sont plus pour lui ''comme avant'' » (René Ménil, « Sur la Préface de Breton au Cahier d'un Retour au Pays natal », La Havane, Casa de las Americas, 1979). Cf. aussi *Europe,* avril 1980.

qui il pouvait être ; du Jamaïcain cosmopolite Mac Kay à Monnerot, étroitement lié à sa Martinique, la diversité des apports et des figures de la (ou proches de la) négritude antillaise est telle qu'elle justifie le compas le plus large, comme secteur privilégié d'étude du rôle des intellectuels en pays colonisé.

2. Imprégnation marxiste après 1945

> Le monde des travailleurs attend de l'employeur une attitude ferme, juste, non brutale (G. Boukson et B. Édouard, *Les Antilles en question,* 1972).

Nous avions parlé de quasi-hégémonie marxiste : il ne pouvait s'agir que d'une courte période, quelques années tout au plus, après lesquelles des contradictions majeures ne manqueraient pas d'affleurer.

Le poète Césaire est député communiste jusqu'en 1956, date à laquelle la dénonciation en U.R.S.S. des crimes de Staline, sinon encore l'invasion de la Hongrie, petit pays, par une coalition sous commandement soviétique, une incompréhension relative des spécificités antillaises de la part du Parti Communiste métropolitain, allaient déclencher sa démission, manifestée par la *Lettre à Maurice Thorez,* qu'il fait suivre de la création du Parti Progressiste Martiniquais, cependant que d'autres communistes fondent les P.C. de Martinique et de Guadeloupe.

Pour ce qui concerne l'imaginaire politique, cette nourriture des littératures engagées, on assiste à un déplacement des lieux de référence et d'influence révolutionnaires, Cuba après 1959 se substituant à l'U.R.S.S. Chez les intellectuels anticolonialistes, des idéologies de rechange se font jour, les essayistes, les critiques littéraires des années soixante faisant choix d'autres méthodes d'analyse que celles qui s'affirmaient du côté des marxistes.

Contradiction et luttes : d'un côté donc Cuba renouvelle l'inspiration marxiste sur des bases qui apparaissent vivantes, géographiquement proches, donc concrètement vérifiables à partir de critères économiques et sociaux familiers aux peuples de la Caraïbe. En ce sens, Cuba rachète ce qu'avait écrit Césaire dans sa *Lettre à Maurice Thorez,* parlant de la Martinique : « le communisme a achevé de l'isoler dans le bassin caraïbe ». Cuba développe une pratique de créativité artistique ouverte, attractive pour les jeunes auteurs des îles voisines, notamment à travers l'attribution des prix « Casa de las Americas ». Ajoutons l'influence subie par les écrivains anti-impérialistes de cette Amérique latine dont les Antillais se sentent de plus en plus partie prenante. Désignons enfin l'influence des écrivains communistes d'Haïti : Jacques Roumain, Jacques Stephen Alexis, René Depestre, auprès de lecteurs qui comme les Haïtiens parlent à la fois le français et le, ou les créoles.

Mais, en contre-feu, à la répression brutale et institutionnalisée des « activités anti-françaises » par le gouvernement métropolitain de naguère se substitue une politique d'effacement des dissidences par absorption. En même temps, des agents d'influence, des conférenciers noirs américains ou cubains exilés, s'efforcent de pousser très avant la dissociation du couple marxisme/nationalisme, à partir d'instances universitaires de Washington ou de Miami diffusant dans la zone caraïbe une idéologie négriste anticommuniste.

Pourtant, dans les deux îles, les marxistes demeurent actifs dans le domaine de la culture. Pointe-à-Pitre par exemple possède, ce qui est rare pour une petite ville française, un Centre Marxiste, un Centre José Marti, un Centre Saint-John Perse, signe de la réappropriation antillaise d'un poète qui avait pourtant parlé avec détachement du « babouviste ».

Précisons une constante : même aux périodes de plus grand rayonnement, un certain pathétisme a toujours marqué la réflexion marxiste à la Martinique et à la Guadeloupe : le combat ne s'est jamais circonscrit au domaine culturel, et le militantisme, intellectuel aussi bien que manuel, y fut mainte fois victime de violences allant de la déportation en Europe jusqu'à l'assassinat. S'y ajoutaient les difficultés d'une théo-

risation, d'une démarche identitaire jalouse de ses spécifici
tés, contrainte d'utiliser avec précaution, c'est-à-dire dialec-
tiquement, des outils critiques empruntés à de tout autres con-
textes.

3. L'engagement césairien

Dans le numéro de février 1944 de *Tropiques*, Césaire levait
un peu le voile du marxisme de contrebande qui prévalait en
ces années de guerre, en déclarant : « la révolution martiniquaise se fera au nom du pain, bien sûr ; mais aussi au nom
de l'air et de la poésie (ce qui revient au même) ».

Cette phrase, même s'il s'y fait écho du célèbre énoncé
marxien « le pain et les roses », ne suffisait pas à conférer
à l'écrivain un label marxiste. Mais nous avons signalé dans
le chapitre que nous lui avons consacré les marques de cette
même idéologie, telle qu'elle apparaît dans le *Cahier* et dans
la *Tragédie du Roi Christophe*. Nous n'y revenons pas. On
ne s'attardera pas sur l'élégie dramatique *Pour un gréviste
assassiné* (éditions du P.C.F., Imprimerie Populaire, Fort-de-
France, s.d.), parce que le souffle y est court, et que s'y
répète, simplifié à l'extrême, le schéma de *Et les Chiens se
taisaient*, actualisé à partir d'un épisode de la répression anti-
ouvrière à la Martinique : « Le 4 mars 1948 au Carbet (Antilles), des paysans en grève étaient cernés par la police et assas-
sinés » (Préface de René Ménil). Littérairement, seules quelques lignes émergent :

> « André Jacques couché mort et la terre est plus sèche que
> les yeux d'un préfet... André Jacques mort comme un vol-
> can s'éteint...
> il y a trois cadavres qui tournent
> leurs yeux leur tête trémière
> vers le soleil paysan de la vengeance. »

Il est en revanche intéressant d'aborder la rhétorique politique césairienne, telle qu'elle se présente dans deux textes

en prose parus à six ans d'intervalle : *Discours sur le Colonialisme* (Paris, 1950), et *Lettre à Maurice Thorez* (24 octobre 1956).

Le *Discours* a 52 pages, la *Lettre* en a onze ; l'envergure respective des sujets est certes différente : en 1950, Césaire dresse le bilan accablant de quatre siècles de colonialisme alors que la *Lettre* intervient après le XXᵉ Congrès du P.C. de l'Union Soviétique et les « révélations de Khrouchtchev sur Staline » qui, conjuguées à d'autres réalités tragiques, désignent l'échec du communisme soviétique ; la *Lettre* intervient aussi après le Iᵉʳ Congrès des Écrivains et Artistes noirs.

Des blessures homologues, ou la même blessure, sont au germe de ces textes : blessure du colonisé en 1950, blessure du communiste homme de couleur en 1956. La démarche, plus conceptuelle que lyrique, utilisera des prédicats semblablement discriminants : dans le premier cas, la colonisation n'est pas la civilisation, dans le deuxième, le stalinisme, en U.R.S.S. et ailleurs, n'est pas le communisme. Alors qu'en 1950, il terminait son *Discours* sur le mot « prolétariat », et prenait une option strictement internationaliste (« C'est un fait : la nation est un phénomène bourgeois »), Césaire en 1956 fait siennes quelques-unes des affirmations de Sartre dans « Orphée Noir » sur la « singularité de notre situation dans le monde ». En même temps, ses vœux, très circonstanciels et de nature imprécise, se tournent vers le continent des origines :

> Il m'intéresserait de voir éclore et s'épanouir la variété africaine du communisme... Mais je dis qu'il n'y aura jamais de variante africaine... parce que le communisme français trouve plus commode de nous imposer la sienne... L'Afrique seule peut revitaliser, repersonnaliser les Antilles.

Il est important de voir la modernité et la pertinence des reproches adressés au P.C.F. de 1956, dans cette lettre de démission, la plupart d'entre eux ayant été intériorisés et reformulés depuis par le P.C.F. lui-même : « retard historique », « stalinisme français », « droit à l'initiative ». Le contentieux littéraire opposant Césaire à Aragon ayant évidemment moins d'envergure : « la gent littéraire qui à propos de tout et de rien dogmatise au nom du Parti ».

La résolution antistalinienne de 1956 ne présente pourtant pas l'allure du réquisitoire anti-capitaliste et anti-colonialiste exhaustif de 1950 : faisons la part d'une amertume peu inspirante, rappelons que Césaire ne renvoie pas deux systèmes dos à dos, et qu'il s'agit d'un texte second, venant après le rapport Khrouchtchev, alors que le *Discours sur le Colonialisme* pouvait ambitionner de faire œuvre neuve.

Une verve profuse se déploie en effet dans le *Discours,* différente certes de celle de Lénine qui avait écrit *L'Impérialisme stade suprême du Capitalisme.* Verve nourrie d'énumérations rabelaisiennes :

> Donc, camarade, te seront ennemis — de manière haute, lucide et conséquente — non seulement gouverneurs sadiques et préfets tortionnaires, non seulement colons flagellants et banquiers goulus, non seulement macrotteurs politiciens lèche-chèques et magistrats aux ordres, mais pareillement et au même titre, journalistes fielleux, académiciens goîtreux endollardés de sottises, ethnographes métaphysiciens et dogonneux *(spécialistes de « la pensée des Dogons », R.A.),* théologiens farfelus et belges *(le révérend père Tempels),* intellectuels jaspineux, sortis tout puants de la cuisse de Nietzsche ou chutés calenders-fils-de-Roi d'on ne sait quelle Pléiade, les paternalistes, les embrasseurs, les corrupteurs, les donneurs de tapes dans le dos, les amateurs d'exotisme, les diviseurs, les sociologues agrariens, les endormeurs, les mystificateurs, les baveurs, les matagraboliseurs.

Pages structurées par la rhétorique française classique et ses séquences progressives :

> Il faudrait d'abord étudier comment la colonisation travaille à déciviliser le colonisateur, à l'abrutir au sens propre du mot, à le dégrader, à le réveiller aux instincts enfouis, à la convoitise, à la violence, à la haine raciale, au relativisme moral, et montrer que, chaque fois qu'il y a au Viêt-nam une tête coupée et un œil crevé et qu'en France on accepte, une fillette violée et qu'en France on accepte, un Malgache supplicié et qu'en France on accepte, il y a un acquis de la civilisation qui pèse de son poids mort, une régression universelle qui s'opère, une gangrène qui s'installe, un foyer d'infection qui s'étend et qu'au bout de tous ces traités violés, de tous

ces mensonges propagés, de toutes ces expéditions punitives tolérées, de tous ces prisonniers ficelés et « interrogés », de tous ces patriotes torturés, au bout de cet orgueil racial encouragé, de cette jactance étalée, il y a le poison instillé dans les veines de l'Europe, et le progrès lent, mais sûr, de *l'ensauvagement* du continent.

Dénonciation/énonciation injonctive et hautement ironique :

Pensez donc ! quatre-vingt-dix-mille morts à Madagascar ! L'Indochine piétinée, broyée, assassinée, des tortures ramenées du fond du Moyen Age ! Et quel spectacle ! Ce frisson d'aise qui vous revigorait les somnolences !

Texte marqué enfin par les anaphores, les synecdoques, les images surréalistes ou simplement hardies :

Le cul-de-sac Europe... Bidault avec son air d'hostie conchiée... Lautréamont n'a eu qu'à regarder, les yeux dans les yeux, l'homme de fer forgé par la société capitaliste pour appréhender le *monstre*... Hitler permet de voir gros... Au bout du capitalisme désireux de se survivre, il y a Hitler.

Un quart de siècle après Jules Monnerot, mais avec des moyens, un rayonnement, et des orientations autres, ce flamboiement idéologique césairien ne pouvait manquer de fortifier, encourager, en certains cas susciter une vision du monde propre aux intellectuels des Antilles françaises, selon laquelle les oppositions de classe demeurent un fait acquis, quel que soit leur engagement ou leur non-engagement personnel.

Soit la topique : canne à sucre/salaires agricoles/profit, qui apparaît comme une constante, au moins dans ses deux premiers termes. Non seulement dans le *Cahier d'un Retour au Pays natal,* qui y associe le terme dividendes, non seulement dans les romans prolétariens de Léonard Sainville *(Au fond du bourg)* et de Lucie Julia *(Gens de Bonne-Espérance),* mais aussi dans *Balles d'or* du Guadeloupéen Guy Tirolien (1917-1988) :

« Le salaire de l'homme ici
ce n'est pas cet argent qui tinte clair, un soir de paie

c'est l'espoir qui flotte incertain au sommet des cannes
saoûles de sucre
car rien n'a changé
Les mouches sont toujours lourdes de vesou
et l'air chargé de sueur. »

Balles d'or a été composé de 1945 à 1960, et différentes
strates s'y discernent, mais au-delà du titre ambigu et du registre apparent : paix des campagnes marie-galantaises alliée au
« rire virginal des vagues », environnement généreux et favorable à l'homme, fuse le thème récurrent des explosions spo-
radiques, expression des vengeances prolétariennes :

> « Des incendies parfois ravageaient les rhumeries
> D'étranges punchs flambaient
> Réchauffant le sang vert des mares endormies. »

L'écriture de Tirolien — qui s'organise souvent sur le paradigme « ne... plus » — est aussi celle du refus, des ruptures.
Écriture flagrante d'ancien fonctionnaire colonial dissident...
Et, marteau « brisé », faucille « usée », un poème de septembre
1979, paru dans *Europe* (avril 1980), prône explicitement la
violence comme instrument de libération politique.

> « Tonnerre m'écrase ! quand donc le jour
> Éclatera-t-il ?
> Comme une bombe. Comme une bombe. »

L'écrivain martiniquais Gilbert Gratiant a entretenu lui aussi
un rapport affectif et linguistique étroit, dans la distance, avec
le pays natal. Mais en métropole, son activité continue au
sein d'un des groupes de langues du P.C.F. n'eut que de rares
prolongements de littérature politisée, si l'on excepte le poème
de solidarité anti-colonialiste (procès O.J.A.M., 1963) : *Toutt
la geol ni an funett, Tout la jol ni an funet* (Dans toute prison il y a une fenêtre). Aussi le travail dans les champs de
canne prend-il chez lui les couleurs et odeurs de la fête —

fête du journal *Justice* en l'occurrence — plutôt que celle de
la lutte :

> Loss'can-n'-la ka fléché
> Loss soleil ka cléré
> Cé an la-soie assou champ-can-n'

> Loss can-n'-la ka fléché
> Au grand claid'-lune assou-ï
> Cé an la neige en-l'ai mone-la

> Loss'Negg'ka coupé can-n'
> -Vaillant con yo vaillant-
> Coutlas ka fait zéclai

> En mitan cé feuill-la
> Ni an lodeu vuzou
> Ka rentré en fond co'-ou (An ti-punch... 24 juillet 1967)

> Lorsque les cannes montent en flèches
> et que le soleil les éclaire
> c'est de la soie sur la cannaie

> Lorsque les cannes montent en flèches
> Sous le grand clair de lune
> C'est de la neige sur la colline

> Lorsque les nègres coupent la canne
> courageux comme ils le sont
> les coutelas lancent des éclairs :
> il y a là une odeur de vesou
> qui vous pénètre au fond du corps !

La conscience de l'opposition des classes... Il faudrait
encore aborder le roman de Michèle Lacrosil, *Demain Jab
Herma* (1967) et ceux du métropolitain Salvat Etchart : *Les
Nègres servent d'exemple* (1964), *Le Monde tel qu'il est*
(1967).

Mais la véritable « conversion » du marxisme, sa transformation en combustible des moteurs autonomiste et indépendantiste, se réalise chez les anciens élèves de Césaire devenus eux aussi écrivains et idéologues.

Il s'agit de Georges Desportes qui dans *Les Marches sou-
veraines* (1956) écrivait : « De plus en plus je crois à l'intransigeance absolue de la justice populaire estampillée d'une
empreinte d'ouvrier avec le paraphe phosphorique et sanglant
du poète. »

Il s'agit de Frantz Fanon qui dans *Peau noire masques
blancs* et dans *Les Damnés de la Terre* relie constamment,
de manière réductrice parfois, le culturel au politique ; Frantz
Fanon qui, sans préciser davantage le rôle des différentes classes sociales à la Martinique, exacerbe le constat marxien de
la violence accoucheuse de sociétés ; Frantz Fanon qui dans
ses analyses des romans de Paul Morand et de René Maran
se refuse à racialiser l'approche des problèmes psychologiques de l'homme de couleur.

Il en va ainsi d'Édouard Glissant, qui propose de substi-
tuer à la périodisation marxiste classique, qu'il juge trop centrée sur l'Europe, une histoire martiniquaise plurielle, mais
fondée sur l'analyse des réalités et des antagonismes socio-
économiques de l'île. Dans son *Discours antillais*, qui arti-
cule la littérature avec l'histoire des formations sociales, un
souci s'inscrit à toutes les pages : comment déclencher à la
Martinique une révolution socialiste, dès lors qu'il n'y a plus
de véritables structures agricoles et industrielles, et que le peuple, menacé d'assistanat généralisé, ne maîtrise plus aucun processus de production ? On reconnaît bien là celui qui a signalé
les « djobeurs », (prolétaires de petits travaux problématiques),
comme sujet romanesque à Patrick Chamoiseau, l'auteur de
Chronique des sept misères.

Même chez les critiques littéraires qui s'orientent volontiers aujourd'hui vers des études formelles, l'approche privilégiée du sujet énonciatif se fait souvent avec référence à des
philosophes marxistes, en toute indépendance et novation —
c'est le cas de Roger Toumson, auteur de *La Transgression
des couleurs* — ou avec reconnaissance plus ou moins dis-
tanciée du matérialisme historique comme base d'analyse des
textes, dans des îles qui font partie des pays en voie de développement très particulier.

Considérons enfin l'audience renouvelée dont jouit le « major »
de la critique littéraire d'inspiration marxiste, René Ménil.

Depuis ses textes de 1931, dans la *Revue du Monde Noir,* il a lancé et sans cesse accompagné le mouvement d'avant-garde politique et esthétique aux Antilles françaises. Philosophe de formation, il a publié des articles remarqués dans *Légitime défense, Tropiques, Action* (revue théorique et politique du P.C. martiniquais) *Justice, La Nouvelle Critique, Les Temps modernes, La Casa de las Americas* et de multiples interventions ponctuelles en tant que porte-parole culturel du P.C.M.

Reconnu en 1941 par André Breton comme homme de haute culture, il demeure sujet de l'antillanité militante, ayant mené la lutte contre les mythologies oppressives (imagerie coloniale, assimilationnisme aliénant), les mythologies jugées mystifiantes (folklorisme, négritude), les contre-mythologies gauchistes, « l'esthétique marxiste naïve », c'est-à-dire platement reduplicatrice de la réalité.

Il écrit dans *Tracées* (1981) :

> L'approche des œuvres, les méthodes de recherche sur le plan de l'esthétique gagnent à être marxistes, c'est-à-dire réalistes, historisantes, dialectiques pour la commodité et l'efficacité de la réflexion et de l'analyse.

Et cette approche « non illusionniste » doit être hautement préoccupée du style, qui fonde une œuvre dans sa révélation des relations de classe. Ce que Ménil appelle malicieusement « réalisme socialiste », c'est Maïakovski ou Brecht, chez qui « la fête du langage » fait « illuminer l'idée politique ». Dans ses propres textes de poésie et de fiction, lui-même ne se refuse ni l'idéalité, ni la subjectivité, notamment les puissances du rêve.

Certes Ménil ne croit pas à une autonomie « par essence » de la sphère esthétique : « Une dialectique est à envisager dans l'actuelle crise de notre société telle que la politique peut se trouver bousculée par l'esthétique, et réciproquement », et les dernières pages de *Tracées* indiquent que, dans l'histoire en mouvement, l'impulsion politique garde la précellence. Mais il recommande vivement de ne pas statuer à partir d'une esthétique de Parti, la pratique dialectique devant :

> Couvrir et comprendre tout le champ de la production artistique et littéraire y compris, cela va de soi, la plus moderne et la plus savante, sans quoi le Parti serait en retard sur le mouvement de la sensibilité sociale que prennent en charge la littérature et les arts, et il serait bien vite incapable de comprendre les besoins et les aspirations des hommes dans leur profondeur.

Au passage, il se donne le plaisir de dégager des spécificités, tel ce fonctionnement de l'humour et du baroque qu'il dit pouvoir repérer dans les textes progressistes des Antilles françaises. Par ailleurs, il prend en compte une demande sociale de type populiste, qui a pesé notamment sur les romans de Léonard Sainville, ainsi que la réalité linguistique marquée par l'hégémonie du français sur le créole. Mais, s'évitant le danger de toute clôture identitaire, attentif à Borges aussi bien qu'à Marquez et à Alejo Carpentier, il s'attache sans *a priori* théorique à élaborer une esthétique matérialiste positive ou « de fragments », comme disait Roland Barthes. Non pas une esthétique « sans rivages », car elle est soucieuse de ce qui se passe au contraire sur ces rivages desquels le matérialisme dialectique tire sa consistance, comme un cours d'eau approfondit son lit en absorbant un peu ses berges. « Le projet n'est pas de sauter par-dessus le village caribéen mais bien d'y installer sa demeure — et c'est le village lui-même qui demande alors à s'ouvrir sur le dehors » (*Révolution*, 19/2/1982).

Si l'on compare trois ouvrages capitaux pour la critique littéraire aux Antilles de langue française, *Tracées* de René Ménil, aussi organisé dans la réflexion militante que le *Discours antillais* de son compatriote Glissant, et que *Bonjour et Adieu à la Négritude*, du Haïtien Depestre, apparaîtra comme le plus passionné dans la recherche exigeante de la Beauté.

Qu'elle soit fondamentale ou diluée, la présence marxiste dans les textes de Martinique et de Guadeloupe a des racines « américaines » aussi bien qu'exogènes : fonds de lectures françaises à idéologies révolutionnaire ou progressiste (Hugo, Zola) et révolution sociale et politique haïtienne de 1791-1804 ; surréalisme français et littératures identitaires d'Amérique latine et de la Caraïbe ; tradition protestataire contre tout type d'aliénation et expression de solidarités ethniques avec les peuples d'Afrique notamment, victimes d'un ordre économique injustifié. Le chapitre consacré à la décennie 1980-1992 montrera ce qui en ce domaine a disparu ou demeure, coexistant avec de tout autres orientations.

8

Transits surréalistes

La question de l'attitude d'André Breton à l'égard des collectivités noires, des écrivains noirs, concerne certaines des démarches essentielles du surréalisme : positions artistiques et problématiques de l'écriture, volonté d'explorer l'irrationnel, engagement plus ou moins avancé avec le destin des peuples colonisés.

Sur ce sujet, nous ne manquons ni de textes de Breton lui-même, ni de témoignages de la part des écrivains et artistes noirs, mais l'appréciation de ces documents a été comme faussée par un parti pris de lecture optimiste, poétique, selon lequel la rencontre du surréalisme et de la parole nègre devait s'inscrire d'une manière toute magique, inéluctable, parmi les « signes des temps », comme Breton se plaisait à dire.

Car le récit qu'il a fait de sa découverte de Césaire, dans « Un grand poète noir » *(Martinique charmeuse de serpents)*, n'est-il pas monté en conte ou en piège ? Devons-nous accepter les approximations de *Orphée Noir* de Sartre : « La poésie noire de langue française est de nos jours la seule grande poésie révolutionnaire. Révolutionnaire parce que surréaliste, pourrait-on dire ; mais surréaliste parce que nègre » ?

Et parmi les effets de reconnaissance des Noirs eux-mêmes, n'avons-nous pas à distinguer ce qui relève de l'exclamation lyrique, et c'est Suzanne Césaire dans la revue *Tropiques* : « Surréalisme, corde raide de notre espoir » ; ce qui fut enthousiasme déclenché par Breton lors de son séjour en Haïti (déclarations d'Haïtiens citées dans *Vingt ans de Surréalisme* de J.L. Bédouin) ; et d'autre part la simple affirmation par les écrivains noirs d'un tropisme surréaliste : dans le texte liminaire de *Légitime défense*, dans les textes critiques de... *Tropiques*, justement, dans la déclaration, à la mort de Breton, de Césaire pour qui la rencontre de 1941 « a été celle qui a orienté ma vie de manière décisive » (*Nouvel Observateur*, 5.10.1966) ; celle de Wifredo Lam : « Breton m'a transmis le point poétique auquel j'ai donné une finalité, celle d'être plus que jamais indépendant par l'esprit » *(ibid.)* ; les interviews de Césaire par Jacqueline Leiner (réédition de *Tropiques*, J.M. Place) et par René Depestre (*Europe*, avril 1980). Mais aussi la remarque de Léopold Sédar Senghor : « Je crains que les surréalistes eux-mêmes n'aient pas eu pour la Négritude une sympathie toujours discrète. »

Portons-nous donc plutôt au croisement critique de l'exotisme, du surréalisme, et de la personnalité antillaise ; allons aux textes, qui permettront de préciser la portée des contacts, à y mesurer la part du fondamental et celle du contingent ; et développons les points suivants :

— le refus chez Breton du recours à un apport africain, un modèle nègre pour « changer la vie », ce qui le distingue des positions généralement prises par les avant-gardes littéraires et artistiques des années 20 ;

— la signification de ses amitiés martiniquaises, alors que sa conception universaliste des sources de la révolution et de l'écriture s'affirmait d'emblée assez peu soucieuse des questions d'identité culturelle ;

— l'achèvement en Haïti d'un certain parcours, par une prise en compte réelle des spécificités nationales : André Breton résout là une générosité première plus ou moins abstraite et accède, au cours des journées insurrectionnelles de janvier 1946, à ce point de fusion entre une situation sociale et politique extrêmement tendue, une jeunesse intellectuelle militante et un poète messager, point, donc, où se dépassent les contradictions du témoin et de l'acteur, du Blanc et du Noir, du littéraire et du politique.

Reprenons ces différents points qui constituent des aspects et des moments d'un même itinéraire.

1. Les surréalistes et l'Afrique

Lorsque les surréalistes lancent le tract de 1931 : « Ne visitez pas l'Exposition Coloniale », il ne s'agit pas seulement d'une protestation contre les « massacres de l'Afrique centrale », mais d'un refus global, d'une volonté d'ignorer, au sens critique du mot, un ensemble de territoires modelés ou défigurés, comme on voudra, par une certaine présence française. En Afrique notamment. Volonté donc chez les surréalistes de renier ce qui était déjà à leurs yeux une œuvre de négation.

Reconnaissons que, à lire la presse officielle de l'époque, les bavardes littératures de voyage ou coloniale, et, *a contrario*, les dénonciations d'Albert Londres et de Gide ; à consulter l'imagerie populaire : Noirs fidèles, nègre banania, *Négro et Négrette à l'Exposition Coloniale* (éditions enfantines, 15 juin 1931), les motifs d'écœurement ne manquaient pas à Breton et ses amis.

« Tout ce qui se passe est décidément plat », écrivait Leiris dans son *Afrique fantôme*, auto-dénonciation du travail ethnographique dans un continent « décomposé », une Afrique de missionnaires, de commerçants, de gouverneurs et de soldats (les surréalistes disaient soudards).

Un autre témoignage, celui de William Seabrook dans *Les Secrets de la Jungle* (Jacques Haumont, 1931) montrait lui aussi la double tutelle de la puissance colonisatrice et des roitelets locaux ; de plus, les scènes de « sorcellerie primitive » ainsi révélées n'avaient guère de chance d'intéresser l'auteur des *Vases communicants*.

Une opinion semblablement dépréciative concerne les Noirs immigrés en Europe : n'apparaissaient-ils pas comme les amuseurs des Blancs ? Les affiches de Paul Colin, les romans de Soupault sur le nègre souteneur et de Salmon sur la danseuse noire du Sacré-Cœur aident aujourd'hui à comprendre la condamnation sévère du jazz et de l'exotisme africain considérés comme une « dégradation », dans un texte de 1934 signé notamment de Breton (in *Negro, an Anthology*, de Nancy Cunard).

Le surréaliste André Breton ne participe donc absolument pas à l'esprit de négrophilie moderniste dont Cocteau a rendu compte dans ses « Opinions sur l'Art nègre » (*Action*, avril 1920). Plus politisé que Cendrars, Tzara, Picabia (« Ah ! Si les nègres étaient encore là ! ») ou Roger Vailland (« Nous fraternisons avec vous, chers nègres, et vous souhaitons une prochaine arrivée à Paris »), il n'attend rien d'un recours plus ou moins fantasmatique aux « grands fétiches sous la lune », à « l'âme nègre », aux spectacles nègres, pour aider à dissoudre les valeurs de la civilisation européenne bourgeoise. Il s'écarte des clichés d'époque : le Noir qui s'abandonne à la joie de vivre (Apollinaire, Cendrars ; cf. J.C. Blachère, *Le modèle nègre... chez Apollinaire, Cendrars, Tzara*, Dakar, NEA, 1981), le frère naïf et bon (Tzara), l'Africain éternellement copulant (Crevel)... Il n'adopte pas le célèbre poncif d'équivalence entre nègre, poète et enfant (sauf dans *Nadja* dont l'héroïne attire le poète, les enfants, et « se connaît ce pouvoir chez certains hommes, entre autres ceux de race noire »). Après son passage chez dada, il s'interdit d'écrire le mot « nègre », lequel d'ailleurs, aux environs de 1925, s'est banalisé jusqu'à perdre son symbolisme destructeur, sinon son pouvoir de mot-totem.

Ce n'est pas la race, l'anthropologie noire qui concernent Breton, mais la condition de colonisé en rupture d'obéissance, et sans fréquenter personnellement les militants Lamine Senghor ou Garan Kouyaté, sans que les discussions du groupe surréaliste aient porté sur telle situation africaine concrète, il ne manquera pas de s'intéresser à la publication négriste révolutionnaire, *Le Cri des Nègres* (Témoignage de René Ménil).

Au plan artistique, il laisse à d'autres (Cendrars, Tzara) le soin d'interroger la littérature orale traditionnelle ou la recherche de signifiants purs parmi le vocabulaire des langues africaines. A la différence encore de Cendrars et Tzara, mais aussi d'Apollinaire, de Nancy Cunard, d'André Salmon

(« Génion sauvages de la Côte-d'Ivoire, vous nous avez encore délivrés des derniers mensonges (artistiques, R.A.) » in *La jeune sculpture française*), Breton ne pense pas qu'un artiste européen puisse trouver un ressourcement d'inspiration à partir de l'art nègre :

> L'œil moderne, écrit-il en 1945, embrassant peu à peu la diversité sans fin des objets d'origine dite « sauvage » et leur somptueux déploiement sur le plan lyrique, prit conscience des ressources incomparables de la vision primitive et s'éprit de cette vision (jusqu'à vouloir par *impossible* la faire sienne) (souligné par nous, R.A.).

Picasso lui-même n'a pu rencontrer que des artistes de couleur qui, tel Wifredo Lam, s'étaient auparavant assimilé « les plus savantes disciplines de l'art européen ».

Certes, on note un intérêt déjà ancien pour les statuettes et masques que Breton collectionnait et dont il faisait commerce à Gradiva, rue de Seine. Rappelons aussi que les revues surréalistes s'étaient ouvertes aux publicités des galeries d'« arts primitifs » et d'« objets sauvages ». Un encart du *Surréalisme au service de la Révolution* faisait appel à la caution de Rabelais : « comme assez scavez que l'Afrique apporte toujours quelque chose de nouveau » (*Gargantua*, chap. 16).

Mais entre les « fétiches d'Océanie et de Guinée » (Apollinaire), entre l'art nègre et l'art océanien (parallèle établi en 1915 dans la *Negerplastik* de Carl Einstein, repris en 1918 dans un article d'Apollinaire, en 1919 dans un ouvrage de Henri Clouzot et André Level), et malgré sa référence, sa révérence à la Grande déesse guinéenne de la Fécondité (*Le Surréalisme et la Peinture*, mais peut-être s'agissait-il de la Nouvelle-Guinée), André Breton a fait son choix en faveur des peuples qui suscitent à la fois la « nostalgie des premiers âges de l'humanité » et le pathétique des ethnies en voie de disparition. Son *Art magique* n'est illustré que de quatre objets « nègres » : pipe du Cameroun, diable macumba, diagramme d'Erzulih, objet vaudou. Que l'on compare cet intérêt restreint à la passion que lui inspirent les poupées hopis kachina : « la plus éclatante justification à la vision surréaliste ». Et Breton se réfère aux appréciations de *l'Art nègre* de Georges

Hardy : « l'artiste en Afrique noire n'existe pas ; c'est un suppôt de la religion qui travaille en secret ». Dans l'article « Océanie » qu'il écrit en 1948 pour la préface d'une exposition, il précisera que sa préférence va à l'art océanien, tremplin magique pour l'essor de l'imagination surréaliste, poétique des choses, en regard de cet art nègre jugé trop intellectualiste et trop réaliste. Et prévenant les objections possibles des critiques d'art africain de l'école des styles, notamment Frans Olbrechts, il ajoutait :

> Les variations sempiternelles sur les apparences extérieures de l'homme et des animaux pouvant naturellement aller jusqu'au style par l'épuration graduelle de ces apparences. Mais les thèmes restent pesants, matériels (Océanie, in *La clé des champs*).

Il apparaît donc que l'Afrique n'a parlé à André Breton dans aucun domaine : existentiel, politique, spirituel ou artistique, ni suscité aucun texte appropriable par le surréalisme. Hormis le problématique *Force Bonté* de Bakari Diallo, les premiers textes africains sont connus en France postérieurement aux années trente ; aucun d'eux ne présente une inspiration, une écriture proches du surréalisme, celles que l'on a pu accorder depuis aux poèmes nzakaras, celles aussi dont parle L.S. Senghor dans *Liberté* « ici le rythme est consubstantiel à l'image ».

Aucune figure héroïque n'est encore apparue, aucun médium intellectuel, aucune occasion d'établir une de ces « communications providentielles avec les forces de la nature » dont parle *Arcane 17*.

2. De Breton à Césaire

C'est au contraire parmi les Noirs de la diaspora francophone (car à la différence de la revue *Bifur* qui présentait Jean Toomer et donnait des bonnes feuilles de Langston Hughes, les revues surréalistes ne sont pas concernées par les écrivains noirs des États-Unis), c'est donc parmi les Antillais de Martinique et d'Haïti que vont s'effectuer les rencontres fécondes.

Et tout d'abord ce petit groupe d'étudiants antillais de Paris, qui a fait paraître en 1932 l'unique numéro de *Légitime défense*, publication placée sous l'égide surréaliste, un groupe qui fournit des collaborateurs à *Le Surréalisme au Service de la Révolution*, des signataires pour les tracts, des dédicataires de certains textes d'André Breton.

Les témoignages que j'ai pu recueillir auprès des principaux d'entre eux, Monnerot et Ménil, concordent : ce qui intéressait Breton chez les étudiants martiniquais, c'était leur capacité de révolte et l'allégeance au mouvement surréaliste, manifestée notamment dans le texte liminaire de leur revue, dans divers poèmes d'écriture automatique (lesquels ne révèlent chez les signataires strictement rien de leur appartenance ethnique) et enfin dans le premier grand essai critique sur le surréalisme, qui devait paraître en 1945 sous la plume de J.M. Monnerot : *La poésie moderne et le Sacré*, un ouvrage auquel Breton se réfère bien souvent.

Au café de la Place Blanche ou chez le poète, rue Fontaine, on discute littérature et psychanalyse, politique générale et esthétique, mais rien sur la situation particulière des Antilles, celle qui allait en 1939 fournir le sujet du premier recueil d'Aimé Césaire.

Ce compagnonnage de quelques années précédant le second conflit mondial est instructif à plus d'un égard : le poète surréaliste répétons-le a su éviter le fraternalisme ou l'appel mystifiant à je ne sais quelle potentialité de la « race », et, d'autre part, le révolutionnarisme par procuration ; attentif à ce qui chez les Noirs bouge en politique comme en écriture, André Breton leur offre l'hospitalité de ses revues dans la mesure où il constate l'existence d'une aventure intellectuelle commune, et des projets à un titre ou à un autre convergents.

Un pas décisif sera franchi lors de la rencontre avec Césaire, en 1941, à la Martinique. Dans *Tristes Tropiques*, Lévi-Strauss a fourni des indications d'ambiance sur le voyage qu'il fit en compagnie de Breton, de Marseille à Fort-de-France, et sur les premières journées d'escale. Mais Breton, pour sa part, élabore son texte « Un grand poète noir » comme un récit mythique : enfermé dans le lazaret du port antillais, à la discrétion d'un pouvoir réactionnaire et policier, puis errant dans une ville qui ne « tenait à rien » qui « semblait privée de ses organes essentiels » (déjà surréalisée, R.A.), le hasard de l'achat d'un ruban le porte à la découverte non d'un grimoire, mais d'un texte dont la magie tient au contraire à sa fraîcheur inaugurale : ce premier numéro de la revue *Tropiques* qui se mue aussitôt pour lui en parole de l'homme, de « tout l'homme ».

Ce « merveilleux ruban » (je reprends ici les termes d'une dédicace que j'ai lue depuis et sur place, par une longue et ahurissante nuit de cyclone, sur un exemplaire du *Revolver aux cheveux blancs*), ce merveilleux ruban donc, mène André Breton à Ménil, à Césaire.

Il nous mènera à préciser les relations entre un poète de métropole et un poète des Antilles, à mesurer aussi, dans des textes circonstanciels, le degré d'autonomie ou d'interdépendance de deux œuvres.

Retrouvailles et reconnaissance : non seulement de Ménil, avec qui Breton s'entretient de psychologie de la forme, mais aussi de l'auteur du *Cahier d'un Retour au Pays natal*, jamais rencontré jusqu'alors, avec qui pourtant un hasard objectif réalisait aussitôt une communication jusque-là potentielle : « Il y aurait donc, par-delà tous les obstacles posés par la civilisation, une communication mystérieuse seconde, toujours possible entre les hommes, sur la base de ce qui les a unis originellement et divisés » (« Le dialogue créole » Breton/Masson, publié par Caillois en Argentine, dans *Lettres Françaises*, janvier 1942 ; André Masson publiera pour sa part « Antille » dans la revue *Hémisphères*, New-York, automne-hiver 1943-1944 ; les deux textes sont repris dans *Martinique charmeuse de serpents*).

Césaire apparaît d'emblée doté de cette « vertu médianimique » que Breton accorde aux vrais poètes, et tout concourt à déclencher un enthousiasme communiel : questionnement mutuels, admirations littéraires confondues autour des punchs, contamination d'énoncés, lorsque, Césaire ayant ouvert sa revue par le cri : « Nous sommes de ceux qui disent non à l'ombre », l'auteur de *Clair de Terre* reprend : « Cette terre qu'il montrait et qu'aidaient à reconnaître ses amis, ...c'était notre terre que j'avais pu craindre à tort de voir s'obscurcir » (Un grand poète noir).

Réciproquement, et de l'aveu de Césaire, la co-élaboration allait permettre au Martiniquais de lire désormais son île avec des yeux neufs, ce qu'il nous appartiendra de vérifier.

Mais accord n'est pas unisson, convergence ne signifie pas identité. Ainsi, selon une optique universaliste, l'écrivain métropolitain visitant un gouffre et une cascade de la forêt martiniquaise a pensé à une métaphore de la création poétique en général, plutôt qu'à la métonymie de l'inspiration volcanique, péléenne de son nouvel ami : « Je nous reverrai toujours de très haut penchés à nous perdre sur le gouffre d'Absalon comme sur la matérialisation même du creuset où s'élaborent les images poétiques ». (Un grand poète noir).

Et les images communes à Césaire et aux deux voyageurs : quelques éléments lithiques, la flamme, la liane, la vie colibri, ne sauraient faire illusion ; car chez Breton, les pétrifications volcaniques de la Martinique ne symbolisent pas la force chthonienne d'un petit pays, mais renvoient aux verreries modern style de Gallé ; un toponyme, le Diamant, retient Breton parce qu'il semble tout droit sorti des textes surréalistes parus quinze ans plus tôt ; les lianes au bord d'un précipice le font penser au pont de la rue de Rome, à Paris, les traînées de pluie aux rails des gares européennes ; sous les auspices de la fleur de balisier, typiquement tropicale, appelée à devenir symbole national du Parti Progressiste Martiniquais d'Aimé Césaire, Breton se déclare au contraire résolument internationaliste... Breton n'aura jamais souci d'écrire, comme devait faire l'auteur du Cahier et de Ferrements : « ce pays mien », « mon peuple ».

Aussi, dans sa recherche du plus grand dénominateur commun possible, il y avait chez le surréaliste français quelque abusif essai d'accaparement, compréhensible dans la mesure même où la pente des textes césairiens lui semblait glisser d'une expression thématique — révolte et refus — jusqu'aux marques d'un penser moins dirigé et même jusqu'à l'écriture automatique, lorsqu'elle passait du Cahier de 1939 aux bonnes feuilles des Armes Miraculeuses publiées dans Tropiques.

« Quand Breton a lu les trois premiers numéros de *Tropiques* il a cru que j'étais un surréaliste » (interview par J. Leiner). Cette mise au point de Césaire mérite d'être relevée, même si l'on fait la part chez lui d'une idéologie « autonomiste » qui la grève bien certainement.

Car en déclarant après Freud vouloir répudier « l'esprit de corps absurdement attaché aux nations et aux races », en affirmant que ce qu'écrivait Césaire ne lui était « en rien étranger », André Breton écartait délibérément des prises de position anti-assimilationnistes datant de 1935, dans *l'Étudiant Noir*. Une lecture attentive des textes réunis dans *Martinique charmeuse de serpents* permet même à cet égard de noter des sensibilités différenciées entre Breton et Masson. Chez le premier, une postulation anti-colonialiste certes vengeresse (« révolte noire très sanglante de 1848 », éruption d'un volcan qui en 1902, en détruisant Saint-Pierre ville coloniale, « a bien su dire en une fois ce qu'il avait à dire ») ; mais postulation qui reste inscrite dans un cadre humaniste plus général, celui de la défense des droits du Noir. La même revendication existe chez Masson, mais inscrite en signes d'appartenance tournés vers l'avenir :

« L'arbre à pain pour tous les tiens
Et le mancenillier pour la bête casquée »

(l'abondance pour le peuple, la mort par empoisonnement pour l'oppresseur).

Dans le numéro de juillet 1941 de *Tropiques*, on lisait que Breton avait vu la Martinique « en rêveur qui rencontre au détour du chemin une région de son rêve ». A des poncifs qui marquent en effet une très nette séparation entre la poétique césairienne de l'enracinement et une démarche somme toute onirique, s'ajoutent des appréciations politiques ambiguës.

Il est curieux de voir l'auteur du *Second Manifeste* adopter un point de vue très franco-centriste, voire patriotique, pour dénoncer « la poignée de parasites qui à la Martinique défient jusqu'aux lois du pays dont ils relèvent et n'éprouvent aucun trouble à en être le déshonneur ».

En 1943, on le voit hésiter entre l'opinion de Pierre Cot, qui veut voir résoudre la question coloniale par des règlements internationaux, et une alternative formulée dans un écho marxien : « L'émancipation des peuples de couleur ne peut être que l'œuvre de ces peuples eux-mêmes. »

Ce n'est pas que Breton ignore les singularités de la situation martiniquaise, ni « l'angoisse qui s'attache, pour un Noir, au sort des Noirs dans la société moderne » *(Un grand Poète Noir)*.

Son article « Eaux troubles », publié à New-York dans les numéros des 7 et 14 février 1942 de *Pour la Victoire*, le montre parfaitement au courant de l'état de non-industrialisation, des méfaits de la monoculture coloniale, de la grande misère, de « l'effroyable lassitude des nègres toujours esclaves qui pour un salaire de 7 francs en 1941 continuent sans espoir à couper et à lier les cannes ». Rappelant l'assassinat du leader communiste Aliker, dénonçant les grands créoles du quartier de Didier, Breton signale qu'une documentation est déjà rassemblée sur ce sujet. Et ce qui nous intéresse surtout ici, c'est que Breton parle de la revendication, « la plus fondée du monde », qui s'exprime dans les textes du poète martiniquais. Il s'écarte ainsi du point de vue inscrit dans le *Premier Manifeste* selon lequel le surréalisme « donnera aux revendications de tout un peuple un caractère partiel et dérisoire ». Mais sa volonté réaffirmée d'approche dichotomique des problèmes de la Révolution et de ceux de l'Art explique qu'à la différence de Césaire il n'a pas su, ou voulu, écrire poétiquement le politique antillais.

Outre ce déficit poétique, la propension dont nous avons parlé à chercher des ressemblances là où Césaire cultivait sa singularité ethnique, le refus de lire les questions d'identité culturelle dans une œuvre, le *Cahier*, où pourtant la thématique du cri des nègres est partout présente, cette méprise donc s'accompagnait d'un curieux ressassement de clichés sur les îles, et d'appréciations politico-morales convenues.

Dans *Martinique charmeuse de serpents*, Breton obéit en effet bien visiblement à une tradition littéraire bi-centenaire qui n'a jamais manqué de voir les Antilles sous des traits féminins.

Non seulement le titre du recueil, non seulement cet autre titre emprunté à l'art des bijoux créoles : « Les épingles tremblantes », et cette présence répétée dans le texte du « signe féminin et tendre » (Joséphine de Beauharnais, la reine noire, Madame Suzanne Césaire, les chabines rieuses et les belles chairs d'ombre prismée, l'ondoiement de sirène, le parler de cajolerie, les porteuses baudelairiennes), mais encore les amalgames entachés d'exotisme : ce coupeur de cannes « apparenté » à la Charmeuse, et ces Antilles que Breton confond avec Tahïti : « On se défend mal, dans un cadre comme celui-ci, où le regard sans fin décrit la ligne serpentine, d'évoquer ces jeunes filles couronnées de fleurs qui partaient à la nage au-devant des bateaux. »

Breton, incontestablement, a sélectionné et repris à son compte quelques éléments classiques de la folklorisation des îles. Il s'est réjoui, en écrivain-voyageur, de la beauté et de la profusion des « bienfaits prodigués » : éléments floraux en aigrette, poissons-paradis ardents comme des gemmes, fruits royaux, façon Giorgio de Chirico. Ses expressions : « végétation forcée », « luxe naturel », permettent assez bien de remonter à leur source extérieure, européenne : notion préconçue de luxe, accoutumance au tempéré...

Pourtant André Breton dépasse le regard exotique, en ce sens que sa perception d'un environnement insulaire tropical extrêmement prégnant tend toujours à déréaliser celui-ci. Plus que ses propres textes « xénophiles », son commentaire des poèmes césairiens est particulièrement révélateur de la manière dont il entend résoudre cette contradiction. Dans son article « Eaux troubles », il insistait déjà sur la nécessaire « transmutation » d'une réalité sociale sordide par une écriture poétique. « Un grand poète noir » pour sa part, renferme ce que René Ménil a appelé « un drame de la théorie ». Ménil remarque en effet que ce texte de 1942 contredit une condamnation antérieure du poème-à-sujet qui s'exprimait dans *Misère de la Poésie*, et il développe la thèse suivante : Breton, confronté au *Cahier d'un Retour au Pays natal* qu'il admire mais qui est aussi le type même de poème-à-sujet, a été amené à déplacer certaines pièces de son esthétique. Il accepte donc l'existence du sujet dans le poème ; mais comme il s'agissait d'une compensation, l'attention critique sera reportée sur la question du langage (transmutation verbale du matériau prosaïque) et sur la transcendance des sentiments liés aux conditions immédiates de la vie sociale : l'angoisse du colonisé face à l'expression. (René Ménil, *Tracées*).

Je ne peux que souscrire à cette analyse, à une réserve près cependant.

André Breton, en même temps qu'il dissocie les aspects et les lieux de sa critique — tantôt voilée pour ce qui concerne le référent, ou reléguée comme on l'a vu dans un article de documentation — tantôt pleine et redondante au contraire pour ce qui vise l'écriture du poème césairien, André Breton, donc, condamne toute lecture « impardonnablement » réaliste du *Cahier*.

Là où le poète martiniquais parlait de « négraille debout », ses hyperboles transfèrent du côté de l'écriture le surgissement vertical ; ce qui, ajouté à un certain œcuménisme et à l'esprit parfois « régressif » des textes de création que lui inspira son séjour, donne à cette verticalisation/valorisation un caractère quelque peu réducteur :

> La voix de l'homme *se redressait* ici comme l'épi même de la lumière... on le sentait soulevé... Cette *culmination* dans le concret... cuve humaine *portée à son point* de plus grand bouillonnement, où les connaissances, ici encore de l'ordre *le plus élevé* (...).
>
> Cette exubérance dans le *jet* et dans la gerbe... cette faculté d'alerter de fond en *comble* le monde émotionnel. La parole d'A. Césaire, belle comme l'oxygène naissant. (*Un grand poète noir*, souligné par nous, R.A.).

La démarche critique de Breton se complétait de la présentation de poèmes césairiens dans la revue *VVV* qu'il dirigeait à New York : extraits de « Grand Midi » et surtout « Batouque », admirablement servi dans le numéro de février 1944 par une photo de Césaire et une reproduction de sculpture macumba. Plus tard encore, il devait faire référence à son ami « magnétique et noir » (in *Prolégomènes à un Troisième Manifeste du Surréalisme ou non*) puis, dans un discours de 1956 prononcé à Paris, salle des Horticulteurs, au

« député communiste noir », auteur du *Discours sur le Colonialisme*. Ainsi doublement accouplé, le mot « noir » s'investissait de valeurs surréalistes : « tension vitale » et potentialités de révoltes, énergie explosante-fixe de l'anthracite et du diamant. Après quoi c'est à un des compagnons métropolitains de Breton, Jean Schuster, que reviendra le soin d'une tentative injurieuse de récupération dans *Le Surréalisme même* : « Une poésie nationale ne peut conduire qu'à la Révolution nationale. »

En définitive, cette lecture par André Breton d'un pays et d'un poète, moins immédiatement gorgée d'idéologie que l'*Orphée Noir* de Sartre, moins radicale aussi, se révélait moins apte à rendre compte des aspects fondamentaux d'une personnalité antillaise en voie d'affirmation. « Césaire écrit les poèmes qu'il nous faut à la Martinique », déclarait Breton dans les *Prolégomènes à un Troisième Manifeste*. Un imaginaire privilégiant le chthonien universel face à l'autochtonie martiniquaise, un penchant prononcé pour l'esprit d'appropriation et d'indivision, une écriture n'ayant pas liquidé les impedimenta du doudouisme et de la merveille des îles : les textes de Breton ne prophétisaient guère ce qui allait devenir majeur dans la vie culturelle des Antilles françaises.

3. André Breton en Haïti

Lorsqu'en 1946 André Breton débarque à l'aérodrome de Bowen Field, en Haïti, une photo le montre tout à fait ravi, et prêt pour l'action ; il aborde alors une expérience de quelques semaines, apparemment dissemblable en tous points à son escale martiniquaise.

La guerre a été gagnée par le camp des Alliés et le voyageur suspect de 1941 est devenu un personnage officiel invité par son ami Pierre Mabille, fondateur de l'Institut Français ; André Breton a été personnellement chargé par le directeur des Affaires culturelles à Paris « d'établir des relations avec les milieux intellectuels ».

Ce n'est plus un petit groupe d'amis, mais des auditoires de plusieurs centaines de personnes qu'il va rassembler. De jeunes poètes sont là pour affirmer leur foi toute neuve dans le mouvement qu'il représente, et l'un d'eux, Magloire Saint-Aude, a déjà publié deux recueils : *Dialogue de mes Lampes* et *Tabou*, assez proches de l'écriture surréaliste pour qu'André Breton signale dans *La Clé des Champs* le « superbe dédain du poète au berceau de qui la fée caraïbe a rencontré la fée africaine ». Magloire Saint-Aude apparaîtra aussi dans *Néon* en 1948, et dans *Le Surréalisme même*, n° 1. Cela dit, et à la différence du séjour martiniquais, aucun texte véritablement irradiant, ou fondateur, ne se lève ici à son passage.

Notre centre d'intérêt critique en sera modifié : à la fois mieux et moins bien qu'un texte, c'est un pays entier, sa jeunesse, son peuple, ses intellectuels, qui s'offre à sa lecture. Ajustements réciproques : il appartiendra à Breton de présenter son mouvement poétique à travers un certain nombre d'interventions orales, conférences, interviews.

Le nouvel arrivant est-il prêt pour une telle lecture, pour une telle entreprise de dialogue ? Il résumera son projet dans un raccourci métaphorique stimulant : « J'essayai de régler la démarche surréaliste sur le pas séculaire du paysan haïtien » (*Entretiens* avec A. Parinaud).

Voyons ce qu'il en est. Haïti, première république noire, s'était constituée en nation dans un mouvement d'insoumission et de violence, mais elle émettait depuis lors un discours national extrêmement prolixe, qui pouvait paraître pesant à l'idéologue et au poète voyageur.

De fait, André Breton ne peut éviter pendant son séjour de rencontrer partout le drapeau, la devise, le portrait ou la personne du Président de la République, et le ressassement d'un héroïque passé.

Or, ses diverses interventions publiques renchérissent sur cette version officielle d'une histoire qui fonctionnait comme mythe d'émergence nationale. En écho à une littérature locale tout appliquée depuis ses origines à célébrer la vocation singulière d'« Haïti chérie », le poète d'Europe à son tour se met à chanter le « beau mot d'Haïti » (discours au Café Savoy, 1er janvier 1946), évoquant « une volonté d'émancipation qui ne s'est jamais démentie... La grandeur de son passé et de ses luttes devrait faire d'Haïti un point de mire » (conférence du 20 décembre 1945, au Rex, devant le Président de la République).

Sa sincérité, son « attitude résolument anti-opportuniste » (P. Mabille) ne sont pas en cause et, comme on verra, l'esprit diplomatique ne l'habite pas le moins du monde. Considérer alors Haïti comme le symbole permanent de la lutte pour la liberté ne choque pas outre mesure : pourtant, on ne peut manquer d'être surpris par ce croisement d'une idéologie étrangère nationaliste, voire raciale, avec ce que Breton présente comme un certain état de la réflexion surréaliste sur les mythes :

> Le surréalisme vérifie une de ses thèses fondamentales, à savoir que la première condition de persistance d'un peuple, comme de viabilité d'une culture, est qu'ils puissent, l'un et l'autre, se retremper sans cesse dans les grands courants affectifs qui les ont portés à leur naissance (conférence du 20 décembre 1945).

Dans ses entretiens avec A. Parinaud, Breton précisera cette opinion en la faisant passer du statut de thèse fondamentale à celui, beaucoup plus contingent, de conclusion empirique :

> Je me suis convaincu, en voyageant quelque peu, que le destin des communautés humaines s'évalue en fonction du pouvoir que fondent sur elles les mythes. Dans une grande mesure, elles résistent par là à l'oppression séculaire (je pense aux Indiens Hopis) aussi bien qu'à l'extrême dénuement économique (je pense aux Noirs haïtiens).

En réalité, André Breton en Haïti poursuit un approfondissement de sa réflexion sur le mouvement du surréalisme lui-même, qui l'a déjà conduit en 1942 à publier les *Prolégomènes à un troisième Manifeste du Surréalisme ou non*, titre volontairement interrogateur. En 1945, il s'agit de savoir si le mouvement doit intégrer des acquis d'ordre anthropologique. Ceux que fournissent notamment les travaux de Benjamin Péret (qui a fait paraître en 1942 son *Anthologie des* mythes, légendes et contes populaires d'Amérique) ; l'ouvrage de Monnerot *La poésie moderne et le sacré*, qui rapproche le surréalisme de la pensée shamanique ; la propre visite de Breton au cœur de la réserve amérindienne des Hopis, et la révélation du grand tableau du Cubain Wifredo Lam, *La Jungle*, reproduite dans *VVV*, Wifredo Lam dont il préfaçait une exposition à Port-au-Prince en usant, pour notre étonnement, du concept de race :

> Envol d'aigrettes au front de l'étang où s'élabore le mythe d'aujourd'hui, l'art de Wifredo Lam fuse de ce point où la source vitale mire l'arbre-mystère, je veux dire l'âme persévérante de la race, pour arroser d'étoiles le DEVENIR qui doit être le mieux-être humain *(La nuit en Haïti)*.

Sur place, cette nouvelle approche s'autorise de plusieurs lectures conjuguées : les essais de Price-Mars, ethnologue d'esprit national ; le « beau roman » mythique de Jacques Roumain, *Gouverneurs de la Rosée*, qui lui a fait monter les larmes aux yeux ; enfin les textes sur le vaudou de William Seabrook, auteur de *l'Ile magique* tels qu'ils ont été en partie reproduits dans *VVV*.

Breton en ces semaines est profondément ébranlé dans son émotivité, et sa vision du peuple haïtien, de la terre haïtienne, est d'ordre pathétique. C'est sur une base émotionnelle que le double message de Jacques Roumain : unité populaire à base paysanne, internationalisme prolétarien, structurera désormais ses propres interventions.

Ainsi d'une part adopte-t-il une perspective unifiante et dans un premier temps mystifiante pour rapprocher sur le mode lyrique le coupeur de cannes et le maître du navire, c'est-à-dire le chef d'une nation marquée de l'esprit de résistance et se réalisant dans « le geste qui... depuis des siècles soulève au-dessus de lui-même le paysan haïtien » (20 décembre).

L'auteur de ces pages civiques se déclare pourtant conscient de la misère matérielle des Haïtiens ; il confiera plus tard à A. Parinaud : « Au dire des journaux les mieux pensants, les enfants des faubourgs de Port-au-Prince se nourrissent de têtards ramassés dans les égouts. »

Mais, maniant les termes d'une dialectique idéaliste, il affirme que la condition humaine en Haïti est : « à certains égards beaucoup plus précaire, à d'autres selon moi beaucoup plus privilégiée » (discours du 1er janvier 1946 aux jeunes poètes).

« En Haïti, a-t-il déclaré le 20 décembre 1945 devant six cents jeunes gens, l'homme est à l'abri de l'aliénation qui le guette, si elle ne l'a pas déjà terrassé dans les pays industriels. »

La vie, le monde n'auraient donc pas à être changés ? C'est alors que Breton, passablement insoucieux de sa qualité d'invité officiel, se met à magnifier l'appel de Jacques Roumain au « grand coumbite (service ponctuel d'entraide, R. A.) des travailleurs de la terre pour défricher la misère et planter la vie nouvelle » (1er janvier 1946).

Il souligne par ailleurs l'importance de l'apport marxiste pour les peuples colonisés et pour leurs alliés les surréalistes qui ont « toujours été à leurs côtés contre toutes formes d'impérialisme et de brigandage blancs » (interview par René Bélance, Haïti Journal, 13 décembre 1945).

« Nous rencontrons le matérialisme dialectique comme seule force d'opposition puissamment organisée, comme seul barrage aux intérêts nationaux » (20 décembre).

On verra l'impact de tels messages sur une jeunesse déjà acquise aux perspectives révolutionnaires.

Mais celui qui avait demandé l'occultation du surréalisme ne pouvait manquer dans l'île du vaudou, au cours d'un séjour qui se situait précisément dans la saison des plus grandes cérémonies, de vouloir connaître les services de Papa Legba plus directement qu'il n'avait pu le faire jusqu'ici. Conduit par son « éveilleur », le Dr Mabille, lui aussi partisan des « investigations extra-rationalistes », Breton ne se rendra pas moins de huit fois aux péristyles dissimulés dans les buissons, parmi « les ondes envoûtantes du tam-tam ».

Il semble cependant que, dans l'imaginaire de Breton, le hounfort n'ait jamais pu égaler la caverne sacrée des Hopis, lieu de ressourcement poétique et d'émission de « l'Ode à Charles Fourier ».

Abordant le vaudou avec ce « minimum de défiance nécessaire » dont il se faisait une règle (deuxième *Manifeste*) à l'égard des sciences occultes, Breton d'emblée paraît distinguer ce qui relève de la religion, qu'il appelle « ritualisme dégénérescent » et ce qui est magie, voire « droits possibles du sacré » (interview de R. Bélance).

Il y a en effet dans le vaudou une liturgie codifiée qui ne laisse guère de chance à la libre expression, et le langage de la possession lui-même, dès lors que le possédé est reconnu chevauché par tel ou tel esprit ou « loa », n'a plus rien qui puisse satisfaire l'aventure intérieure, même s'il s'agit de ce loa-carrefour, que Breton paraît affectionner particulièrement. Se plaçant dans la ligne de « Point du Jour » qui refusait « l'exogénéité du principe dictant, autrement dit l'existence d'esprits », Breton précise au contraire ce qu'étaient les sommeils surréalistes :

> Aucune croyance, aucune théorie préconçues ne hantaient l'esprit de ceux qui étaient là, qu'ils donnassent prise ou non au phénomène. C'est assez dire qu'au moins dans sa genèse, la crise observée alors différait fondamentalement de la « crise de loa » haïtienne (conférence du Rex).

C'était là manière de notifier que pour lui la barrière de Papa Legba ne s'ouvrait pas obligatoirement sur l'entrée des médiums... Plus tard cependant, il avouera une certaine perplexité :

> Le pathétique des cérémonies vaudoues m'a trop durablement assailli pour que, des persistantes vapeurs de sang et de rhum, je puisse prétendre à en dégager l'esprit générateur et à en mesurer la réelle portée. Il ne me fut donné que de m'imprégner de leur climat, de me rendre perméable au déferlement des forces primitives qu'elles mettent en œuvre (Avant-propos de l'ouvrage de Pierre Mabille, *Le Miroir du merveilleux*).

Et, évoquant d'une manière très contestable la possibilité d'une origine partiellement européenne, mesmérienne du vaudou, il ajoute que lui-même et Mabille se sont « longuement interrogés sur le style de ces possessions, doutant qu'elles fussent d'importation tout africaine » *(ibid.)*. D'autres lectures de Breton, postérieures, attestent d'une curiosité permanente pour ce culte : *Le Vaudou haïtien*, de Louis Maximilien, *La Tradition vaudou*, de Milo Rigaud, qui sera interrogé dans *L'Art magique*.

Du moins cette réflexion lui donne-t-elle alors l'occasion de discuter de la pensée primitive « étrangement vaillante dans le vaudou haïtien » (discours du 1er janvier 1946). A la différence de Lévy-Bruhl, déjà malmené par le Martiniquais Monnerot dans *Le Surréalisme au Service de la Révolution* (V, 20), le poète refuse de faire de cette pensée primitive une singularité irréductible, et il affirme au contraire qu'il s'agit d'un fonds commun à tous les hommes, plus ou moins enfoui : « Il est indispensable de scruter cette pensée primitive pour retrouver les aspirations fondamentales, les aspirations incontestablement authentiques de l'être humain » *(ibid.)*.

Et si les hommes de couleur « sont restés le plus près des sources » (interview par R. Bélance), ils y ont été rejoints par la volonté surréaliste d'explorer un matériau psychique privilégié :

> Les plus profondes affinités existent entre la pensée dite primitive et la pensée surréaliste, elles visent l'une et l'autre à supprimer l'hégémonie du conscient, du quotidien, pour se porter à la conquête de l'émotion révélatrice *(ibid.)*.

Nous avons pu voir que, pour des raisons qui tenaient aussi bien à la structure et aux fonctions du culte qu'à l'extériorité ethnique et linguistique de l'observateur, le vaudou avait quelque peu déçu l'enthousiasme premier du poète à se trouver « dans un de ces sites élus qui sont la tentation permanente et le grand reposoir de la pensée poétique » (discours du Savoy).

Faute donc d'avoir pu comme il le souhaitait « garder le contact avec le fond primitif de l'être humain » (interview par R. Bélance), Breton, avons-nous dit, aura conservé de Haïti une vision pathétique, traduite en images lyriques.

Ainsi les bayahondes, buissons des mornes steppiques qui chez Jacques Roumain (mais aussi chez un auteur plus récent,

Frankéttenne) signalent une accablante sécheresse, s'inversent-ils sous la plume de Breton en métaphore du merveilleux, pour devenir l'équivalent des épingles tremblantes martiniquaises, de la flamme du punch, de ces aigrettes enfin qui peuplent volontiers ses pages poétiques.

Et le voyageur brosse un portrait magnifiant de la paysanne d'Haïti, portrait classique certes et moins enlevé que les esquisses de femmes noires par Cendrars *(Feuilles de Route)* :

> J'observe aussi l'allure, qui prend aisément un aspect allégorique pour votre île, de la femme haut chargée qui se rend au marché ou en revient par les chemins difficiles et longs, avec cette aisance souveraine et ce port de tête que la beauté classique lui envie, et qui, de ma fenêtre, volatilisant autour d'elle le fardeau, fait à chaque geste apparaître en merveilleuse dérive le centre de gravité (discours au Rex).

Sous sa plume, les prodiges de la nuit haïtienne s'écriront en images-analogies qui désignent l'affrontement dramatique de l'âge d'homme et d'un certain âge d'or :

> La nuit en Haïti, les fées noires successives portent à sept centimètres au-dessus des yeux les pirogues du Zambèze, les feux synchrones des mornes, les clochers surmontés d'un combat de coqs et les rêves d'eden qui s'ébrouent effrontément autour de la désintégration atomique *(La Nuit en Haïti* ; pour une description réaliste des éléments lune/pirogue, oiseaux/coqs, voir son avant-propos au *Miroir du Merveilleux).*

De telles pages, s'ajoutant à son appel à la jeunesse, à sa présentation très annonciatrice et émancipatrice du surréalisme, permettent de comprendre l'accueil qui lui fut fait : Pierre Mabille le signalait en langage vaudou comme un « centre extraordinaire de forces », la presse nota « les accents de fraternité que sut trouver le nouvel ami de Haïti », et la police saisit le numéro de la revue poétique *La Ruche*, qui avait reproduit son discours au Savoy, donc son appel au grand coumbite...

La suite des événements : emprisonnements de jeunes Haïtiens, grèves, manifestations, chute du Président Lescot, prise de pouvoir par une junte, a souvent été narrée comme un mélange de happenning et de Grand Soir : « De passage à Haïti, lit-on dans une note de l'édition Gallimard de *Signe Ascendant*, Breton suscite, par une conférence qui enflamme les étudiants, une grève insurrectionnelle suivie bientôt de la chute du gouvernement ». Mais des appréciations plus mesurées ont été données par Breton lui-même (interview par J. Duché, *Le Littéraire*, 5 octobre 1946), par les écrivains haïtiens Paul Laraque (*Nouvelle Optique*, octobre 1971), Roger Gaillard (Conjonction, n° 103, 1966), Roger Dorsainville qui, analysant les forces politiques en présence, parle de « délire opportuniste » (*Nouvelle Optique*, avril 1972), et surtout René Depestre qui avait été directeur de La Ruche. Dans *Bonjour et Adieu à la Négritude* (Paris, Laffont, 1981), Depestre précise :

> La fleur de la jeunesse, présente dans la salle, applaudissait, exprimait librement sa joie, trépignait, grimpait dans le lyrisme de Breton comme sur un arbre magique... Ce fut là, sans aucun doute, l'une des explosions les plus salutaires de l'histoire du surréalisme...
> A la fin de la conférence, nous étions tous électrisés. André Breton ne comptait pas sur une communication aussi contagieuse entre le surréalisme et les jeunes Haïtiens en rebellion : il était enchanté *(p. 230)*.
> Mais si la dictature de Lescot s'effondra, l'appareil d'État du régime néo-colonial resta intact... Cet échec haïtien indiquait également les limites du surréalisme et de son ambition majeure de changer la vie. Dès ce moment-là il était extrêmement important pour nous de comprendre qu'il est impossible de changer la vie sans une préalable révolution qui transforme la société *(ibid., 231)*.

Écartons donc la légende d'un moteur surréaliste au service d'une révolution dans le Tiers monde, et retenons plutôt ces heures exaltantes où André Breton, par son intransigeance et sa capacité de refus, avait su séduire la jeunesse intellectuelle d'une île dont lui-même s'était fait une idée « prodigieuse ».

Et si, en définitive, le séjour en Haïti se révéla comme le plus avancé peut-être de ses contacts « noirs », c'est qu'il

POINTS DE REPÈRES

	Site sacré, ou consacré comme « observatoire du monde intérieur »	Médiateurs indigènes	Mythes ethniques	Langage	Pathétisme et protestation	Textes de Breton
MARTINIQUE	Gouffre d'Absalon	Aimé et Suzanne Césaire	Début de la négritude	Cahier, Tropiques	Dossier social Assassinat d'Aliker	Martinique charmeuse de serpents
HAÏTI	Hounforts	Jeunes poètes	Indigénisme vaudou	Textes de Roumain Depestre, Magloire St-Aude, Toiles de Lam, Hyppolite	Haïtianité Insurrection de 1945	La nuit en Haïti Interventions orales

correspondait chez lui à une période d'interrogation, dans sa volonté renouvelée de marcher vers l'Homme total, après qu'un deuxième grand conflit eût passé sur le monde.

Plus généralement l'attitude de Breton dans les deux Antilles aura été la suivante : se situer de plain-pied, spontanément, avec les hommes et femmes de couleur, alors que les autorités françaises en Martinique lui recommandaient : « Évitez surtout les éléments colorés », et que les autorités haïtiennes le priaient de partir immédiatement. Effectuer des avancées en direction des populations. S'abandonner aux effusions idéologiquement compromettantes, passer esthétiquement du Douanier Rousseau à Wifredo Lam, de *La Charmeuse* exotique à *La Jungle* créole.

Pourtant, ayant placé ses rencontres « xénophiles » (c'est le titre d'un groupe de ses poèmes) sous le double signe du romantique et du fabuleux, ayant limité sa vision du noir au pôle du primitif et au pôle du rebelle, André Breton était finalement passé à côté de l'affirmation nègre.

Ayant su reconnaître l'invention poétique et artistique (le peintre Hyppolite) des Noirs chez certaines individualités selon son cœur, sans toutefois accepter toutes les pratiques disjonctives que cette invention impliquait, il n'avait pas réussi, ni sans doute cherché en ces occasions, à franchir le cercle enchanteur de la culture européenne. Mais, à la fois proche et quelque peu distincte de l'engagement anti-impérialiste sartrien, comme de la solidarité tiers-mondiste des communistes, cette attitude demeure exemplaire aujourd'hui pour les encouragements qu'elle prodigua aux expresssions indigènes libres.

4. Autographes ou effets de greffe ?

De son propre aveu le départ précipité de Breton, à la mi-février 1946, ne lui a pas permis d'aider les poètes haïtiens comme il désirait le faire (Lettre postface au recueil de Paul Laraque : *Ce qui demeure*, Montréal, éd. Nouvelle Optique, 1973). Aussi tentons de mesurer, au-delà de son rôle d'incitatour, la survie de sa présence dans les lettres haïtiennes, notamment chez les poètes qui l'avaient accueilli d'enthousiasme, puisque par ailleurs, le « réalisme merveilleux des Haïtiens » ne lui doit pas grand-chose, et que l'ensemble de cette littérature depuis 1945, dont nous parlons dans un autre chapitre, a pris d'évidence d'autres directions que le surréalisme.

Magloire Saint-Aude, naguère collaborateur de la revue négriste *Les Griots*, avait publié des déclarations d'affiliation au mouvement : « Le Surréalisme, ce qu'il est », (*Le Nouvelliste*, 26 janvier 1942) ; « Les surréalistes sont assez grands garçons pour se défendre » (*ibid.*, 21 juin 1944). Et cet auteur de deux très brefs recueils parus en 1941 : *Dialogue de mes Lampes* et *Tabou*, pour le plus grand plaisir de Breton rachetait son arrivée tardive à la réunion du Savoy en récitant la définition du surréalisme parue dans le premier *Manifeste*. Malgré le vœu de Breton, exprimé dès 1947, Magloire Saint-Aude ne sera toutefois édité en France (éd. Première Personne) qu'en 1970. Mais qu'en est-il du texte saint-audien, hormis les allusions qu'il renferme à *Arcane 17* et à *Élisa* ?

Incontestablement *Dialogue de mes Lampes* est riche d'une chimie verbale qui s'apparente à celle du surréalisme français :

> Douces gelées les Magdeleines
> Menthe des lampes boutonnées. *(Reflets)*

> Le tuf aux dents aux chances aux chocs auburn
> Sur neuf villes *(Silence)*.

> Au dormeur de face sans visage
> Glacé néant par les fenêtres.

Mais en cette parole poétique la beauté n'est ni « convulsive », ni « explosante-fixe » ; la sensibilité y est de registre décadent, non pas de « signe ascendant », et le souci artistique de celui qui se dit « esthète textuel » procède souvent des préoccupations mallarméennes.

Le bilan surréaliste des autres accompagnateurs de Breton en 1945 nous paraît plus maigre encore, qu'il s'agisse de René Bélance (« Cuisinière, le sel brûle sur le drap blanc », in

Épaule d'ombre) ou de Paul Laraque, notamment lorsque s'éloignent les échos les plus immédiatement éluardiens et que

> « La négresse révèle un fruit unique
> Dans la surprise marine d'une huître éblouie » *(Ce qui demeure)*.

D'une autre génération est Davertige (Villard Denis), dont le recueil *Idem* (Port-au-Prince, 1962 ; version remaniée pour Paris, 1964, éd. Seghers) a été hautement apprécié de Depestre : « à des nombreux égards, sa fulgurante inspiration relève, pour l'essentiel, de l'esthétique surréaliste, avec la marque très personnelle d'un génie en éruption au milieu des malheurs d'Haïti ». (Lettre personnelle, 1991). Davertige offre au lecteur des échos de Rimbaud, de Césaire aussi ; s'affirmant opposé à la rationalité, son langage poétique en est-il pour autant entièrement émancipé ? La matière de ses mots, rassemblée en séquences verbales inspirantes, la nouveauté et la richesse des images, constituent assurément une parole lyrique de qualité, chez celui qui, âgé de vingt ans, s'éveille à l'amour et à l'écriture : « Les cheveux de pluie cassée... Au cœur de flore des Ourses renversées. »

Mais le discours interrompt trop souvent la coulée métaphorique : « je ne fais que parler de moi », et l'intérêt de cette poésie se mesure plutôt à un singulier aloi d'haïtianité, par exemple lorsque l'identité nègre s'affirme en cette triple symbolisation — banjo, bois de baume, (da)vertige — : « Et jusqu'ici mon banjo est brisé sous le bois de baume de l'amour, comme la lune par-dessus ma tête avec son drap de vertige ».

Demeure surtout le cas Depestre, et tout spécialement son chef-d'œuvre poétique : *Un Arc-en-Ciel pour l'Occident chrétien* (Paris, éd. Présence Africaine, 1967), encore que la racine rimbaldienne ait magnifiquement « pris » dans des recueils antérieurs :

> La lune est un ivrogne. La pureté une légende... L'amour a passé dans le camp ennemi... Pour moi d'autres caresses, d'autres douceurs plus atroces, d'autres transes aux dents plus aiguës d'autres femmes plus voraces. *(Gerbes de sang)*

Dans un article alerte : « René Depestre ou du Surréalisme comme moyen d'accès à l'identité haïtienne » (*Romanische Forschungen*, 89, Heft 1, 1977), Jacqueline Leiner trouvait dans *Un Arc-en-Ciel*, « poème-mystère vaudou », un mouvement général de sens surréaliste, elle y reconnaissait un climat apparenté à celui dans lequel avaient baigné les grands textes de Breton et de ses amis.

S'agissait-il là d'une appropriation critique européocentriste (une parmi tant d'autres) ? L'analyse de *Un Arc-en-Ciel* effectuée par cette spécialiste de Césaire et de Senghor comporte certes une recension convaincante d'éléments constitutifs, qui ressortissent à l'esthétique surréaliste. Incontestablement le texte de Depestre fait appel aux puissances du rêve et du merveilleux, on y relève des passages d'écriture non strictement dirigée, des métamorphoses de l'un-dans-l'autre, des métaphores qui paraissent au premier abord conformes au vœu de Breton : arbitraires ou commandées par le jeu verbal, l'humour.

Nuançons cependant ce propos par des remarques d'ordre formel : nous ne retrouvons pas dans *l'Arc-en-Ciel* la phrase en volutes, la caresse, les effets harmoniques de mainte page de Breton ou d'Aragon, ni les images en dérivations buissonnantes d'Éluard. René Depestre emploie plutôt le paradigme génitif de type « attelage » ou zeugma (dans une même page : « le tunnel de ma joie », « l'herbe de ma négritude », le radium de ma couleur »). S'il faut désigner des parentés esthétiques, elles se situent du côté de Benjamin Péret. Et même dans ce cas, nous ne parlerons pas d'influence, mais de correspondances : une prédilection pour les petits scenarii poétiques et leur fantaisie débridée, la même véhémence des provocations verbales, des invectives, avec toutefois moins de familiarité, de vulgarité chez le poète haïtien que dans « Je ne mange pas de ce pain-là » (B. Péret, *Œuvres complètes*, Éric Losfeld, 1969).

Mais Nerval, Neruda, Senghor, Richard Wright, Nazim Hikmet, Ho Chi Minh, Césaire... Le voyageur René Depestre a personnellement connu tant de grands poètes militants de nationalités diverses, tant de leaders révolutionnaires qui furent aussi — occasionnellement — des poètes, qu'il serait injustement réducteur d'assigner une source (fût-elle prestigieuse comme le surréalisme européen) à sa parole personnelle. Parfois Depestre a su donner force singulière à un symbole de l'imaginaire collectif, ou à une forme-sens qui était apparue incidemment chez un prédécesseur, comme peut-être ces voiles gonflées qui se lèvent dans les pages sensuelles de *Un Arc-en-Ciel*, et qu'on trouvait déjà « le long des mâts tout droits comme pour annoncer que des hommes arrivaient » dans *Le Siècle des Lumières* d'Alejo Carpentier. Insistons plutôt sur l'originalité, totale, du recueil.

René Depestre est sans doute un esprit-carrefour (le loa-carrefour du vaudou) ; l'Amour et la Révolution, les parcours selon son cœur, les lignes de fuite, les séjours obligés ou choisis ont fait de lui une Tricontinentale poétique. Mais l'homme est demeuré ce dont il parle si souvent dans ses textes : le « petit chien », la « petite fille », l'« animal marin », l'adolescent à jamais chevauché par le génie de sa ville natale, Jacmel.

Son merveilleux, sa tension vitale, préexistaient aux rencontres surréalistes. A Jacmel, dit-il, émerveillé par le golfe, la rivière, les nuages,

> J'eus la révélation que vivre en société impliquait inévitablement une sorte de liaison cosmique avec les êtres humains, les animaux, les plantes, les étoiles, avec toute la lumière du phénomène vivant. Je ne parle pas de la liaison romantique de jadis, mais d'un accord sensuel, vital, joyeusement érotique avec l'existence, valeur harmonique qui me vient tout droit de mes premières perceptions d'enfant, à Jacmel.
> (*Conjonction*, Institut Français, Port-au-Prince, n°s 184-185-186, 1990, spécial Jacmel).

Ajoutons le bilan du surréalisme, équilibré mais distancié, qu'il a dressé dans son excellent essai *Bonjour et Adieu à la Négritude*, retenant surtout le « rêve nocturne », « un certain automatisme dans le processus de création », « une force de démystification de la condition humaine ». Ajoutons aussi une divergence qui l'a placé tout un temps plus près de la réflexion esthétique d'Aragon, devenu réaliste, que de celle de Breton : ce qu'il a appelé « la nécessité du réalisme révolutionnaire en poésie », une poésie composée « en fonction de la lumière nationale ». (« Réponse à A. Césaire », *Présence Africaine*, octobre-novembre 1955).

Car l'essentiel est là : en quoi la poétique de René Depestre se révèle-t-elle haïtienne, jusque dans ceux de ses constituants qui sembleraient le plus se prêter à une annexion par le surréalisme européen ? Au départ il y a cet autre « surréalisme populaire, involontaire (qui) occupe tout l'espace du merveilleux » en Haïti (lettre personnelle), et que tout voyageur est à même de vérifier. Plus précisément l'auteur, en structurant *Un Arc-en-Ciel pour l'Occident chrétien* comme une épiphanie des dieux vaudous, disposait librement d'une religion qui fait rêver à l'égal d'autres religions, et, le temps d'un office, changer la vie ou l'idée qu'on se fait de sa vie. Religion d'esprit combatif, qui servait admirablement le propos militant du poète (anti-raciste, anti-impérialiste). Culte dont la symbolique profuse et la gestuelle d'investissement, ou « chevauchement », provoquent de merveilleuses métamorphoses. Des messages sont alors proférés : semi-automatiques, semi-dictés par un code liturgique. Enfin certains des loas vaudous, ou voix, donnent libre cours à des pulsions libidinales chères à l'auteur, autorisant par glissement de locuteurs une hyper-affirmation du moi, entre névrose et expansion jubilante, et un dépassement de la contradiction signalée par Breton entre pensée analogique et pensée mystique :

> Me voici Damballah-Wedo
> Nègre aquatique nègre-rivière
> Je suis le cœur battant de l'eau
> Je suis le sexe bandé de l'eau

Pour le lecteur non-haïtien cependant, la mimésis par les poèmes de *Un Arc-en-Ciel* de ce qui est dit dans le hounfort vaudou se trouve deux fois occultée : dans son origine linguistique créole, et dans sa fonction de calque d'une parole ésotérique.

Abordons la question de l'énonciation et de la transcription poétiques. Nous avons d'une part affaire à un texte qui abonde en expressions de langue créole francisée, ce qui le situe dans une voie d'écriture antillaise en invention, qui part

des *Gouverneurs de la Rosée* de Jacques Roumain, et conduit aux romans de la créolité martiniquaise. Soit cet emploi
très fréquent du trait d'union entre deux substantifs, dans des
métaphores « maximum ». Il témoigne d'une parole personnelle très précisément souchée aux parlers créoles de la
Caraïbe. Chez Depestre, « coq-bataille », « pierre-tonnerre »
sont des prélèvements à des langues insulaires qui multiplient
elles-mêmes les expressions de type « mouton-France » (au
temps de l'esclavage), « nègre-feuilles » (aux bas degrés de
la hiérarchie sociale haïtienne) et, exemples bien connus en
Martinique et en Guadeloupe, « nègre-gros-sirop », « matoutou-
falaise ».

Pour Haïti, rappelons que le langage vaudou apporte
d'autres types de substantifs couplés, avec ou sans trait
d'union : « lévé nom », « loa mait'têt ». Et déjà Jacques Roumain n'avait pas manqué de parsemer le texte des *Gouverneurs de la Rosée* de « nègres-ortells », et de « natif-natal »...
Mais dans *Un Arc-en-Ciel* « nègre-tempête », « nègre-racine-
d'arc-en-ciel », « femme-temps », « enfant-feu », attestent
d'autre chose que d'un langage fonctionnel : la poéticité propre de Depestre, elle-même nourrie de la compétence poétique des langues créoles où l'on croise des métaphores aussi
remarquables que « crabe-c'est-ma-faute » (espèce à pattes
repliées) et « zhèbe-moin-misè ».

A l'intérieur de ce langage, l'activité métaphorique semble
alors libérée, et répondre au principe d'incongruité ou au
moins de non-pertinence ; ainsi le noir révolté Mackandal,
dans l'Ode qui lui est consacrée, fait un « usage marin » c'est-
à-dire viril, de ses semences, et devient « semeur de cent plantations qui brûlent ». Y a-t-il là réelle déperdition du sens ?
Non sans doute, pas plus que dans ces vers d'un poème plus
tardif, qui marient deux mythologies personnelles :

> « Les femmes-jardins ont de beaux tatouages
> Qui relèvent de la même enfance que la mer. »

Par le labourage amoureux, l'animal marin s'ébat avec elles,
en elles, dans une innocence conservée en traces mémorielles.

Si la parole ont poétique, le langage de Depestre n'en continue pas moins d'exister en tant qu'instrument d'expression. Soit encore le poème qui met en scène Damballah Wedo. On y rencontrera des transits sémantiques surprenants : le contexte est érotique, et on lit « je traîne mon rada » ; or rada est le rituel de certains loas vaudous. S'agit-il malicieusement de mots sous les mots ? Le scénario se poursuit, qui livrera une clé de lecture : « La voilà qui baise trois fois mon Damballah et mon Wedo », ce qui n'est pas simple grivoiserie, car Damballah est l'esprit de la fertilité et des sources ; son emblème, ou vèvè, comporte deux couleuvres. Aussi l'effet de sens sexuel réside-t-il moins dans un récit allusivement scabreux que dans le détour symbolique par un culte ophiolâtre d'origine africaine. L'imaginaire-source d'*Un Arc-en-Ciel pour l'Occident chrétien*, d'ordre culturel, concerté, n'a donc pas grand-chose à voir avec l'automatisme, hormis, avons-nous dit, à l'occasion des scènes de possession.

Ce que Bernadette Caillier a appelé « L'Efficacité poétique du vaudou dans Un Arc-en-Ciel pour l'Occident chrétien » (*The French Review*, vol. LIII, n° 1, oct. 1979), procède en réalité d'une appartenance nationale qui l'emporte en vigueur sur tout effet interculturel. Là est la « limite non frontière » avec le surréalisme européen, là s'autorisent et se précisent les rencontres, inévitables, entre deux entreprises poétiques émancipatrices.

La question se pose autrement pour ce qui concerne l'épanouissement surréaliste sur l'axe Paris - Fort-de-France, pendant vingt ans. Avant d'en examiner la teneur, il convient ici encore d'en mesurer la portée, quitte à la relativiser. Bien sûr les contacts, les collaborations (avec Picabia, Brauner, Péret), les hautes reconnaissances (Césaire/Breton, Césaire/Leiris, Ménil/Tzara) furent d'une grande intensité. Mais, malgré les justifications esthétiques, psychologiques, sociopolitiques de toutes sortes qui ne cessèrent d'accompagner la création de textes, le surréalisme ne constituait pas un passage obligé de l'histoire littéraire des Antilles-Guyane françaises. Romantisme, symbolisme, différents modes du réalisme on le sait, réalisèrent eux aussi d'épisodiques démarches de désaliénation ; d'autres transmutations littéraires de la vie antillaise furent proposées, pour y être acclimatées : merveilleux de Maeterlinck, réalisme merveilleux, baroque de type sud ou centre-américain. Comme nous le disait Ménil, un autre sujet eût donné un autre contenu, un autre traitement de « la matière de la vie vécue aux Antilles », que l'amiral vichyste Robert appelait de son côté « une exubérance de vie imaginative » (*La France aux Antilles*, 1950).

Il est par ailleurs constant qu'après le recueil *Cadastre* de Césaire, en 1961, la postérité du surréalisme se réduit à l'écho de Desnos dans les romans de Xavier Orville, et à une certaine démarche de reconstruction dans *l'Isolé Soleil*, de Daniel Maximin. C'est dire que l'essentiel de l'étude de la greffe surréaliste tient à l'œuvre de Césaire.

Le matériau est aisé à dégager. Une ascendance commune vérifiable, celle des images primordiales de registre rimbaldien (notamment des poèmes tels que : « Barbare », « Métropolitain ») :

> « ... et mon corps intact de foudroyé
> l'eau exhausse les carcasses de lumière perdues dans le couloir sans pompe
> des tourbillons de glaçons auréolent le cœur fumant des corbeaux ».
> (« Soleil serpent », *Armes miraculeuses*)

Puis, sans qu'il y ait aucune imitation, l'énoncé de Breton : « alerter sans cesse de fond en comble le monde émotionnel » (Un grand poète noir, *Tropiques*, mai 1944), trouve son répondant dans la « Troisième proposition » poétique de Césaire : « La connaissance poétique est celle où l'homme éclabousse l'objet de toutes ses richesses mobilisées » (*Tropiques*, janvier 1945). Parmi les textes de création, ce n'est pas la vocation antillaise bien connue à la réécriture (servile, ou au contraire critique, parodique) qui a joué ; ce fut une animation homologue du langage, un dosage équivalent de concerté et d'automatisme, une force métaphorique égale, une même violence et immédiateté qui par exemple rapproche les incipits de Césaire et ceux de Péret. Semblablement, dans sa singularité poétique, « l'hibiscus qui n'est pas autre chose qu'un œil éclaté d'où pend le fil d'un long regard » *(Cadastre)* fait écho au « balisier qui est un triple cœur pantelant au bout d'une lance » (Breton, « Un grand poète noir »).

Une étude serrée de l'écriture surréaliste à l'œuvre dans *Les Armes miraculeuses, Ferrements, Cadastre*, excéderait les limites de ce chapitre, et d'autres travaux ont fourni de solides analyses avec lesquelles nous sommes parfaitement en accord : Michaël Dash, *Black Images*, 1974, Michel Hausser, *Essai sur la Poétique de la Négritude*, 1978, James A. Arnold, *Modernism and Negritude*, 1981. Hausser a choisi comme exemples d'écriture surréaliste « pris au hasard » :

> « Il neigera d'adorables crépuscules sur les mains coupées des mémoires respirantes » *(Armes miraculeuses)*,
> et :
> « Le whisky avait dénoué ses cheveux sales
> et flottait sur la force des fusils » *(Ferrements)*.

Considérons à notre tour deux passages où fonctionne le « signe ascendant ». Dans « Patience des Signes » *(Ferrements*, 1960), « l'épopée du ver » s'écrit en une optique tout autre qu'hugolienne, mais une image surréelle, assonancée et rythmée, lance la vengeance prodigieuse des esclaves :

> « Os
> feux desséchés jamais si desséchés que n'y batte un ver
> sonnant sa chair neuve
> semences bleues du feu. »

Dans « Samba » *(Cadastre)*, la grande lumière de la force d'amour permet d'accéder à une justice sociale tenue en réserve, inimaginée mais annoncée par l'hyperbole et les correspondances capiteuses :

> Si tu voulais
> dans les faubourgs qui furent pauvres les norias remonteraient
> avec dans les godets le parfum des bruits les plus neufs dont
> se grise la terre dans ses plis infernaux.

Mais, avec les similarités d'ensemble, il convient à l'inverse de signaler les grandes et fondamentales différences entre le surréalisme de métropole d'une part et ce qui, dans l'œuvre de Césaire, lui a correspondu le plus étroitement.

Nous entendons encore la remarque impressionniste de René Ménil, à propos des premières pages du *Cahier*, qui ouvrait sur l'hétérogénéité des projets culturels et des réseaux poétiques : « Les Antilles écrites en surréalité ! Ça, ce n'est pas du Breton ».

Développons quelque peu : à l'imaginaire surréaliste d'Europe, généralement citadin, et constitué d'objets, de matériaux fabriqués, de mécaniques, de fluides et de lieux-modes, se substituent chez Césaire (exception faite de quelques pièces telles « Cristal automatique », dans *Armes miraculeuses*) des éléments empruntés au « cadastre » antillais, et composant un ensemble cosmo-bio-zoologique, qui relie le poète au soleil et à l'intra-minéral.

Autre différence majeure : les valeurs et modes d'être surréalistes sont désormais traités au collectif, explicitement ou par représentation personnalisée. Il en est ainsi de la recherche d'identité (passage du « Qui suis-je » de *Nadja* à « qu'est-ce que le Martiniquais ? » de *Tropiques*) ; de la visée émancipatrice-régénératrice de la personne humaine, du regard posé sur le monde, de la révolution, de l'éros, du « point » suprême... Les incompatibilités se révèlent alors définitives, ou difficilement réductibles. La situation de l'Antillais, par exemple, fût-il surréaliste, commande une attitude particulière envers l'idée de travail : absence de cette taylorisation qui révoltait les surréalistes parisiens, mais tradition littéraire créole (« *littérature de hamac* », Suzanne Césaire, *Tropiques*) d'alanguissement, que les poètes blancs des îles relient au non-travail des maîtres, et contre laquelle il faut écrire quand au contraire on parle pour les « nègres vaillants ». Quant à l'aliénation socio-politique, plus concrète et complète aux Antilles qu'en métropole, elle exige une définition plus précise de l'acte révolutionnaire. Au lieu de « descendre dans la rue et tirer au hasard » (Breton), « lorsque les Nègres font la Révolution » (Césaire), et que les Chiens se taisent, ils ont, dans la « folie flamboyante » et le « cannibalisme tenace », à viser une cible immédiate, bien connue...

A titre d'évaluation finale, soulignons que le surréalisme, depuis 1932, aura été perçu par ces intellectuels de Martinique et de Guadeloupe à la fois comme un ressourcement d'être et comme une voie précieuse pour écrire poétiquement la réalité antillaise, conformément à l'esthétique de Hegel, c'est-à-dire « transformée en une idée, appréhendée et façonnée par l'imagination ». Césaire et certains de ses compagnons des années 40 et 50 surent y inscrire leur « étroit souci de nègres » (Sartre, « Orphée Noir ») et leur refus global d'une situation intolérable. En des « années de foulement » (Breton) ils marquèrent une étape d'indigénisation généralisée du mouvement, valorisant la « périphérie » par rapport à un centre métropolitain dont ils avaient hérité des pratiques textuelles et un noyau « infracassable » d'exigence morale et esthétique. Après quoi, et au-delà du vœu même de Césaire de « jouer toutes (nos) chances », le surréalisme n'aura survécu en ces territoires qu'à titre de dynamique particulière parmi d'autres courants littéraires, reconnaissable de loin en loin à certains embrasements textuels, à certaines pages privilégiées, incandescentes d'idéologie et d'émotion.

9

Saint-John Perse
en ses points cardinaux

1. Une appartenance problématique

Avec Saint-John Perse, né à Pointe-à-Pitre, il convient de parler d'une échappée magnifiante sur la Guadeloupe : non pas d'une poésie « chapée », comme on dit en créole, c'est-à-dire honteuse de ses origines, mais d'un espace, très lointain parfois, ménagé pour mieux voir un pays.

Le sentiment d'appartenance antillaise, l'antillanité — employons ce mot par commodité, sans lui donner le sens précis qu'il a chez Glissant — du grand écrivain est on le sait toute problématique, mais il annonce le drame de bien d'autres Guadeloupéens et Martiniquais d'aujourd'hui, placés eux aussi entre choix et obligation de partir, d'abandonner le pays natal sans véritablement s'en séparer.

L'antillanité donc sera un acquis précieux pour l'étude culturaliste, à condition de ne pas en faire une essence transhistorique. Est-on antillais par exemple dès lors que, résidant pour toujours à l'étranger, on manifeste un souci durable, et qu'on cultive un savoir privilégié des réalités des îles, comme ce fut le cas pour le poète ?

L'antillanité, est-ce une affaire de complicité linguistique, lorsqu'on sait que la langue que parlait, entendait et continua d'entendre Alexis Leger appartenait à un agrégat familial très marqué, comme en témoignent les lettres à sa mère choisies par lui-même pour figurer dans l'édition Pléiade de ses œuvres ?

L'antillanité, est-ce affaire de sensibilité partagée, alors qu'il y avait irréductibilité, incommunicabilité entre les réactions affectives d'un Légitimus (leader politique guadeloupéen), d'un Daniel Thaly (poète francophone de la Dominique), et du futur Saint-John Perse, pour prendre trois contemporains, trois exemples d'individus aptes à l'écriture, dans les premières années du siècle ?

Devant une situation aussi complexe, on aura vérifié une fois de plus l'existence aux îles de langages culturels différents, ressortissant à des itinéraires personnels diversement spécifiés, et confirmant ce que nous avait confié Césaire : « Il y a plusieurs manières d'être Antillais. »

Mais à l'inverse, durcir idéologiquement ces spécificités, ne voir qu'appartenance béké chez un homme qui au contraire parlait « langage d'aubain parmi les hommes de mon sang », constituerait une démarche réductrice. Penchons-nous plutôt de manière concrète sur les premiers fondements d'une personnalité et d'une écriture qu'il semble possible de situer au départ sous le signe de la perte et du dessaisissement.

Isolons quelques événements biographiques. Ilet familial vendu, objets domestiques transférés de l'autre côté de l'Atlantique, défonctionnalisés, objets qui commencent à mourir, comme disent les « Images à Crusoë », et semblent défier tout désir de fixation fétichiste.

Un naufrage a valeur symbolique : à l'âge de douze ans, A. Leger assiste à un spectacle qu'il placera plus tard sous le signe du macabre : l'ouverture, après immersion accidentelle, de neuf caisses de livres en décomposition, qui avaient constitué la bibliothèque de son père (1). De là, écrit-il, « une étrange aversion pour les livres ».

_____

(1) En 1968 il y eut l'incendie, maîtrisé, de la principale bibliothèque du Groenland, et l'arrivée à Copenhague de ses 26 000 volumes emprisonnés dans l'eau, congelée, des sapeurs-pompiers ; incident insigne, d'allure persienne.

Mais bientôt, et les deux faits ne sont pas contradictoires, l'étudiant de Bordeaux exilé habitera les textes devenus surface de travail, et c'est toute une pratique de lecture active, sélective, qui s'inaugure notamment aux pages des *Épinicies* de Pindare, et de *Connaissance de l'Est*, de Claudel. Déjà aussi, à Saragosse, la recherche de « textes non recensés », et celle d'un manuscrit inédit lequel, disons-le tout de suite, n'a rien à voir avec celui de Potocki.

On peut dresser le compte des lacunes d'appartenance au lieu du père, on verra qu'elles ne conduisent pas à la négativité. L'absence physique définitive à la Guadeloupe signifiait certes qu'on avait renoncé à prendre en compte l'histoire de l'île, passé le temps de la colonisation pionnière dont nous reparlerons. Ni les textes de Schoelcher sur l'esclavage, ni les proclamations de Victor Hugues ou de Delgrès ne semblent avoir parlé à l'écrivain blanc créole. Et le Gouverneur Eboué, l'Amiral Robert lui auront probablement été aussi étrangers que ce peuple guadeloupéen dont il apprenait de loin qu'il passait à l'initiative : « Ces grèves de la Guadeloupe sont très graves pour plus d'une famille des îles » (Lettre à J. Rivière, *o.c.*, éd. Pléiade, p. 673).

Plus généralement, le texte de Saint-John Perse ne se fait guère organe de résonance du patrimoine culturel des îles ; la pauvreté de sa bibliothèque en ouvrages d'anthropologie antillaise, de littérature antillaise, est à cet égard significative. Au mieux insère-t-il quelques effets de réel créole : « l'herbe à Madame Lalie », et précise-t-il à Roger Caillois que son texte accueille des chants de gardien de troupeaux (Pléiade, 966) ; au mieux Émile Yoyo a-t-il pu dire ce qu'il fallait dire sur l'appartenance à la langue créole de l'expression « j'ai retiré mes pieds » *(Saint-John Perse et le Conteur)*, et pouvons-nous nous-même y repérer des syntagmes à trois éléments, « à la créole », et considérer comme échos éventuels de chansons antillaises cette ligne d'*Éloges* : « ne tirez pas ainsi sur mes cheveux » (*o.c.*, p. 51) et ce passage de *Cohorte* (*o.c.*, 688), dont la poéticité rappelle « Surah blanc ka sembl on pigeon blanc » :

> Tout le monde est aux terrasses, auprès du mât du pavillon, les femmes blanches, et les prélats, les amiraux en toile

blanche, le factionnaire casqué de blanc, les domestiques en surah blanc...

Cliché-souvenir précieux, à un moment où le jeune homme se révèle soucieux de ne pas dire les îles comme l'avaient fait de diverses manières les poètes créoles parnassiens, ou son compatriote Léon Hennique adepte du naturalisme, ou le symboliste Francis Jammes, un Antillais d'adoption qu'il rencontre au Béarn.

Alexis Léger s'approprie donc le Royaume d'Enfance comme un motif, non comme un signifié ; l'entreprise de restitution à la « rive natale » se réalise sous le signe du « songe », un mot qui acquiert dès *Éloges* la double acception onirique et poétique qu'il conservera dans les autres recueils.

Ainsi, une même propension à « mimer la fiction » le fait vivre, journée après journée, le voyage de retour qui conduit un de ses cousins (Bertaud) jusqu'à l'île, le fait écrire des énoncés de naguère, entendus ou proférés : « l'ai-je dit alors ? », et situer son texte au rendez-vous des heures de rêve, des états maladifs, des premières émotions érotiques. Une même jouissance et conscience esthétique recueille la perception enfantine des sanies splendides de la darse, aussi bien que les relations nouées magiquement avec le magnétisme du cheval bien-aimé.

Que pouvait apporter la topique antillaise aux thèmes du mouvement et du souffle, qui caractériseront fortement les recueils postérieurs à *Éloges* ?

Dans le texte de *Cohorte* cité ci-dessus l'enfant est « maître d'un poney pie, taché de rouge et blanc ». Promesse symbolique peut-être de majesté et de continuité, mais non pas annonce d'un dépassement dynamique, coursier en selle, tel qu'on le lit dans le désert d'*Anabase*. Plus tard, pour l'âme du poète devenue « très foraine », l'idéale demeure et grand'case de boiseries ne sera plus celle qui paradoxalement « durait, sous les arbres à plumes » (*Éloges, o.c.*, p. 30), mais la cabine qui navigue et file dans *Amers* sur des eaux qu'on imagine, dans le meilleur des cas, appartenir à la mer caraïbe.

Et le premier recueil refuse deux composants-types de l'imaginaire des écrivains de couleur antillais : la forêt, le volcan.

A la différence de Levilloux, Glissant, Simone Schwarz-Bart,
pour qui le « boisage » est refuge des esclaves marrons et
espace mythique de la conscience nègre, on serait tenté de
dire que dans le texte de Perse les arbres, un à un sélectionnés, cachent la forêt.

Les valeurs essentielles sont d'un autre ordre. Elles concernent d'abord la jouissance éprouvée devant des prodiges
phénoménaux dont les arbres des premiers recueils sont le lieu
ou le sujet : arbre à plumes, arbre « chargé d'huîtres comme
d'ouïes » *(Cohorte)*, arbre délesté d'une « pincée d'oiseaux »,
arbre qui surélève ses « hautes racines courbes », ou qui laisse
pendre les « lunes roses et vertes », branche devenue rame
mais qui continue de bourgeonner, fûts qui sont des mâts...
Ici la perception émerveillée re-décrit le monde en métaphores qui autorisent, par une quasi-parenté avec les arbres éluardiens, l'appréciation d'André Breton bien connue : Alexis
Leger, « surréaliste à distance ».

Et cette vision merveilleuse procède d'une excellence qui
touche à l'ordre du divin ou du religieux. « Le cannellier au
jardin de mon père » était aussi l'arbre qui nourrissait les
Immortels ; le pommier-rose, dont Alexis Leger mentionne
les fruits dans le quatrième poème d'*Éloges*, est partie inté-
grante de la légende bouddhique du prince Siddhartha ; son
ombre miraculeuse protégeait précisément l'Éveillé d'autres
« tournantes clartés ». Dans le premier poème de *Pour fêter
une Enfance*, « l'eau-de-feuilles vertes » s'ajoute au mot inaugural : Palmes. La place du mot « palmes » dans le texte —
une image/idée « isolée par du blanc » —, le chant vocalique
et l'ordonnancement des consonnes : autant de feuilles autour
du stipe qui transforment ce mot en bourgeon du poème.

Le bourgeon d'une vie aussi, jusqu'au sacrifice : dans une
lettre à Gide (*o.c.*, 768), Alexis Leger, homme-palmiste, lui
a fait offrande lyrique d'un arbre souverain, comme lui mutilé
en son cœur : « feuilles blanches et tendres renfermées au principe de la touffe ». (Cf. notre contribution à *Saint-John Perse,
antillanité et universalité*, éd. Caribéennes, 1988).

2. Un transport mental et affectif

Examinons des mises à distance d'une autre nature, qui n'iront jamais jusqu'à « démarrer », définitivement le texte d'avec le pays guadeloupéen. Nous avons ailleurs parlé du champ perceptif d'*Éloges* pour le marquer positivement. Mais il se désigne aussi par les déceptions qu'il aura provoquées chez les amateurs de choses convenues. Car Saint-John Perse, insoucieux de plaire au consommateur textuel européen, se refuse à chanter sur le mode exotique colibri ni madras. Son cortège de personnages féminins accorde bien l'Hindoue et la Blanche créole avec la Métisse citronnée de pomme-rose et ricinée de palma christi, mais l'érotique du poète, qui chante des filles de Guadeloupe luisantes et lisses à l'effeuillage, ne tombe pas dans l'afféterie des exotiques doudous, ni dans les coquetteries des « titanes » chères aux écrivains régionalistes de l'époque.

Assurant l'originalité de son espace de perception dans une pulsion d'écriture libidinale et, nous le verrons, ensoleillée, Saint-John Perse pour mieux le magnifier féconde cet espace à un niveau second, celui des esthétiques médiates.

Ce sont d'abord des sujets humains traités selon la manière de Gauguin : « Alors les hommes avaient une bouche plus grave, les femmes avaient des bras plus lents. »

Ce sont les oiseaux antillais, revus d'après l'ornithologue d'origine vendéenne Audubon, né en Haïti, et qui s'était, comme le poète lui-même, attaché au sud des États-Unis.

Dans les structures de la représentation persienne se repère aussi une organisation du texte en partie reprise de prédécesseurs, reprise et densifiée. Nous l'avons montré dans *Les Écrivains français et les Antilles* : certaines pages sont orientées d'après les *Illuminations* de Rimbaud ; *Éloges* s'ajuste parfois terme à terme à *Connaissance de l'Est* de Claudel ; quant aux prélèvements d'origine asiatique, c'est-à-dire venus de terres immenses et de traditions sans âge, ils dilatent l'objet insulaire avec l'intention, avouée, d'y amplifier l'espace et le temps. Dans son travail, l'écrivain sollicite donc des textes majeurs à titre de caution qualifiante, visant à ennoblir l'Ileaux-belles ~~onun~~ primitive des Caraïbes, et faisant affluer un courant de majestés lointaines, moins emprunté que réinstitué par un auteur-augmentateur.

Car dans ce recul pris « pour mieux voir » et dans cette option poétique « pour mieux vivre », Saint-John Perse unifie aux niveaux de l'éminence ce qui aurait pu demeurer une juxtaposition d'exotismes ; mobilisant la diversité moderne des croisements de cultures, il la somme au contraire de composer un classicisme nouveau.

Mais peut-être avait-il senti qu'il devait une explication pour cet « affranchissement du lieu » natal : s'il a abandonné ses 63 degrés de longitude en ouest, il demeure attaché, affirme-t-il à Valéry Larbaud, à une zone de la sphère terrestre : « Je tiens encore, pour une simple question de lumière, à un certain degré de latitude en ceinture à tout notre globe » (*o.c.*, 793).

Primauté de la perception lumineuse qui depuis l'enfance a fait l'objet d'une véritable éducation de l'œil. Depuis l'enfance l'œil « guerroie » chez Alexis Leger, rétine ouverte, jusqu'au souhait d'en faire « éclater l'amande », jusqu'à être récompensé au temps d'*Amers* et pouvoir faire jouer « la flamme de feu rose entre les doigts mi-joints ». Ainsi la beauté d'un éden, la beauté du monde se seront-elles méritées au prix d'un entraînement intensif. Ainsi l'œil créole se sera-t-il fait scrutateur, lui qu'on pouvait croire instruit à loisir dans la caresse contemplative des palmes.

A bien questionner les textes persiens toutefois, on s'apercevra qu'il s'agit non seulement de lumière physique en ces latitudes bénies, mais aussi d'un éclairage moral, celui qui autorise la complicité épistolaire avec le lieu de la mère, celui qui permet de vivre dans le délien et le délié, aussi bien que dans ces fonds vasiers et ces fanges, dont l'éloge se répète d'*Images à Crusoë* jusqu'à *Vents*.

Cette « ceinture » intertropicale ne pouvait certes prétendre reproduire innocemment le foyer des valeurs qu'avait constitué pour son temps la Méditerranée antique. Trop de drames impériaux interdisaient que dans l'inconscience on y chantât le beau fixe et la sérénité des rapports entre les Européens et les « autres ». La part d'idéalisme qu'auraient impliquée de telles perspectives et de telles mises en page, Alexis Leger, nous l'avons dit, n'avait pu l'ignorer.

Mais de nouveaux éloignements s'opèrent, et Saint-John Perse est conduit à rencontrer des terres d'écriture ailleurs qu'en la zone chaude, le vent, l'océan de l'exil portant son texte à des climats brusqués. Autres réajustements pourtant vers le giron, le centre primordial, soit que l'écrivain mette en équivalence les espaces asiatiques et l'insularité (*o.c.*, 836), soit qu'il se dise aux États-Unis, « restitué à ma rive natale ».

A Savannah (Georgie), A. Leger retrouve les restes d'un monde créole (celui de *Pluies*) annonciateur du véritable Sud « pays du limon » (celui de *Vents*, II) où l'interpénétration des eaux et de la terre subtropicales permet de renouveler certains des motifs du recueil guadeloupéen. Le monde physique amphibie y est pareillement « gras », et composé de « vases » et de « bulles » ; le « gluten » de *Vents* fait écho à la « déglutition » d'*Éloges*… Des modifications cependant s'observent : ce qui au Royaume d'Enfance était « boue, plasmes visqueux, laitances », est devenu « gluaux, poix, fange », et surtout « anthrax, sanie, membranes ». Aux « fleurs mouvantes en voyage, des fleurs vivantes à jamais » corrigeant « le deuil qui s'épanouit » (La Ville, *Images à Crusoë*) se sont substituées « les roses noires », la « tubéreuse noire ». Aux images de fécondation et de naissance, de « vagissement », succède l'obsession de l'avorteuse, et de la mort. Une perception enfantine de l'espace protecteur se lisait dans les prépositions, adjectifs, verbes et substantifs de contenance et d'intériorité : « L'oiseau se berce dans sa plume, sous un rêve huileux ; le fruit creux, sourd d'insectes, tombe dans l'eau des criques, fouillant son bruit. » *(ibid.)*

Maintenant, c'est un regard d'homme arraché de son lieu, blessé comme d'une interruption de grossesse, lorsque « cède toute chair, la femme à ses polypes, la terre à ses fibromes », et que le fleuve entraîne les « grandes poches placentaires ».

Permanence et variations : dans le jeu équilibré de l'ici et du là qui aide à structurer une personnalité, on ne décèle aucune propension du sujet persien pour les figures schizoïdes, et jamais l'ouverture sur l'altérité du lieu n'aura trompé l'émotion originelle, fondatrice du texte en son foyer de Gua-

deloupe. Car les marques d'un éternel retour au « beau pays
du Roi » n'auront pas manqué dans la carrière nomade de
cet « enfant des îles », et ce jusqu'à l'extrême vieillesse où,
s'apprivoisant aux eaux méditerranéennes, ce sont les noms
des localités guadeloupéennes de Bouillante et Pigeon qui lui
viennent aux lèvres (« Croisière aux Iles éoliennes », *Cahiers
Saint-John Perse*, 8/9).

Ces rappels on le voit furent signes d'un transport mental
et affectif continu : n'ayant jamais cessé de parler (texte et
hors-texte) « de » la Guadeloupe, non pas tant au sens d'objet
que de celui de provenance, Perse aura pu redire en tous lieux
la phrase de *Cohorte* : « aux îles d'où je parle », plutôt que
« dont » je parle. Une remarque cependant. Un si « beau sens
de l'ubiquité » renvoyait à une fidélité double : parti à la
reconquête idéale de son pays, le poète ne laisse pas d'être
homme de la France extérieure. Enrichissant par ses lectures
un savoir antillais reconnu incomplet au départ (« et je n'ai
pas connu »), il se situe dans une lignée tout à fait française,
celle des premiers chroniqueurs et recenseurs des ressources
insulaires, Rochefort aussi bien que Du Tertre.

Portons notre regard aux volumes de sa bibliothèque, telle
du moins qu'elle fut livrée dans son premier état à la Fondation d'Aix-en-Provence. Ils révèlent un intérêt pour la flore
créole, la faune et les minéraux des Antilles, qui ne devait
pas se démentir au cours d'une entreprise de trente années
de lectures et d'écritures marginales demeurées manuscrites :
de 1934 à 1964 si l'on s'en tient aux dates d'édition et de
références. Une entreprise frappante donc par son ampleur
et sa continuité ; un processus de rapatriement sensible et intellectuel qui donne la précellence à l'histoire naturelle du pays
antillais, comme si cette discipline jugée intemporelle et globale permettait d'ignorer les vicissitudes et les tensions de la
vie sociale aux îles.

Outre les textes persiens proprement dits, nous avons exa-
miné à la Fondation Perse d'Aix-en-Provence quelque 400
ouvrages de la bibliothèque personnelle de l'écrivain, qui portent de sa main des marques de lecture.

Sans récrire véritablement *Éloges*, Alexis Leger a travaillé
les textes et les illustrations des livres lus en y collant d'autres

illustrations aux marges des pages, en précisant par des détails de localisation guadeloupéenne des énoncés qui concernaient l'ensemble de l'archipel, en indiquant quelques particularités de mœurs fauniques, en ajoutant leur traduction en créole à des taxinomies anglaises : « rose apple » est redressé en « jam rose », mais « grapefruit » en « shadck », que nous appelons pamplemousse.

Ainsi, pendant des décennies, aura-t-il prolongé ce qu'annonçait « Pour fêter une Enfance » : « appelant toute chose... appelant toute bête » ; ainsi, dans l'intimité d'ouvrages choisis, produisait-il la preuve que ce qui, du Royaume d'Enfance, demeurait au cœur de l'homme, n'était pas entièrement passé dans le chant premier.

3. Une île

On trouve aisément dans *Éloges* une ouverture pour les futurs hymnes au dépouillement, notamment cette louange d'un peuple sobre, digne et « dénué », une louange de réhabilitation à vrai dire nécessaire, face aux campagnes de dénigrement qui se menaient alors en métropole à l'encontre des Antillais de toutes origines. Mais ce peuple sobre habitait un terroir étrangement vide de grands mouvements de spiritualité, de ces grandes marques du sacré affectionnées par le poète, de ces grandes traditions culturelles susceptibles d'être magnifiées en icônes et en graphies rituelles. Alors Alexis Leger poétise autrement l'insularité tropicale dans ses travaux et dans ses jours. A une France fortement marquée d'esprit laïque et pragmatique, il présente un peuple singulièrement voué à mimer des gestes cultuels en direction de puissances numineuses non définies (gestes d'onction, de libation, d'élévation, de prosternation).

Au racisme d'époque, Alexis Leger oppose une représentation distinguée de la population de couleur :

...debout
et vivant

et vêtu d'un vieux sac qui fleure bon le riz
un nègre dont le poil est de la laine de mouton
noir grandit comme un prophète.

La toile des embarcations ou celle des récoltes, la torche des campagnes guadeloupéennes, le cheval et le canot constituent dès *Éloges* des signes récurrents d'un utilitaire porté au registre du luxe sacralisant. Ce premier recueil écrit la Guadeloupe dans une lumière archaïsante, mais pour conférer à son île une dignité quelque peu barbare, le poète lui a passé un collier de souverains lointains : Assuérus, Cambyse, Crésus, Montezuma, le Ras d'Éthiopie, un roi de Lydie, le prince Siddharta, Salomon, parmi lesquels, tel un rajah blanc d'Insulinde, se glisse le King Leger dans ses « Settlements »...

Revenons au texte de *Cohorte*. Les hommes de pouvoir : gouverneur, amiraux, prélats, n'y sont pas des autochtones, et les seules seigneuries dont l'île puisse se prévaloir sont celles, instables et fugaces, des oiseaux : la superbe frégate en particulier, souveraine d'ici et d'ailleurs, à la fois « Commissaire des îles » et « Gouverneur des Vignes océanes, Régisseur et Régent d'une Inde fabuleuse ». A son passage, le petit monde insulaire s'exclame : « il nous a vus ». On pourra lire en ce tableau une Antille vouée à n'exister que dans la reconnaissance de semi-étrangers de haut parage... C'était l'époque, rappelons-le, où même un idéologue de couleur soucieux pourtant d'identité, Oruno Lara, s'embarrassait d'une aporie : « Comment nous imposer, affirmer notre personnalité, quand il nous faut nous fondre dans l'esprit français ? » (*La Guadeloupe littéraire*, 18 février 1912).

Ayant indiqué ces quelques marques et bornes d'antillanité, questionnons plus avant le rapport du poète à sa phratrie, à ceux qu'il appelle les miens.

Le monde de ses lectures révèle qu'il s'est particulièrement intéressé aux séquences inaugurales des établissements européens aux îles, celles qu'une feuille volante du XVIIe siècle appelait en son titre « Exploits et Logements des Français » (publiée par Théophraste Renaudot, *La Gazette*, 1638). Ayant acquis les ouvrages patrimoniaux de Rochefort, Froger, Charlevoix, Du Tertre, Labat, A. Leger y a souligné les mentions de personnalités tel d'Esnambuc, et surtout les passages qui concernaient les scènes d'arrivée, un verset d'*Amers* attestant sur ce point la cohésion du lu et de l'écrit : « J'ai rêvé l'autre soir d'îles plus vertes que le songe... Et les navigateurs descendent au rivage en quête d'une eau bleue » (*o.c.*, 327).

Si donc les schèmes génériques de la conquête lui ont paru poétisables, en revanche un ensouchement colonial presque tricentenaire, marqué de basses violences domestiques — le « nan Guinen » des esclaves — est indigne de passer au registre épique. Au terme de « trois siècles d'adaptation » (Lettre à Madame Saint Leger Leger, *o.c.*, 821) à ce qu'ils appelaient leurs « habitudes », le mérite des Blancs créoles dans le texte persien paraît tenir à quelques éléments naturels qu'ils auront nommés, à quelques arbres qu'ils auront plantés. Véritable enfermement identitaire du planteur que ces bourgeonnements lexicaux, que ces érections de fûts. S'ils ont fondé un certain ordre agro-pastoral, leur œuvre de maintenance est devenue précaire, ce que suggère mainte vision contrastée de « Pour fêter une Enfance ». Faisons la part de la vision béké, qui dicte un hymne à « l'en allée des voies prodigieuses, l'invention des voûtes et des nefs » (*Éloges, o.c.*, p. 23).

La lettre à Gide citée ci-dessus déclare par métonymie cette fierté de caste, de race aussi, qui commande certaines dilections : « C'est l'un des miens qui l'a planté... Je le connais. Ces arbres sont de race pure. »

En 1989, Marie-Reine de Jaham, romancière issue du même milieu blanc créole, écrira plus impudemment :

> Ces champs, ces chemins, ces vallons fertiles, c'est nous békés qui les avons créés. Nous qui avons défriché, planté, inventé un art de vivre, où l'hospitalité, le respect de la parole donnée et la courtoisie régnaient » (*La Grande Béké*).

Au-delà d'une nostalgie questionnable mais poignante à la mesure même de la déprise, au-delà des écritures de célébration, il convenait de préciser combien les signes de solidarité d'Alexis Leger avec le monde des « habitants » se révélaient à la fois indestructibles et éminemment critiques.

4. L'Asie

Le refus de la localisation et de la datation des référents est connu chez Saint-John Perse, et sa volonté de mettre à distance le « thème antérieur au poème », et ses mises en garde contre les risques de l'interprétation érudite ou ce que j'appellerais la proposition de pion.

Pourtant, si les textes du poète vivent, c'est bien par les lecteurs qui les ont pris en charge, ou qui y ont rencontré une orientation personnelle, et rien dès lors ne pourra empêcher que ce qui était évocation allusive ne s'éclaire ou ne se précise pour certains, dont nous sommes, qui aiment revenir un tant soit peu aux sources du réel.

Entre le pôle subjectif du poète et celui du lecteur, il y a place pour une objectivité référentielle, indissociable du travail d'écriture. C'est ce que tenteront de montrer les pages qui suivent, et qui questionnent une autre direction que celle des îles : la présence de l'Asie centrale et orientale, l'intention de l'écrivain d'évoquer la « fiction » d'Asie (Pléiade, p. 793) sans la représenter.

Nous avons dit dans *Les Écrivains français et les Antilles* combien les habitations de la famille Leger, ainsi présentées au pied de la Soufrière, faisaient penser au parc de Loumbini, lieu natal du Bouddha, sur les premières pentes de l'Himalaya. Nous nous refusons en effet à considérer le recueil guadeloupéen comme isolé : nous le voyons au contraire « aspirer » à l'amont certains éléments qu'on aurait pu croire spécifiques de tel recueil ultérieur, et inversement nourrir d'images insulaires fondamentales les textes apparemment les plus étrangers au substrat poétique antillais.

Une année après la publication d'*Éloges*, Alexis Leger se rend à Londres, « splendide emporium » de marchandises asiatiques, et il y fréquente par préférence des orientalistes, des membres de l'India Society, qui ont pris ainsi le relais de Claudel pour un itinéraire qui ne dévie pas (p. 780). Rencontrant Tagore, Leger écoute en lui une « intonation de l'âme universelle » plutôt qu'un appel du mysticisme asiatique, car le jeune homme s'est déclaré dépris déjà de tout « nihilisme oriental » (Pléiade, 646).

Puis c'est le séjour à Pékin, au cours duquel les influences d'Asie et les contre-influences françaises seront portées à leur comble : visite de quatre pays d'Asie orientale dont un mois dans le Gobi, pratique diplomatique, lectures de chroniques chinoises à la bibliothèque de l'ambassade, fréquentation de spécialistes aussi éminents que Bacot, Pelliot, Staël Holstein, Toussaint. Catherine Mayaux a bien établi l'influence de Bacot, dans le recueil collectif *Pour Saint-John Perse*, L'Harmattan, 1988.

Claudel, dont l'influence fut alors déterminante, disait pour sa part : « Un long séjour en Extrême-Orient a fait de moi un contemplateur de la lettre et du signe intelligible et permanent. »

Ainsi le diplomate Leger a la possibilité *in situ* d'entrevoir l'immensité et la diversité des nappes de textes asiatiques. Avant de publier leurs travaux, des lettrés chinois, des orientalistes français lui parlent longuement d'annales, de stèles tumulaires et de rouleaux, de pictogrammes et de clés, de colophons sanscrits et de caractères taboués, d'édits princiers et de ces « plus vieilles couches des Védas », qui annoncent « les plus vieilles couches de langage » dont il est question dans *Neiges* (2). Ils lui signalent les problèmes qui reviennent à toutes pages des publications orientalistes : recension et décryptage, compilation et transcription d'un alphabet à un autre ; ils insistent sur les identifications qui font difficulté, les gloses, les récitations de sutras, avec ou sans intonation (3).

D'emblée nous pouvons affirmer que cette plongée dans l'archéologie des textes d'Asie eut une influence double sur l'écrivain. D'une part, attitude humoristique envers toute religion du texte, volonté d'effacer le sens univoque, sacré et pour tout dire « biblique » des livres. Nous connaissons l'intérêt distancié qu'il portait aux « pénibles controverses » à « l'embarras des glossateurs », aux « contaminations de tex-

---

(2) Pléiade, 162. Tous ces éléments figurent dans les livraisons de revues orientalistes des années vingt.

(3) *Ibid.*

tes », aux « difficultés de déchiffrements », formules qu'il s'est plu à souligner au cours de ses lectures. D'autre part, un intérêt presque fasciné pour des paroles antérieures, paroles enfouies, qu'il appartient au poète de lire et réactiver par sa parole nouvelle (4).

De la première attitude sont donc révélateurs des soulignements, notamment dans un exemplaire des *Annales du Siam*, 1926, conservé à la Fondation d'Aix : soulignements amusés de mots tels que « interpolations », « centons », « textes mutilés ». Au niveau de l'écriture, on retrouve cet humour à l'œuvre en plus d'un poème. Citons *Pluies*, VII :

> Lavez, lavez Ô Pluies ! tous les velins et tous les parchemins, couleur de murs d'asile et de léproseries, couleur d'ivoire fossile et de vieilles dents de mules.

On le retrouve lorsque Saint-John Perse écrit en jouant sur les phonèmes : « toute stèle fautive » (votive), « délice du scoliaste ». Quant à la seconde attitude : travail sur un texte antérieur, nous allons fournir des éléments d'appréciation.

Après le retour en Europe, et à mesure que grandit la stature du poète, du conseiller littéraire, de l'expert diplomatique, se multiplient les amitiés d'écrivains et de critiques, les dédicaces d'ouvrages, les dons de manuscrits d'auteurs. Période pour Alexis Leger de lectures et d'écritures politiques : dépêches, memorandum et pactes, période que vient clore en l'année 1940 l'invasion de la France. Les livres personnels et les manuscrits du poète, avenue Camoens, sont alors pillés par la Gestapo, et par la police de Pétain. En exil, celui qui avait choisi d'écrire « pour mieux vivre », doit accepter « pour vivre », un poste de lecteur à la Bibliothèque du Congrès, à Washington : prestigieux dépôt, satirisé dans le poème

---

(4) Meschonnic (*Pour la Poétique*, II, 259) oppose deux modes d'emploi du texte biblique : l'un qui est lecture active, poétique ; l'autre qui est approche révérentieuse de l'Écriture Sainte. Cette opposition est transculturelle ; pour prendre un exemple qui concerne notre poète, si la Sourate XIII (39) du *Coran* insiste sur le pouvoir livresque : « *Allah efface et confirme ce qu'il veut : auprès de lui est l'archétype de l'écriture* », Saint-John Perse se réfère plus volontiers au « fou d'écritures » en pays d'Islam.

Vents avec une sorte d'humour vengeur, et dont on dit que Leger ne fit jamais sortir un seul ouvrage à son nom... « Un homme s'en vint RIRE *(au lieu de « lire », R.A.)* aux galeries de pierre des bibliothécaires » (*Vents*, 1, 4).

Après ce premier aspect de la confrontation vécue avec les livres en général, revenons aux marques orientales du texte persien. Nous n'avons ni pu ni voulu repérer systématiquement les indices asiatiques dans toute l'œuvre, ayant simplement remarqué un premier afflux dans *Éloges*, leur précipitation bien compréhensible dans *Anabase*, leur raréfaction dans *Exil, Pluies, Neiges*, leur résurgence dans *Vents, Amers*, leur dilution enfin dans les derniers recueils.

Une remarque pour le chercheur : chez Saint-John Perse, plus que chez tout autre peut-être, à peine l'information localisée est-elle perçue qu'elle s'intègre dans une validation plus générale, celle de l'imaginaire collectif et de la beauté de la « chose conjurée ». Et le texte poétique se trouve alors justifié comme source et effet de sens nouveau. Aussi, loin de porter le lecteur aux assignations univoques, une certaine localisation hindouiste a-t-elle permis, répétons-le, de jeter sur les Antilles une lumière sacralisante qui s'inscrivait dans les « hémorragies de sens » dont a parlé Claudel.

Allons donc à ce « beau sens de l'ubiquité » (Pléiade, 1060) d'un créole qui, répétant la confusion des *descubridores*, glisse d'une Inde à l'autre, de l'Ouest à l'Est aussi bien que de l'Orientale à l'Occidentale, puisque *Anabase* IV fera revivre une scène familiale des Antilles, entre de « hauts navires » empruntés au texte de *Pour fêter une enfance*, et ce groupe debout sur les vérandas de bois, déjà présent dans *Cohorte*.

Quelle Asie apparaît dans *Anabase* ? A la différence des « Grandes Indes de l'Ouest » auxquelles s'attachent irrésistiblement chez cet « homme d'Atlantique » les figures de conquérants venus d'Europe, nul souci de célébrer l'aventure impériale française en Orient, et c'est méprise que de projeter, autrement que comme archétype transethnique, la silhouette et les desseins d'un Européen colonisateur sur les hautes pentes du poème. A l'heure où s'annonçaient, se déclenchaient le « réveil de l'Asie », les « tempêtes sur l'Asie », le poète a chanté des fragments d'épopée d'une « grande race autochtone » vivant sur de larges espaces continentaux, une de ces races dont il avait pris goût en son adolescence (Pléiade, 743).

Non pas la Chine agricole et ses façons culturales, dont il pourrait déjà écrire sans métaphore « ah ! qu'on m'évente tout ce loess ! » (*Vents*, I). Toutefois, avant de dépasser les « averses solennelles » et les « fleuves dans leurs noces » pour aller aux « fleuves morts » des pays « sans anniversaires », le héros d'*Anabase* aura poétisé le savoir agronomique des almanachs impériaux : printemps d'Asie ou mousson des orges, lunaisons du « paon blanc du ciel », du « sabre de cuivre », des « tièdes couvaisons d'orage ». Il reste que, devant la Chine limoneuse, nourricière, artisanale et usurière de Claudel, Saint-John Perse éprouve un mépris semblable à celui qu'il professera plus tard au souvenir de fades petites villes de province française (Pléiade, 245).

Plus l'attirera le « chercheur d'or vierge » (Pléiade, 475) d'Asie centrale que le changeur chinois, sauf lorsque ce dernier a le génie de pratiquer des formes monétaires poétiques, tels ces sycees « en forme de nacelle, ou de chaussure de femme » (*Amers*, 360).

Au dire de Leger « l'espèce chinoise » a des remuements d'insectes (Pléiade, 848), des migrations d'alevins, et la fuite de la présidente de la République de Chine, en laquelle il s'est trouvé impliqué, ne représente pour lui qu'une scène haïtienne, c'est-à-dire extrêmement médiocre (Pléiade, 817).

La sagesse de l'Empire du Milieu lui paraît contredire toute aventure intellectuelle, aussi bien ce qu'il appelle la platitude confucéenne (5) que le non-agir du taoïsme, doctrine à laquelle il n'a emprunté qu'un site d'écriture. Saint-John Perse demeure également éloigné de l'« immémoriable prosternation de l'Orient » dont parle Malraux. Il échappe à cette séduction de la spiritualité asiatique qui point alors, à des niveaux très différents, René Guénon et Romain Rolland. « Le cheminement spirituel du poète, écrira-t-il pour le discours de Florence, est par sa nature même étranger aux voies du mysticisme proprement dit ».

---

(5) Élément souligné sur le Maître Kong : il avait le crâne difforme.

Refusant donc d'asiatiser sa pensée, n'ayant aucun goût pour ce que Henri Massis appellera deux ans plus tard « l'anarchie intellectuelle » et les « systèmes mixtes », c'est-à-dire le syncrétisme spirituel eurasiatique *(Défense de l'Occident)*, le poète manifestera un respect distancié pour le quiétisme bouddhique et pour le lotus des bannières lamaïstes, malgré le *Dict de Padma* de son ami Gustave Charles Toussaint, dont le manuscrit lui a été offert (il est actuellement à la Fondation Saint-John Perse).

Il contournera pareillement les grands textes védiques, et l'interrogation d'*Exil* : « qui sait encore le lieu de ma naissance ? », n'est peut être qu'une rencontre accidentelle avec la formule de l'*Atharva Véda* : « qui se souvient du lieu de sa naissance ? » Dans sa lecture de la *Bhagaved Gita*, il ne soulignera que les éléments formels du texte : rythmes, formules, ce que corroborent ses remarques sur l'orientalisme en général (Pléiade, 1075). Et son ami Pierre Guerre nous a signalé la destruction du manuscrit d'une pièce de théâtre à sujet hindou.

Sur un point pourtant, *Anabase, Amitié du Prince* accordent la hantise indienne de la souillure avec la peur européenne de l'infection, la tradition hindouiste de la purification avec les souvenirs personnels des faubourgs puants autour des villes d'Asie : « un peuple de lettrés à la lisière de pourritures monstrueuses », qui font écho aux responsabilités assumées pendant une épidémie de peste, aux abords de Pékin.

Croyance en la purification du corps par le rayonnement solaire — « fais éclater l'amande de mon œil » *(Anabase, III)* — que Leger déclare avoir partagée avec les hommes de la côte de Malabar, pratiques d'assainissement dans les feux d'épines ou de ronces, ablutions multipliées, exposition au vent, sont autant de motifs « élémentaires » qui désignent un souci de pureté physique ritualisé chez tous les peuples plus ou moins indianisés.

C'est dans le cadre eurasiatique d'*Anabase* que le mot « pur », d'origine indo-européenne, entre en force au lexique du poète, avec son antonyme « insane » et l'oxymore « pures pestilences ». Dans les autres recueils, il est soit inexistant

(*Éloges* stricto sensu), soit moins fréquemment employé que les qualificatifs monosyllabiques : beau, vain, haut, nul, nu.

Et cette accession à la pureté résulte d'un dépassement qui métaphorise le mouvement du texte : il faut que les peintres d'Asie aient sifflé sur leurs coffres, et les banquiers dans leurs clés, pour que se dégage le « sifflement plus pur » de la Chanson d'*Anabase*, sifflement qui est symbole du souffle poétique, et que l'on retrouvera dans la Strophe d'*Amers* (Pléiades, 346) associé précisément à la figure hindoue de la dêva.

Mais la pureté procède aussi d'un « principe de violence » : le vent, qualifié de pur et puissant par les *Lois de Manu*, le vent d'*Anabase* achève par la dispersion le lessivage de ces « linges » qui contrairement aux « toiles », sont depuis *Éloges* V le signe fréquent d'une souillure incurable.

Purification dans le dynamisme et la destruction : c'est encore la leçon que Saint-John Perse dégage auprès du dieu Civa avec : « tout ce qu'implique de violence cosmique et de renouvellement organique le déchaînement vital du vent dans la notion shivaïque » (Lettre à Adrienne Monnier).

Civa Nishkala « l'Indivis », Civa dont le chiffre se peint au front des hommes d'Asie sud-orientale (*Anabase* IV), Civa à qui sont dédiées « des pierres noires parfaitement rondes » (*Anabase* X), Civa Roi de la Danse n'a pas cessé, semble-t-il, de hanter à cette époque l'imagination de Saint-John Perse. Le dieu indien ne reprend-il pas, en la figurant, la loi héraclitéenne de l'harmonie des contraires, et surtout ce principe d'anéantissement et de recréation incessants des êtres vivants et des choses ?

« Le geste conciliant de la Divinité asiatique au plus fort de sa danse destructrice » dont parle le discours de Stockholm énonce à la fois la disparition brutale, préférée par le poète à une lente usure, et l'accueil bienveillant à ce qui surgit dans la fraîcheur et dans la brusquerie : villes haut dressées, navires lancés, cultures nouvelles porteuses d'œuvres surprenantes et vivantes.

Qu'on nous permette de nous arrêter au plus vaste ensemble architectural édifié sur terre en l'honneur du divin, en l'honneur particulièrement des dieux hindouistes : les temples khmers. A l'époque où Leger écrit *Anabase*, ils ont été découverts depuis peu (pillés bientôt) par des Français, et le poète en prend connaissance à travers les monographies de l'École française d'Extrême-Orient, et en conversant avec l'archéologue Pelliot.

On surprend deux processus contradictoires dans l'écriture : le monde khmer, appelé à titre d'exemple pour rendre compte de réalités plus larges, sera d'une part clairement signalé dans *Vents* avec le Bayon, dans *Amers* avec les « Rois lépreux ». Dans *Anabase* au contraire, l'individualisation d'Angkor ne se recompose que par l'identifiable rapprochement de cinq éléments non localisés : galeries de latérites, captation d'eaux vives, bassins appelés piscines, bibliothèques, façades orientées en l'honneur des dieux.

Et il y va de la liberté du lecteur d'être à la fois sensible au concret singulier, particulièrement prégnant de cette phrase : « ainsi la ville fut fondée et placée sous les labiales d'un nom pur », et de se rappeler, par association, la cité khmère qui fut dédiée à Civa, et nommée Bhavapur...

Cependant, et bien que le semi-incognito des référents rapproche parfois cette écriture de certains codes ou chiffres, le poète a raison d'affirmer que « l'érudition n'a rien à faire avec la création poétique ». Car dans le texte persien, la trajectoire personnelle, le plan de l'ici et de l'aujourd'hui vient toujours recouper ceux du jadis et de l'ailleurs. Dans le poème qui nous occupe, *Anabase* IV, l'élément biographique (le souci immédiat de stocker des produits pharmaceutiques) interfère avec l'apport culturel, et la confidence « pour une année encore parmi vous », s'insère dans un fragment d'histoires du continent.

Une semblable fusion de thèmes personnels et de référents historiques va se remarquer dans la présence — massive — de l'Asie centrale.

Le secrétaire Leger (6) vit à Pékin, cité de contact entre l'Asie des moussons et l'Asie des steppes et des déserts. Comment les hauts plateaux et leurs pistes caravanières qui s'amorcent non loin de la ville ne fascineraient-ils pas l'homme qui

---

(6) Lei Hi Ngai dans la *Relation respectueuse.*

à Londres rêvait d'Arabie Pétrée, et qu'avait attiré la puisza de Hongrie, ultime avancée en Ouest de la Horde d'or ?

Anabase désignera le relief de la Haute Asie dans son exactitude géographique : « les plus hautes pentes de ce monde », les « eaux mortes suspendues sur les fumées du monde » (le toit, dans les recueils qui suivront, deviendra un signifiant poétique récurrent).

Poursuivons. Le poète habite la ville tartare, dans le souvenir des invasions du Nord. Or, les conquérants nomades sont toujours présents dans la mémoire des hommes d'Asie. L'histoire de Gengis Khan tourne à une légende messianique assez largement diffusée pour colorer la chevauchée d'un baron Ungern, qui s'emparera d'Ourga/Oulan Bator une année après le passage d'Alexis Leger, en prétendant reconstituer l'empire mongol.

Prenant appui sur les anciens exploits des Gengiskhanides et sur le mythe de la conquête du monde, le texte poétique peut alors se déclarer « synthèse de la ressource humaine ».

Hymne à l'herbe, au mouvement, au dépassement, où s'inscrivent des éléments politiques et anecdotiques avérés dans l'histoire mongole : incursions et raids de dissuasion avant l'attaque décisive, incidents fomentés aux frontières, tradition des mariages diplomatiques, *pax mongolica*, fascination des chefs errants pour les oiseaux captifs (dans des cages, ou sur des arbres déracinés).

Affirmant la supériorité du nomade sur le sédentaire, le Mongol illustre alors une éthique du dynamisme et de la rupture, et se situe comme équivalent du vent, et de Civa, dans une immense symbolique de régénération par la violence.

Digne de son cavalier et de l'emblème gengiskhanide l'aigle, la monture « aux yeux d'aîné » descend du cheval originel de l'Altaï, cheval de Prjevalsky, que sa rareté a parfois fait passer pour mythique. Alexis Leger a essayé sur elle des pouvoirs magnétiques, il a retrouvé son crâne au cours de son voyage dans le Gobi, il a caressé le poulain barbu, il a assisté aux scènes, souvent émouvantes, de licenciements d'escortes. Ses textes insistent sur les sacrifices de chevaux, un rite ancien que l'on repère de l'Altaï au Pendjab et à la Chine. On voit quel riche complexe sentimental et imaginaire se trouve à l'origine de cette double fixation sur un type d'homme et d'animal.

D'un ordre plus intellectuel est le shaman mongol, qui apparaît dans les recueils d'Amérique : *Exil, Vents.*

Non seulement sa description est strictement informée : rubans, miroirs de cristal de roche que le poète nomme miroirs de pierre mais, fait exceptionnel pour un personnage à mission spirituelle, l'écrivain considère avec sympathie ses voyages et ses extases de prêtre, psychologue et guérisseur : « Fraîcheur et gage de fraîcheur » (*Vents* 1, 2). Comme un poète est environné de textes, « vêtu de ses sentences », le shaman de Saint-John Perse est orné de tissus : mante et faille (comme l'oiseau tropical de *Cohorte*), feutre, robe, rubans, suaires. Dans *Exil* IV, la beauté de son geste d'effacement, geste d'écrivain, et les paronomases qui chantent ce geste : « constellations labiles, mobile, fossile, poème délébile », insistent sur la convergence de deux vocations.

A ce stade de la réflexion, une interrogation affleure : chez un poète que l'on sait attaché au concret, au quotidien, les grands symboles asiatiques que nous voyons fonctionner ont en commun une caractéristique : aura de semi-légende pour le cheval de Prjevalsky et pour le conquérant mongol du XIIIe siècle, aura de sacralisation pour Civa et pour le shaman. N'y a-t-il pas contradiction entre ce dépaysement au second degré et l'enracinement dans l'empire du réel dont le discours de Florence fera l'éloge ? Quel ordre de réalité cet empire régit-il donc, par préférence, et de quelle manière est-il travaillé par l'écriture ?

Les détails les plus isolés, les moins intégrés à un système allégorique participent de l'ordre de l'armoirie, plutôt que de l'effet de réel. Précisons : l'Asie se présente au poète comme un réservoir inépuisable de rites, c'est-à-dire de pratiques dégagées des nécessités matérielles immédiates, et sans finalité rationnelle apparente. Dans le domaine des usages, la chose vue quotidiennement : auge de rizières, hôpitaux vétérinaires, caleçons de filles aux fenêtres, tradition chinoise de licenciement de soldats, a moins de surface textuelle que l'insolite, ou que la chose apprise : dons de sièges, spécifiques de l'Asie orientale, franchissements de rivières sur outres, lesquels

s'effectuent depuis la Mongolie jusqu'en Inde du Nord (pra
tique qui déborde donc largement la retraite d'Alexandre), activités familiales de laque en haute mer, dont Saint-John Perse
montre à deux reprises qu'elles sont chinoises, et non pas
antillaises (Pléiade, 432 et 887).

L'énonciation elliptique est de règle lorsque l'écrivain s'appuie
sur des cérémonies religieuses pour les nier aussitôt dans un
jeu entre l'objet et le mot : consécration d'étoffes sur les toits,
caractéristique des paysages de culture bouddhiste lamaïste, dra-
peaux de prières qui ont succédé aux toiles resplendissantes
d'*Éloges*, levées de pierres en Asie centrale, notamment sur les
voies de passage de Gengis Khan, auscultation magique des fis-
sures de roches en Mongolie, rites plus généraux mais toujours
asiatiques, comme la « dissipation des morts », après créma-
tion ou dévoration par les oiseaux de proie.

Anabase est particulièrement saturé de référents d'origine
chinoise, mais pour prendre un exemple, les titres politiques
et sociaux y sont déconstruits et ré-encodés dans une visée
exclusivement poétique : on passe des Royaumes Combattants
aux « Princes Pamphlétaires », et des Rois du Ciel, c'est-à-
dire des Empereurs de Chine, aux « Rois Confédérés du
Ciel ». Ses soulignements de lectures de *Danses et Légendes
de la Chine ancienne*, de M. Granet, montrent par ailleurs
qu'il s'est intéressé de près à l'expression chinoise *tchong
Kouo*, Seigneuries confédérées. « Les forgerons sont maîtres
de leurs feux », phrase au présent d'actualité, s'écrit avec les
deux termes d'une dénomination centre-asiatique de portée
intemporelle : le forgeron est le Maître du Feu.

Car Saint-John Perse fixe la parole asiatique traditionnelle
sur son énoncé poétique ; mais ces insertions préservent le
lecteur de tout exotisme. Ainsi le « ciel incorruptible » d'*Anabase* I transcrit le concept mongol « ciel bleu éternel » dont
les chefs nomades croyaient qu'il leur dictait leur mission de
conquête. Saint-John Perse renverse le sens de la causalité,
et remet cette métaphysique sur ses pieds, ou plutôt sur ses
pattes :

> « A nos chevaux livrée la terre sans amandes
> Nous vaut ce ciel incorruptible »

Dans la correspondance, les guillemets signalent le « vent jaune » comme un collage pur, une expression chinoise qui signifie tempête de lœss. Mais les guillemets disparaissent dans *Anabase* et ce qui était référent, élément du blason d'Asie, devient enluminure d'un texte profondément français.

Riche métaphore, le « paon blanc du ciel », dans *Anabase* IV, doit peut-être à la culture chinoise son sens supplémentaire de présage favorable, particulièrement pertinent pour un épisode générique de fondation de ville. Autre exemple : ces cavaliers au travers de « telles familles humaines ». « Familles humaines » est une appellation : *Yue chi*, donnée par les Chinois à un peuple des steppes européennes parvenu en Mongolie. Alexis Leger a effectivement souligné un passage de *l'Asie ancienne* de Berthelot, concernant ces *Yue chi*. Le poète choisit, ou rencontre ici une dénomination traditionnelle ; il la désigne dans le particulier et l'innommé, par l'adjectif telles, et son texte reproduit un sentiment d'appartenance à l'universelle condition des hommes dont cet énoncé spécifique était déjà chargé.

Enfin, lorsque nous lisons dans *Vents*, 1,2 : « Il a mangé le riz des morts ; dans leurs suaires de coton il s'est taillé droit d'usager », nous pouvons nous tourner vers le *Dict de Padma* : « Padmarga s'adonna aux austérités ; mangea le riz de la provision des morts et mit leurs grands suaires de coton. »

Et l'expression répétée plusieurs fois dans le manuscrit tibétain : « signes fastes », se retrouve développée dans *Exil* II : « les signes les plus fastes ».

Les retrouvailles sont rarement accidentelles : même le « grand pays d'herbage » d'*Anabase* III est une des appellations chinoises, le *t'sao ti*, de la Mongolie ; elles procèdent au contraire le plus souvent d'inscriptions conscientes d'une parole ancienne.

Une remarque : parmi tout ce travail, on ne trouve chez Leger aucune complaisance pour un mode d'écriture qui serait étranger au poète. On n'y rencontre guère de « petit poème d'après le chinois », comme chez Claudel ou Paul-Jean Toulet. C'est le grand verset dans le souffle du vent, non pas la phrase pour éventail, ni l'idéogramme pour paravent.

Les soulignements d'ouvrages concernant l'Asie que nous allons maintenant analyser ont été pour la plupart effectués après la rédaction d'*Anabase* ; mais ils témoignent d'une méthode déjà acquise de lecture active, comprise comme un exercice préparatoire à l'écriture. Et si l'on parcourt dans les numéros antérieurs du *Journal Asiatique* les articles de Pelliot et des autres amis du poète, on y trouve ce qui, parfois, deviendra fragment d'énoncé rémanent. Par exemple cette remarque sur Beck, tibétisant : « des colophons lui sont souvent demeurés obscurs » (*Journal Asiatique*, 1914) annonce : « l'Orientaliste sur sa page de laque noire, aux clés magiques du colophon » (*Vents*, III).

Transferts d'écritures qui s'élargissent en transpositions d'art avec la description de l'éléphant d'Indra, dans une page saupoudrée d'indices asiatiques du Chœur d'*Amers*, et par ces mises en perspective semi-narratives, semi-descriptives, ces réactualisations de monuments hindouistes et, probablement, de bronzes figuratifs de Haute-Asie : « il naissait un poulain sous les feuilles de bronze ».

Notons encore ces rêveries sur les rites de mariages entre chefs mongols et princesses de Chine, informées par de nombreux textes chinois mais fixées (avant ou après la rédaction d'*Anabase*, je ne peux en décider), par cette tenture de soie que Pierre Guerre avait remarquée aux Vigneaux.

C'est assez dire que l'Asie, « marchande de rêves » pour Barrès, ne déclenche dans l'écriture persienne aucune image qui ne soit concertée, et que l'écart temporel ou spatial, s'il fournit un tremplin pour le songe, n'autorise aucune « débâcle de l'intellect » (André Breton). Certains lecteurs le regretteront peut-être. Nos réserves sont d'un autre ordre. Elles portent sur ces automatismes prévisibles par lesquels se décline la présence asiatique : fruit d'Asie, flûte d'Asie, front d'Asie, jonques d'Asie, herbe d'Asie, coureurs d'Asie, couvées d'Asie. Elles portent sur les effets pittoresques des derniers recueils, qui sollicitent plus ou moins gratuitement le *yin* et le *yang* (*Oiseaux*, XI), qui font surgir Che Houang Ti entre Saül et Chéops (*Chant pour un équinoxe*). L'écrivain alors, nommant ses référents, cesse d'être ce « bilingue entre toutes choses bisaiguës » pour qui « la réalité poétique est en raison inverse de l'exactitude littérale ».

Mais l'inspiration asiatique, on l'a vu, échappe le plus souvent à ces défauts, car elle se nourrit d'émotions personnelles intenses qui, par certains aspects, la rendent proche de l'imprégnation antillaise. A la suite de l'enfant de la Guadeloupe, le poète devenu « transhumant » a en effet connu, ou rêvé la Mongolie comme un lieu de vie « animale », de vie libre aussi, et d'hommes fraternels, lieu où « des cavaliers sans maîtres échangèrent leurs montures à nos tentes de feutre » (*Chronique*, III).

« Peut-être, écrivait-il à sa mère, la notion d'espace se confond-elle un jour avec celle d'insularité » (Pléiade, 836).

De cette réversibilité de deux mondes : continental et marin, de nombreuses traces témoignent dans *Anabase* et *Amers* (le texte définitif a gardé « mer tribale » ; le manuscrit portait : « toit, Mer du clan et de la horde, frappe au chanfrein la ville cavalière »), ainsi que des annotations de lecture : d'une page de la *Revue Indochinoise* sur le Tibet, là où le reporter avait écrit : « des ânes laissés », Saint-John Perse annote « laisses de mer ». Ajoutons aussi la lettre à Conrad, bien connue (Pléiade, 885).

Ainsi, insérant ce jointement premier en un splendide triptyque, le poète aura placé l'anabase de cette steppe, appelée précisément « mer sèche » par les Chinois, entre « l'éloge » de la mer caraïbe, et la grande récitation dédiée à « la mer de tout âge et de tout nom ».

Enfin, comme une assomption poétique de l'amour que le jeune créole vouait à sa mère, et du déferlement passionnel d'« Étroits sont les vaisseaux », une image a surgi chez le poète octogénaire : « Mais le lait qu'au matin un cavalier tartare tire du flanc de sa bête, c'est à vos lèvres, ô mon amour, que j'en garde mémoire » (*Chanté par celle qui fut là*). Scène primordiale, sinon « primitive », de tendresse, dans une Haute Asie qui a fini par se confondre avec le lieu-giron des origines. Son niveau de poéticité égale d'autres culminations de l'œuvre, celles qui nouent les thèmes-images de l'érotisme, de l'océan, et du pouvoir. Citons par exemple et pour notre plaisir, « l'usurpation » d'*Amers*. « Et sur la terre faite songe à nos confins violets, toute la houle au loin qui lève et se couronne d'hyacinthes comme un peuple d'amants. » (Voir *Cahiers Saint-John Perse* n°s 1 et 2, 1979).

5. Le couple persien : lecture/écriture

Après la Deuxième Guerre mondiale, les livres se sont accumulés de part et d'autre de l'océan, dans ses résidences américaine et provençale, et c'est d'eux que je vais maintenant traiter. Certes, prétendre dresser un bilan à partir d'un lieu de bibliographie serait peu scientifique : le champ de lecture, la « galaxie Gutenberg » ne constitue pas tout l'univers de la culture, singulièrement dans le cas d'un écrivain de cette envergure. Les limites de notre entreprise critique sont d'avance désignées par les livres lus en d'autres lieux qu'aux domiciles, par les livres acquis puis redistribués (une pratique habituelle à A. Leger), par les volumes disparus dans les circonstances dramatiques d'une vie, par les in-folios reliés demeurés tout un temps chez Madame Leger.

Limites désignées encore par les enseignements acroamatiques reçus par l'écrivain, les textes connus oralement, comme tel manuscrit abyssin dont un missionnaire lui a confié la teneur, ou comme ce dicton consigné dans un manuscrit mongol du XIVe siècle : « On naît sous la tente mais on meurt sous le cheval » (7), qu'un lama de secte rouge aurait ainsi énoncé devant lui : « L'homme naît à la maison mais il meurt au désert » (Lettre, Pléiade, 750).

Il reste que les ouvrages consultés par l'écrivain ont porté témoignage, par leur présence et par leurs marques de lecture, qui sont de plusieurs types : soulignement, trait de crayon qui longe le paragraphe, signes « o » et « - » pour des éléments que le poète juge intéressants à des titres divers, « V » et « = » pour marquer une désapprobation d'ordre idéologique ou stylistique.

---

(7) J. Lévine, *La Mongolie*, Ps., 1937.

Indispensable est l'analyse de ces soulignements, marques, annotations que l'écrivain a laissés sur des ouvrages ou revues acquis après son séjour en Chine. Traces qui constituent une grille permettant de repérer sur quoi portaient les orientations asiatiques du poète au temps de la publication d'*Anabase*.

Les soulignements concernent d'abord les références au contenu culturel asiatique, et aux paysages :

— fondation de villes : « habitant sur les hauteurs, nous contemplions la vallée... Quel emplacement allons-nous prendre ? »... « Débroussaillement à l'est de la ville » (*Annales du Siam*, 1926, Trois chroniques) ;

— disparition de villes : (*ibid.*, et J. Leclerc : *Un séjour dans l'île de Ceylan*, 1910) : « villes mortes au sein des jungles » ; villes mortes hindouistes, dont Anuradha pura ;

— « plaines imprégnées de sel » (Dr Orjan Oslen : *La conquête de la terre*, 1933). Soulignements répétés de tout ce qui concerne les plaines salées d'Asie ;

— « feu purificateur », *ibid.* ;

— ablution : « l'ermite se leva pour se laver le visage, se rincer la bouche et se nettoyer » (*Annales du Siam*, 1926) ;

— jeune homme baigné par les Princesses Naga, *ibid.*, p. 126 : « Puis elles firent prendre un bain à leur maître pour le purifier ». Saint-John Perse ajoute en marge : « le v. alors de même nos pensées claires... s'élevèrent... de nos pensées ». Il y a là soit un retour à *Anabase* IX, soit l'annonce de vers qui ne furent pas publiés ;

— soulignement de phrases concernant le troc, les produits pharmaceutiques, les traditions culinaires asiatiques (Orjan Olsen, *o.c.*), surtout quand il s'agit de mets insolites (*Annales du Siam*) ;

— mœurs : dans une inscription sur plaquette de jade, A. Leger souligne ce qui concerne les mœurs, non ce qui parle du tao (*Mémoires concernant l'Asie orientale*, t. III Ps., 1919, p. 66) ;

— annotations « poétisées », donc réécriture, d'un passage, concernant les Bikkhus (saints mendiants) partisans d'un schisme, et qu'on employait à enlever le crottin (*Annales du Siam*, 1926) ;

« terrasse du Gobi » souligné deux fois dans J. Lévine, *La Mongolie*, 1937. « Terrasse » est polysémique, notamment dans *Anabase*.

N.B. : Les ouvrages sur l'art chinois sont soit non découpés, soit non soulignés. L'art de Chine semble intéresser beaucoup moins Alexis Leger que l'équipement domestique, les techniques, les mœurs et les rites.

Les marques concernent aussi un travail textuel sur le matériau poétisable :

— termes soulignés pour leur précision pittoresque : hégémon, fieffé, alun, tuile d'or, gingembre, mastic, lentisque, calendérique ;

— « deux chaudières rondes à pieds carrés » ;

— rectification de l'énoncé imprimé : « des offrandes sur un banc de sable » devient « sur des lagunes » ; « paysage dénudé » donne « dénué », « les demeures étaient serrées dans les seize grandes et moyennes villes » devient « les demeures étaient serrées dans seize quartiers de ville » ;

— nombreux ajouts, de la main d'A. Leger, de la conjonction coordonnante « et », entre les syntagmes imprimés. Ex. : « Ils devinrent riches (et) il n'y avait pas d'indigents » ;

— à une liste de corporations que devait surveiller un magistrat : « épiciers, gargotiers, changeurs », Perse lecteur ajoute « vinaigriers » (*Journal asiatique*, avril-juin 1926, p. 275) ;

— soulignements sélectifs. Ex. : « la poussière des villes, des villages ». Soulignements de formules familières ou circonstancielles, qui, reprises dans un autre texte, permettraient le passage du plan historique au plan anecdotique, ou une réactualisation poétique. Exemples de formules retenues : « Qu'en dites-vous ? », « Voilà maintenant que nous sommes lasses » ;

— autour de « tonnerre et flûtes dans les chambres ! » (chanson inaugurale d'*Anabase*) : le glissement de « tambour » à « tonnerre » se repère dans le *Commentaire du Che King*. Et « Tambour ! Flûtes ! » du texte chinois, repris dans les *Danses et Légendes de la Chine ancienne* de Granet, a été souligné par Saint-John Perse. Granet précise qu'il y avait un tambour à la Porte du Tonnerre, et atteste l'existence d'un « Mont du Tambour de pierre » ;

— raccordement enfin du texte chinois, ou siamois, à un poème :

1) « Il reçut le don du riz présenté dans un récipient en or par les filles des riches ». (*Annales du Siam*, 1926). Annotation de Perse : « et la venue au jour d'un beau poème ».

2) Un rédacteur de la *Revue Indochinoise* déclare qu'il a enduit ses lèvres de vaseline pour se prémunir du soleil, lors d'une traversée du Ladakh. Saint-John Perse ajoute : « Pour l'éloquence et l'amertume véhémente de l'âme spirit. »

Parfois, des majuscules marginales désignent la teneur de la page lue : B pour botanique, F pour faune, G pour géologie. Nous avons déjà signalé l'importance de l'histoire naturelle aux yeux de l'écrivain ; d'une manière générale, une grande partie du fonds de sa bibliothèque est d'intérêt documentaire, et porte sur les domaines antillais, asiatique, les relations de voyages et les récits de flibuste, les ouvrages de marine et d'ornithologie (marquage d'informations très spécialisées, comme de savoir à quelle distance le cri de tel oiseau peut être entendu). Collections américaines de vulgarisation scientifique, revue *Planète* (pour des aperçus sur la mystique orientale), et manuels de géologie, dans lesquels son intérêt poétique bien connu pour les conglomérats puise son référent.

Ces ouvrages sont indicatifs à la fois d'une curiosité aux orientations multipliées, d'une attitude infiniment réceptrice devant le savoir déjà là, mais aussi du désintérêt pour tel ou tel champ de la connaissance ou de l'activité humaines, pour tel continent géographique (l'Afrique), telle avenue ou perspective de la science. Nous nous interdirons donc de parler, comme Roger Caillois l'avait fait, d'un esprit encyclopédique, ce qu'heureusement Alexis Leger n'était pas et ne pouvait pas être, en cette deuxième moitié du XXᵉ siècle.

Lisons encore ses lectures ; elles illustrent le propos de Julia Kristeva : « Lire pour les Anciens, était aussi ramasser, cueillir... Écrire serait le lire devenu production » (*Tel Quel*, printemps 1967).

Alexis Leger est le lecteur réalisant dont parle aussi Borges, comme le montrent ses ajouts, retranchements, modifications et annexions.

Soit l'expression « une courtisane Partout-Errante », que nous avons reconnue dans *Le Dict de Padma*, un manuscrit tibétain qui figure dans la bibliothèque du poète. Ce prélèvement va s'intégrer progressivement au poème *Exil*, d'abord en conservant le trait d'union qui le marque dans son étrangeté (*Chant* IV), puis sans trait d'union, décontextualisé, et participant alors pleinement de l'écriture d'une thématique personnelle, celle de l'errance et de l'exil (*Chant* VII).

Second exemple d'intégration : le « brahmane versé dans l'onomastique », qui figure dans le même manuscrit, devient dans *Anabase* (X) : « l'homme versé dans les sciences, dans l'onomastique ». Recruté donc par l'écrivain pour une énumération paradigmatique, entre « l'homme au faucon », « l'homme à la flûte », « l'homme en faveur dans les conseils », le brahmane perd sa spécificité cultuelle mais garde sa singularité culturelle, que le texte fait jouer efficacement comme étrangeté sémantique.

Et voici une modification assez réjouissante découverte dans les *Danses et légendes de la Chine ancienne*, de Granet ; la phrase : « Sous les Hans, quand les troubles militaires prenaient une ampleur exceptionnelle » est corrigée dans la marge en : « prenaient une splendeur exceptionnelle », ce qui confirme l'attitude dont nous avons parlé : humour, irrespect envers toute orientation de lecture doxologique, fût-ce celle d'un livre d'histoire...

Une autre pratique de lecture est manifeste chez « l'opérateur humain » Alexis Leger (pour reprendre une formule du sociologue de la lecture A. Moles) : l'isolement de génitifs qui spécifient un aspect du réel par une jonction de mots ordinairement étrangers l'un à l'autre. Quand on sait la compétence métaphorique de ces génitifs, notamment dans les poèmes de Saint-John Perse où ils interviennent si fréquemment, on aura dès le procès de lecture antérieur à l'écriture une démarche proche de la définition que Reverdy avait donnée de l'image.

Dans les textes documentaires lus par A. Leger, les termes en sont éloignés, mais leur rapport est avéré, référé à une réalité extérieure ; ainsi de ces expressions soulignées par lui, respectivement dans une revue orientaliste et dans un roman de Glissant : « Tuiles d'or », « Négresse de jardin ». Dans les textes écrits par Saint-John Perse, c'est l'imagination poétique, la combinaison/sélection qui fondent le rapport pour des syntagmes homologues : « Tulipier du songe » (*Pluies*, V), « Nègre de voirie » (*Neiges*, III).

Dans leur ensemble , les accrochages de lecture, l'union (parler de collages serait impertinent) de l'écrit avec le lu s'effectuent à un niveau de basse probabilité. Soit un exemple tiré des *Annales du Siam*, 1926 : « un cornac frappant un gong d'or en l'honneur du prince ». A. Leger ajoute en marge : « dans cet essaim d'images ». Rêvons un peu. Une séquence poétique a peut-être là pris naissance, pour disparaître en 1945 dans la tourmente de l'Allemagne hitlérienne, ou bien reposer dans une caisse, au Kremlin, non loin de ce gigantesque cheval mongol qui avait un moment réuni A. Leger et Staline dans un « flagrant délit de poésie » (Anecdote rappelée par le poète dans *Les Lettres françaises*, 9 mai 1968).

Une autre conclusion se dégage de cette exploration bibliographique : si l'on répertorie les rayons de littérature, au sens de belles-lettres, d'évidence on ne se sent pas en présence d'une bibliothèque d'humaniste classique. Au vu de ses marques de lecture, Saint-John Perse nous semble d'abord avoir fait siennes les réflexions d'Aragon, qu'il a notées, sur le mentir-vrai des romans, et il n'a pratiquement conservé aucune fiction romanesque. Semblable absence de pièces de théâtre, ce qui corrobore son acquiescement à la contestation d'Artaud, telle que la lui a rapportée son manuel Bordas : *La littérature en France depuis 1945*, un ouvrage particulièrement marqué par l'écrivain.

Et certains secteurs de la pensée française paraissent lui avoir été totalement étrangers : littérature d'inspiration chrétienne, existentialisme. A l'extérieur des frontières, la présence des lettres anglaises, nord et ibéro-américaines semble exclusive des domaines allemand, russe, espagnol, scandinave, ce qui ôte au titulaire du prix Nobel une aura d'universalisme, mais permet de mieux cerner la spécificité d'une écriture.

Lecteur de ses critiques, Saint-John Perse examine l'image de son œuvre que lui renvoient stylisticiens et historiens de la littérature. Certaines de ses rectifications et mises au point sont connues, qui exigent du critique une lecture non référentielle ; on sait moins ses protestations marginales devant des lectures trop déréalisantes : celle d'Émilie Noulet, auteur du *Ton poétique*, qui prétendait que la figure féminine du poème *Chanté par celle qui fut là* « n'est pas une femme de chair » ; ou bien J.-P. Richard qui dans ses *Onze études sur la poésie moderne* avait avancé que la souveraine de *La gloire des Rois* est une reine vierge, et semblait voir en Saint-John Perse le poète de l'absence d'être et du rien, alors qu'Alexis Leger se veut poète de l'être. Une autre précision permet de fixer la mesure du référentiel dans cette œuvre poétique : Saint-John Perse a apprécié une thèse d'étudiant devenu depuis professeur d'Université, J.-M. Grassin, qui mettait en rapport les recueils écrits en Amérique avec les paysages du Nouveau Monde.

Cependant le poète a lu les poètes, par préférence : dans les années soixante-dix, Alexis Leger annote les jeunes poètes, ceux des garrigues provençales et ceux des îles créoles, les Arméniens et les Québecois, et les poètes de Paris. Il relit ceux de la fin du XIXe siècle et du début du XXe dans des anthologies, ou dans des éditions américaines.

Ici, les marques de lecture le révèlent sensible à la poéticité d'unités prosodiques brèves. Il s'agit de certains vers de Pierre-Jean Jouve : « C'est l'heure où la beauté rejoint les seins noirs du malheur ». Il s'agit des métaphores de détermination poétique comme le célèbre « poulpe au regard de soie » souligné dans une édition argentine des *Chants de Maldoror*, ou, chez Alain Bosquet, « la marelle des roses », et la « femme, ô chef-lieu » ; chez René Char « la foudre au visage d'écolier » ; à quoi il faudrait ajouter des marques très nombreuses sur les premiers poèmes d'Éluard.

Il s'agit de rythmes, chez Lautréamont encore, ou dans la *Baghâvat Gita* ; d'éléments infra-phrastiques, ou de séquences poétiques repérées dans des textes de narration, ainsi cette phrase du roman antillais *Malemort*, d'Édouard Glissant : « Les femmes aux lisières du lointain maudissaient calmement ».

Leger, familier du Bescherelle, tend à considérer chaque ouvrage romanesque ou poétique dans son entropie lexicale, un peu comme un dictionnaire spécialisé. Il s'arrête là encore aux mots de basse fréquence : oblation, alun, ordalie, qu'ils soient concrets ou référés à une pratique humaine spécifique, comme si, extraits de leur contexte, ils gagnaient une compétence particulière de littérarité. C'est la même démarche qui le conduit à sélectionner par soulignements dans le *Dictionnaire analogique*, de Boissière et Marquet (Paris, Larousse, 1936), certains figements lexicaux très spécialisés dans l'industrie métallurgique : chair du fer, corrompre le fer, fer aigre, eau ferrée.

A. Leger questionne aussi bien la langue classique d'un missionnaire du XVIIe siècle aux Antilles, le Père Labat, que le rendement poétique de la langue créole, marquant le mot « grageuse » qui signifie râpeuse de manioc, et « féroce » qui est une pâte pimentée.

Ainsi la lecture appelle-t-elle, renforce-t-elle l'exigence poétique de nomination, cette entreprise de haute responsabilité qui consiste, selon l'expression d'*Éloges*, à « appeler toute chose par son nom ».

La même croyance dans la vertu, les virtualités poétiques d'éléments lexicaux privilégiés est à l'origine des ratures de ce qu'il juge impropriété, ou sottise : chez Hugo, le « grand crocodile » de « Soleils couchants » ; chez Claudel, « mon pauvre petit soulier » ; chez René Char, les déterminants trop intellectualistes : « hétérogénéité », « massivité », ou trop grevés de latinité : « senestres », « subulées ».

On n'a cessé de le vérifier : cette lecture est exploration des formes, plutôt qu'appréhension d'un contenu. C'est le signifiant qui, par priorité, suscite des réactions, positives ou négatives ; ce sont les mots, et ce qu'il appelle leur « pouvoir créateur » (Pléiade, 525) ; ce sont les qualités euphoniques, et la densité métaphorique de leurs combinaisons.

La thématique appellera pourtant des remarques en quelques notables exceptions : dans *Le Prince* de Casamayor, il paraît apprécier les réflexions élitistes de l'auteur qui, comme lui, fut un « grand commis de l'État ». Il faudrait aussi prendre en compte les nombreuses annotations des ouvrages d'ordre historique ou politique. Tenons-nous en au poète, qui retient de ses lectures les anecdotes illustrant ses thèmes familiers : celui de l'exil, celui de l'éloge aussi qu'il rencontre dans ce vers de Jean Cassou : « Hommage et révérence au chemin sous la voûte ».

Chez d'autres écrivains, il retrouve avec un visible intérêt son traitement personnel de l'élémentiel : ce qui concerne les fleuves, les vents, la roche qui se délite (Jacques Dupin, *L'Embrasure*). Et voilà qu'en plusieurs de ces contacts il découvre que les textes qu'il a écrits ont été générateurs d'autres textes, « fondement d'une pyramide », selon les mots d'un de ses dédicateurs. Alors Alexis Leger, lecteur, se met à produire du Saint-John Perse, rien qu'en sélectionnant au crayon des vers isolés de tel ou tel poète. On songe à la remarque d'Éluard : « Tu ne lis que pour découvrir, contrôler ou corriger ce que tu penses. Signe ce que tu approuves. » *(Donner à voir)*.

On trouve des poètes contemporains, bien sûr, en aval de ses propres publications. Ainsi Jean Cassou, qui écrit cette séquence de tonalité persienne : « Grand orgueil de vous, ma journée » ; ainsi Pierre Emmanuel, dont il marque le vers : « Je parle aux vents, je me tais chez les miens » ; Louis Emié enfin, dont le texte résonne en trop fidèle écho : « Et vous, ô mer, innombrable moment ». Mais Saint-John Perse se retrouve aussi en amont, dans les siècles antérieurs ; il note que Ronsard avait écrit : « Sans tenir aucun lieu, de toute chose lieu », et qu'un texte bouddhique de l'École de la Guirlande de Fleurs affirmait : « la littérature écrite est par nature vacuité », bien avant le recueil *Exil*.

Notons que cette reconnaissance de soi chez autrui échappe au risque narcissique de ce que Jean-Pierre Faye appelle la « cage-miroir » d'un écrivain devenu le lecteur de sa propre écriture. Car, hormis ces cas, tardifs, de coïncidence totale entre le code d'un lecteur et celui d'un écrivant qui s'échangent leurs rôles, la marche habituelle de Leger ne va pas au partage du texte, ni à l'engagement au système de la pensée d'autrui. Sa critique est au contraire caractérisation par mise à distance de l'objet textuel, et respect de la personnalité de celui qu'il nomme l'homme-poème. L'étude des pages qu'il a consacrées à Léon-Paul Fargue le confirmerait.

Il nous reste à signaler — brièvement — une pratique qui, sans lui être spécifique, se manifeste dans son œuvre avec une particulière évidence, je veux dire la rétrovision de la page au moment où il l'écrit, une relute qui n'est pas seulement souci d'organisation du texte, et qui dépasse les quelques lignes habituellement stockées par la « mémoire phosphorescente » d'un lecteur. Sans qu'on ait recours à ses manuscrits, dont la plupart ont disparu, il est dans le corps poétique suffisamment d'indices de cette auto-lecture unifiante, qui porte l'écriture en son mouvement. Ces indices consistent en éléments bien connus :

— suite de métaphores gigognes ou plutôt boules de neige, qui gonflent le texte à plaisir : « L'aube muette dans sa plume, comme une grande chouette fabuleuse en proie aux souffles de l'esprit, enflait son corps de dahlia blanc » (*Neiges*, I) ;

— chaînes d'allitérations et de syllabes en miroir, qui surdéterminent la lisibilité du poème. Et les « mots sous les mots » ne sont pas moins considérables ;

— anagrammatisation. Je n'en connais pas de plus belle, de moins « arbitraire et frivole », que cette « argile veuve sous l'eau vierge », qui métaphorise dans *Pluies* I la parole poétique, figurée ci-dessous selon un schéma que j'emprunte à Tristan Tzara, et dans lequel le signe + montre les lettres présentes deux fois, le signe - indiquant les deux seules lacunes :

EAU	VIERGE
+ + +	+ + + + + +

ARGILE	VEUVE
+ + + + - +	- + + + +

— dissémination des lettres d'un mot-thème-image, le mot « aile », autre signifiant de cette présence de la poésie ; dissémination repérable en une page de *Pluies* IV parmi de nombreux termes dont je cite quelques-uns : haleine, lapidés, éclairs, faille, onciale. Les traces du travail de l'écrivain sur les métagrammes autorisent notre ludisme de lecteur, mais le verset suivant nous portera plutôt vers le plaisir poétique pur que vers le jeu :

> Au pur vélin rayé d'une amorce divine, vous nous direz, ô Pluies ! quelle langue nouvelle sollicitait pour vous la grande onciale de feu vert.

— « semailles » d'une même forme phonique, en une page d'*Exil* V, avec les mots : anophèle, frêle, sahel, sel, ciel, dentelle. Et, en deux pages du chant précédent, c'est la forme « il » qui se profère parmi les mots : labile, exil, sybilles, style, signes illicites (expression bien proche de « signes illisibles »).

Rappelons que la structure de similitude-opposition : île/ville est en place dès *Images à Crusoë* ; isolons ce il/île qui unifie en finale les mots d'une triade privilégiée dans les textes persiens : aile/voile/toile. Ce n'est pas seulement virtuosité, ou ce qu'Éluard appelait « concert pour oreilles d'ânes » : il/île est forme phonique obsédante dans l'œuvre entière de ce poète des îles et d'exil. « Il » donc, signe d'omniprésence du locuteur, par quoi « il » habite son texte.

Mais Il/île est récurrence d'une image graphique aussi bien que sonore, trace autant que voix qui anime le bloc typographique grisâtre soumis à la lecture silencieuse (celle que préférait le poète), « le pli de sombre dentelle » dont parlait Mallarmé.

Est-ce tomber dans la substantialisation idéaliste que de lire « il » chez Saint-John Perse comme un homologue rayonnant des lettres *alif* et *läm* dans les inscriptions coraniques, ces révélateurs calligraphiés d'une Toute-Présence ? Ou plutôt jouissance de lecture, renforcée par la parenté, à la fois historique et particulière au scripteur Leger, des tracés du *il* dans ses manuscrits (voir Pléiade, 1209, qui reproduit un spécimen d'écriture) et d'autre part *läm*, élément fondamental du corps graphique du divin.

Le poète lui-même invite à ces translittérations à effet sacralisant, puisque, ayant un jour paraphrasé l'inscription d'un prêtre zen, il avait exigé de l'imprimeur : « une graphie rituelle... en vue d'une figuration visuelle... fulguration d'ensemble de tout le magnifique coup de pinceau de l'artiste japonais ». Ici la prédilection pour toute pratique rituelle l'a emporté sur une tendance et intention poétique opposée : donner non pas le texte en tous ses pouvoirs, mais au contraire un poème effaçable, qui traduira et trahira l'impossible rêve, « le pur délice sans graphie de l'antique phrase humaine ».

Dans les années ultimes de cette pratique littéraire unifiée, lorsque la « *Sécheresse* » (un titre de 1974) de « l'argile blanche » a remplacé l'eau vive, le témoin Saint-John Perse s'installe aux marges, aux berges d'un flux d'écriture/lecture — cette imitation infinie, disait Roland Barthes, escamotant un peu l'histoire — un flux qui l'atteint encore dans *Chant pour un équinoxe*, mais qui ne pouvait s'arrêter aux limites d'une aventure scripturaire individuelle, si grande que cette aventure ait été.

10

L'exotisme antillais

Lorsque des Français de métropole prennent les Antilles comme objet littéraire, ils suivent la nécessité — le plaisir aussi — d'écrire une réalité géographique tout à fait différente de celle de l'hexagone : environnement tropical insulaire opposé à la massivité d'un continent à climat tempéré, populations distinctes de celles de l'Europe. Ils ont à dire l'ailleurs et l'autre selon des caractéristiques qui semblent de prime abord appartenir au registre de l'exotisme : de 1635 à 1940 en effet, nous avons recensé deux cents auteurs français métropolitains qui ont écrit sur les Antilles sans y être allés, soixante-quinze autres qui ont consigné de simples impressions de voyage, cinquante enfin qui y ont résidé un certain nombres d'années.

Par nature toutefois l'exotisme parle de ce qui est le moins apparenté au monde de provenance du voyageur. Or le fait de conquête aux îles, le fait colonial, la départementalisation d'outremer suggèrent au contraire que l'écrivain métropolitain face aux Antilles françaises demeure en situation d'implication. Même l'irritation provocatrice d'un Jean Raspail (*Secouons le cocotier*) est le signe inversé d'un engagement. On n'écrit pas sur la Guadeloupe, la Martinique, voire la Guyane, d'une manière aussi désengagée que sur le Japon ou le Paraguay ; on ne repère pas alors cette identité vacillante de l'exote, cette tension vers une autre chose qui se déroberait, cette visée d'un espace inconnu, ce « besoin inassouvissable de dépaysement et de transplantation » dont parla Cendrars *(Une Nuit dans la Forêt)*. On n'atteindra ni l'intensité des « réveils à pleurer d'ivresse » qui saisirent Segalen en Polynésie, ni cette épaisseur au sein de laquelle aimèrent à s'immerger ceux qui parlèrent de cette Asie, de cette Afrique dont Psichari disait « Nous n'eussions jamais cru qu'un paysage pût faire mal à ce point. »

Hormis les impressions inaugurales, puissantes dans les relations du XVIIᵉ siècle, sur lesquelles nous allons porter une attention particulière, le regard exotique aux Antilles françaises s'est moins nourri de contrastes brutaux que d'une réalité doucement variée. Les paysages y ont parlé à la sensibilité autant qu'aux sens, suscitant ce que Valéry appelait « une bonne matière de songe », une menue monnaie mythologique parfois, mais pratiquement jamais la possibilité pour le voyageur de se « faire de l'âme » (Barrès).

Sur le plan humain, ce n'est pas tant l'Antillais dans son « étrangeté », mais le rapport qu'on entretient avec lui qui a constitué l'axe et le va-et-vient des textes : la population des Antilles a été présentée selon une recherche dialectique de la différence et de la ressemblance, réelles ou voulues telles. De là, bien visibles dans l'écriture, une suite d'effets légèrement contrastés de surprises et de reconnaissances.

Répétons-le. L'écriture française à sujet antillo-guyanais a toujours doublé, suivi, une pratique extra-littéraire d'initiative métropolitaine : génocide indien, mise en valeur marchande d'un territoire, manipulations diverses de l'homme et de la femme de couleur, geste du flibustier, de l'orpailleur, du bagnard. Aujourd'hui encore, parler des Antilles-Guyane françaises, c'est proférer un discours boomerang : voyageant aux îles on a laissé derrière soi, là où parvient finalement le texte, une communauté européenne dont on est partie prenante, y compris si on cultive le non-conformisme, voire la dissidence, celle que réalisèrent par exemple, à deux siècles de distance, les ajouts de Diderot à l'*Histoire des Deux Indes* et le roman de Salvat Etchart *Les Nègres servent d'exemple,* le premier n'ayant jamais fait le voyage, le second ayant été salarié à la Martinique.

Le flux de textes exotiques depuis 1635 dont nous allons rendre compte dans ses grandes lignes aura donc été doublement déterminé par la situation de l'objet et par celle du sujet de l'écriture. Nous serons d'autant plus attentifs à toute manifestation d'inspiration libérée : page impressionniste désintéressée, coulée lyrique, symbolisation productrice de poéticité.

1. Le cadre naturel

Mer caraïbe, forêts, rivières, et leurs faunes respectives n'ayant jamais cessé de fasciner l'imaginaire métropolitain, une suite pluri-séculaire de livres a accompagné la transformation progressive des paysages.

Toutefois, et ce sera la première donnée que nous dégagerons, il s'agit rarement d'une impression spontanée, mais plutôt du fruit d'une tradition bien particulière — les Iles Fortunées, paradisiaques — laquelle remonte à l'Atlantide et au *Liber de Imagine* d'Anselme de Canterbury (cf. *Les Écrivains français et les Antilles*).

Un discutable éden

Ces textes apparaissent marqués par des instances, des voisinages fabuleux : Fontaine de Jouvence au Nord, Eldorado au Sud, Providence omniprésente dans les chroniques des premiers missionnaires. Certes, on sait mal comment s'ajusta chez les chroniqueurs de l'époque pionnière le contenu rémanent du mythe édénique, auquel s'ajoutait la grille des histoires et descriptions de précédents chroniqueurs espagnols : Oviedo, Gomara, Las Cases, Acosta, Herrera. La lecture de leurs ouvrages atteste en tout cas que cette tradition ordonna leur regard, leurs descriptions. La vision du réel insulaire, apparemment immédiate, renvoyait en fait à une théorisation préexistante.

Au vœu exotique des *Amours* ronsardiennes,

> « Ramons la nef dans les champs bienheureus
> Au port heureux des Isles bieneurées »,

répondait sur place l'enthousiasme que le Père Pacifique de Provins manifestait pour l'économie de cueillette, celle des pionniers de la découverte et de l'implantation :

> On peut bien appeler paradis un lieu délicieux où est un été perpétuel, toujours la verdure aux champs, les fleurs et les fruits aux arbres... toujours les animaux en amour, qui engendrent continuellement sans se lasser, non plus que la terre en la production de ses plantes (« Relation des Isles de Saint-Christophe, Gardelouppe, et la Martinique » in *Terre, Air, Mer,* juillet 1932).

Or les premiers contacts avec les îles étaient rien moins que paradisiaques : l'intérieur de la Guadeloupe, tel que Du Tertre l'a connu, avec ses « très hautes et sourcilleuses montagnes, rochers affreux et très épouvantables précipices », se constituait plutôt en objet d'effroi (*Histoire générale des Antilles habitées par les Français,* II, 14).

Même la recherche de ressources alimentaires se révélait désastreuse :

> On ne rencontrait le plus souvent ni crabes ni soldats (*coquillages, R.A.*) ; on ne voyait que des corps défaits, des visages abattus, des yeux enfoncés, des barbes hérissées, des os mourants revêtus seulement de peau (*ibid.*).

Guillaume Coppier, partant à la chasse aux lézards, « ores par des sentiers dérobés et inconnus, et ores par des bois tournoyants et égarés », se retrouvait « presque eslangouri de faim et de soif... il m'était avis que ce n'était plus moi ains mon ombre ressemblant plutôt une ombre sépulchrale qu'un corps vivant et palpable » (*Histoire et Voyage des Indes occidentales,* 1644).

Au XVIIIᵉ siècle encore le manuscrit du jeune Allan de Cramant montre que le paysage guadeloupéen ne séduit pas spontanément les voyageurs :

> Le lundy 27 octobre 1732 après avoir passé la rivière du Galion, nous commençâmes à marcher parmy des précipices affreux, des montagnes à pic à perte de vue, et des chemins détestables quoyque les chemins de l'isle guadelouppe soyent généralement mauvais, celui des trois rivières l'emporte encore sur tous les autres (*Voyage de l'isle Grande Terre Guadelouppe*, ms. 51, Bibliothèque municipale, Épernay).

Par ailleurs, le rêve d'un archipel d'Eldorado s'était évanoui, y compris dans la partie française de Saint-Domingue, ne laissant place qu'à quelques fantaisies poétiques attardées : « Il semble que ces petits astres soient comme la semence de l'or, de l'argent, et des pierreries qu'on trouve en si grande abondance dans cette riche terre » (Dralsé de Grandpierre, *Relation de l'établissement d'une colonie française dans la Guadeloupe*, 1652).

Aussi les plus réalistes n'ont-ils bientôt parlé de l'or antillais qu'à titre de métaphore, pour donner idée de terroirs propices à l'exploitation agricole : « Étant comparable le séjour des dites îles à l'ancien âge d'or... La terre étant comme une amoureuse, veut être défrichée devant que de rendre son fruit » (Pacifique de Provins, *o.c.*).

Une esthétique d'esprit colon

Les pionniers se « logent », « s'habituent » ; les premiers défrichés apparaissent et la célébration des paysages, s'éloignant de l'état de nature, affirme son intention propagandiste. Charles de Rochefort invite à admirer les pentes cultivées, « le beau vert naissant du tabac planté au cordeau, le jaune pâle des cannes à sucre qui sont en maturité, et le vert brun du gingembre et des patates » (*Histoire naturelle et morale des Iles Antilles*, 1658).

Le Père Labat atteste pour sa part que la beauté réside du côté des cultures, non du côté des sites sauvages :

> Tant on trouve de différence entre le sommet affreux de cette montagne *(la Soufrière, R.A.)*... et le milieu et le bas que l'on voit couverts d'une agréable verdure, arrosés d'une infinité de ruisseaux, et cultivés avec tout le soin et l'industrie possibles (*Nouveaux Voyages aux Iles,* II, 364).

Ce protocole descriptif d'esprit colon se répétera sans défaillance pendant trois siècles comme un bien commun aux blancs créoles et aux écrivains voyageurs : *Lettres sur la Guadeloupe* d'E. Sue, *Antilles, roman créole* de Reine Beurnier, mais aussi les *Descriptions* de Moreau de Saint-Méry, et encore *Éloges* d'Alexis Leger.

Ainsi intégrées à un monde colonisé, la luxuriance et la profusion naturelles n'introduisent plus aucun hiatus dans l'harmonie de paysages suffisamment maîtrisés pour s'opposer aux « solitudes affreuses ».

Seules quelques esthétiques à effets puiseront au contraire dans les restes de nature « sauvage » : *Le Morne au Diable* d'E. Sue, *Bug Jargal* de V. Hugo, *Martinique charmeuse de serpents* d'André Breton se sont inscrits dans un registre inauguré en 1644 par G. Coppier, dont la prose touffue s'exaltait au spectacle des volcans.

Succédanés du baroque

Pour ce qui concerne les détails de la faune et de la flore, la peinture de leurs « rares prodiges » obéit à ce même émerveillement, qu'il soit ou non d'inspiration chrétienne. Chez les missionnaires le sentiment esthétique est né d'une volonté de célébrer le Créateur à travers la perfection de ses œuvres diverses, depuis la splendide frégate, oiseau cher au Père du Tertre et passé dans les illustrations de son livre, jusqu'à des éléments particulièrement prégnants : le colibri, les lucioles, « mouches éclatantes », les nacres et les coquilles marines.

Le baroque antillais de Rochefort, en particulier — un baroque réduit il est vrai aux caractéristiques de mobilité, d'osten-

tation et de métaphorisation luxuriante   allait évoluer
jusqu'au XXᵉ dans la célébration de couleurs précieuses et la
sélection des vocables conduite au maniérisme :

> Ah ! poissons merveilleux de la mer tropicale
> Orfévris, émaillés, peints ou damasquinés,
> De lapis-lazuli, d'argent, de chrysocale
>
> Au hasard de la pêche et des saisons marines
> Rayonnants, chatoyants, sortent des profondeurs
> Et d'énormes lambis aux nacres purpurines
> Ouvrent au grand soleil leurs calices de fleurs
> (Louise Perrenot, *Madinina*, Paris, P.U.F., 1931).

D'une façon générale, un regard enchanté rassembla selon
une perspective idéaliste des éléments de la réalité concrète,
dans l'intention de perpétuer littérairement le ravissement
éprouvé. Il devait malheureusement en résulter plus souvent
des stéréotypes de perception/représentation, se répétant
d'auteur en auteur, que des écritures véritablement personnalisées. A fortiori, et malgré les efforts persistants du théoricien martiniquais René Ménil, dans *Tracées,* jamais ce baroque incomplet ne se constitua en esthétique autochtone, à l'égal
par exemple du « réalisme merveilleux des Haïtiens » dont,
après la préface d'A. Carpentier au *Royaume de ce monde*
(1949), Jacques-Stephen Alexis se fit le promoteur.

Renouvellements partiels du discours de représentation

En outre, cet exotisme de tonalité approximativement baroque (sans la matrice espagnole) ne fut qu'une manière d'écrire
exotiquement les îles, parmi d'autres systèmes de perception
et d'écriture accordés aux grandes phases de l'histoire littéraire de la France métropolitaine.

On notera l'existence d'un exotisme classique, illustré par
Moreau de Saint-Méry, créole de Martinique installé à Saint-
Domingue, Pierre Malouet, administrateur et colon temporaire,
Nicolas Germain Léonard, Antillais exilé en métropole. La

prose poétique de Léonard tantôt répercuta la sensibilité fai-
blement rythmée des *Rêveries* de Rousseau :

> Le frémissement des feuilles, le bruit de la source et
> l'aspect de ces ombres flottantes répandues sur la cascade
> appelaient dans mon cœur la méditation et le repos. J'aurais
> passé des jours entiers à rêver dans ce désert (*Lettre sur un
> Voyage aux Antilles*, p. 190),

tantôt préfigura les périodes descriptives du *Génie du
Christianisme* :

> Cette multitude d'arbres et de végétaux de toute espèce
> montant, croissant ensemble, nourrissant, soutenant des mil-
> liers de tiges grimpantes entortillées autour d'eux, pompe les
> eaux d'un torrent qui se roule parmi des tas de cailloux amon-
> celés (*ibid.*, 214).

D'aventure les réussites résultaient du souvenir d'une émotion, d'un ébranlement de l'affectivité. Ainsi lorsque les créoles
de Saint-Domingue, au XVIIIᵉ siècle, de retour d'Europe, ren-
traient au port (Moreau de Saint-Méry, *Description de la partie
française de l'île Saint-Domingue*, I, 295) ; ainsi lorsqu'un
soldat rappelait les épreuves de ses campagnes militaires
(Viviaud, *Précis historique du siège de Santo-Domingo,* ms.,
Bibliothèque municipale, Versailles) ; ainsi lorsque Montle-
zun, dans ses *Souvenirs des Antilles* (Paris, Gide, 1818), parle
de la « côte sauvage des mancenilliers », à Marie-Galante, où
il n'a pas retrouvé la femme aimée.

Ajoutons :

— un exotisme romantique, privilégiant les sites monta-
gnards tourmentés, les ravins, l'ombre des forêts, tous éléments d'un référent géographique fort imprécis. Exotisme qui
transforme résolument les paysages pour les mettre au diapa-
son — celui d'une expressivité outrée — de personnages à
passions paroxystiques et de situations extrêmement dramatiques. On aura reconnu — notamment — le regard et le style
de *Bug Jargal,* de *Le Morne au Diable.*

Même littérature à effets appuyés chez Gustave Aimard dans
Le Chasseur de rats (1876), qui dresse la forêt locale en décor
sinistre et glacé :

> L'homme perdu dans ces solitudes peut être considéré
> comme mort : jamais il ne parviendra à en sortir ; les murail-
> les mouvantes dont il est entouré lui forment un vert linceul...

Dans *Le Négrier* d'Édouard Corbière (1832), le paysage
antillais est sommé de s'accorder à un récit d'aventures atroces. Seule la mer qui baigne l'archipel fait l'objet d'une description à visée artistique.

— Un exotisme d'inspiration symboliste qui, pour le rêve
et la suggestion indéfinie, se choisit un lieu qu'il recompo-
sera en texte, et c'est la vision antillaise de Francis Jammes,
dans la plupart de ses recueils, composée de tendresse fantasque et du chatoiement de couleurs pastel.

— Une saisie exotique moderniste, celle des voyageurs du
premier tiers du XXe siècle, qui s'appliquèrent à trouver aux
escales antillaises des sensations fortes, et à les traduire en
un pittoresque plus ou moins forcé. Ne nous attardons pas
sur *Le Pot-au-Noir* de Louis Chadourne (1922), qui un siècle après *Le Négrier* offre les mêmes réactions d'humeur :
un soleil « lourd » qui fait rêver « de toutes-puissances et de
rêves voluptueux... La sensation d'étouffer dans trop de
richesse verte... Terreur de vivre ici ». L'ivresse des nuits
sur la Mer caraïbe, « le vertige de lames ».

Fort-de-France, de Pierre Benoit (1933) s'avère plus intéressant pour notre questionnement, car il s'agit d'un exotisme
qui exhibe et commente sa propre artificialité. L'histoire est
celle d'un jeune métropolitain, Gilbert, qui débarque à la Martinique pour délivrer son amie de l'emprise d'un amant brutal, mais en vain : la réaction haineuse de la jeune femme,
proche de celle d'Hermione vis-à-vis d'Oreste, lui fait trop
tardivement comprendre qu'il n'aurait pas même dû faire le
voyage.

Le vers d'*Andromaque* : « Qui t'amène en des lieux où l'on
fuit la présence » vaudrait-il pour tout écrivain exotique ? Plus
sage que son héros, car moins passionné de son « objet »,

le romancier voyageur est demeuré à la Martinique pendant
une escale, soit deux journées, le temps de descendre à terre,
visiter deux villes, traverser l'île en deux heures d'auto, avant
de reprendre le bateau pour Marseille. Mais le récit de l'aventure amoureuse que raconte *Fort-de-France* se double de
l'exposé d'une méthode, le « roman d'un roman », pour
reprendre le titre d'une conférence que P. Benoit avait prononcée quelques mois avant la parution du livre. Ce qui est
dit du héros vaut en partie pour le narrateur. Celui-ci, avant
le départ en croisière, ou dans la bibliothèque du navire, a
accumulé une documentation qui lui permet non pas de découvrir mais de reconnaître le cadre de la future intrigue. Gilbert a apprivoisé la Martinique par des livres et des récits :
« je reconnaissais le cadre de peluche verte, et la pendule de
saxe, et les portraits... ».

Dilettantisme unilatéral : le personnage vit intensément une
romance pendant quelques semaines, jusqu'au suicide, cependant que le romancier passereau combine le goût du romanesque avec le plaisir touristique, à seule fin d'ajouter à son
harem d'héroïnes à initiale en A cette blanche créole incroyablement prénommée Aïssé.

Seule obligation commune : mettre à profit les temps respectifs de la fiction et de la narration pour compléter sur place
leur information. « Interroger, mais qui ? Il ne connaissait personne à Fort-de-France. » Une double enquête s'impose en
effet : existentielle pour l'un, littéraire pour l'autre. Si Gilbert est rapidement mis au courant des intrigues politiques
de l'île, et de la vie de cette « société de négociants et de
planteurs » (note du 8 août 1928), en revanche des forêts sont
traversées, dont l'auteur ne dit pratiquement rien, s'en justi-
fiant par l'alibi psychologique de la passion aveugle, alors
qu'on pourrait au contraire penser que l'attention amoureuse
portée à un être s'étendrait à son environnement. Ainsi s'expli-
quent les lacunes des descriptions, face à la pénétration des
dialogues et à la force des épisodes dramatiques ; ainsi sont
fixées les limites du regard d'escale, entre l'arrivée d'un navire
et l'appareillage prévu d'un autre, pendant que se chante le
refrain créole des séparations portuaires : « adieu foulards,
adieu madras ».

Quelques années auparavant, le Martiniquais Gilbert Gratiant, s'adressant au « professeur d'exotisme » Claude Farrère qui avait traité de la savane de Fort-de-France, dénonçait précisément l'utilisation par les écrivains voyageurs de cette « chanson triste de l'abandonnée, sans qu'il vous semble indispensable d'en respecter ni le sens, ni le texte, ni l'air peut-être » (*Cris d'un jeune*, Fort-de-France, Imp. Kromwell, 1925). Et son humour vengeur visait les ignorances et les confusions habituellement truquées par l'exote :

> Qu'importerait que vous eussiez pris pour des cocotiers, échevelés comme sont tous les cocotiers, ce garde du corps de palmiers royaux dont s'entoure l'Impératrice en sa terre de chez elle ? Tout cela, cocotiers et palmiers, jaillis des sols tropicaux, n'est-ce pas débauche confuse de plumeaux fichés en terre, le manche en bas ? *(ibid.)*.

L'écrivain exotique se veut être en effet prestidigitateur en même temps que pédagogue ; un de ses secrets, déjà éventé par Valéry, un des charmes attendus de sa relation est de jouer d'un certain mystère visant à faire rêver autant qu'à faire connaître : la nature antillaise entre ses mains ne pouvait échapper à ces effets littéraires. Le mouvement qui portait l'écrivain voyageur aux rencontres des forêts, des rivières transformées en objets de désir, ne s'éployait que rarement en connaissance aboutie. Comme l'écrit Frantz Fanon, l'exotisme trouve des « caractéristiques, des curiosités, jamais une structure », remarque particulièrement confirmée pour ce qui concerne le monde des relations humaines.

2. Les populations

Les différentes composantes du peuplement antillais ont retenu très inégalement l'attention de l'exote, qui à la différence des écrivains autochtones, a ignoré par exemple le père de famille, le vieillard antillais *(vié cô)*, les enfants *(ti moun)*.

Il ne pouvait que méconnaître ces pierres de touche de l'authenticité : la consonnance de la personne humaine et de son environnement dans le procès de travail, et la culture qui naît de ce procès.

Nous nous abstiendrons ici de reprendre l'analyse de l'image littéraire du flibustier, du planteur béké, de l'esclave noir, dont nous avons parlé ailleurs.

Avec des éléments nouveaux, nous reviendrons en revanche sur deux personnages polaires de la relation exotique antillaise : l'un, le Caraïbe, parce qu'il fut saisi dans sa différence radicale, l'autre, la personne féminine de couleur, parce qu'elle fut à l'inverse *portée/présentée* au lecteur comme le produit semi-fini d'une assimilation. L'un faisait partie d'une communauté ethnique dont on ne souhaitait pas du tout qu'elle se perpétue ; chaque écrivain ou presque voyageant aux « îles d'amour », désirait au contraire rencontrer l'autre, pour la faire vivre en son cœur, son corps, son imaginaire, son texte.

Les Caraïbes dont avait parlé Rabelais dans son *Quart Livre* après 1635 font l'objet de relations écrites avec du sang. Un dispositif discursif d'exclusion légitime les trois voies de leur effacement :

— Les tueries pendant les « guerres indiennes », et dans les escarmouches et meurtres entre deux conflits ; lorsqu'ils périssent en masse, le narrateur de l'*Histoire de l'Ile de Grenade* exprime sa « joye ».

— La dépossession qui les oblige à partir sur une autre île (la Dominique).

— La dépersonnalisation par évangélisation et concession d'emplois subalternes dans la société coloniale qui s'édifie.

Lorsque la victoire des Français n'est pas encore affermie, l'état d'alerte règne dans les textes : les Indiens sont « traîtres, horribles, sanglants » ; plus tard, soumis, on les peint « rêveurs, misérables », esclaves des « esprits des ténèbres », qu'on nomme avec une condescendance ironique « leurs beaux dieux ».

Le tableau de leurs institutions et de leurs mœurs, répété de texte à texte, s'organise selon une grille unique, encadrant des prédicats figés . C'est, non pas encore la notice nécrologique, mais la carte d'identité d'un condamné à mort.

Grille unique : les premiers textes exotiques français aux Antilles sont d'une part étroitement déterminés par les modèles espagnols ; et leurs auteurs ne sont que des *commis écrivains,* pour la plupart guidés par les règles de l'institution *De Propagande Fide,* ou par une censure d'ordre politique, ou par la stricte idéologie apostolique du protestantisme (C. de Rochefort).

Qu'ils soient religieux ou laïcs, officiels ou indépendants, en aucune façon les auteurs de relations n'ont la conscience malheureuse d'assister, de participer à l'agonie d'une civilisation. L'île de Saint-Vincent, pourtant, montre qu'on aurait pu vivre, rêver, agir ensemble, comme l'indiquait, un peu tardivement, *L'Hôtel de Niores* de E. Capendu (1863, t. II). On le sait : ce n'est qu'au terme d'un mouvement intellectuel complexe, des deux côtés de l'Atlantique, que les Caraïbes des îles auront servi de témoins pour l'option primitiviste, par les relais de Montaigne, Du Tertre, Rousseau.

A en croire les exotes, la femme de couleur aux Antilles aurait hérité de ses géniteurs blancs et noirs une grande disposition à la tendresse aussi bien qu'à la sensualité : anomalie dans un univers généralement marqué par la violence et la mort.

Les textes ont d'abord été nombreux à parler de la force d'éros au temps de l'esclavage, et des amours nocturnes « des noirs cupidons armés de leurs flambeaux de bois-chandelle ». Mais en érigeant la mulâtresse comme rêve, sinon comme Ève, du paradis insulaire, l'écrivain voyageur ou résident temporaire écartait résolument de son propos les relations que la jeune femme pouvait entretenir avec ses homologues masculins, ou avec des noirs ; or, le mot *doudou* qui marque un espace d'affection n'est pas spécialement destiné aux Européens ! Mais l'auteur, le lecteur de romans ou de poèmes exotiques veut la doudou pour lui seul, dût-il pour cela évincer de la fiction ceux qui dans l'entourage familial de l'élue ne favorisent pas la liaison d'une manière ou d'une autre ; de là au contraire l'abondance de personnages vénaux, ou gratuitement complaisants.

Inspirée par Aphrodite, la doudou évite le questionnement d'altérité : sa vocation amoureuse, décrétée exceptionnelle, emporte impétueusement différends et différences. Certes, à la fois proche et singulière, elle n'a pas résisté au blanc Pygmalion qui l'a (ou croit l'avoir) modelée, mais le regard de violence qui brûlait l'ethnie opprimée « zié blancs ka brilé zié nèg » a fait place au ravissement réciproque.

Habillé, son corps écrit stimule déjà le code énumératif :

> Dans le chatoiement des robes fleuries, des foulards, des madras empruntant toute la gamme des rouges, verts, jaunes, violets, dans l'étincellement des bijoux, de l'argenterie, des fines lingeries, des porcelaines, les jolies mulâtresses, les brunes câpresses, les sombres négresses l'accueillent avec des pépiements joyeux (*Le Monde colonial illustré*, avril 1932).

Nu, il cite à comparaître les références du second rayon : « l'Arétin ne serait auprès d'elles qu'un écolier pudibond » (Wimpffen) ; « des jouissances dont le code de Paphos ne renfermerait pas tous les secrets » (Moreau de Saint-Méry, *Description de la Partie française de Saint-Domingue*).

Toutefois l'Antillaise de couleur est censée participer à la relation amoureuse avec trop peu d'autonomie pour que se constitue un couple véritable : elle n'existe que dans le discours de l'homme d'Europe qui parle d'elle. Tout agitée, toute gesticulante qu'elle paraisse, elle vit dans l'attente du « Maître ». Ainsi la romancière martiniquaise Michèle Lacrosil, auteur de *Cajou*, a-t-elle métaphorisé son héroïne par le fruit dont elle porte le nom :

> Nous avons tellement l'habitude d'appeler fruit les deux parties quand la noix seule évidemment est le fruit... Cajou est en soi un fruit double. C'est l'être qui à la fois ne se connaît pas soi-même et ne se connaît qu'à travers l'autre... on met tout son bonheur dans l'autre, au lieu de le mettre en soi (*Revue Guadeloupéenne*, nᵘ 48, 3ᵉ trimestre 1962).

Or celle qui pouvait croire à l'*amou marré* (l'attachement) se retrouve souvent larguée, comme on dit sur les bords de la mer des Antilles. Cette situation se répète certes dans les clivages des chansons d'amour du monde entier *(avec toi/sans toi ; sin ti/contigo ; biez tibia/staboï ; ma'aka/bidûnika...)*, mais elle devient ici motif romanesque obsessionnel. Les timides (Paul Reboux, *Colin ou les voluptés tropicales*) comme les dévergondées du bal-loulou (Thérèse Herpin, *Cristalline Boisnoir*), les Annie-Rose (Jean Galminche, *Du soleil sous les manguiers*, 1923), les Rose-Aimée (Jacques Bonhomme, *Adieu Foulards, adieu Madras*) accompagnent leurs sœurs, héroïnes de J.-A. Nau, V. Forbin, A. Bérard ...en un immense défilé particulièrement mystifiant, contagieux pour la littérature antillaise elle-même et qui ne sera que tardivement stoppé : par Etiemble, dans *Blason d'un Corps.*

3. Malraux et les Antilles

Avant de refermer le dossier, posons-nous la question : qu'il s'agisse de l'écriture des paysages, ou de celle des personnages, devra-t-on toujours crier haro sur le baudet exotique, face aux « cent pur-sang hennissants du soleil » *(Les Armes miraculeuses),* ou même face au « zèbre » de l'authenticité antillaise aléatoire, honteux ou non de ses zébrures *(Tropiques)* ? N'y aurait-il aucune œuvre d'origine extérieure pour laquelle on pourrait, applaudissant à la créole, crier « woulo » ?

Les éventuels textes exemplaires seraient aujourd'hui à rechercher là où l'écart avec le discours autochtone est minimal : on pense à Salvat Etchart, quasiment approprié, on pense à Jeanne Hyvrard *(Mère-la-Mort, Les Prunes de Cythère)* qui a longtemps été considérée comme indigène antillaise.

Mais, pour combler la mesure, attardons-nous sur les pages que Malraux a consacrées à deux séjours. Le premier texte *(Antimémoires*, 1965, II, 4), rapporte une mission effectuée en 1958 en tant que représentant de la France, au moment d'un référendum qui pouvait déboucher sur l'indépendance des départements d'outremer.

L'emphase caractérise la mise en place de ce qui va être écrit comme un drame en trois tableaux. En ouverture, à Paris, le général De Gaulle mandateur a prononcé des mots définitifs : « la dernière terre française en Amérique... déchirant », et l'envoyé, immédiatement atteint de la même tension, commente : « pour la première fois ».

A l'arrivée en Guadeloupe, phase d'installation dans l'action parlée, la reprise en main commande de déprécier quelque peu l'univers des opposants éventuels. D'où le lexique péjoratif : « petits » « anciennes », les qualicatifs négatifs préfixés en « dé », la mise en moindre valeur par l'indéfini pluriel des hommes et des choses : « Nous reçûmes aussitôt des doléances, allâmes déposer des gerbes devant des monuments, écouter des conseils municipaux, et des adversaires du gouvernement. »

Malraux parle une première fois devant une « foule noire », « frémissante » comme est « la mer des Caraïbes », toute proche... Mais immédiatement après, alors qu'il se déplace déjà en auto sur le pourtour de l'île, son verbe de pouvoir se solennise, se théâtralise aussi dans un plus grand espace de profération. La radio retransmet en effet le discours dans les villages à mesure qu'il les traverse. Dès lors le décor renouvelé — nature et population — s'organise en dispositif scénique : « des boutiques, des cases... La forêt, les palmes, le silence. L'odeur des fleurs dans la nuit ».

Dans ce changement à vue, l'orateur de ce qui n'avait pu être qu'un énoncé de répétition générale sans retentissement prend maintenant consistance dramatique. Sa propre parole dont il est devenu auditeur (situation malrucienne type, depuis *La Condition humaine*) travaille seule pour sa cause : entre « l'étrangeté » brechtienne que vit le sujet principal de l'histoire, et l'effet général de « reconnaissance », les figurants se sont heureusement transformés en acteurs du projet national : « Des ombres aux yeux blancs agitaient les mains dans la lumière de nos phares. »

Un épisode faible toutefois dans ce processus de participation, faible parce qu'exotique au second degré : l'étape à la maison du gouverneur, et l'incontournable adieu chanté aux foulards et madras.

La Guadeloupe avait été le lieu du prologue ; en Martinique, on entre au cœur de l'action et de la « fête millénaire ». Considérant la stature du survenant, on serait tenté de lire « millénariste ». Car le texte est gorgé de significations convergentes : « la fureur du rythme », « un chœur de vingt mille voix, (ni) ce piétinement qui semblait attester la terre » (1).

En tant que second héros, antagoniste potentiel, Aimé Césaire a été neutralisé, acquis selon ses propres mots à « la grande nation française à laquelle nous sommes passionnément attachés », et confiné au rôle aimable d'hôte courtois. Face au chantre de la négritude, c'est Malraux qui a la coquetterie d'évoquer les hommes-lions d'Afrique et « les hommes peints du Tchad ».

Les effets théâtraux cependant jouent à plein : projecteurs, « cris dans lesquels nous plongions », « clameur ternaire » qui amplifie le charisme délégataire : « viv' de Gol, viv' Cezer ! » A ce maelstrom d'émissions sonores Malraux ajoute un pot-pourri intérieur : l'Internationale, le *tam-tam* des pagayeurs, et même les hurlements (indépendantistes ?) des combattants de Toussaint Louverture : la mission accomplie autorise ces équivalences jubilatoires et sans risques.

Il convient de rappeler, ce qui déborde un peu les Antilles, la troisième étape, le troisième tableau, Cayenne, lieu de la plus grande intensité dramatique. Là, les hauts-parleurs ne fonctionnent plus, là l'homme Malraux est réduit à sa force vocale, naturelle comme toute force en ce pays. En face, un « silence surnaturel », puis une « masse » de « forcenés » qui aiguisent à coups de projectiles une crise latente. Mais cette « aventure liée à la nuit », non loin de la « forêt-élément », se désamorce avec le jour.

Ici quelque chose nous gêne. L'entreprise de rapatriement (« la Guyane et les Antilles devaient voter oui à 80 % ») a

---

(1) On appréciera un effet communiel d'une tout autre nature lorsque l'écrivain et ethnographe Michel Leiris rapporte l'ambiance d'un discours de Césaire, « étonnant crescendo né du surcroît de chaleur que renvoie à celui qui parle la réaction des gens que son discours a frappés droit au cœur et qu'à son tour il leur renvoie sous la forme de mots encore plus chaleureux qui déterminent une nouvelle hausse de ton, montée constante en va-et-vient, jusqu'à l'apex de l'acclamation » (*Fourbis*, Paris, Gallimard, 1955).

été narrée, montée peut-être, comme un spectacle. On connaît le travail de la voix chez Malraux, son art des mises en scène, leur transposition en morceaux de bravoure dans les *Antimémoires* (épisode de Lascaux, funérailles de Jean Moulin). Dans la narration du périple antillo-guyanais, des ingrédients exotiques ont été mis en perspective pour une leçon univoque, dont on connaît l'inspirateur : le Général.

Il nous est arrivé de nous trouver dans les bras de ce De Gaulle (enfant, parmi les fleurs), puis face à lui (adulte, parmi des pancartes autonomistes), aussi pensons-nous à l'exclamation lancée un jour aux populations des départements d'outre-mer : « Comme vous êtres français ! » Phrase éminemment exotique, dont la contradiction interne résumait la prise en compte du divers en même temps que son contraire : la volonté d'appropriation à l'identique. Car, ainsi que des Antillais en faisaient la remarque, personne n'aurait eu idée de la prononcer devant des Bourguignons.

Le second texte est un passage de *L'Intemporel* (tome III de *La Métamorphose des Dieux*). Il a été publié en 1976, un an après un voyage en Haïti et concerne d'une part les peintres naïfs, d'autre part la communauté de paysans-peintres Saint-Soleil.

Tout en évoquant une fois encore le Douanier Rousseau, peintre de *La Charmeuse,* Malraux situe l'activité de ce « peuple de peintres » dans une spécificité irréductible : « indépendance des tableaux non moins confondante que l'indépendance arrachée par les troupes de Toussaint Louverture à celles de Napoléon ». Peinture néanmoins sujette aux conditions du marché mondial, et surtout à la métamorphose générale des œuvres d'art qui la « soumet au jury du Musée imaginaire, ici et maintenant ». Dès lors, l'« opération créatrice » des Naïfs peut être mise en alignement avec « celle des peintres d'icônes ou des sculpteurs gothiques… Un *Loa* de Saint-Brice finira-t-il au Jeu de Paume à côté de la Charmeuse ? »

Et Malraux se fait psychologue d'une peinture qui obéit « à la féerie », au « quotidien émerveillé », qui n'a pas à réintégrer le surnaturel, puisqu'elle est encore puissamment souchée au vaudou : « héritière de tant de génies maudits, cette peinture insolite est une peinture bénie ».

Quant aux pratiques de la communauté de Saint-Soleil, beaucoup plus frustes, il insiste sur leur volonté d'expression : « une école s'adresse au spectacteur, depuis l'agression jusqu'à la séduction ». Il n'interprète pas, il refuse de parler de création, pourtant : « que cette opération magique suscite à l'occasion des œuvres esthétiquement admirables, on n'en peut douter ».

Mais voilà que dans ces pages accueillantes et généreusement compréhensives se glisse un passage d'une tonalité tout autre :

> A cinquante kilomètres de Port-au-Prince, après quelques kilomètres de sentier, à mille mètres d'altitude, des paysans, des bêtes, un cimetière barbare. Sous le charme trouble de cette île, celui de la douceur, du bouddhisme, de l'éblouissement ingénu que transmettent les Paradis de ses naïfs, il y a la trouble présence de ses Rois du malheur, Toussaint, Dessalines, Christophe ; le château incendié de Sans Souci, crevé d'un soleil qui n'en chasse pas les ombres, autour du masque de théâtre et de ténèbres de sa Melpomène calcinée ; la citadelle saturnienne, jamais attaquée, jamais habitée que par les zombis de ceux qui l'ont construite, dessin de Victor Hugo bosselé...

Ici les caractérisations problématiques : « barbare, trouble » (répété), ont remplacé la justesse des concepts ; ici les rapprochements farfelus : « bouddhisme » ; ici les clichés d'une mythologie personnelle bien connue : « saturnienne, masque de ténèbres ».

Ce n'est pas la contradiction d'ensemble dégagée par l'intellectuel voyageur qui est en cause : douceur/violence, non plus que la perception personnelle qu'il a du château de Sans-Souci. Depuis Colomb et les textes espagnols qui avaient tenté d'ajuster la vision d'un corps mystique aux espaces américains découverts, les regards d'origine extérieure ont voulu tout un temps gratifier d'un surcroît poétique les pratiques et valeurs européennes au contact de la nature et de l'histoire antillaises. En quelques cas, une attention portée à l'altérité, désintéressée comme c'est ici le cas, a joué, aiguisée par des sensations nouvelles et une disponibilité fervente. Mais, comme ici, les pièges de l'exotisme — c'est-à-dire le lointain et le pittoresque textuels ajoutés au lointain et au pittoresque du référent — imprimaient leurs stigmates, même lorsque c'étaient de grands écrivains qui les maniaient.

11

La modernité littéraire
en Guadeloupe et en Martinique
(1980-1994)

1. 1980-1994, les réajustements

L'avant-dernière décennie du siècle a confirmé l'existence
en Martinique et en Guadeloupe d'une littérature antillaise spécifique, toujours remarquable par la vitalité de sa production
et par une relative cohésion de ses motifs, malgré la diversité évidente des tempéraments et des paroles individuelles
d'auteur. Ni ethno-littérature, ni littérature d'une communauté,
mais ensemble problématique, qui se développe parmi les bouleversements économiques et écologiques contemporains, les
migrations transatlantiques, la conquête de lectorats nouveaux
en France métropolitaine comme dans l'ensemble du monde
francophone.

Apparemment, la période 1980-1994 assume un héritage.
A plus de quarante années de distance, *Moi, laminaire* de
Césaire nous fait revisiter le *Cahier d'un Retour au Pays natal*,
nous fait mesurer la gravité pathétique des pesanteurs antillaises, et la trajectoire obstinément tenue du grand lyrisme
émancipateur. Pour ne prendre qu'un exemple, Frantz Fanon,

idéologue de la révolution anticolonialiste, y demeure aux yeux de son aîné un recours obligé, d'envergure héroïque :

> Fanon
> tu raies le fer
> tu raies le barreau des prisons
> tu raies le regard des bourreaux
> guerrier-silex.

Cinquante ans après ses articles fondateurs de la *Revue du Monde Noir* et de *Légitime Défense,* René Ménil recueille dans *Tracées* un certain nombre d'anciens textes épars en diverses publications, de récentes interventions de radio et de télévision, d'interviews avec de jeunes intellectuels.

C'est avec lenteur parfois que les écrivains des années quatre-vingt se dégagent des legs respectifs de Saint-John Perse, Gilbert Gratiant et, en des terres francophones proches, Jacques Roumain, L.G. Damas. Le roman de Zobel, *La rue Cases-Nègres* (1950), connaît au cinéma une féconde relecture, la collecte des contes se poursuit, atteignant maintenant l'île de Marie-Galante, et la geste de Ti-Jean est réécrite par Ina Césaire. Enfin, une soif déjà ancienne d'identité jette les lecteurs antillais aux travaux d'histoire, d'anthropologie, de linguistique, de psychanalyse, ainsi qu'aux encyclopédies thématiques.

Ce patrimoine pour autant ne constitue ni une entreprise de cimentage externe, ni une matrice à jumeaux *marassa* d'où naîtraient des œuvres mal différenciées. Bien au contraire : si la période est marquée par la maturité d'Édouard Glissant, de Maryse Condé, de Simone Schwarz-Bart, qui deviennent peu à peu des classiques, les plus récents « séismes de vente » dessinent une configuration littéraire inédite ; ils désignent les lignes de force d'un corpus diversifié, aussi est-ce de la manière dont se manifestent les œuvres contemporaines dont on va d'abord parler. Après quoi on s'efforcera de dégager, par comparaison avec un état antérieur, ce qui fait la modernité de cette décennie de l'histoire des lettres antillaises.

2. Voies et effets de la réception

Au-delà de la qualité intrinsèque des textes, le phénomène nouveau réside dans une exploitation multi-médias, dont il convient d'évaluer l'importance. Des écrivains redoublent leur présence en investissant des genres non littéraires : guides touristiques (exempts d'exotisme), encyclopédies annoncées par d'immenses affiches le long de l'ex-route coloniale et aux carrefours des cités populaires... Les radios et télévisions locales sont occupées par des groupes qui se constituent autour de revues. On note des « mises en place », comme il se dit en termes de librairie, allait jusqu'à mille deux cents exemplaires par journée de vente-signature ! A l'échelle du pays, de tels résultats justifient l'appellation de best-sellers, au regard des chiffres dix fois moindres que peut déclencher la venue aux Antilles d'un écrivain métropolitain connu.

Un public existe, attesté par l'activité d'une vingtaine de bibliothèques de commune dans chaque île, et renouvelé par l'explosion de la lecture scolaire. Le réseau de canaux de diffusion culturels a un effet d'imprégnation approfondi : bibliothèques spécialisées de Fort-de-France et Pointe-à-Pitre, Université, Institut martiniquais d'Études, festival annuel de théâtre à Fort-de-France, qui mêle les troupes locales à celles des îles anglophones. Effort parallèle de création et de mise en scène à la Guadeloupe, qu'il s'agisse de professionnels difficilement formés, ou d'amateurs ; de troupes aux noms français : « Cyclone » ou créoles : « Pawol à neg soubarou » (Parole rustique) ; de textes d'auteurs, ou de l'exploration du fonds folklorique. Une volonté de promotion dans l'ordre dramatique vise à dépasser la facilité d'œuvrettes inspirées du théâtre de boulevard, aussi bien que le courant, idéologiquement opposé, d'un théâtre proche du meeting de conscientisation militante qui avait prévalu à l'époque précédente (En ba jouk, « sous le joug », fut le nom d'une troupe. Informations de M. Michel Bangou).

Il ne s'agit donc pas d'un sous-ensemble français, mais d'un espace culturel particulier au sein de ce que nous avons appelé littérature « franco-antillaise », espace dans lequel se côtoient, se confondent ou se confrontent librement les courants régionaliste, autonomiste, indépendantiste. La présence aujourd'hui de l'officine de distribution France-Loisirs, avec son catalogue évidemment franco-centriste, suffira-t-elle à déstabiliser la situation actuelle, somme toute favorable à la production d'œuvres autochtones, ce catalogue ne réservant pas, comme au Québec, une place au fonds local ?

3. La retenue

Autre évidence : sans qu'ait disparu l'essentiel des thèmes revendicatifs de la période précédente, une certaine manière de les écrire a été placée définitivement hors circuit. Les années 1960-1980, que Glissant appelle « notre passé de tempêtes », avaient été, rappelons-le, celles des espoirs immédiats de libération anticolonialiste, années de heurts, d'expulsions, et de fusillades répressives. Alors des poètes célébraient les « Antilles rebelles », (Alfred Melon-Degras), la « Martinique debout » (Joseph Polius), la « bombe » (Guy Tirolien), pour ne prendre que trois tiges d'une ample moisson. En un temps que Glissant qualifie maintenant de « turbulences figées », et Césaire d'« éclipses d'âmes », la négritude ne saurait se chanter en poèmes exacerbés, écorchés vifs, comme faisaient naguère G. Desportes, D. Boukman, S. Rupaire.

Ménil analyse ce qu'il appelle les contre-mythologies de ces compatriotes : patrologie des héros des îles, romantisme du vêtement « rebelle », « mise en scène du crépu racial », tous éléments d'une « essence imaginaire » qu'il juge encombrants pour une lutte anti-colonialiste conséquente. Césaire pour sa part caractérise la situation en termes de refroidissement (« temps froids des peuples ») et de ralentissement ; l'heure n'est plus de partir à l'assaut des pics, mais,

> « tunnel
> ça se gravit aussi en montagne
> glu
> le plus souvent ça se rampe ».

En 1901, alors que triomphe en métropole la gauche non révolutionnaire, à laquelle le leader politique de Fort-de-France est apparenté, le poète perçoit plutôt le dessaisissement que la prise de pouvoir :

> rien que le déménagement de moi-même sous le rire
> bas
> des malebêtes
> rien que l'hégémonie du brouillard qu'atteste la nappe qu'il
> s'est tirée
> sur la cendre des vies entraperçues de tours écroulées
> de désirs à peine mâchés puis recrachés (épaves qui
> m'absentent).

Interrogeant « le sens du morne », le sens du vent, les saisons insaisissables, le « surcroît de cendres des volcans », il n'en demeure pas moins « l'homme de la plus longue marche » : si l'avancée fait place à un stationnement accumulatif, c'est pour stocker de l'énergie :

> « ce sont mots
> que j'entasse dans mes réserves ».

Non que du combat on soit passé au coma. Non que la voie nègre, le topos nègre s'achèvent en impasse, en non-lieu. Mais à la vivante conscience mythique ont succédé, stabilisantes, la voix dédicatrice (Hommage à Frantz Fanon, Hommage à la Femme Noire) et certaines mises en forme romanesque non critiques. Ajoutons, qui révèlent au moins le désarroi idéologique des personnages, les références à Martin Luther King ou à Nelson Mandela à propos de scènes d'inceste, de masochisme, d'avortement, de naufrages sentimentaux...

Pourtant les idéologies anticolonialistes (personnalité antillaise, progressisme, communisme, nationalisme), sans se constituer en structures mythiques, informent la plupart des romans, soit comme sujet global, soit à titre de remarques incluses dans le discours d'auteur.

C'est ainsi que l'attention suprême portée à son peuple gage l'humanisme profond de Daniel Maximin. Son *Isolé Soleil* irradie de jeunesse : premières perceptions du pays par les enfants, qui sont de merveilleux appareils à sensations ; premières révoltes de lycéens dans les années quarante, rêves de « surhommes dans un pays de cuisinières », « sagesse » des adultes « les moins affamés du Tiers-monde », mais sagesse d'opprimés qui après le massacre de 1967 consonne avec soumission : « nous sommes un peuple de révolte pure, mais sans la durée du ressentiment. » Maximin suggère au contraire qu'on peut ouvrir les vases communicants de l'agression coloniale et d'une nécessaire contre-violence : « Le soleil en a marre de faire chaque jour sa révolution. » *L'Isolé Soleil* évoque des figures de militants communistes : fidélité de Parti chez Gerty Archimède, cette rêveuse étudiante catholique à Paris, devenue leader en Guadeloupe ; élan indépendantiste de Max Lancrerot, brillant lycéen « suicidé » un matin des années soixante ; lutte pour la cause internationale des Noirs : Angela Davies.

Daniel Maximin n'est pas seul : Patrick Chamoiseau et Raphaël Confiant multiplient les clins d'œil politiques, Tony Delsham glisse incidemment : « la Martinique nage dans l'injustice ». Notons toutefois que si les écrivains antillais ont toujours à dire en ce domaine, leur voix d'auteur-augmentateur renonce généralement à s'objectiver dans des personnages types, représentatifs de la collectivité. Leur souci insistant du subjectif fait que le problème se déplace plutôt vers un degré de compromission plus ou moins accusé entre l'auteur et le personnage, ou la figure symbolique : *Moi laminaire, Moi Tituba, sorcière noire...* titrent respectivement Césaire et Maryse Condé. *Mahagony* de Glissant réalise la passation répétée de la parole, du personnage au narrateur. *L'Isolé Soleil* présente à maintes reprises l'identifiable projection du romancier...

Il reste que l'exploration identitaire implique toujours une démarche de type réaliste, et l'intérêt porté aux différentes composantes de la population antillaise nourrit une littérature qui, multipliant les points de contact, de reconnaissance et d'aveu avec la collectivité lisante, établit par exemple une continuité entre les récits de vie, *Mémoires d'Isles*, recueillis par

Ina Césaire, et la pièce de théâtre de Simone Schwarz-Bart, *Ton beau Capitaine.*

4. Populisme

Cette littérature marquée de populisme à des degrés divers fait bien entendu se côtoyer le convenable et le pire. Par rapport aux périodes précédentes, des constantes référentielles sont conservées : celle de la pauvreté, décente ou non ; celle du personnage « razè » (entièrement démuni d'argent) qui « voit la misère ». Mais naguère l'organisation intelligible du texte, la mise en forme classique renvoyait à une vision du monde cohérente, presque consolante, un monde susceptible d'être amélioré sans trop de bouleversements. Dans les poèmes « sociaux » de Florette Morand, (*Feu de Brousse,* 1967), les destins les plus navrants conservaient des points de repère, et s'inscrivaient au sein d'une morale sociale solidement établie. Dans le petit chef-d'œuvre de Joseph Zobel, *Laghia de la mort* (1946), une intrigue désolante se dévoilait peu à peu, un drame œdipéen se jouant à l'occasion d'une danse de lutte entre un père et son fils non reconnu. Les pulsions d'érotisme et d'agressivité déclenchaient un moment le désarroi dans la conscience collective ; mais la crise se dénouait bientôt, dans le cadre restreint de la nouvelle, et l'intrigue abordait un espace d'effusion, de confiance dans la générosité de l'homme du peuple.

Aujourd'hui les écrivains populistes offrent moins de prise à l'optimisme spontané. Le cas le plus original est fourni par Tony Delsham, auteur prolifique écrivant des fictions populaires, qui anime seul l'impression et la vente de ses ouvrages entre les deux îles et la Guyane. Honni des uns, obtenant l'exclusivité de lecture des autres, traité un peu vite de Guy des Cars antillais, Delsham insiste sur la pauvreté, les luttes sociales, la répression. Dans *Lapo farine,* ses personnages sont particulièrement déshérités : pourchassés, secoués de crises nerveuses, retournant à l'état de mendiants après un début de promotion sociale. Si les romans « indiens » (à personnages originaires de l'Inde) d'Ernest Moutoussamy retardent sur l'activité politique de l'auteur, il n'en va pas tout à fait de même pour Lucie Julia (G. Daninthe) longtemps dirigeante de l'Union des Femmes Guadeloupéennes qui, des *Gens de Bonne Espérance* à *Melody des Faubourgs,* déplace de la campagne à la ville un collectif de femmes du peuple : amarreuses de cannes puis femmes-dockers chez qui se lève progressivement un désir de lutte pour l'émancipation en tous domaines. Le personnage principal est donc ici la travailleuse, la mère de famille célibataire, à l'initiative aussi bien dans la gestion économique d'un budget misérable, que pour le choix du concubin, ou l'éducation des enfants. On retrouve, sous un nom à peine voilé, Gerty Archimède, figure féminine emblématique de la résistance à l'oppression. Présents mais rejetés à la périphérie de l'intrigue romanesque, les « nègres à houes », à sabres d'abattis, victimes de mitraillades policières dont le bruit n'atteignait guère la métropole... Ce qui porte le texte de Lucie Julia, c'est une présence chantée : les chansons populaires de la Guadeloupe s'entendent comme une parole seconde dans les paragraphes de narration, dans les dialogues, et le lecteur est tenté d'y poser les notes de musiques connues.

Autre aspect de ce populisme moderne : le choix des personnages qui rend compte d'un exode rural désormais généralisé. Dans les romans de Maximin : des employés, des étudiants, des compétences intellectuelles ; dans ceux de Chamoiseau, de petites marchandes et surtout des « djobeurs » ou chercheurs de ces petits travaux dont Glissant déclare qu'ils constituent « l'écume de la puissance de créativité » d'un peuple qui « s'effrite dans le soleil » *(Le Discours antillais).* Raphaël Confiant, saisi de romantisme anarchisant, choisit dans *Le Nègre et l'Amiral* le Morne Pichevin, « haut lieu de la fripouille » de Fort-de-France, pour y faire vivre un professeur de lycée dans une cour à « putaines », cependant que, à l'autre pôle du discours social mais toujours dans le registre populaire, Marie-Reine de Jaham, qui vit à Paris, présente avec *La grande Béké* une héroïne dont la démagogie fascisante se nourrit de l'illusion d'une omnipotence blanche créole, tantôt face au pouvoir bancaire métropolitain, tantôt à ses côtés.

Ce populisme, même lorsqu'il s'accompagne de l'expression d'une protestation, comme c'est généralement le cas, ne laisse pas d'irriter parfois par une impression d'extériorité, un goût pour le pittoresque. N'exigeons pas à tout coup le pathétisme, ou la dimension héroïque, mais depuis la mise en place d'une société esclavagiste, puis coloniale dans les îles, une tradition de représentation amoindrissante, réductrice, a multiplié les *p'tits nègres,* les *ti-Jean, ti Joge.* Tout un théâtre s'est ainsi mis en place de petits personnages amusants, dont la situation dramatique, voire tragique, s'édulcore dans un humour qui inverse parfois la volonté de désaliénation de l'auteur, telle qu'elle se déclare par exemple dans *L'Éloge de la Créolité :* « Voir la grandeur des djobeurs. »

5. L'antillanité, Glissant

L'antillanité, un concept formulé par Édouard Glissant en 1957-1958, ne s'est pas plus affirmée sur le mode mythique que n'ont fait les autres idéologies antillaises contemporaines. Elle a seulement aidé à lire deux types d'œuvres. D'une part des fictions centrifuges qui reproduisent « l'unité des diasporas » (Maryse Condé) et qui suivent le picaro — ou l'épave — contemporain dans ses parcours officiels ou interlopes entre les îles originelles et l'Europe, l'Afrique, les Amériques continentales, les autres terres de la Caraïbe. D'autre part (mais c'est le choix complémentaire du précédent) des œuvres qui, au lieu de réduire comme naguère la Guadeloupe et la Martinique à quelques symboles (le papillon, l'igname), à quelques slogans, s'efforcent de dégager leur vérité de « pays », un mot qui revient en leit-motiv (*Pays mêlé* de Maryse Condé, *Pays rêvé, pays réel,* d'É. Glissant pour la seule année 1985). Dans *Europe* (avril 1980), Gilbert Gratiant interroge longuement le Sablier de la Savane, à Fort-de-France, dont nous lisons d'autre part la « Modernité » sous la plume de Ménil (1982) :

> Toute savane dans nos îles a vocation et désir de devenir citadine, toute savane tend à se projeter en architecture de séjour et de jardin, bref à devenir littéraire... La savane, par rapport au morne, commande à nos forces musculaires paisibles. Elle introduit à une psychologie de la décontraction et de l'imagination rêveuse.

La ferveur est présente, mais elle se manifeste plus sobrement qu'au temps où Desportes chantait *Cette île qui est la nôtre* (1973) et où le métropolitain Salvat Etchart paraissait l'avoir adoptée, définitivement :

> Ma Martinique ! Ma petite jument ! Avec ta crinière de cocotiers ! tes longues jambes... T'as un climat de soie mon amour... Cette île, cette jeunesse, cette fille aux cuisses tendres, quand tu la vois avec son vieux marlou de colon... *(Les Nègres servent d'exemple)*.

Mais qu'en est-il de l'œuvre mère : la suite de romans, de poèmes, d'essais publiés par le romancier de *La Lézarde* ? Ici l'antillanité interroge le paysage insulaire plus scrupuleusement encore que n'avaient fait Saint-John Perse ou Césaire. *La Case du Commandeur* et *Mahagony* chantent la beauté des hauts de la Martinique, la « mélopée des mornes » où le temps s'est « amassé », la présence immuable de l'arbre dont l'écorce fournit au Noir sa carte de « non identité » (cf. *Les Conquérants de la Nuit nue,* de Bernadette Cailler).

Toutefois la démarche singulière vers les origines échappe par plusieurs voies à l'idéalisme. Glissant poète ou romancier pratique étroitement son « cadastre » à mesure qu'il le rêve (alors que Césaire visionne plus volontiers le sien) ; un plaisir évident, juvénile, se dégage de ces poursuites de gendarmes et voleurs, de ces parcours et découvertes de traces sylvestres, de caches à vivres. Mais ce jeu s'accompagne d'une méditation passionnément territorialisée, non gratuite puisqu'elle cautionne l'action sociale concrète, « la lutte des ouvriers agricoles en premier lieu », aussi bien que la réflexion politique : « Tu fais tout, le travail, le carnaval, les élections, sans rien

faire à vrai dire. » Ou . « En marge des élections, il y avait
toujours des gens de la canne pour se faire fusiller devant
les usines ou dans les rues des bourgs. » Entreprise romanesque de repersonnalisation, idéologiquement confortée par
Le Discours antillais, qui constitue un précieux indicateur
d'anthropologie positive, nourri notamment de la substance que
la presse autonomiste avait accumulée depuis plusieurs années.

L'antillanité selon Glissant n'interroge pas l'histoire officielle évidente, ni une contre-histoire univoque de colonisé
qui serait symétrique de la première, et aussi peu dialectique. Elle choisit des histoires décalées, des séquences à haut
degré de signification. Elle prête ainsi une attention spéciale
à la période de l'occupation des îles par les forces pétainis-
tes, car ce « temps Robè » (tutelle de l'Amiral Robert) ou
« temps Sorin », fut aussi celui où, à demi-larguées par les
instances françaises habituelles, les îles se découvrirent, dans
la dénudation. Plus généralement, elle explore à la fois les
temps forts de la violence coloniale et la « chronique obscure », le « long way » (Longoué est le nom d'un de ses héros
rustiques) au cours duquel se forgea notamment : « cette culture populaire du temps du système des Plantations, qui fonde
aujourd'hui notre « profondeur », le « ça » qui est à « découvrir ».

A la touffeur d'un espace secret, refuge des rebelles de toute
époque, répond le détour sémantique, le sens enroulé qui
« dévire ». Car, ainsi qu'on l'a vu, s'efforçant de rejoindre
le marron, le quimboiseur, héros exemplaires de l'extrême
dissimulation et de la plus éclatante déclaration de soi, Glissant part « à la source des mots », et sa poétique, envoûtante
pour le lecteur qui ne lui est pas réfractaire, tentera « d'obscurcir en révélant ».

La mobilisation mémorielle brave la chronologie et le seul
ordonnancement, la seule composition immédiatement lisible
que s'autorise le roman glissantien concernent ce qui se dit
des tortures endurées. L'art de Schéhérazade est malmené dans
sa continuité narrative, les effets de réel déroutent au lieu de
recentrer, le concret paradoxalement déréalise, la logique travaille par associations inédites : « nègre est un siècle et bien
dénaturé ».

L'opacité structurelle se double de l'*étrangeté* d'une langue : méconnaissable souvent pour un Français, mais de haute tenue et invention. Au départ, l'éloge d'une certaine sauvagerie — celle du révolté obsessionnel — et l'expression d'une magie marronne qui se faufile entre la « technè » rudimentaire et l'autosuffisance économique, induisent un langage qui veut donner idée de la parole des « nègres-feuilles ». (Nous avons développé cette question au chapitre « Paroles perdues »). Un parler créole traduit en français pour dire le merveilleux de légendes informelles, qui sont genèse et survie d'une contre-culture. Puis, d'écluse en écluse, la parole de Glissant s'épaissit en équivalent d'un baroque poétique ou s'épure en accents flaubertiens. Qu'on les considère à l'africaine (le nommo), ou à l'européenne (« l'aventure du langage, dont la venue », dit Roland Barthes, « ne cesse d'être fêtée »), la quête des mots, l'art romanesque chez Glissant se sont faits, dans ses meilleurs textes, construction d'un ordre humain.

6. Affectivité

Résultat de l'accession de maintes Antillaises à l'indépendance économique ou intellectuelle, la voix féminine devient profuse, cependant qu'un certain nombre d'écrivains masculins assimilent toujours musique romanesque, musique poétique, et musique de l'amour. On a écrit assez longtemps et abondamment sur les nostalgies amoureuses aux îles pour que des traces subsistent dans les œuvres de la modernité : biguines à forte charge affective comme *Asi paré, Tue moin... ba moin Ninon,* couplets recueillis dans tel roman de Maryse Condé : « Ah n'aimez pas sur cette terre... », haï kaï confidentiel des années soixante :

« Doudou pati
La pli ka fifiné
Ciel ka pléré. »
(Mon bien-aimé est parti, une pluie fine tombe, le ciel pleure).

Musique nouvelle maintenant . la tendance majoritaire n'est pas de faire revivre le bavardage de Valentine Estoup (*La Danse des Images*, 1929), ni les poèmes « chimériques » (mélancoliques) des dandies de *Légitime défense*.

Commençons par un personnage indiciel : la mère, ou grand'mère antillaise, demeure figure tutélaire, mais au lieu de transmettre des certitudes comme au temps de *La Rue Cases-Nègres*, elle se fait dispensatrice d'affection, refuge où se ressourcer, consolatrice de jeunes femmes « tombées ». Les héroïnes de Simone Schwarz-Bart, Maryse Condé, Suzanne Dracius-Pinalie, Myriam Warner Vieyra... auraient-elles rompu avec la tradition ressassée des « îles d'amour » et, selon le cas, substitué l'accomplissement charnel, les chatteries, ou les chienneries, aux scènes de passion écrites pour la doudou de naguère ? Certes, outre la filière bien ancrée des chansons antillaises gaillardes, on avait déjà lu des poèmes impudiques dans *Point d'Orgue* (1958) de la poétesse catholique Marie-Magdeleine Carbet (« Tourment » des lèvres d'homme sur les seins, les aines), et l'on se rappelle le concert d'amour des « musiciennes de l'ombre » dans *Ti-Jean l'Horizon,* de Simone Schwarz-Bart :

> Il s'était mis à jaillir de la gorge d'Éloise une telle richesse et variété de sons qu'on eût dit un orchestre tout entier, tambours et violons, guitares et voum-tacs, lancé à l'assaut du ciel. Aussitôt, gagnées par la contagion, d'autres voix s'élevèrent dans le noir...

Mais on demeurait plus près du lyrisme que du prosaïsme ; or, le ton nouveau se fait volontiers démystificateur :

> Je ne me rappelle pas même le nom de l'homme avec qui j'ai procréé les deux garçons... Sa figure ne paraît plus devant moi, il n'y a pas un geste ni une parole restés dans l'air que je respire, je ne sais plus s'il est parti ou non... Vous vous rappelez les petites choses du bonheur, mais vous en oubliez les petits hommes (Glissant, *Mahagony*).

Et dans *La Case du Commandeur* : « Il lui dit qu'amour était maladie de Blancs, elle répondit qu'amour n'existait, qu'il

n'y avait qu'un grand damier pour les gagnants et les per-
dants à jamais mêlés. »

Chez Raphaël Confiant, c'est la dérision qui balaie allè-
grement le discours amoureux attendu :

> Philomène comprit que l'homme qu'elle avait longtemps
> cherché sur les paillasses fétides de la Court Fruit-à-Pain, le
> seul, le vrai, se tenait là devant elle et qu'il l'espérait depuis
> des siècles de temps. Elle arrangea avec fébrilité son opu-
> lente chevelure noire de capresse et chercha à rassembler ses
> mots afin de ne pas commettre quelque impardonnable faute
> de français. Amédée malgré son air d'oiseau kayali rendu
> hagard par l'approche d'un cyclone, réussit à balbutier :
> — Philomène je vous aime.
> — Monsieur je te aime, répondit la jeune femme.
> Rigobert péta de rire *(Le Nègre et l'Amiral)*.

Tordre le cou aux biguines élégiaques ou langoureuses est
une chose ; autre chose est questionner la compétence d'un
peuple à l'affectivité.

Certes, outre les viols originels, les relations hommes/fem-
mes aux îles ont connu la tradition des blancs « usés de débau-
che » et des « noirs cupidons », celle du maître libertin et du
nègre « candiot ». En littérature, *Titine Grosbonda*, du créole
Gilbert de Chambertrand, croisa *Les Galanteries d'Anthime
Budin*, du métropolitain J.-A. Nau. Car les écrivains avaient
devant eux non seulement la parole passionnée, mais aussi
le discours fallacieux du « bodzer », du joli-cœur antillais, et
celui, très vulgaire, du « coco » ambulant.

Mais à ces référents s'ajoutent, aujourd'hui amplifiés, les
effets de la réception, que celle-ci soit passive ou motrice.
Et la vérité sentimentale créole de désir à claire-voie et de
retenue pudique n'a que faire — ne devrait avoir que faire
— d'une attente extérieure très spéciale, émanant d'un lectorat lointain, métropolitain, de « malpropres », comme on dit
ici aux défilés de carnaval...

Aussi, entre « cœur mis à nu » et « cul mis à l'honneur »,
il appartient aux auteurs antillais de mesurer la complexité

des relations que l'écriture de l'érotisme entretient avec celle de l'amour :

> Solibo m'habitait de partout, on dit le cœur, le cœur, mais je crois bien qu'il habitait mon ventre aussi, qu'il habitait mes rêves, et que dans ma mémoire il avait tout dévasté, à dire un figuier maudit, assassin des alentours. Comment appeler ça ? (P. Chamoiseau, *Solibo magnifique*).

Passage qui se nuance d'une inquiétude : « N'y a-t-il pas une ravine à tracer entre ce qui tient des graines et ce qui vient du cœur ? »

« Sauvé Lanmou » dit une romance créole, ce qui se décline, chacun à sa manière : pathétique de la séparation dans *Ton beau Capitaine*, obsession de l'amour fou chez Xavier Orville, ce qui distingue sa *Laventurcia* de l'*Hadriana dans tous mes rêves* de René Depestre, pages inoubliables de Daniel Maximin sur le limbé créole, cet immense mal d'amour qui fait que « chaque être ne vit qu'une seule solitude, avec son fruit de plaisir, ou bien son fruit de rêve, ou son fruit de souvenir » *(L'Isolé Soleil)*.

Les pages que Maximin consacre à un avortement sont, avec celles du *Cheval de Troie* de Nizan, parmi les plus émues que je connaisse sous une plume masculine. Dans la communauté étudiante antillaise du Paris des années trente où il se situe son *Isolé Soleil,* les cicatrices de l'âme et du corps sont caressées par le jazz de Coleman Hawkins et les « sons » de musique afro-cubaine, l'auteur célébrant le « mystery of love » des blues, et tressant la tendresse avec la révolte et la lucidité :

> « Plus l'amour brûle et plus la femme éclaire, braise tiède insensible aux cendres qui étouffent déjà la flamme de l'amant » *(Soufrières)*.

Encore faut-il apprendre à écrire l'amour, d'une écriture moderne infusée autant d'intellectualité que d'émotion :

> « Sauras-tu déshabiller tes phrases pour parler de l'amour nu ? »

C'est par d'autres voies que Maryse Condé, conscience féministe, conscience nationaliste (« vraiment on peut mourir pour Lendependans ? »), conscience noire moderne, s'affirme comme romancière de la quête insensée du bonheur. Maryse Condé : un tempérament, une présence au centre *(Une Saison à Rihata, En attendant le Bonheur)*, ou bien épars, mais toujours recomposables, depuis la fresque africaine de *Segou* jusqu'à la chronique américaine de *Moi, Tituba*, et jusqu'aux mondes créoles brassés dans *Les derniers Rois Mages*. Son œuvre cependant dénonce un mal général : « Quelle potion amère que la vie du nègre ! On ne sait où trouver du sucre pour la sucrer » *(La Vie scélérate)* ; « le nègre n'aime jamais le nègre » *(Traversée de la Mangrove)*.

Cette somme romanesque (1) compose les intermittences du corps, le chant de la femme rasta plaisamment démarqué de Saint-John Perse, un ton de fantaisie sérieuse comme celle des romans afro-américains pour condamner les familles qui ont « tourné le dos au peuple », l'émerveillement devant les maternités noires, le ressentiment devant la violence imposée aux femmes, les désirs niés, la douleur des « captives non domptées », les rêves d'amour, inextinguibles. L'œuvre de Maryse Condé consonne de loin avec celle de Glissant, dont elle refuse la méthode de déceptivité romanesque : c'est à travers des intrigues intimistes classiques non dialoguées parfois, des anti-sagas familiales et des épopées en crise qu'elle mêle les registres de la négativité, du bovarysme antillais, et du travail, toujours à reprendre, des convictions.

7. La diglossie

Les locuteurs et écrivains antillais héritent pêle-mêle de la conversation créole, des syntagmes créoles tels que les ont figés les adages et proverbes ; ils héritent de la phrase fran-

---

(1) A quoi s'ajoute une intéressante pièce de théâtre : *Pension Les Alizés*, (éd. Mercure de France, 1988).

çaise : écrite, parlée surtout. Si Cónaira a abandonné ses pré-
ventions à l'égard du parler local, nombreux sont encore les
Antillais cultivés qui vivent comme un drame la hiérarchie
des langues, le fait que des écrivains, engagés ou non dans
les « voies de la souveraineté » politique antillaise, paraissent
à lecture rapide n'utiliser que le français : soutenu, poétique,
ou standard. Ce n'est toutefois jamais sans que la langue des
îles transparaisse à des degrés divers : collages non traduits
qui acquièrent valeur d'énoncés-phares, textes en français for-
mulés à partir du créole, calque de la parole populaire. D'une
part la situation linguistique, plus enchevêtrée qu'en Haïti, n'a
pas permis la venue d'un grand roman d'une seule coulée
créole, comme l'admirable *Dézafi* de Frankétienne, non plus
qu'un grand texte poétique. Car l'enjeu est ailleurs, et la
déchirure diglossique en Martinique et en Guadeloupe offre
une autre chance.

> L'Antillais bilingue parlant l'une des langues, l'autre lan-
> gue ne cesse d'être, d'agir, de parler (tacitement)... Une bana-
> lité créole (une façon de dire commune, nulle poétiquement)
> si elle passe dans l'écriture française, peut revêtir l'éclat d'une
> trouvaille... Le langage se trouve être en permanence un lan-
> gage au second degré (Ménil, *Tracées*).

Le dialecticien clôt ainsi son propos :

« Le malheur n'est pas toujours là où l'on pense qu'il est.
Du reste dès qu'il est pris en compte par la littérature, il passe
à son envers. »

Au-delà de ces remarques, la diglossie en Martinique et
Guadeloupe peut être étudiée dans les travaux de linguistique
de Robert Chaudenson, Jean Bernabé, Guy Hazaël-Massieux,
L. Félix Prudent, Albert Valdman.

Et si l'on veut bien passer sur quelques forgeries, greffes,
redécouvertes lexicales mal venues du type « dérespectation »
« heureuseté » « finissement », on conviendra que la défense
et illustration de la diversité des parlures est pour beaucoup
dans le charme des romans de Confiant et de Chamoiseau,
qui alimentent aussi leur verve du recours à Rabelais, Mar-

quez, et à l'art de la bande dessinée. Même sans le secours théorique que propose l'essai collectif : *Éloge de la créolité*, le lecteur se délecte d'écritures romanesques ajustées plus ou moins étroitement à l'oralité populaire spontanée, aussi bien qu'à l'art des conteurs : « Au démarrage, prenons le commencement, donc sa mère, que nous appellerons Man Elo et qui deviendra reine incontestablement du manger-macadam » *(Chronique des sept misères)*.

Il y a plus : *Les Lettres créoles* de Chamoiseau et Confiant, paru en 1991, recentre l'histoire littéraire des Antilles françaises à partir d'une situation, donc d'un point de vue autochtone, tout à fait légitime.

Ainsi le mouvement de la créolité mêle-t-il des nostalgies et des avancées de natures diverses. Ses objectifs avoués sont certes différents de ceux de la négritude ou de l'antillanité. Mais, devant l'entreprise de dépersonnalisation généralisée que dénonce le *Discours antillais* de Glissant, et qui tient à de tout autres causes que littéraires, il importait que ce secteur de résistance aux tristesses de l'assimilation fût tenu avec cette alacrité, ce brio, en plus d'une occasion, cette santé, toujours.

Bibliographie

BERNABÉ J., CHAMOISEAU P., CONFIANT R., *Éloge de la créolité*, Gallimard, 1989.

CÉSAIRE Aimé, *Moi, laminaire*, Seuil, 1982.

CÉSAIRE Ina, *Mémoires d'Isles, Maman N. et Maman F.*, Éditions Caribéennes, 1985.

L'Enfant des Passages ou la geste de Ti-Jean, ibid., 1987.

CHAMOISEAU Patrick, *Chronique des sept misères*, Gallimard, 1986, *Solibo Magnifique, ibid.*, 1988.

Antan d'enfance, Hatier, 1990.

Texaco, Gallimard, 1992.

CONDÉ Maryse, *Ségou*, Laffont, 1984.

Moi Tituba, sorcière noire de Salem, Mercure de France, 1986.

La vie scélérate, Seghers, 1987.

Traversée de la Mangrove, Mercure de France, 1989.
Les derniers Rois mages, ibid., 1992.
La Colonie du Nouveau Monde, Laffont, 1993.
CONFIANT Raphaël, *Le Nègre et l'Amiral*, Grasset, 1988.
Eau de café, ibid., 1991.
Ravines du Devant-jour, Gallimard, 1993.
L'allée des Soupirs, Grasset, 1994.
Commandeur du Sucre, Écritures, 1994.
DRACIUS PINALIE Suzanne, *L'Autre qui danse*, Seghers, 1989.
GLISSANT Edouard, *Le Discours antillais*, Seuil, 1981.
La Case du Commandeur, ibid., 1981.
Mahagony, ibid., 1987.
JULIA Lucie, *Les Gens de Bonne Espérance*, Messidor, 1982.
Melody des Faubourgs, L'Harmattan, 1989.
MAXIMIN Daniel, *L'Isolé Soleil*, Seuil, 1981.
Soufrières, ibid., 1987.
MELON-DEGRAS Alfred, *Soleils de toute liberté*, Éd. Caribéennes, 1980.
MÉNIL René, *Tracées*, Laffont, 1981.
MOUTOUSSAMY Ernest, *Aurore*, Messidor, 1987.
ORVILLE Xavier, *L'Homme aux sept noms et des poussières*, Grasset, 1981.
Laissez brûler Laventurcia, ibid., 1989.
PÉPIN Ernest, *L'Homme au bâton*, Gallimard, 1992.
PINEAU Gisèle, *La grande Drive des esprits*, Serpent à plumes, 1993.
PLACOLY Vincent, *Frères Volcans*, La Brèche, 1983.
SCHWARZ-BART Simone, *Ton beau Capitaine*, Seuil, 1987.
En éditions antillaises : Tony Delsham (Ed. M.G.G.) ; en créole les poésies de Monchoachi, Jean Bernabé, Daniel Boukman, les nouvelles et romans de R. Confiant, le théâtre de Georges Mauvois.

Ouvrages linguistiques et critiques

Dictionnaire créole-français, SERVEDIT, Jasor, 1991.
BERNABÉ Jean, *Grammaire créole*, L'Harmattan, 1987.
HEIMONET Jean-Michel, *Jules Monnerot ou la Démission critique*, Kimé, 1993.

PFAFF Françoise, *Entretiens avec M. Condé*, Karthala, 1993.

ROSELLO Mireille, *Littérature et identité créole*, Karthala, 1992.

PRUDENT Lambert F., *Diglossie et interlecte*, Larousse, 1981.

TOUMSON Roger, *La Transgression des couleurs*, Éd. Carib., 1989 ; (et Henry-Valmore Simone), *A. Césaire, Le Nègre inconsolé*, Syros, 1993.

BAILEY Marianne, *The ritual Theater of A. Césaire*, Gunter Narr, 1992.

Collectifs : *Edouard Glissant*, CARE, 1983.

Le Rebelle, CCER, 1990.

Callaloo, vol. 15, n° 1, Univ. de Virginie, 1992.

L'Héritage de Caliban, Jasor, 1992.

Dict. encyclopédique Désormeaux, 1994.

Sur Césaire, pour lycéens et étudiants : Daniel Delas, Hachette, 1991 ; Régis Antoine, Bordas, 1984 ; Dominique Combes, PUF, 1993 ; Robert Jouanny, Hatier, 1994.

Conclusion

Au terme de l'analyse, ce sont des silhouettes de jadis et d'aujourd'hui que nous laisserons d'abord témoigner pour des littératures à la fois ancrées et brassées de multiples courants. Écrivains « du dehors », ou écrivains-pays, subissant ou impulsant des vagues renouvelées de déculturation et de réacculturation.

Sur place, ce furent les poètes-flammes, émaciés et lyriques, les prosateurs opiniâtres des mornes, matinaux de l'avant-jour. A New-York, une poétesse des îles aux pieds de l'écrivain afro-américain Langston Hughes. A Paris, un « major » de la modernité littéraire antillaise, aperçu dans les bras d'un érudit du continent originel, vêtu de son boubou et coiffé d'un chapeau traditionnel.

Ce sont les romanciers de la diaspora au travail, installés l'un dans une bambouseraie des garrigues françaises, l'autre en sa case antillaise du midi pyrénéen, un autre encore à son service hospitalier, après une aube métropolitaine d'écriture... Ce sont les dilettantes d'un moment aux terrasses parisiennes, rêvant soit du Val-de-Loire, soit d'une *dodine* pour s'y bercer et rythmer leurs strophes, là-bas, face à la mer caraïbe.

Traces non moins prégnantes : cette correspondance ultime de l'écrivain martyr Jacques-Stephen Alexis, qu'à Port-au-Prince on nous a sortie de son coffret de larmes, et le disque qui répercutait l'accent créole, indiscutable, de Saint-John Perse, et, si souvent vérifiée, la soif antillaise de lire pour mieux se connaître, mais aussi les puissants effets de récep-

372   LA LITTÉRATURE FRANCO-ANTILLAISE

tion des poèmes d'amour haïtiens par des auditoires italiens, marocains, tchécoslovaques.

Une présence aussi diversifiée ne trompe pas : la littérature franco-antillaise s'offre au plaisir et aux enquêtes comme un gisement qu'il est possible d'aborder selon des diagonales multiples : articulation à l'économie sociale, à l'oralité, aux musiques infiniment présentes ; transits de termes d'un côté à l'autre de l'océan ; rééquilibrages thématiques par apparition de genres nouveaux (romans policiers, ouvrages pour la jeunesse), sans toutefois qu'on s'y limite, ou qu'on s'y enlise.

L'ensemble ne saurait donc être réduit à la question noire, telle qu'elle s'est présentée et a évolué au fil de trois siècles et demi d'implantation européenne aux îles ; on ne saurait non plus le définir par les seules thématiques de « l'érotisme et de l'errance » (Jean Jonassaint, *Le Pouvoir des Mots, les Maux du pouvoir*).

On appréciera diversement sa charge historique et linguistique, mais ne s'agit-il pas de ce qui constitue le sujet humain ? Entre la pérennité de l'ancestral, plus authentiquement préservée d'ailleurs en Haïti que dans les départements français d'outremer, et la labilité menaçante des valeurs et formes-sens d'origine française métropolitaine, la littérarité franco-antillaise a gardé ses droits et ses acquis. Dans l'ordre de la modernité, les pages que nous avons consacrées à la transcription de paroles perdues, aux processus d'héroïsation, aux esthétiques respectives de Saint-John Perse, Jacques-Stephen Alexis, Césaire, Depestre, Ménil, ont pu mettre en relief des écritures ouvertes aux flux de conscience, aux structures éclatées, à l'automatisme du jet verbal, au fonctionnement plus ou moins appuyé de l'intertextualité.

Tourbillon de pensées et d'affects, jeux mémoriels et jeux d'écriture, comme chez Maximin, qui précise dans *L'Isolé Soleil* :

> Sur la Terra Nostra de l'Amérique, les écrivains doivent écouter le chant des aveugles qui font peau neuve dans la zone sacrée, et leur conseillent d'écrire d'une manière impure, parodique, mythique et documentaire tout à la fois.

Tant de choix qualifiants suffiraient à prouver qu'aux Antilles francophones et créolophones, les réussites formelles, l'approfondissement intellectualiste n'ont jamais été longtemps freinés par la pression immédiate des situations bloquées et des événements atroces. Cela est particulièrement vrai pour Haïti.

En ce qui concerne la Guadeloupe et la Martinique, il faut semble-t-il pour qu'une grande œuvre littéraire s'y constitue aujourd'hui, qu'elle trouve un équilibre entre, d'une part, une fonction de représentation collective (à l'heure pourtant où les peuples antillais sont de moins en moins singularisés), et d'autre part la maîtrise textuelle de ce phénomène d'individualisme progressif qui atteint aussi les îles.

Si l'on considère les œuvres parues ces dernières années, on s'aperçoit que les idéologies, mythologies, les clichés mêmes qui jusqu'à présent avaient fait prospérer la littérature, y laissent encore déposer quelques-uns de leurs fragments, dans la gravité ou la parodie, ou bien les font dériver comme clins d'œil de reconnaissance, sinon d'appartenance profonde.

Un écrivain vrai s'empare de ces sédiments en réserve, de ce legs disponible. Refusant la gratuité et le dépaysement ludique, il les compose en un corps de signes réactivés par des préoccupations neuves, des symbolisations personnelles, comme avait su faire Césaire, comme a su faire Maryse Condé par exemple dans ses *Derniers Rois mages*.

Plus particulièrement, parlant des déshérités de Fort-de-France, le mérite de Patrick Chamoiseau dans son *Texaco*, prix Goncourt, aura été d'écrire l'être antillais non pas dénué, mais environné d'objets concrets promus au rang d'indices et signaux de civilisation, voire d'ontologie. Les matériaux hétéroclites du bidonville y sont en effet la métaphore centrale d'une culture créole à fonder dans le génie d'un développement composite. Il y a là une éthique et une esthétique des bribes laissées par le colonisateur, en attendant, précise l'auteur, que soient restitués au peuple martiniquais les attributs de la souveraineté.

« *Les gens ont le sentiment d'exister dans nos textes* » dit encore Chamoiseau. Effectivement, *Texaco* présente un sens très vif de la communauté ; la communication, omniprésente, y bénéficie d'une parole-récit parfois lyrique, le plus souvent allègre bien que densifiée par une inventivité heureuse entre langues créole et française, et par des connotations référées notamment au trésor des vieilles chansons locales, en inclusions toujours bienvenues.

Sur un plan plus général nous dirons que tout écrivain antillais véritable, parlant des Guadeloupéens, Haïtiens, Martiniquais, parle pour plusieurs états de la condition humaine ; une dynamique, une poétisation émergent, à condition que pour leur part les lecteurs, spécialement ceux de France métropolitaine, demandent à la littérature autre chose que d'être superficiellement amusés.

INDEX DE RÉFÉRENCES (*)

(*) Il s'agit de références pratiques. Notre panorama réel englobe d'autres noms plus diversifiés : Claudel, Nietzsche, Sekou Touré, N'Krumah, Rupaire, Corbin, etc.

Table des matières

ÉDITIONS KARTHALA

(extrait du catalogue)

Espace caribéen

Jean JURAVER et Michel ÉCLAR, *Anse-Bertrand. Hier, aujourd'hui et demain.*

Jacques ADELAÏDE, *La Caraïbe et la Guyane au temps de la Révolution.*

Gérard LAFLEUR, *Les Caraïbes des Petites Antilles.*

Martin-Luc BONNARDOT et Gilles DANROC, *La chute de la maison Duvalier. Textes pour l'histoire.*

Jacques ADELAÏDE-MERLANDE, *Delgrès. La Guadeloupe en 1802.*

Alain ANSELIN, *L'émigration antillaise - La troisième Ile.*

Antoine GISLER, *L'esclavage aux Antilles françaises (XVIIe-XIXe siècle).*

P. MOUREN-LASCAUX, *La Guyane.*

Paul LAPORTE, *La Guyane des écoles.*

A.M. d'ANS, *Haïti, paysage et société.*

Georges B. MAUVOIS, *Louis des Étages - Itinéraire d'un homme politique martiniquais (1873-1925).*

Christiane BOUGEROL, *La médecine populaire à la Guadeloupe.*

Rémy BASTIEN, *Le paysan haïtien et sa famille.*

Christian MONTBRUN, *Les Petites Antilles avant Christophe Colomb.*

Jean-Pierre MOREAU, *Les Petites Antilles de Christophe Colomb à Richelieu.*

Christian RUDEL, *La République Dominicaine.*

Pierre PLUCHON, *Vaudou, sorciers et empoisonneurs. De Saint-Domingue à Haïti.*

Victor SCHOELCHER, *Vie de Toussaint Louverture.*

M. GIRAUD, L. GANI et D. MANESSE, *L'école aux Antilles.*

Achevé d'imprimer par ⬩⬩⬩ Corlet, Imprimeur, S.A.
14110 Condé-sur-Noireau (France)
N° d'imprimeur : 11094 - Dépôt légal : juin 1995 - *Imprimé en C.E.E.*

Composition, mise en pages :
Vire-*Graphic*
Z.I., rue de l'Artisanat, 14500 Vire